青春·财政

财政青年论坛

（第一辑）

主　编　廖晓军
副主编　张　通

中国财政经济出版社

图书在版编目（CIP）数据

财政青年论坛：青春·财政．第1辑/廖晓军主编．—北京：中国财政经济出版社，2009.4

ISBN 978-7-5095-1338-5

Ⅰ．财…　Ⅱ．廖…　Ⅲ．财政-中国-文集　Ⅳ．F812-53

中国版本图书馆CIP数据核字（2009）第058313号

责任编辑：赵　力　吕小军　　　　责任校对：徐艳丽
封面设计：耕　者　　　　　　　　版式设计：兰　波

中国财政经济出版社 出版

URL：http：//www.cfeph.cn

E-mail：cfeph@cfeph.cn

社址：北京市海淀区阜成路甲28号　邮政编码：100142

发行处电话：88190406　财经书店电话：64033436

北京富生印刷厂印刷　各地新华书店经销

787×1092毫米　16开　22.5印张　519 000字

2009年4月第1版　2009年4月北京第1次印刷

印数：1—3000　　定价：48.00元

ISBN 978-7-5095-1338-5/F·1135

（图书出现印装问题，本社负责调换）

本社质量投诉电话：010-88190744

《财政青年论坛》

编　委　会

欣闻雏凤清鸣声

（代序）

谢旭人

翻开这本文集，一股蓬勃向上的青春气息扑面而来，欣慰之余使我想起了两句话：“桐花万里丹山路，雏凤清于老凤声”。

青年是财政事业的生力军。近年来，我部广大青年干部立足本职、勤于学习、善于思考，展现出积极进取、奋发有为的时代风采，创造了一大批有见地、有思想、有价值的理论研究成果，用青春的智慧为财政改革与发展作出了贡献。在纪念“五四”运动九十周年之际，《青春·财政——财政青年论坛》正式付梓出版，这既是我部青年学习成果的精彩缩影，也是他们的一份诚挚献礼。

《青春·财政——财政青年论坛》系列文集的出版，为青年干部提供了展示才华与思想的窗口，也搭建了一个学习与交流的平台，必将带动更多的同志勤学善思，各展所长，进一步推动学习型青年群体和学习型机关的建设。借此机会，我想送青年朋友四句话，既是对大家学习成才的期望，也愿以此与同志们共勉。

一是“学无止境”。对于青年来说，要树立终身学习的理念。“天下第一等好事，还是读书”。希望青年朋友把学习作为一种精神追求，一种思想境界，一种兴趣爱好，保持求知若渴的精神和持之以恒的态度，博览群书，勤学善思。知识丰富了，才能从必然王国走向自由王国。思想成熟了，不论做什么工作，都会增加文化内涵，呈现知识魅力。“学而不思则罔，思而不学则殆”，期望着广大青年朋友不断在学习中升华，在升华中完善自我。

二是“学以致用”。要大力弘扬理论联系实际的优良学风，从基层实践的沃土中汲取营养、检验真知，从奉献人民的过程中锻炼能力、提升境界。“衙斋卧听萧萧竹，疑是民间疾苦声”，青年同志更要多深入基层调查研究，了解人民疾苦，倾听群众呼声，带着问题去思考、去研究，把所学知识与人民群众所需、基层工作所需结合起来，做到以用促学、知行合一，真正把学习研究的成果转化为认知世界、解决问题的科学方法，转化为服务社会、造福人民的实际能力。

三是“学学相长”。青年同志要向书本学习，丰富学识，开阔视野，本着缺什么、补什么的原则，多读书、读好书；要向实践学习，在实践中增长才干，开阔思路；要向周围同志学习，“三人行，必有吾师”，养成虚怀若谷的态度和胸襟；要向基层群众学习，许多真知灼见都来源于基层，要真心实意地当好群众的小学生，问需于民、问计于民，在学习人民群众的智慧中不断充实和发展自己，增强政策决策工作的针对性和实效性。

四是“学以立德”。青年时代是修身立德的关键时期。古人云：“修身、齐家、治国、平天下”。一个人要想干一番事业，首先必须锤炼品德，加强自身思想道德修养。“其身正，不令而行；其身不正，虽令不从”，青年同志要想在各项工作中担当重任，不仅要有丰富的知识、过硬的本领，而且要有崇高的品德和高尚的情操。青年同志要通过学习书本知识提高修养；通过实践锻炼励炼性格；通过党性锻炼提升素养；通过思想磨练完善人格。培养高尚的品德，汲取成长的力量，待人以诚，做事以敬，弘扬正气，慎独慎始，不断追求道德境界和人生价值的升华。

泰戈尔说过：“青年人宛若晨星，闪耀着祖国未来的希望之光。”财政青年是财政事业的希望和未来。我衷心期望，每一位青年同志都能够和财政事业一起同进步、共发展，并且在这个过程中实现自己人生的价值和梦想。也希望今后能够在《青春·财政——财政青年论坛》中听到更多真知灼见的思想交锋，看到更多意气风发的年轻身影。

是为序。

2009 年 5 月

前　言

学习是人生进步的阶梯，是社会发展的动力。近年来，广大财政青年顺应潮流，立足岗位，勤学善思，自发组织了一些读书会、学习沙龙、研究小组，表现出强烈的学习交流与共同提高的愿望。为满足青年同志的心声和要求，在部领导的亲切关怀下，在部机关党委和科研所领导的支持下，部机关团委和科研所青年工作组共同努力，筹划和创建了“财政青年论坛”，作为财政青年学习交流的平台和展示风采的窗口。论坛以提升青年能力为目标，发挥青年的积极性、主动性和创造性，让青年同志在理论与实践的结合中不断提升发现问题、分析问题、解决问题的能力，促进学习型群体、学习型机关的建设，进一步增强围绕中心、服务大局的能力。

“财政青年论坛”自创建以来，以形式多样的活动，搭建了青年学习交流的桥梁，针对财政领域的一些热点和难点问题深入探讨，收到了良好效果。通过论坛的一系列活动，青年同志活跃了思维，激发了热情，增长了知识，加强了沟通，并形成了大量理论与实践相结合的优秀研究成果。为充分展示财政青年的学习成果与时代风采，并恰逢新中国成立六十周年和“五四”运动九十周年，机关团委与科研所青年工作组联合组编了“财政青年论坛”文集，对近年优秀研究成果进行了梳理、加工，择其精华编印成书，以《青春·财政——财政青年论坛》系列文集的形式正式出版。

本文集的作者大都是三十岁左右的青年骨干，较全面、系统地展示了财政青年在理论、政策、体制、调研等方面的优秀研究成果。他们的积极参与，说明“财政青年论坛”这个舞台反映了青年同志的心声，也为他们展现才能、体现活力搭建了一个新平台，为调动青年学习积极性、营造比学赶帮超的良好氛围创造了一个新途径，为交流、沟通、扩大信息共享和整合各种研究资源提供了一个新载体。同时，随着“财政青年论坛”活动的丰富和发展，《青春·财政——财政青年论坛》也将向读者呈现出更加精彩的系列文集。

长期以来，财政部领导对青年同志的成长成才十分关心，并寄予厚望。部党组书记、部长谢旭人在百忙之中为本书作序，部党组副书记、副部长廖晓军担任本书主编，部党组成员、部长助理张通担任本书副主编。我们相信，有各级领导的关心、爱护和指导，有广大青年的积极参与和支持，《财政青年论坛》将焕发出旺盛生机。

本文集的出版得到了中国财政经济出版社、财政部干部教育中心的积极支持，相关单位的很多同志在组织、编辑过程中付出了辛勤劳动，做了卓有成效的工作。在此，一并表示感谢！

《青春·财政——财政青年论坛》编委会

2009年3月

目　　录

我思“理论”

我读“政策”

我谈“创新”

我的“视界”

我思“理论”

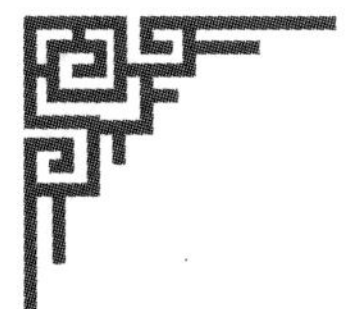

公共服务效益分享与成本分担的对应

——市场经济体制与公共财政框架对财政管理体制的内在要求

财政部预算司　王法忠

财政管理体制体现和反映政府间财政关系。从财政分配的角度看，政府与经济主体，或者说与企业的关系是第一层次的；政府与政府之间的财政关系是第二层次的。政府与经济主体之间关系制约着政府间财政关系的处理方式，政府间财政关系处理方式也影响政府与经济主体之间关系的发展变化。无论政府与经济主体的关系如何，政府间财政关系的处理都要做到公共服务的效益分享者与成本分担者相对应。在计划经济体制下，以经济主体的隶属关系为主线，基本做到了公共服务的效益分享与成本分担的对应。随着社会主义市场经济体制、公共财政框架的建立和不断完善，政府与经济主体的关系发生了变化，但政府间财政关系处理方式，即财政管理体制的改革和完善落后于政府与经济主体关系的发展变化，产生了一系列问题，需要进一步研究、探讨和完善。

一、计划经济体制下的按企业隶属关系确定财政管理体制

计划经济体制下，各级、各地区政府按经济主体隶属关系划分收入、提供公共服务，符合政府与经济主体关系的要求，也基本做到了公共服务的效益分享者与成本分担者的对应。

在计划经济体制下，政府与经济主体的关系主要是所有者与被所有者的关系，公共服务的提供者与被服务者的关系是次要的。相应的，政府间财政关系的

处理也是以企业的隶属关系为主导的，即企业上缴的利税按其隶属关系在各级、各个政府之间划分；政府主要按企业隶属关系处理经济关系。社会公众所享受的医疗、教育、养老、退休等大多由所在单位（企业）提供。企业大多是国有企业，且自办如医疗室、幼儿园等机构。县属企业的职工到本企业医疗室就医、省级企业职工也到本企业医疗室就医。各企业支出均作为所属政府的支出的一部分。

但是，部分地区经济税收收入规模较大，增长速度较快；另一部分地区税收收入规模较小，增长速度较慢。如果不加以调整，将会使不同地区间公共服务的差距不断扩大。在这种情况下，在按经济主体隶属关系划分税收收入的基础上，政府间财政关系的处理模式采取了“包干体制”形式，即对全部地方收入不能满足其支出需求的地方政府，中央给予补助；对全部地方收入超出其支出需求的地方政府，按某种形式上解中央。

需要注意的是，这种做法并没有违反公共服务的效益分享者与成本负担者对应的原则。主要原因是经济较为发达地区地方政府所属企业形成的利税，有很大一部分是政府运用价格手段，通过压低能源、原材料、农产品等价格形成的。也就是说，经济较为发达地区地方政府所属企业上缴的利税，实际上并不完全是由其负担的，有一部分是其他贡献能源、原材料的地区负担的。经济欠发达地区通过较低的价格输出能源、原材料，贡献了一部分税收，分担了一部分公共服务的成本。将经济较为发达地区地方政府所属企业上缴利税的一部分，通过上解中央政府，由中央政府转而补助给经济欠发达地区的做法，正是体现了公共服务的效益分享者与成本分担者相对应的原则。

二、市场经济体制下分税制财政管理体制的建立体现了公共服务效益分享与成本负担的对应

在市场经济体制下，政府与经济主体的关系主要是公共服务的提供者与被服务者的关系，企业所有者与被所有者的关系是次要的。相应的，政府间财政关系的处理是以公共服务的效益分享与成本负担为主导的，即政府提供公共服务的成本应当由享受其效益的经济主体分担，政府为经济主体提供了公共服务，经济主体就应当分担相应的公共服务成本。

随着社会主义市场经济体制的建立和不断完善，公有制多种实现形式的确立，市场经济主体形式多种多样，原来以经济主体的隶属关系或者所有制形式划分税收收入、提供公共服务的做法已不适用。适应社会主义市场经济体制的要求，1994 年分税制财政管理体制改革打破了按企业隶属关系划分收入的做法，建立了按税种在中央政府和地方政府之间划分收入的做法。2002 年所得税收入分享改革，进一步完善了中央政府与地方政府之间的收入划分，打破了按企业隶属关系划分所得税收入的做法。随着改革的不断推进，中央政府与地方政府之间财政关系处理模式体现了公共服务的效益分享者与成本分担者之间的对应。

如中央企业在某个地方政府辖区内经营，地方政府向其提供必不可少的公共服务，如道路、卫生等，地方政府应当分享中央企业缴纳的企业所得税，中央企业也应当承担地方政府提供地方性公共服务所需成本。外商投资企业、私营企业等企业的发展，中央政府也提供了政府支持及其他公共服务，中央政府应当分享其缴纳的企业所得税，这些企业也应当承担中央政府提供全国性公共服务所需成本。

三、目前政府间财政关系的处理还存在公共服务的效益分享与成本分担不对应的问题

尽管随着分税制财政管理体制的不断完善，中央政府与地方政府之间公共服务的效益分享与成本分担日趋对应，但目前政府间财政关系的处理中还存在一些不对应的问题，造成政府间财政利益分配中的矛盾，也不利于市场经济体制的完善。

（一）地方政府不能分享由其提供公共服务企业创造的税收

1. 从企业所得税来看，虽然中央政府与地方政府之间按企业隶属关系划分企业所得税收入的做法已经打破，但并没有涉及地区之间划分企业所得税的问题。考虑到税收征收管理的便利，我国企业所得税是由企业注册地或者总机构所在地税务部门征收管理的，相应的，由企业注册地或者总机构所在地地方政府分享企业所得税。但是，部分企业注册地或者总机构所在地与其主要经营机构所在地并不一致。如某些企业为了享受高新技术开发区的税收优惠政策，虽然主要经营机构并不在开发区内，但在开发区注册，形成“区内注册、区外经营”的现象。又如，很多外商投资企业的经营活动是涉及多个地区的，由于根据《外商投资企业和外国企业所得税法》规定，外商投资企业和外国企业所得税由总机构汇总缴纳。跨地区经营集中（汇总）纳税的企业分支机构所在地政府以及注册地与主要经营地不一致的经营地地方政府，虽然对企业提供了相应的公共服务，但并不能分享其创造的所得税，使公共服务的提供与财政资金的供给脱节。

2. 从营业税来看，根据我国现行营业税征收管理规定，纳税人从事运输业务，应向其机构所在地税务机构申报纳税。作为运输企业来讲，其经营大多是跨地区的，如管道运输就往往涉及多个地区。其营业税归其机构所在地一家所有使公共服务的提供与财政资金的供给脱节。

3. 从增值税来看，由于其征收环节较多，商品或劳务流转的各个环节都应缴税，因此，即便是跨地区的经营活动，其增值税也是在各地区间分配的。但是，对跨地区经营的企业来讲，一方面，缴税环节的确定涉及不同地区增值税收入归属，另一方面，企业内部转移价格的确定也会使不同地区间增值税收入分配关系发生变化。如大型电网企业，其机构所在地与电力生产地、电力销售地往往不一致，其增值税缴纳环节的确定对地区间增值税的分配影响较大。2004 年出口退增值税由中央全部负担改为中央与地方按 75%、25% 比例共同负担，2005 年又进一步改为中央与地方按 92.5%、7.5%共同负担，产品出口地或者说出口退税负担地，与增值税实现地的差异也使出口集中的地区负担沉重。

（二）具有外溢效应公共服务的成本未能由其所涉及公众共同负担

由于社会主义市场经济体制下，资源、资金、人才流动加快，地方政府提供的公共服务往往具有外溢效应。如西部地区在环境保护方面的投入所产生的生态效应会惠及东部地区，但东部地区并未直接负担其成本。又如，大量在中西部地区接受基础教育的人，流动到东部地区就业，促进所在地经济发展，也具有外溢效应。

四、公共服务受益与成本负担的脱节将扭曲地区间公共服务水平

公共服务受益与成本负担的脱节会使提供公共服务，未获得相应税收收入的地区公共服务水平下降，相反的，使享受公共服务，未负担相应成本的地区公共服务水平上升。

（一）没有脱节现象时的情况

假设甲、乙两个地区，人口总额相等，经济发展水平相当（人均 GDP 相等），两地区居民对公共产品的偏好相同，公共服务支出规模相同，均只对辖区内居民按人均 GDP 的一定比例征收人头税。甲、乙两地区间没有经济往来，两地区提供的公共服务没有溢出效应。

甲地区生产可能性曲线为 $A_{甲}$ $B_{甲}$，私人产品与公共产品的效用无差异曲线为 $I_{甲}$，相切于 $E_{甲}$，此时，私人产品数量为 $OC_{甲}$，公共产品数量为 $OC_{甲}$，按人均 GDP 征收人头税的比例 T（$= C_{甲} A_{甲}/OA_{甲}$）。乙地区与甲地区情况相同，生产可能性曲线为 $A_{乙}$ $B_{乙}$，私人产品与公共产品的效用无差异曲线为 $I_{乙}$，相切于 $E_{乙}$，此时，私人产品数量为 $OC_{乙}$，公共产品数量为 $OC_{乙}$，按人均 GDP 征收人头税的比例 T（为 $C_{乙} A_{乙}/OA_{乙}$），如图 1 所示。

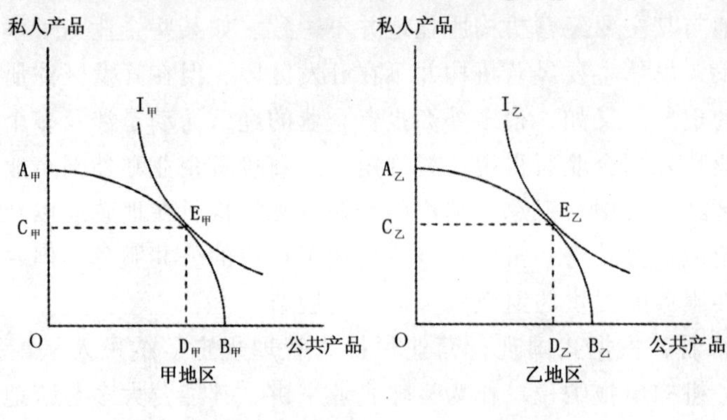

图 1

（二）税收收入与经济活动发生地脱节的情况

甲地区新增加一个居民，该居民在甲、乙两地均从事经济活动。该居民创造的社会价值为（$A_{甲} A_{甲}' + A_{乙} A_{乙}'$），其中在甲地区创造的能够增加甲地区私人产品的为 $A_{甲} A_{甲}'$，在乙地区的能够增加乙地区私人产品的为 $A_{乙} A_{乙}'$，若全部用于提供公共产品可以提供 $B_{甲} B_{甲}'$。由于甲、乙两地区按居民征收人头税，虽然甲地区增加的居民也在乙地区获得收入，但乙地区并不对其征税。因此，甲、乙两地区生产可能性曲线的变化如下：甲地区生产可能性曲线外移到 $A_{甲}'B_{甲}'$，私人产品与公共产品均有所增加，均衡点为 $E_{甲}'$；乙地区由于可用于公共产品的资源没有增加，生产可能性曲线旋转到 $A_{乙}'B_{乙}$，均衡点为 $E_{乙}'$，如图 2 所示。

在这种情况下，甲地区跨地区经营的居民虽然从乙地区获得收入，但并不在乙地区缴税，乙地区公共产品不能因该居民的经营活动创造价值而增加，社会效益水平有所上升。

（三）公共产品成本负担地与受益地脱节的情况

图 1 中，甲乙两地区提供的公共产品不具有外部效应。现假设乙地区提供的公共产品，甲地区也可以受益，但甲地区并不承担乙地区提供该公共产品的成本。此时，乙地区提供的公共产品所产生社会效益并非全部由乙地区公众享受，乙地区提供的规模为 $OB_{乙}$ 的公共产品中，能够为乙地区居民创造效益的为 $OB_{乙}''$。乙地区生产可能性曲线由 $A_{乙}$ $B_{乙}$，旋转为 $A_{乙}$ $B_{乙}''$。甲地区由于不用负担成本即可享受乙地区提供的公共产品，其生产可能性曲线外移为 $A_{甲}''B_{甲}''$（如图 3 所示）。

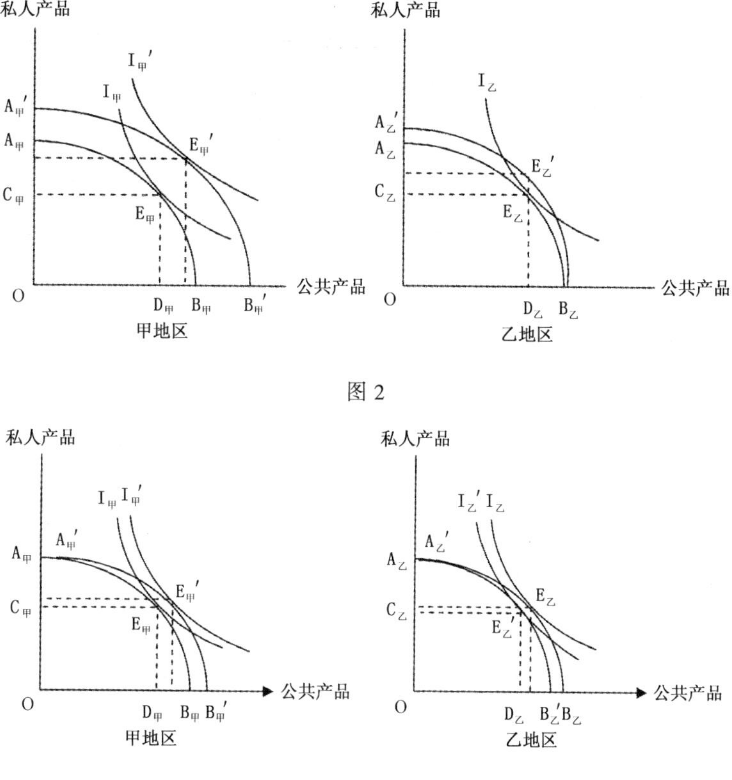

图 2

图 3

在这种情况下，乙地区提供的公共产品规模会下降，相应的，社会效益水平降低；相反，甲地区社会效益水平会上升。

从我国目前的情况来看，前述公共服务的效益分享与成本分担的不对应问题，对我国市场经济体制和公共财政体制框架影响严重。

第一，由于地方政府对非在本地注册的企业产生的税收分享较少，因此，一方面大力鼓励和支持本地企业的发展，另一方面也有的采取措施掣肘其他地区企业在本地区的经营，形成地方保护和地区市场封锁。

第二，由于中西部地区提供的很多公共服务由东部地区分享，但东部地区并不负担其成本，中西部地区公共服务的成本分担范围小于其受益范围，使中西部地区提供这些具有外溢性的公共服务的能力下降，公共服务数量和水平过低。

第三，我国实行的是以流转税和所得税双重主体的税制，流转税收入是地方财政收入的重要组成部分，从中西部地区或者农业地区的角度来讲，其购买的生活用品等大多是含税的，也就是说，这些地区的公众是向国家贡献了税收的，但流转税主要体现在了产品的生产地，这些地区地方政府难以完全分享其当地居民贡献的流转税。与此同时，中西部或者农业地区地方政府必须通过建立工矿企业等手段增加财政收入，向辖区公众提供诸如教育、卫生等公共服务。就经济优势来看，这些地区可能不适宜搞工业项目，但为了争取地方财政收入，不得不硬上项目，搞财源建设，反而会破坏环境，也难以取得较好的经济效益。

五、产生公共服务的效益分享与成本分担不对应问题的原因

公共服务的效益分享与成本分担不对应问题的原因是多方面的。

1. 没有一个专门处理地区间财政分配关系的机制。我国分税制财政管理体制处理的主要是中央财政与地方财政之间纵向的财政分配关系。对于地区间横向的财政分配关系，主要是由地方政府自主协商解决，或者由中央财政本着“一事一议”的原则解决，没有建立起一个完善的机制。

2. 由于没有处理地区间财政分配关系的机制，税收收入在各地区之间的划分，往往是由税收征收机关根据税收征收管理的便利原则，来确定由位于哪个地方政府的税务机构负责征收，相应地确定归属于哪个地方政府。如我国海洋石油企业增值税由国家税务总局设立的海洋征收分局征收管理，地方分享 25% 部分相应地由设立征收分局的地方分享，境内没有设立征收分局的地区，虽然油田距本地区更近，更需要由本地区提供相应的公共服务，但由于没有分享其缴纳的税收，当地地方政府没有资金对受污染影响的渔民进行补偿，提供公共服务的积极性较小，影响了企业的发展。

3. 作为分税制财政管理体制的重要内容，中央对地方自 1995 年起实施一般性转移支付。通过测算各地区标准财政收入与标准财政支出，对存在缺口的地方，按一定系数给予转移支付。由于一般性转移支付资金中很大一部分来源于 2002 年所得税收入分享改革后从地方集中增量，而转移支付对象主要是中西部地区，这种做法能够将东部地区一部分财政资金，转移到中西部地区，在一定程度上弱化公共服务的效益分享与成本分担的不对应问题。但是，一般性转移支付资金规模较小，其测算方法也存在缺陷：（1）一般性转移支付按各地区区域内经济活动计算标准财政收入，如上所述，这些经济活动产生的税收没有全部体现在所在区域内，夸大了中西部地区的标准财政收入；（2）由于中西部地区提供的公共服务，有一部分存在外溢性，如基础教育、环境保护，在测算其标准财政支出时难以考虑这些因素，因此，缩小了中西部地区的标准财政支出。

六、解决公共服务的效益分享与成本分担不对应问题的思路选择

本着体制创新、制度创新的原则，要积极研究和探索解决公共服务效益分享与成本分担的不对应问题。具体说来，有以下几种思路：

一是建立专门处理地区间财政分配关系的机制和机构。公共服务的效益分享与成本分担的对应可以通过设立一个地方政府之间的协商机构，协议确定如何将地方收入在各地区间分配来加以解决。在联邦制的美国和加拿大，即采取按资产、销售收入、人员数等指标，在相关地区间分配所得税收入的做法。对于具有效应外溢性的公共服务的提供，则通过市场化手段由相关地区分担成本，如一个跨地区水库的建设资金可以从相关各州筹集。这都需要建立一套专门处理地区间财政分配关系的机制和机构。

二是将税基跨地区的税种收入全部作为中央收入。这样做可以彻底消除地区间公共服务效益分享与成本分担的不对应问题。为保证地方的支出水平不下降，同时，应当加大中央对地方转移支付资金规模，并与中央收入规模挂钩。在单一制的日本和英国，就是采取将中央特定税种收入的一定比例，作为对地方转移支付的资金来源。进一步完善一般性转

移支付制度，准确测算各地区各项公共支出需求。

上述两种思路各有利弊。前者直接将市场经济主体享受公共服务与承担公共服务成本联系起来，而且我国已经针对部分企业建立了按来源地根据资产等因素在相关地区间分配企业所得税的制度，可以此为基础进一步推进，但是，由于我国地方政府财政收入自主权较弱，各种公共服务的提供受中央政府的影响也较大，建立地方政府之间分享收入、分担成本的机制也会涉及既得利益的调整，难度较大。后者以现有的一般性转移支付制度为基础，推进难度小，但将税基跨地区的税种收入全部作为中央收入难度较大。

综合起来考虑，应当双管齐下。通过赋予地方一定税收自主权、地区间财政收入改按来源地分配等措施，建立符合市场经济体制和公共财政框架要求的地区间财政收入分配机制。同时，通过与中央税收收入挂钩，增加一般性转移支付资金规模，并不断完善一般性转移支付制度，扩大公共支出需求的测算范围。

现金流贴现模型应用比较分析

财政部预算司　范辉政

现金流贴现模型是企业估值当中最为重要、经济含义最为清晰、也是应用最为广泛的一类估值模型，长期以来在理论界和实务界的估值当中一直处于主导地位。当前，比较常用的现金流贴现模型有四种，即现金股利贴现模型、股权自由现金流贴现模型、公司自由现金流贴现模型以及经济增加值模型（EVA）（这里为了叙述方便，把经济增加值也作为现金流的一种形态）。这些模型都是估算企业或者股权的内在价值，但是它们在经济含义和计算过程上存在着差别，只有了解这些差别，才能正确使用模型，才能理解使用不同模型得到不同结果的原因。下面将对这四种模型进行比较分析。

设 EV_{Div} 为当前的股票内在价值，Div_t 为第 t 年的每股现金股利，k_e 为权益资本成本，则现金股利贴现模型的计算公式为：

$$EV_{Div} = \sum_{t=1}^{+\infty} \frac{Div_t}{(1+k_e)^t}$$

股权自由现金流是指公司在支付债务的利息和本金、并满足再投资需求之后所剩余的现金流：

股权自由现金流 = 净利润 + 折旧 − 营运资本追加额 − 资本性支出 − 债务本金偿还 + 新发行债务

设 EV_{FCFE} 为权益价值，除以总股数即为每股价值；$FCFE_t$ 为第 t 年的股权自由现金流，FC_0 为当前的自由现金数额。则股权

自由现金流贴现模型的计算公式为：

$$EV_{FCFE} = \sum_{t=1}^{+\infty} \frac{FCFE_t}{(1+k_e)^t} + FC_0$$

公司自由现金流是指公司在满足再投资需求之后所剩余的现金流，它流向了包括普通股股东和债权人在内的所有索取权持有人。

公司自由现金流 = 净利润 + 利息 × （1 - 税率） + 折旧 - 资本性支出 - 追加营运资本

设 FV_{FCFF}为公司价值，$FCFF_t$ 为第 t 年的公司自由现金流，WACC 为加权平均资本成本。则公司自由现金流贴现模型的计算公式为：

$$FV_{FCFF} = \sum_{t=1}^{+\infty} \frac{FCFF_t}{(1+WACC)^t} + FC_0$$

在得到公司价值之后，用公司价值减去债务的市场价值就可以得到权益的价值。

经济增加值是指扣除了各种来源资本的成本以后的资本收益。经济增加值说明，扣除各种成本费用之后的收益必须还要能够抵消资本成本，才会为投资者增加财富。设 NOPAT 为税后净营业利润，Cap 为投入的资本额，则经济增加值 EVA = NOPAT - CAP × WACC，而 NOPAT = 净利润 + 利息 × （1 - 税率）

用 EVA 计算的公司价值 FV_{EVA}为：

$$FV_{EVA} = \sum_{t=1}^{+\infty} \frac{NOPAT_t - Cap_{t-1} \times WACC}{(1+WACC)^t} + Cap_0 + FC_0$$

$$= \sum_{t=1}^{+\infty} \frac{Cap_{t-1} \times (R_t - WACC)}{(1+WACC)^t} + Cap_0 + FC_0$$

这里，R_t 为第 t 年资本的收益率，等于 NOPAT 除以资本；Cap_0 为当前的资本额。同样，在得到公司价值之后，用公司价值减去债务的市场价值就可以得到权益的价值。

从估值对象来看，现金股利贴现模型和股权自由现金流贴现模型是直接对权益进行估值，公司自由现金流贴现模型和经济增加值模型都是对企业整体进行估值。

从现金流的定义来看，现金股利贴现模型认为，现金股利是作为投资回报而分配给股东的现金流。而其余三个模型认为，企业的增值来源于已投资的资本——营运资本和资本性投资。除此之外，企业为了满足现金股利稳定性、未来投资等方面的要求，会将一部分现金留存在企业中而成为 NPV 等于零的自由现金。自由现金流是指公司当年所赚取的、尚未投资出去的现金流，对于公司整体来说，这部分现金流除了偿还利息之外，可以作为现金股利支付出去，也可以留存在企业内部而暂时不进行投资。

下面我们两两比较这些模型计算结果的差异及其产生的原因。比较的分组是采取相近原则，即现金股利贴现模型与股权自由现金流贴现模型都是直接为权益进行估值，把这两种模型相互比较；公司自由现金流模型与经济增加值模型都是对公司整体进行估值，把这两种模型相互比较；对于这两大类模型之间，由于股权自由现金流模型与公司自由现金流模型都是直接采用了自由现金流的概念，因此把这两个模型相互比较。

一、现金股利贴现模型与股权自由现金流贴现模型

股权自由现金流可以作为衡量公司现金股利支付能力的一个指标。但是，股权自由现

金流与现金股利之间并没有必然的大小关系。公司可以选择把股权自由现金流全部作为现金股利分配给股东，也可以把自由现金流留存在企业当中。表面来看，股权自由现金流应该高于现金股利。实际上，在某些情况下，由于股权自由现金流无法满足现金股利的发放，公司可能会把企业内部留存的自由现金或把外部权益融资的部分资金作为现金股利发放出去。例如股权自由现金流为负且公司希望维持现金股利稳定的情况，此时现金股利就会高于股权自由现金流。但是，这种情况是不可长期维持的。

我们假设外部权益融资对新股东是 NPV 等于零的项目，在现金股利贴现模型当中视为一笔负现金股利，比较两个模型的计算式可得：

$$EV_{FCFE} - EV_{Div} = \sum_{t=1}^{+\infty} \frac{Div_t + \Delta FC_t}{(1+k_e)^t} + FC_0 - \sum_{t=1}^{+\infty} \frac{Div_t}{(1+k_e)^t} = \sum_{t=1}^{+\infty} \frac{\Delta FC_t}{(1+k_e)^t} + FC_0$$

这里，ΔFC 是自由现金存量的变化量，它既包含了企业创造、未分配出去的留存自由现金以及外部融资所增加的自由现金，还包括自由现金作为 NPV 等于零的项目所产生的自由现金。当现金股利超过股权自由现金流，可视为自由现金存量的减少，即 ΔFC 为负，但是这种减少不可能超出上述全部自由现金来源所产生的自由现金在该时点的总存量。下面我们分情况讨论：(1) 如果企业每期自由现金的变化都为正，即企业每期都留存一定数额的自由现金在企业中，则明显 $EV_{FCFE} > EV_{Div}$，这是一种最简单也最普遍使用的情况。(2) 在企业中始终存在大于零的自由现金存量的情况下，如果自由现金的预期现金流收益率小于等于权益资本成本，则明显 $EV_{FCFE} > EV_{Div}$；而如果自由现金的预期现金收益率大于权益资本成本，则两种方法估值结果的大小关系不确定，要看具体留下多少自由现金与付出的自由现金现值的对比关系。(3) 在企业中的自由现金存量在某一时点全部分配或投资出去且之后自由现金流量也全部用于现金股利的支付，即大于零的自由现金存量最终消失的情况下，如果自由现金的预期现金收益率等于权益资本成本，则明显 $EV_{FCFE} = EV_{Div}$；如果自由现金的预期收益率小于权益资本成本，则有 $EV_{FCFE} > EV_{Div}$；如果自由现金的预期收益率大于权益资本成本，则自由现金的总支付的现值高于以往自由现金的存量，则明显 $EV_{FCFE} < EV_{Div}$。

但是，在实际中，我们一般认为自由现金的回报率较低，且自由现金只有考虑了维持现金股利水平以及未来投资的机会成本等非现金收益之后，其 NPV 才为零，因此通常情况都有 $EV_{FCFE} > EV_{Div}$。$EV_{FCFE} = EV_{Div}$要求满足下述任一条件：(1) 企业从不保留任何自由现金在企业中；(2) 企业保留了自由现金，但是在未来某一时点会将自由现金全部分配或投资出去且以后不再保留自由现金，自由现金的预期现金收益率等于权益资本成本。

二、股权自由现金流贴现模型与公司自由现金流贴现模型

股权自由现金流贴现模型是用权益资本成本对股权自由现金流进行贴现，直接得到权益的价值；而公司自由现金流贴现模型是用加权平均资本成本对公司自由现金流进行贴现，得到公司整体的价值，要想得到权益的价值，还需要减去债务的价值。

实际中，这两种模型计算出来的结果往往不同，造成这种差异的原因在于资本结构的变化。我们从加权平均成本的计算式来解释这个问题。根据公司自由现金流贴现模型容易得到，企业价值等于期初自由现金加上下一期末公司自由现金流与投资资本按 WACC 的

贴现值：

$$FV_{FCFF}=FC_0+\frac{FCFF_1+D_1+E_1}{1+WACC}=FC_0+\frac{[FCFE_1+I_1(1-T)-\Delta D_1]+D_1+E_1}{1+WACC}$$

式中 D、E 分别为投资出去的债务和权益的价值，ΔD 为期初、期末债务的净变化量，I 为债务利息；T 为所得税税率；下标 0 表示估值当前时点；下标 1 表示下一期末的时点。

由于 $WACC=\frac{D_0}{D_0+E_0}k_d(1-T)+\frac{E_0}{D_0+E_0}k_e$ 且 $FV_{FCFF}-FC_0=D_0+E_0$，代入上式得：

$D_0k_d(1-T)+E_0k_e=I_1(1-T)+(FCFE_1+E_1-E_0)$

亦即：$D_0=I_1/k_d$

$E_0=(FCFE_1+E_1)/(1+k_e)=EV_{FCFE}-FC_0$

从上述推导可以看出，如果仅考虑一期的价值，公司自由现金流贴现模型与股权自由现金流贴现模型的计算结果是完全一致的。然而，在第二期负债权益比就变成 D_1/E_1，D_1/E_1 并不必然等于 D_0/E_0，在以后的第三期、第四期……都有类似的问题。如果各期之间资本结构不同，这就导致了加权平均资本成本 WACC 与权益资本成本 k_e 之中必有一个要发生变化。由于公司自由现金流贴现模型假设 WACC 保持稳定，而股权自由现金流贴现模型假设 k_e 保持不变，因此两者的计算结果通常不同。实际上，按照 MM 理论，如果资本结构发生变化，由于受到税盾和风险结构变化的影响，WACC 和 k_e 都无法保持稳定，只不过 WACC 稳定性相对较好。因此，资本结构保持稳定是这两个模型估值结果准确的重要条件。

综合上述分析，要想使公司自由现金流贴现模型与股权自由现金流贴现模型的计算结果相同，就必然要求企业的资本结构一直保持固定，或者资本成本能够按照资本结构的变化在未来每一期都做相应的调整，而不是假设不变。

三、公司自由现金流贴现模型与经济增加值模型

经济增加值模型虽然贴现的不是自由现金流而是经济增加值，但是它与公司自由现金流贴现模型在两个关键的概念上是完全一致的，即它们都是为公司整体估值，同时，它们都建立在投资资本的概念之上，承认自由现金的存在。通过数学推导可以证明，这两个模型的结果完全一致，证明过程如下：

公司自由现金流与税后净营业利润具有如下关系：

公司自由现金流 = NOPAT + 折旧 − 资本性支出 − 追加营运资本 = NOPAT − 资本再投资

资本再投资是引起资本增长的原因，即资本再投资是期末、期初净投资资本的差额，因此公司自由现金流贴现模型可以写成：

$$FV_{FCFF}=\sum_{t=1}^{+\infty}\frac{NOPAT_t-\Delta Cap_t}{(1+WACC)^t}+FC_0$$

$$=FC_0+\sum_{t=1}^{+\infty}\frac{NOPAT_t}{(1+WACC)^t}+\sum_{t=1}^{+\infty}\left[\frac{Cap_{t-1}}{(1+WACC)^t}-\frac{Cap_t}{(1+WACC)^t}\right]$$

进一步有：

$$FV_{FCFF}-FV_{EVA}=\sum_{t=1}^{+\infty}\frac{NOPAT_t}{(1+WACC)^t}+\sum_{t=1}^{+\infty}\left[\frac{Cap_{t-1}}{(1+WACC)^t}-\frac{Cap_t}{(1+WACC)^t}\right]$$

$$
\begin{aligned}
& - \left\{ Cap_0 + \sum_{t=1}^{+\infty} \frac{NOPAT - Cap_{t-1}WACC_t}{(1+WACC)^t} \right\} \\
& = \sum_{t=1}^{+\infty} \left[\frac{Cap_{t-1}}{(1+WACC)^t} - \frac{Cap_t}{(1+WACC)^t} \right] + \sum_{t=1}^{+\infty} \frac{Cap_{t-1}WACC}{(1+WACC)^t} - Cap_0 \\
& = \left[-Cap_0 + \left(\frac{Cap_0}{1+WACC} + \frac{Cap_0}{1+WACC} WACC \right) \right] + \cdots + \\
& \left[-\frac{Cap_n}{(1+WACC)^n} + \left(\frac{Cap_n}{(1+WACC)^{n+1}} + \frac{Cap_n WACC}{(1+WACC)^{n+1}} \right) \right] + \cdots \\
& = \sum_{t=1}^{+\infty} \left[-\frac{Cap_t}{(1+WACC)^t} + \left(\frac{Cap_t}{(1+WACC)^{t+1}} + \frac{Cap_t WACC}{(1+WACC)^{t+1}} \right) \right] \\
& = 0
\end{aligned}
$$

即证明了这两个模型的估值结果完全相同。

综上所述，这四种现金流贴现模型都是评估企业和权益的内在价值。但是，这些方法的评估对象、所用的现金流以及计算的结果都存在差异：(1) 现金股利贴现模型与股权自由现金流贴现模型的差异主要为现金流的定义不同，两者计算结果往往不同且无确切相对大小关系，但通常情况下股权自由现金流贴现模型的估值结果大于现金股利贴现模型。(2) 股权自由现金流贴现模型与公司自由现金流贴现模型的计算差异主要来自资本结构变化的影响，如果资本结构保持固定或者各自所用资本成本逐年调整为一致，则两者的计算结果相同。但是，实际当中股权自由现金流贴现模型假设权益资本成本不变，而公司自由现金流贴现模型假设加权平均资本成本保持不变，同时资本结构往往会发生变化，因此，两者的计算结果通常不同。(3) 公司自由现金流贴现模型与经济增加值模型在估值思想上没有本质区别，经济增加值模型相对注重衡量企业的价值驱动因素以及每一期的价值创造，在参数假设一致的情况下两者计算结果是完全相同的。(4) 进而通过比较的传递性可知，现金股利贴现模型与公司自由现金流贴现模型以及经济增加值模型的差异在于现金流定义不同和资本结构变化的影响；股权自由现金流贴现模型与经济增加值模型的差异主要在于资本结构变化的影响。

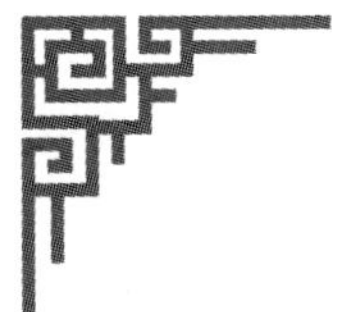

建立健全政府间专项转移支付资金运行管理机制研究

财政部国库司　李春阳　蒋　毅

党的十七大报告提出，要“加快形成统一规范透明的财政转移支付制度”。为实现这一目标，不仅要建立健全透明规范、科学合理的财政转移支付资金分配制度，而且要重视资金运行管理，建立健全运转高效、信息透明、管理规范、监控有力的资金运行管理新机制。本文立足于财政转移支付资金的重要组成部分——专项转移支付资金运行管理机制研究，通过借鉴财政对同级预算单位实行国库集中支付改革的经验和做法，针对我国专项转移支付资金运行机制存在的问题，提出了建立健全专项转移支付资金国库集中支付运行管理新机制的政策建议。

一、我国政府间专项转移支付资金传统运行管理机制

财政转移支付作为分税制财政体制的重要内容，是指中央政府（或上级政府）对地方政府（或下级政府）进行的无偿的财政资金转移。当前，我国财政转移支付由财力性转移支付和专项转移支付构成。其中，专项转移支付又称为有条件拨款或选择性拨款，具有专款专用的特点。当上级政府把一定数量的专项转移支付资金拨付给下级政府时，一般对该项资金规定了具体用途和使用要求，下级政府必须按照上级政府规定的用途和要求使用资金。

专项转移支付作为重要的财政转移支付类型，在增强中央政府宏观调控能力，实现特定宏观政策目标，缓解部分地区财政困

难等方面发挥了重要作用。自1994年分税制财政体制改革以来，中央不断加大对地方财政转移支付力度，专项转移支付数额逐年增加。2006年，中央财政对地方财政转移支付资金达9571亿元（不包括税收返还），比1994年增加了9021亿元，增长了16.4倍，年均增长26.9%。其中，专项转移支付从361亿元增加到4412亿元，年均增长23.2%。

虽然专项转移支付与财力性转移支付在性质和管理要求上有较大差异，但在传统支付管理方式上，两者却采用了完全相同的做法，即年度内将若干财政转移支付资金一起打捆，通过国库系统定期或不定期调度到下级财政，年底时上下级财政之间再进行资金结算。具体可概括为四个环节：

1. 打捆调度。当上级财政向下级财政下达专项转移支付预算时，并不是每下一次预算就拨一次款，而是将一定时期内若干专项转移支付资金会同其他财政转移支付资金一起打捆，以资金调度形式从上级财政国库账户直接划入下级财政国库账户。这种国库资金调度方式通常按月、按季或年度内不定期进行。下达或收到预算下达文件时，上下级财政部门均不进行账务处理。划出或收到资金时，上下级财政通常暂不确认为支出或收入，而是通过“与上级往来”或“与下级往来”科目确认为往来款项。

2. 层层转拨。在传统拨付管理方式下，专项转移支付资金需要经过各级政府层层转拨后才能到达用款单位。目前，我国政府结构包括中央、省、市、县、乡镇五级政府，一笔中央专项转移支付资金需要从中央财政拨至省级财政，再由省级财政转拨至市级财政，再由市级财政转拨至县级财政，有的还需要转拨到乡镇财政部门，然后才能拨付到具体用款单位。

3. 年终结算。年度终了时，上、下级财政将年度内资金调度时记为往来款项的专项转移支付资金，确认为补助收入或补助支出，并根据预算下达数计算出尚未拨付或多拨付的财政转移支付资金数，予以拨付或扣回。通过上、下级财政间年终结算，真正得出专项转移支付资金的笔数、规模、资金到位情况等信息。

4. 事后监督。在这种拨付管理方式下，预算管理和资金拨付分头进行，且没有清晰的对应关系，因此年度中无法确定每笔打捆资金的具体内容、用途和使用规定。上级财政部门难以在事前、事中掌握下级财政部门和有关用款单位管理使用专项转移支付资金的详细情况。一般需要通过财政检查、投资评审、临时性专项检查、审计等事后监督方式进行管理。

二、改革政府间专项转移支付资金传统运行管理机制的必要性分析

专项转移支付资金是整个财政转移支付资金的重要组成部分，由于每一项专项转移支付资金都承载着中央政府特定的宏观政策目标，因此加强这部分资金运行管理的意义就更加重要。目前我国基于国库资金调度的传统管理方式，是一种典型的"重分配、轻管理"的资金拨付方式，实践中存在很多弊端，越来越难以满足社会主义市场经济体制下公共财政科学化和精细化的管理要求。

1. 资金拨付效率较低。在传统国库资金调度方式下，专项转移支付资金经过各级财政部门层层转拨后到达用款单位，通常这个流转过程需要历时数月，资金中转环节多、周期长。目前我国尚未建起完善的信息反馈机制和拨付督导机制，如果资金中转环节中任何一个节点拨付不及时，都将直接导致资金流动暂停。如中西部某县出现过这种情况：供农村中小学春季开学使用的农村义务教育中央专项资金，到秋季新学期开始后才拨付到学校账户上。

2. 资金运行透明度不高。在传统国库资金调度方式下，专项转移支付资金经过各级财政部门层层转拨后才能到达用款单位，降低了信息反馈的及时性和准确性；同时，专项转移支付资金的预算下达和资金调度分头进行，且没有建立良好的衔接机制，导致一笔打捆资金拨入下级财政国库账户后，上下级财政部门都很难弄清楚这一调度资金的具体构成，如包括财力性转移支付资金和专项转移支付资金的数量，以及资金对应的具体项目和数量等，导致专项转移支付资金运行透明度不高。这既增加了资金监督管理难度，也降低了资金管理使用的约束力，不利于保障资金规范运行。

3. 资金截留、挤占、挪用等问题屡有发生。专项转移支付资金需要按照专款专用的要求使用，而上下级政府之间存在严重的信息不对称问题，中央财政缺乏有效手段和信息反馈载体来监控专项转移支付资金管理使用情况。在这种情况下，当中央政府特定宏观政策目标与基层单位近期实际支出需要不相符时，基层单位往往背离上级政府，擅自挤占、挪用中央专项资金。由于监控机制缺位，基层单位的违规行为通常不易被查出，很难得到相应惩罚，这就导致违规现象进一步严重。专项转移支付资金被截留、挤占、挪用等现象屡屡发生，几乎每年都成为审计的重点和社会各界关注的焦点。

三、改革政府间专项转移支付资金传统运行管理机制的可行性分析

近年来，我国财政对同级预算单位全面实施了国库集中支付改革，对农村义务教育等专项转移支付资金成功实施了国库集中支付改革试点，同时现代信息技术不断发展和完善，这都为建立专项转移支付资金运行管理新机制提供了可靠的基础和保障。

1. 我国国库集中支付制度改革取得重大进展和显著成效，为建立健全专项转移支付资金运行管理新机制奠定了重要的理论和实践基础。(1) 通过建立完善的国库单一账户体系，将所有财政性资金纳入这一账户体系管理，为专项转移支付资金纳入国库单一账户体系管理奠定了基础。(2) 通过采取财政直接支付或财政授权支付方式，实现资金高效直达，为提高专项转移支付资金运行效率提供了可供借鉴的支付方式。(3) 财政部以国库单一账户体系为基础，以电子化的动态监控系统为手段，对财政资金运行及具体活动进行实

时监控，形成了事前、事中和事后相结合的监控机制，为加强专项转移支付资金监督管理提供了制度和技术条件。(4) 预算执行管理信息生成和传输机制的创新，为提高专项转移支付资金运行管理透明度提供了新的机制。

2. 专项转移支付资金国库集中支付改革试点取得较好成效，是建立健全专项转移支付资金运行管理新机制的有益尝试，积累了宝贵经验。从 2006 年 7 月起，财政部会同教育部对中西部 22 个省农村义务教育中央专项资金实行国库集中支付改革试点。农村义务教育中央专项资金实行国库集中支付，改变了中央专项资金传统拨付方式，资金不再经过层层转拨，而是按照国库集中支付的基本原则，结合专项转移支付资金管理特点，建立了一套运行管理新机制，这在中央专项转移支付资金管理历史上尚属首次。这套新机制在账户体系、支付程序和监控管理方面都与传统国库资金调度方式有根本区别。从试点取得的成效看，一是减少了资金转拨中间环节，提高了资金运行效率。资金从中央财政拨出后经省财政再到收款人，或者从中央财政拨出后经省财政、县财政再到收款人或学校，整个过程仅需几个工作日便可完成，这是传统拨付机制无法比拟的。二是畅通信息反馈渠道，提高资金运行透明度。通过规范银行账户体系和资金运行管理机制，各级财政部门每一笔资金收付业务的详细信息，如资金支付时间、金额大小、收款人账户、资金用途等，都能通过代理银行信息系统及时反馈到中央财政。三是实现动态监控，确保专款专用。中央专项资金纳入国库动态监控范围后，中央财政可以实时了解中央专项资金转拨和使用的各项详细信息，发现违规现象，提前介入，及时予以核查、督促纠正。

3. 现代信息技术与财政管理有机融合，为建立健全专项转移支付资金运行管理新机制提供了技术保障。现代信息技术在财政管理领域中的广泛应用，推动了财政管理的现代化水平，也必将在专项转移支付资金运行管理中发挥重要的支撑和推动作用。一方面，现代信息技术为实现专项转移支付资金特定管理目标提供了重要的技术支撑。另一方面，现代信息技术可以进一步推动专项转移支付资金运行管理制度创新。现代信息技术是推进制度创新的重要力量。随着现代信息技术在财政管理中进一步融合和应用，必将进一步推动财政管理创新，促进先进管理思路的酝酿与产生。体现在专项转移支付资金运行管理机制上，其结果是通过现代信息技术的推动力量，使专项转移支付资金运行管理机制更加成熟和完善，促进财政部门更好地履行公共财政管理职能。

四、建立健全政府间专项转移支付资金运行管理新机制的制度安排

为落实党的十七大报告精神，加快形成统一规范透明的财政转移支付制度，应当按照社会主义市场经济条件下公共财政发展的要求，充分借鉴我国财政对同级预算单位实行国库集中支付的实践经验，结合专项转移支付资金内在管理要求，针对传统管理方式下存在的问题，抓紧建立运转高效、信息透明、管理规范、监控有力的专项转移支付资金国库集中支付运行管理新机制。

（一）确定专项转移支付资金运行管理新机制的目标和原则

专项转移支付资金国库集中支付机制的目标，应当是效益、透明、监控、规范和安全的有机统一。所谓效益，是指通过国库集中支付，减少专项转移支付资金中间环节，实现资金高效直达，确保资金及时足额到位，充分发挥资金效益。所谓透明，是指通过国库集

中支付，中央财政可以及时掌握资金每一笔支付记录，有效解决上下级政府间信息不对称问题，提高专项转移支付资金运行管理的透明度。所谓监控，是指通过制度设计和利用现代信息技术，对专项转移支付资金收付活动实行动态监控，对违规或不规范操作问题及时核查处理，保证资金的安全性、规范性和有效性。所谓规范，是指将专项转移支付资金纳入国库单一账户体系管理，按照科学的程序设计、规范的运转机制，将资金直接支付给收款人或用款单位。所谓安全，是指采取有效措施，对专项转移支付资金财政直接支付和财政授权支付业务各环节可能存在的风险进行控制，保证财政资金拨付使用的安全性。

专项转移支付资金实行国库集中支付，应当坚持三项原则：(1) 权责清晰。专项转移支付资金预算执行的主体是地方政府，而不是中央政府“亲自”执行预算，因此必须明确各级政府，尤其是中央和地方政府之间的权力和职责。(2) 动态监控。通过建立动态监控管理机制，中央财政可以及时、准确地掌握资金管理使用的具体情况，有效解决上下级政府之间信息不对称和监控缺位的问题。(3) 方便用款。专项转移支付资金实行国库集中支付，在制度设计上必须减少中间环节，简化业务流程，提高支付审核效率，确保基层预算单位用款方便。

（二）建立我国专项转移支付资金国库集中支付运行管理新机制的制度安排

专项转移支付资金实行国库集中支付，需要对传统中央专项转移支付资金拨付方式进行根本性改革，建立新的银行账户管理体系，进一步规范资金支付方式和程序，建立资金动态监控机制。

1. 建立完善的专项转移支付资金银行账户管理体系。统一、规范的账户管理体系是专项转移支付资金实行国库集中支付的基础。考虑到专项转移支付资金的特殊管理要求、现阶段我国国库集中支付改革的进展情况以及其他财政管理因素，有必要建立完善的银行账户体系，将专项转移支付资金纳入国库单一账户体系运行管理。省级财政部门要在财政部通过招投标方式确定的代理银行范围内，选择一家能够满足财政部和省级财政部门动态监控要求的代理银行，开设中央专项资金财政零余额账户，主要用于办理预算列省本级资金的财政直接支付业务和对市县财政部门的拨款。市县财政部门要在财政部确定的代理银行范围内，选择一家代理银行开设中央专项资金特设专户，主要用于办理专项转移支付资金国库集中支付业务，并按照资金类型分账核算。这种新的账户体系与传统账户体系不同之处在于，新的银行账户是国库单一账户体系的重要组成部分，中央财政能够实时掌握该账户所有资金收付信息，并可以实施实时动态监控。

2. 规范专项转移支付资金支付方式和支付程序。实行国库集中支付后，通过设计规范的支付方式和支付程序，按照财政直接支付方式或财政授权支付方式，将专项转移支付资金及地方政府相应承担的资金直接支付到基层财政部门、用款单位或收款人（见图 1）。对于可以实现财政直接支付的支出，可以由省级财政部门或市县财政部门通过中央专项资金银行账户将资金直接支付到收款人。对于上下级政府之间的资金转移，可以通过中央专项资金银行账户将资金直接支付到最基层财政的中央专项资金特设专户上，如省级财政可直接将资金支付到县级财政等，从而实现收支直达。对于实行财政授权支付的支出，由预算单位自行开具支付指令，通过单位零余额账户将资金支付到收款人，并与同级财政中央专项资金银行账户进行清算。通过这一规范方式和程序，减少资金转拨层级，提高资金运行效率。

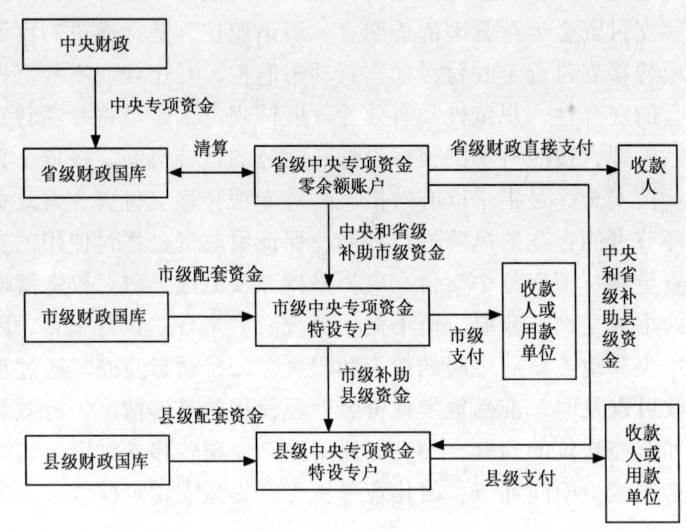

图1　专项转移支付资金国库集中支付流程

3. 建立专项转移支付资金动态监控机制。建立有力的动态监控机制，是专项转移支付资金实行国库集中支付的关键环节。专项转移支付资金国库集中支付，要在规范专项转移支付资金银行账户和运行管理机制的基础上，建立专门的动态监控系统，各级财政部门中央专项资金银行账户每一笔资金支付业务的详细信息，如资金支付时间、金额大小、收款人账户、资金用途等，都要通过代理银行信息系统及时反馈到中央财政，中央财政可以及时掌握中央专项资金管理使用的具体情况。对于动态监控发现的各种违规现象，中央财政要提前介入，及时予以查处纠正。通过建立事前、事中的动态监控机制，发挥中央财政动态监控系统的威慑作用，可以减少截留、挤占、挪用中央专项资金等违规现象，保障中央专项资金规范运行，确保实现中央政府特定宏观政策目标。

（三）加强专项转移支付资金国库集中支付运行管理机制的配套措施建设

1. 加强制度建设。制度对于实践和操作有着重要的指导意义，完善的制度是确保改革成功的必要条件之一。我国专项转移支付资金国库集中支付的制度还很不完善，试点资金管理的有关规定只是针对单项资金，不具有普遍意义，因此，有必要结合试点情况对现行各项资金试点的管理规定予以统一和规范，逐步建立专项转移支付资金国库集中支付制度体系。

2. 加强信息系统建设。随着我国政府预算管理制度改革的深化和完善，我国财政管理将越来越依赖于现代信息技术，越来越离不开信息技术的支撑和保障，财政管理和信息技术已经融为一体、密不可分，并相互促进。建立健全专项转移支付资金运行管理机制，也同样离不开现代信息技术的支撑和保障。具体而言，主要包括：修改完善地方国库集中支付系统，适应专项转移支付资金国库集中支付的需要；完善动态监控管理系统，实现监控支付比例、进度和规范性等监控管理目标，满足监控管理需要；完善代理银行国库集中支付系统，以满足财政管理需要。

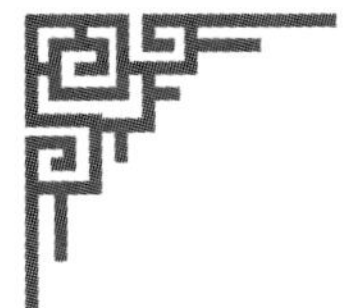

以科学发展观为指导全面推进公共财政理论和实践创新

财政部行政政法司　傅道鹏

科学发展观是中国特色社会主义理论体系的重要组成部分，是同马克思主义、毛泽东思想、邓小平理论和“三个代表”重要思想既一脉相承又与时俱进的科学理论，是我国经济社会发展的重要指导方针，是发展中国特色社会主义必须坚持和贯彻的重大战略思想。对于青年财政工作者而言，特别是对于出生于20世纪70年代以后、伴随着中国改革开放事业逐渐成长且在当前财政工作中发挥着业务骨干作用的这一特殊青年群体而言，置身在当前这样一个大变革、大发展的时代，必须进一步解放思想、提高认识、扎实学习、深入实践，把科学发展观入心、入脑、入行动，做到真学、真懂、真用，不断培养自觉运用科学发展观指导日常财政工作的意识，努力提高贯彻落实科学发展观的真本领，切实以科学发展观为指导，着力推进公共财政理论和实践创新。

一、做到“三个结合”，全面正确理解科学发展观的深刻内涵

全面正确理解科学发展观的深刻内涵，是贯彻实践科学发展观的重要前提。对于青年财政工作者而言，全面正确理解科学发展观，必须做到三个“结合”：

（一）把科学发展观的一般与特殊相结合，可以帮助我们真正认识科学发展观的本原意义和现实意义

根据哲学的一般解释，科学是运用范畴、定理、定律等思维形式反映现实世界各种现象的本质和规律的知识体系；发展是事

物由小到大、由简到繁、由低级到高级、由旧质到新质的变化过程；发展观是对事物是否发展变化和怎样变化的根本观点，是世界观的主要组成部分。归纳上述分条解释，从哲学一般意义上，可以将科学发展观界定为，“科学发展观是运用范畴、定理、定律等思维形式反映事物由小到大、由简到繁、由低级到高级、由旧质到新质变化和怎样变化的根本观点，是科学世界观的主要组成部分”。更进一步讲，科学发展观是指导经济社会发展的世界观和方法论的集中体现，是在运用马克思主义的立场、观点、方法认识和分析经济社会发展实践的基础上对发展一般规律认识的重大理论成果。科学战胜非科学经历了一个漫长的过程，马克思主义战胜非马克思主义并最终确立科学地位亦经历了一个长期过程。党的十七大报告精辟指出，科学发展观是对党的三代领导集体关于发展的重要思想的继承和发展，是马克思主义关于发展的世界观和方法论的集中体现，是同马克思列宁主义、毛泽东思想、邓小平理论和“三个代表”重要思想既一脉相承又与时俱进的科学理论。科学发展观，第一要义是发展，核心是以人为本，基本要求是全面协调可持续，根本方法是统筹兼顾。可以说，科学发展观是马克思主义发展观与中国特色社会主义丰富实践的有机结合，是马克思主义中国化的最新成果，是中国特色社会主义理论体系的重要组成部分，是中国共产党人对马克思主义创新发展的重大理论贡献。只有全面理解科学发展观的一般与特殊，才能更加有利于我们准确把握科学发展观的科学内涵、精神实质和根本要求。

（二）把科学发展观与党的发展以及党执政理念的发展历程相结合，可以帮助我们更加深入地认识科学发展观形成的内在逻辑和历史必然性

科学发展观的提出，有着深刻的历史基础，是与党、党的执政理念以及中国经济社会的发展紧密结合在一起的。1921 年中国共产党诞生，马克思主义之光照射进黑暗的旧中国，一个充满活力的、朝气蓬勃的政党组织正式成立，当年参加中共一大代表中最年长的不过 45 岁，最年轻的只有 19 岁；1927 年第一个红色根据地——井冈山建立，开始了“农村包围城市、武装夺取政权”的战略转变，井冈山道路是马克思主义中国化的初始重要成果；1935 年遵义会议，邓小平同志曾这样说，“遵义会议之前，我们党没有一个成熟的党中央，我们党的领导集体是从遵义会议开始逐步形成的”；1945 年延安召开的中共七大，形成了延安精神，确立了毛泽东思想的指导地位，是党走向成熟的标志，《毛泽东选集》的 159 篇文章中有 112 篇是在延安和陕北其他地方的窑洞里撰写的；1949 年西柏坡中共七届二中全会，毛泽东同志提出“务必使同志们继续地保持谦虚、谨慎、不骄、不躁的作风，务必使同志们继续地保持艰苦奋斗的作风”；1956 年中共八大，是中国共产党作为执政党举行的首次代表大会，提出了一系列新的方针路线，标志着党在探索中国社会主义道路上取得初步成果；1978 年中共十一届三中全会，形成了十一届三中全会路线，开辟了中国特色的社会主义道路，拉开了改革开放伟大事业的序幕；1982 年至 2007 年，党的十二大明确提出把马克思主义普遍真理同我国具体实践结合起来，走自己的路，建设有中国特色的社会主义；党的十三大对社会主义初级阶段理论进行了系统阐述，明确提出建设有中国特色社会主义理论，确立了“一个中心、两个基本点”的基本路线；党的十四大从九个方面概括了建设有中国特色社会主义理论的主要内容，提出建立社会主义市场经济体制的改革目标；党的十五大明确提出邓小平理论这一科学概念，并确立为党的指导思想写入党章；党的十六大科学阐述了“三个代表”重要思想，并将这一重大理论成果作为党的指

导思想写入党章，提出全面建设小康社会的宏伟目标；党的十七大高举中国特色社会主义伟大旗帜，把改革开放以来党的理论创新成果统一概括为中国特色社会主义理论体系，明确提出在当代中国坚持中国特色社会主义理论体系，就是真正坚持马克思主义，同时对科学发展观进行了最丰富、最系统、最权威的解释。党和党的执政理念的发展轨迹昭示，党的事业每一步发展都呼唤着理论创新，党的理论每一次创新都推动着党的事业进入一个新的天地。科学发展观作为新的历史时期党执政理国的崭新理念，必将对中国未来发展产生深远而重要的影响。

（三）把科学发展观与青年同志自身成长结合起来，可以帮助我们增强贯彻落实科学发展观的自觉性和主动性

青年财政同志大都出生在20世纪70年代以后，伴随着中国改革开放事业而逐步成长起来，改革开放实践成为青年同志成长的最深厚的营养源泉。30年来，中国人民以一往无前的进取精神和波澜壮阔的创新实践，坚定不移地推进改革开放和社会主义现代化建设，成功实现了从高度集中的计划经济体制到充满活力的社会主义市场经济体制、从封闭半封闭到全方位开放的伟大转折，中国经济快速发展，人民生活从温饱不足发展到总体小康，农村贫困人口从两亿五千多万减少到一千多万，政治建设、文化建设、社会建设等领域也取得了举世瞩目的发展成就。在改革开放伟大实践中成长起来的青年财政工作者，必须志存高远、坚定信念，把个人的理想同国家的前途命运紧密结合起来，把个人的追求同人民群众的需要紧密联系起来，与国家民族同呼吸共命运，才能真正实现青年同志的人生价值。青年财政工作者必须认真学习马克思主义基本理论，熟练掌握马克思主义中国化的最新成果，当前最紧迫的任务就是认真学习实践科学发展观，用科学发展观武装自己，不断增强贯彻落实科学发展观的真本领，不断增强贯彻落实科学发展观的自觉性和主动性，既用科学发展观指导青年自身成长，也用科学发展观指导青年所从事的财政事业，不断提高青年同志服务人民的本领。

二、抓好“五个创新”，大力推进公共财政体系建设

自觉运用科学发展观指导财政工作，是学习贯彻科学发展观的出发点和落脚点。从最根本上讲，就是贯彻落实财政部党组提出的要着力创新五个方面的财政体制、运行机制和管理机制的根本要求，即着力健全协调配合的财政政策体系，加强和改善宏观调控，推进经济结构调整和发展方式转变；着力深化财政体制改革，完善财政转移支付制度，健全中央和地方财力与事权相匹配的体制；着力优化财政支出结构，建立保障和改善民生的长效机制，完善体现科学发展要求的公共财政体系；着力推进税制改革，建立健全资源有偿使用制度和生态环境补偿机制，构建有利于科学发展的财税制度；着力推进依法理财，加强科学管理，建立健全财政预算管理制度，提高财政管理绩效。青年财政工作者要紧紧围绕上述“五个着力”，充分激发自身蕴藏的创造热情和创造潜力，以敢为人先的勇气、百折不挠的锐气，立足岗位、刻苦学习、大胆创新，特别要重点抓好以下“五个创新”：

（一）理论创新：要从探索中国特色社会主义理论体系的高度积极推进中国公共财政理论发展

党的十七大报告精辟地指出，改革开放以来我们取得了一切成绩和进步的根本原因，

归结起来就是：开辟了中国特色社会主义道路，形成了中国特色社会主义理论体系。我国当代财政理论研究主流运动的起点，更是建筑在马克思主义政治经济学理论的框架之上的，曾经涌现出国家分配论、价值分配论、国家资金运动论、共同需要论、剩余产品分配论、再生产前提论、社会集中分配论等多种学说，极大地丰富和推动着中国财政理论发展。20 世纪 90 年代中后期至今，特别是公共财政明确作为我国财政体制改革的目标之后，公共财政成为指导财政实践的重要理论基础，此阶段理论研究的突出特点是探索中国特色公共财政理论到底是什么样的理论体系，以及如何正确处理传统主流学说国家分配论与公共财政理论的兼容性，财政理论和实践部门为此做了大量卓有成效的探索，出现了不少财政理论的创新观点。比如，有学者提出，只要国家存在，任何财政都是国家财政，而市场经济下的国家财政可以主要表现为公共财政的形式，我们要在把握现阶段我国基本国情的前提下，踏踏实实地加快公共财政体系建立的步伐，一切从实际出发，既努力加强对公共产品的提供，又认清现阶段影响公共产品充分提供的各种制约因素（邓力平，2007）；再如，有学者认为，纯粹意义上的公共财政，将是完全从理财角度处理社会公共事务，这种分配关系通俗地说，就是一个“以政控财，以财行政”的分配系统。“以政控财”是指财政是国家政权体系凭借社会管理者的政治权力掌握社会总财力的一部分；而“以财行政”是通过财政的运行来履行政府的职能（贾康，2006）等。特别值得强调的是，近期实践部门提出了“财政是党和国家履行职能的物质基础、体制保障、政策工具和监督手段”，这一表述事实上把“党”引入了财政分配和管理的主体，属于财政分配理论的重大变化和创新，应引起理论研究的足够重视。实践永无止境，创新永无止境，发展永无止境。科学理论的活力，在创新中迸发；科学理论的威力，在实践中实现。不论何种财政理论学说或观点，只有把中国特色公共财政理论建设纳入中国特色社会主义理论体系这一大系统，财政理论研究者只有团结在中国特色社会主义理论体系这面旗帜下，才能正确把握公共财政理论创新发展的方向，才能真正实现构建中国特色公共财政理论体系的重任。

（二）调控创新：要从政府职能转变角度研究解决财政宏观调控深层次问题

财政职能作用的发挥，是与政府职能的转变紧密地、本质地联系在一起的，财政部门没有任何自己的本部门利益，因为财政分配是政府为主体的分配形式，反映着政府职能的实现，财政利益是国家利益的一部分，国家利益是人民利益的集中体现，由此可见，财政利益与人民利益是高度一致的。为进一步发挥财政宏观调控职能的实现，必须借助政府机构改革切实推进政府职能转变；必须进一步理顺财政调控信号的传导机制，使财政调控信号能够迅速准确地在政府层级内部以及政府与市场主体间传输，减少财政政策时滞和内耗成本；必须进一步深化市场运行主体的改革，提高市场主体对财政调控信号的接受度和灵敏度，将财政调控理论效果与实际效果的差距缩小至最低程度；必须实现财政政策、货币政策与其他调控措施的有机结合，学会打“组合拳”，进一步实现手段组合、政策组合和工具组合，切实增强财政宏观调控效果。

（三）收入创新：要从国民经济运行全局角度积极推进财政收入机制体制改革

近年来，财政收入增幅远远超过 GDP 增长速度，对此现象的解释，除了大家比较普遍认同的价格因素、统计口径、政策性特殊因素以及征管因素外，对于差异至少存在两种不同解释或侧重，一种观点是结构差异论，强调由于经济结构的变化以及国民经济的发展，二、三产业所占的GDP比重不断提高，使得与财政收入中主体税种关联度大的经济指标，如工商业增加值、全社会固定资产投资、外贸进出口总额、社会消费品零售总额、企业实现利润等增长均大大超过同期GDP的增长，相应带动了增值税以及企业所得税的增长，直接促使财政收入超过GDP增长（胡静林，2008）。另一种观点是现行税制论，即强调税收增长的源头在于现行税制，自1994年实施税制改革14年来，中国税收收入演绎了一条“现行税制→征管空间→加强征管→税收征收率→税收收入增长”的行动路线，除非改变现行税制，否则，至少在未来的几年内，中国税收收入仍将重复以往的故事（高培勇，2008）。两种解释尽管各有侧重，但无疑都涉及了财政参与社会产品的分配结构以及分配方式这一根本问题。中国现行税制体系，亟须根据科学发展观和社会主义市场经济发展的内在要求进行调整与改革，使得税制在中性与调节、筹集收入与公平分配之间寻得最佳结合点。

（四）支出创新：要从民生财政角度进一步优化财政支出结构和公共品提供

改革开放30年来，中国经济财政发展取得了举世瞩目的成就，财政改革自始就成为经济体制改革的先导并有力地促进和推动着中国经济社会各项事业的迅速发展。当前我国拉开了由经济建设向全面社会建设发展的新阶段，民生问题成为经济社会改革发展的主题。公共财政应紧扣民生主题，调整支出结构，完善公共品提供机制，不断突出和强化财政的公共性，这已基本成为共识。只强调一点，即公共支出中的行政成本问题，必须以科学发展观为指导，客观全面地加以评价，绝不能单纯以行政支出规模或增长幅度来判断行政成本的是与非。行政管理学原理告诉我们，在行政管理体制中，职能、结构、功能是有机结合的重要组成要素和方面。三者中，职能是逻辑起点，职能决定组织、结构和机制，最终体现为效能。政府职能是行政管理的基本问题，政府所有其他要素都是由职能派生出来的。职能定位正确与否，是政府能不能正确行使权力，发挥相应作用的关键。行政成本的背后是行政管理体制，行政管理体制的背后是政府职能范围。因此，必须把行政成本问题摆到政府职能的范围内加以考察。可以说，如果政府职能的界定是科学的，行政管理体制设置是合理的，那么行政成本显然可以视为政府提供各项公共品（包括直接的与间接的、有形的与无形的）成本的不可缺少的组成部分，在此前提下如果单纯的强调压缩行政成本，无疑会造成部分公共品提供不足，其结果有悖于政府职能转变以及公共财政发展本意。

（五）管理创新：要从科学化、精细化、专业化要求推进财政预算管理改革

根据综合预算的要求，研究建立由公共财政预算、国有资本经营预算和社会保障预算组成的国家财政预算管理体系。遵照管理科学化、精细化、专业化的要求，推进部门预算改革，各种不同性质财政资金有着不同的管理要求和财务制度约束，在坚持部门预算所要求的最终形成“一个部门一本预算”的目标下，研究改革形成部门预算的管理机制和运行体制，更好地体现不同资金不同要求的管理特点，切实加强预算资金管理，真正实现“人民的钱更好地为人民谋利益”，此应成为部门预算管理重点解决的问题。

温家宝总理在两会记者招待会上深情地指出：“一个国家的财政史是惊心动魄的。你会从中看到不仅是经济发展，而且是社会的结构和公平正义。”我们今天从事的日常财政工作，事实上都是在书写着明天的财政史，也同时书写着我们个人的青春史。作为青年财

政工作者，我们为能有机会将个人青春史与国家财政史结合在一起而深感自豪，更深感肩上责任重大。我们坚信，通过深入学习实践科学发展观活动，努力做到“三个结合”，紧紧围绕“五个着力”，切实抓好“五个创新”，就一定能够不断提高实践科学发展观的真本领，一定能够不辜负这个时代所赋予我们的历史使命，一定能够奏响最优美的青春乐章！

整顿和规范财经秩序的深层次思考

财政部监督检查局　黄　斌

如何有效地治理财经秩序的紊乱，形成规范、有序、和谐的财经秩序，是当前财经领域面临的一个重大课题。本文从揭示财经秩序的紊乱表现入手，深度剖析造成当前财经秩序出现“久治不愈”的深层原因，最终提出形成规范、有序、和谐财经秩序的有效途径。

一、当前财经秩序：“屡治屡犯”

整顿和规范财经秩序是确保财政经济有序运行的重要举措。近几年，各级政府和有关部门在这一方面采取了许多措施，做了大量工作。但从反映的社会效果看，财税秩序混乱的状况依然没有得到根本遏制，财经领域中违法违纪现象还比较普遍。主要包括：(1) 税收领域的偷、逃、骗税及虚开、倒卖、非法印制发票等违法犯罪活动还比较突出；(2) 负责税收征管的权力机关，在税收征管环节越权执法、违规征管等问题仍然比较严重；(3) 政府非税收入管理不够规范；(4) 会计秩序与审计秩序混乱，会计信息失真；(5) 预算单位对财政资金管理松弛，私设“小金库”问题依然普遍，财政资金使用效益不高；(6) 财政预算管理改革推进缓慢，预算管理不够规范；(7) 国有企业兼并改制过程中，国有资产流失问题严重。同时，这几年财经领域中违法违纪手法不断变化翻新，财经领域的违法违纪与当前的腐败行为相互交织，违纪手段越来越隐蔽，查处的难度也就越来越大。

对此，不少实务界和理论界认为，造成当前财经秩序混乱的原因既有法律法规还不健全、财税金融体制不尽完善的问题，也有有关方面法制观念淡薄、财税执法不严、财政监督乏力等原因。应该说，这些分析都有一定

的道理。但上述情况恰恰表明，目前整顿和规范财税秩序并不是“无法可依”，而严重的是“有法不依”；政府的治理可谓年年有“重拳”，但整顿与规范财经秩序似乎进入了一个“屡犯屡治、屡治屡犯”的怪圈，财税秩序混乱的状况依然没有得到根本的好转。这就需要我们从根本上认识财经秩序的本质内涵，分析挖掘造成当前财经秩序治理出现“久治不愈”的深层原因，以铲除财经秩序混乱的源头与土壤。

二、财经秩序的本质要求：主体利益的和谐

财经秩序既是市场秩序的重要组成部分，也是社会秩序中的一种。一般而言，社会秩序是指在一定规则体系的基础上社会系统运行所体现出来的有规律、可预见、和谐稳定的状态，是社会微观主体相互作用而产生的一种稳态、和谐的宏观现象。该种宏观现象虽然以一定的微观规则为基础，但并不是任何微观的规则体系都能够自然地形成秩序，因为社会秩序往往是个体自觉行为所无法控制的，是个体在自觉或不自觉中遵循一定规则，通过个体间相互作用而产生的。所以，财经秩序是财政经济活动中体现出来的一种利益和谐、竞争适度、收益共享的资源配置状态和利益关系体系。其本质是体现财经活动参与者之间的利益和谐。

这种利益的和谐，主要体现在以下几个方面：

1. 私利与公利的和谐，即在和谐的财经秩序中，私利与公利并不存在绝对的冲突，只要和谐有序的财经秩序出现以后，任何私人或个体在秩序中追求自身利益最大化的同时，在价格机制和道德教化的协调下会自动地实现社会公共利益的最大化。

2. 不同私利的和谐，即秩序容许个体在规则框架中根据自己的意愿追求彼此相互冲突的利益目标，容许个体进行分散化决策。整体利益的和谐不是来源于微观主体目标的单一性或偏好的一致性，而是来源于微观利益的竞争以及不同偏好在市场机制作用下的协调。

3. 不同利益主体追求的利益不是一种简单的静态利益，而是在分工、合作和创新中实现的动态利益，因此，利益的和谐不是体现为一种简单的零和的利益分配，或“你多我少”的利益冲突，而是体现在一种正和的利益创造与利益分配之上，各主体间追求的符合规则的利益并不存在必然的冲突。

4. 政治利益与经济利益的和谐，这集中体现在国家所决定的能够满足政治主体利益最大化的规则系统与保证长期持续经济增长的规则系统相一致。政治利益和经济利益的实现具有不同的模式，但不会出现政治力量严重侵蚀经济系统，导致政府与民争利、在制定规则的同时破坏规则，因此，财经秩序在本质上应是具有法治的秩序。

5. 经济利益与社会利益的和谐。这集中体现为环境与经济发展的和谐、传统与经济创新的和谐、经济价值与社会价值的和谐，因此财经秩序还应是富有道德的秩序。

总之，财经秩序是一种在财经活动过程中所形成的利益和谐、关系和谐、收益共享、竞争适度、交易有序、结构稳定的资源配置状态和利益关系体系。因此，财经秩序并不等于简单的财经活动规则，财经规则的建立并不一定意味着财经秩序必定会出现。财政经济活动中要出现“利益和谐、关系和谐、收益共享、竞争适度、交易有序、结构稳定”的状态，必须有一系列的制度基础、法律基础和伦理基础做保障。

三、当前财经秩序混乱的深层原因：社会群体间利益矛盾的激化

马克思主义经济学认为，市场是一切社会经济关系的总和。当社会利益矛盾无法在约定的范围内得到协调时，矛盾就要激化，解决矛盾的方法就会倾向于破坏约定，也就是败坏秩序。当前，我国财经秩序混乱反映出的不仅是财经活动参与者之间的利益矛盾激化，而且是不同社会群体之间的利益矛盾激化。一个显然的例证是，屡禁不止的“乱收费”和“小金库”现象，在很多情况下实际上是对利益在社会群体间分配不平衡的一种非正当反抗形式。当某一社会群体的成员普遍认为自己受到的待遇不公正，且又无法通过符合社会共同行为规范的方式获得及时纠正时，他们就会选择通过正式或“非正式”组织，采取违背规则，甚至破坏秩序的方法自我补偿。而一个群体破坏秩序的自我补偿导致另一个群体的利益受损时，另一个群体也会起而效尤，甚至利用自己手中的某种资源实施“寻租”。特别是前几年由于养老、医疗、住房、教育以及就业制度等方面改革措施的连续推出，人们支出预期严重恶化，于是这种群体性的利益“寻租”行为就像瘟疫一样迅速传播开来，形成对财经秩序最严重的瓦解力量。根据一般的概念，目前社会群体间的利益矛盾，可以概括为三个主要方面，即城乡之间收入差距扩大、在职职工与下岗职工之间收入差距扩大和行业间收入差距扩大。实际上，这三方面只是“合法不合理”情况导致的社会群体间利益矛盾。同时，还要看到中央与地方之间的经济关系问题。一方面在中央与地方关系中，获取地方利益成为地方政府的主要行为动机；另一方面，中央赋予地方政府的区域经济发展责任以及维护社会稳定的责任与其相应的资源支配能力存在着明显的不平衡。同时，区域间发展的不平衡，使一些发展相对滞后地区被迫采取违规行为避免税收等利益的流失。此外，还需要给予高度重视的是利用行政权力贪污腐败、利用公共资源“寻租”、利用市场化规则的漏洞侵蚀国有资产等非法行为导致的社会群体间的利益矛盾。

加上，目前的中国社会正处于矛盾的上升阶段，财经秩序产生问题的上升速度与力度大于对问题的治理速度与力度。如果用图表形式描述中国转型期财经秩序，我们可以把财经秩序定义为财经问题曲线与治理曲线的叠加结果（如图 1 所示）。具体说有两种情况：一种是在财经问题曲线相对平缓的情况下，财经治理曲线下降，低于财经问题曲线，说明财经治理存在问题，财经秩序会出现不稳定局面。另一种情况是，在财经问题曲线上升的情况下，财经治理曲线的提升速度赶不上财经问题曲线，财经秩序也会出现不良状况。中国当前的转型期财经秩序就属于后一种情况，这表明相当数量的问题和矛盾得不到有效治理，以致目前财经秩序治理无法在短期内卓现成效。

此外，财经立法上如过于向强势集团的利益倾斜，忽视了社会民众；立法部门之间的利益纷争，使立法出现“打架”等等，也使财经治理效能不足，甚至出现治理效能的下降。

四、整顿和规范财经秩序的根本途径：社会群体利益关系的重构和协调

社会群体间利益的矛盾是造成当前我国财经秩序“久治不愈”的根本原因。因此，治理财经秩序的重心不应当是目前流行的简单的行政处罚。治理财经秩序的关键应当是在必要的法制建设、行政管理及制度完善的基础上，进行利益关系的重构和协调，消除各种经

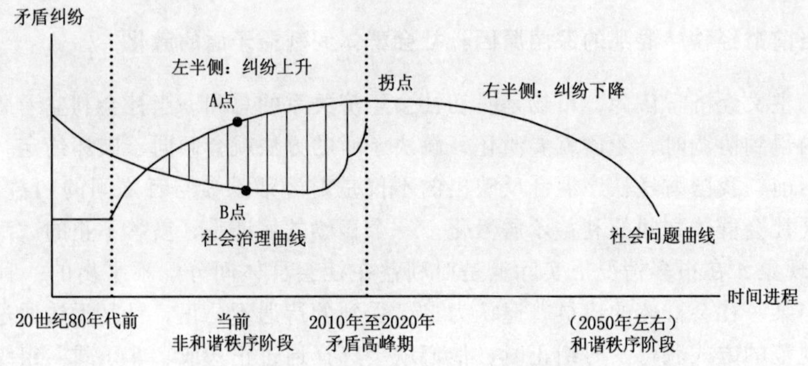

（注意：社会问题曲线与治理曲线之间的空白处即 A、B 两点之间的距离表示一些问题未得到有效治理的程度）

资料来源：蒋立山：《迈向和谐社会的法律路线图》，2005 年 6 月北京市法学会召开“和谐社会法制论坛”发言材料。

图 1　中国转型时期的社会问题曲线与治理曲线叠加的示意图

济主体之间、政府之间及政府与各种社会经济主体之间的利益冲突，从而实现利益和谐以及利益和谐下市场秩序的有序。结合我国当前财政经济改革现状，这些协调利益关系的途径主要包括以下几个方面；

（一）加快完善社会主义市场经济体制，促进社会群体利益关系的协调

要从根本上整顿和规范财经秩序，必须积极推进各项改革，加快完善社会主义市场经济体制。首先要重新界定社会群体间的利益边界，规范社会经济主体的行为，消除导致财经秩序混乱的制度性根源。因为，许多财经秩序紊乱的现象是与体制不完善相联系的，新旧体制因素的并存往往会出现大量的制度性寻租的机会。这些制度性租金的存在会诱导各种社会经济主体不遵循财经秩序进行寻租活动，并投入各种资源维持这种租金的长期存在，从而导致财经秩序的紊乱。其次，通过各种分配和再分配机制，协调和缓解治理过程中的利益冲突，以根除导致财经秩序紊乱的分配性根源。各种扰乱财经秩序的行为之所以会长期存在，其原因在于这些行为可以给相关主体带来非正常的收益。从存在的普遍现象看，凡是违规、违法现象长期、普遍存在的地方，一定有执法者与违法者的串通，一定有执法者从违法行为的存在中获取利益。所以，应当进一步深化财政体制改革，通过一定的财政补贴和其他利益补偿机制等形式，割断政府与扰乱财经秩序者的利益纽带，化解治理中的利益冲突，诱导财经活动主体从事正常的财经活动。再次，加快经济发展，利用各种手段，积极推动正常有序的财政经济活动，以缓和资源极度短缺带来的过度利益冲突，利用经济演进及市场结构自身的演进，来根除导致财经秩序紊乱的经济落后性根源。

（二）进一步建立和健全法律制度，规范财经活动主体行为

市场经济就是法制经济，而法制经济最根本的要求是：个人和企业的行为，市场的运行，政府的职能都要有严格的法律规范，都必须依法办事。要达到这一要求，就应该做到两点：一是有法可依，即建立一套规范财经活动的法律法规体系，使每个主体的权力与责任、义务对称。二是有法必依，执法必严，违法必究。这是使有法可依落到实处的有力保障。再多、再完善的法律法规，如果不能做到有法必依，执法必严，违法必究，那么再好的法律也形同虚设。

（三）加大监管力度，提高政府治理财经秩序的效率

要加大监管力度，重点追查与打击财经活动中的不法分子，加大惩戒力度，大大提高违法者的违规成本。特别强调指出，违法者侵害的并非仅仅是直接利益相关者，而是整个市场经济秩序。必须要让损害制度的违法者承担修补制度的代价。当前应当继续开展会计信息质量和会计师事务所执业质量检查，注重财税政策执行，加大对“三农”、医疗、社保、教育、金融等关涉民众切身利益的重大支出资金的监督检查力度，提高资金使用效益，促进和谐社会的构建。要进一步转变政府职能，切实推进绩效预算、预算科目分类、“收支两条线”等政府财政体制改革，彻底割断政府行政权力与市场利益之间的联系，不断提高政府治理财经秩序的效率。

（四）倡导以“诚信”为核心的道德观念，逐步建立起一套成熟的市场信用制度体系，充分发挥无形规则的作用

道德是借助于伦理关系力量调节个体与社会的非对抗性利益矛盾的一种社会管理方式，它通过多种传播形式把社会的目标、规范和准则转化为个体的道德认识、情感信念和意志，从而经由个体的道德实践，达到对社会整体利益的维护。所以，道德对于个体来说，本质上应该说是一种他律性与自律性相统一的过程，它有可能变成一种以利他性为导向的纯粹道德自制，从而可能并应当进入一种诚如康德所说的“不是为责任而是出于责任”的道德实践过程和境界，形成人人遵守财经纪律的社会氛围。

（五）赋予人民群众以维护秩序、维护自身权益的更大权利

从根本上说，财经秩序要靠社会全体成员、靠广大人民群众来维护。要赋予人民群众维护财经秩序更大权力，不能把维护秩序的权力仅仅交付给少数人，建立相关责任人员及相应地区政府或部门的责任追究制度。要赋予各种公众舆论在监督执法者上更大的发言权，充分发挥社会群众团体及组织在维护财经秩序、维护财经活动参与者权益方面的作用。

当然，财经秩序的建设和治理是一个长期的任务，除了上述手段以外，还需要有充分的时间来协调各种冲突，在渐进中达到制度构建与秩序演进的和谐，达到利益的和谐，并最终建成规范、有序、和谐的财经秩序。

“收支两条线”管理制度改革实践的回顾与前瞻

驻部监察局　谭　娅

历时十多年的“收支两条线”管理制度改革取得了有目共睹的阶段性成果，为深入推进各项改革打开了一个重要突破口。目前，我国包括从源头上治理腐败各项改革在内的经济、政治体制改革已进入攻坚阶段，形势复杂，任务艰巨。总结经验，探求规律，尤为重要。根据中央纪委领导的指示，驻财政部纪检组监察局组织了关于“收支两条线”管理制度改革实践的调研，对“收支两条线”改革历程和经验进行了总结，对问题与对策作了分析，以期能给进一步深化多项相关改革以及推动源头治腐工作提供借鉴和启示。

一、“收支两条线”改革实践与意义

改革开放以后，随着经济体制改革的进展，社会分配格局发生了很大变化。由于经济转轨时期，新旧体制的冲突，各项规章制度的不完善和监督的缺位，一些地方和部门在利益驱动下乱罚款、乱收费、乱摊派，或是通过各种非法手段将部分预算内资金划为预算外，导致国家财政收入流失，预算外资金迅速膨胀。1988 年、1990 年和 1992 年三年，当年预算外资金收入分别达到 2361 亿元、2709 亿元和 3855 亿元，分别占当年财政收入的 100%、92%和 111%。这既分散了国家财政资金，削弱了政府宏观调控能力，扰乱了市场经济秩序，加重了企业和人民群众的负担，又造成私设“小金库”、贪污浪费等问题突出，损害了党和政府形象，助长了不正之风和腐败现象

的滋生蔓延。为此，中央决定明确对行政事业性收费和罚没收入等财政性资金实行"收支两条线"管理改革。

改革经历了三个阶段：

第一阶段，从20世纪90年代初到1996年前，为改革初始阶段。

1990年，针对一些地区和部门"三乱"屡禁不止的现象，中央发布了《关于坚决制止乱收费、乱罚款和各种摊派的决定》，首次提出"收支两条线"概念。十四大明确提出了建立社会主义市场经济体制的目标，围绕这一目标，我国加快了经济改革步伐。为从体制制度上刹住乱收费的不正之风，1993年中央先后转发了财政部《关于治理乱收费的规定》和《关于对行政性收费、罚没收入实行预算管理的规定》，确定了收费资金实行"收支两条线"的管理模式，要求对尚未纳入预算管理的行政性收费、专项收费及事业性收费实行财政专户储存。中纪委也在当年的全会中明确提出落实"收支两条线"，并在以后的历次全会都重点做了部署。从此，"收支两条线"管理制度改革逐步推进。经过治理整顿，预算外资金总量1993年下降到1433亿元。自1994年起财政部将83项行政性收费纳入预算管理，各地区各部门罚没收入均按规定全额上缴国库。

这一阶段，"收支两条线"管理制度形成雏型，工作的重点主要放在治理"三乱"上。由于预算外资金规模庞大、名目繁多、管理分散、性质各异，"收支两条线"管理制度尚未有明确、系统性的规定，不少部门和单位虽然实行了专户储存制度，但其所有权和使用权仍没有改变。财政收入流失较多，预算外资金仍有相当的发展，导致的腐败现象仍不时出现。

第二阶段，从1996年到2000年，为改革广泛开展阶段。

根据党的十四届五中全会提出的实行经济体制和经济增长方式两个根本转变，促进国民经济持续、快速、健康发展的方针，为增强国家财力和宏观调控能力，抑制固定资产投资和消费基金的膨胀，减少不正之风和腐败现象的发生，1996年，国务院发布了《关于加强预算外资金管理的决定》，明确预算外资金是国家财政性资金，要上缴财政专户，实行"收支两条线"管理。同年，在全国范围内开展了大规模清理检查预算外资金的工作，查实了1995年全国预算外收入总规模为3843亿元，比当年决算数增加1437亿元，清理出各种违规支用金额102亿元，1997年又在此基础上进行了重点抽查，发现和纠正了部分新问题，取得了较好成效。

党的十五大提出集中财力、振兴国家财政的要求，有力推进了"收支两条线"管理改革，中央纪委也将这项改革作为从源头上治理腐败的重要措施大力推动。"收支两条线"管理制度改革范围逐步扩大和深化。横向上，从最初对公、检、法、工商4部门实行"收支两条线"，扩大到交通、城建、教育等17个重点执收执罚部门，再扩展到所有有执收执罚收入的部门；纵向上，首先在中央一级、省一级以及副省级城市、省会城市实行改革，逐步延伸到对地区、县、乡实行"收支两条线"管理。改革内容得到了充实和完善，扩展到项目审批、标准核定、票据管理、征收体制、账户设置等方面。在各方面的支持下，财政部门加强"收支两条线"管理，加大治理工作力度，会同有关部门分13次取消1740项收费，减轻社会负担1267亿元。预算外资金基本纳入了财政监督管理轨道，其高速增长的势头得到了有效遏止。

这一阶段的改革取得重大进展，实现重要突破，人们的思想观念有很大转变，但改革重点放在了“收”的方面，还没有实现全面、真正收支脱钩的“收支两条线”管理，综合预算未能真正实现。

第三阶段，从 2001 年至今，为改革延伸推进阶段。

党的十五届六中全会通过了关于加强和改进党的作风建设的决定，要求从制度上、源头上治理腐败，明确提出要加强财政专户管理，逐步实行预算内外资金统管的财政综合预算，执收执罚部门都要严格执行“收支两条线”管理。中纪委将“收支两条线”、部门预算、国库集中收付等财政制度改革作为源头治本的重点加以推动。为从根本上解决预算外资金管理中存在的突出问题，2001 年国务院办公厅转发了财政部《关于深化收支两条线改革，进一步加强财政管理的意见》，以收支脱钩、收缴分离为核心内容的“收支两条线”管理改革迈出了实质性步伐。目前中央批准的收费项目约 90%已纳入预算，政府性基金已全部纳入预算。2008 年以来，又进一步扩大了“收支两条线”管理范围，在原来对行政事业性收费、政府性基金和罚没收入实行“收支两条线”的基础上，又将国有资源（资产）有偿使用收入、国有资本经营收益、彩票公益金等政府非税收入，纳入“收支两条线”管理范围。改革预算外资金收缴制度，实行收缴分离，建立“单位开票、银行代收、财政统管”的非税收入收缴制度。截止到 2004 年底，共有 26 个中央部门和单位实行了收入收缴改革，41 个实行了“收支脱钩”管理。

这一阶段，收支并举，统筹改革，在理论探索、实践创新、模式完善、机制改进各方面都更加深入，形成了一套较为完整的“收支两条线”管理制度，改革进一步向纵深发展。

“收支两条线”管理制度改革具有重大意义，其明显的实践效果已经和正在产生重大影响：

（一）有效制止了“三乱”行为，促进了财经秩序的好转

培育统一开放、竞争有序的市场体系是建立社会主义市场经济体制的根本要求。“收支两条线”管理改革规范了政府的收费行为，遏制了“三乱”现象，切实减轻了企业和社会的负担，减少了市场的不确定因素；“收支两条线”管理要求按照公共产品和公共服务的内在属性，理清行政性收费和经营性收费的范围，这将在很大程度上促进政府与市场的合理分工，解决财政“越位”与“缺位”并存的问题，促进政府职能转变，减少政府对微观经济的干预；统一各地收费规则，冲破地方保护主义的屏障，开创了一个公平竞争的市场环境；在一定程度上堵住了有些部门“灰色收入”的来源，有助于遏制固定资产投资和消费基金膨胀的趋势。这些在很大程度上促进了经济秩序的好转，增强了投资者的信心，有助于为经济发展创造良好的投资环境、政策环境和制度环境。

（二）集中了国家财力，增强了宏观调控能力

实施宏观调控是在社会主义市场经济体制下政府的一项基本职能。宏观调控要求具备充足的物质基础和科学的信息基础。长期以来，大量的预算外资金游离于国家财政监管之外，导致国家财力分散，严重削弱了国家的宏观调控能力和调控效果。“收支两条线”将所有公共性质的收入，按照公共财政的要求纳入预算或财政专户管理，通过编制综合预算，实现了预算内外资金的统一管理，既增强了政府的可控财力和综合平衡能力，又为科

学的宏观调控决策提供更为准确的信息，从而最大限度地增强了政府的宏观调控能力。

（三）有利于强化权力监督制约，从源头上防治腐败

针对改革开放过程中出现的一些腐败问题，党中央提出要通过深化改革，创新体制，从源头上加以预防和解决。"收支两条线"管理制度改革，作为财政预算管理体制改革的一个重要内容，力求从管理制度创新、源头防治腐败、规范政府行为等方面，加强对行政事业性收费和罚没收入等非税收入的管理，已经起到了遏制权力滥用、增强收支透明度、从源头预防和治理腐败的作用。(1)"收支两条线"明确了各部门行政事业性收费是财政资金的属性，为各执法部门的相关人员设立了一道法规界限。(2) 实行"收支两条线"，收入全部上缴国库和财政专户，支出由预算安排，部门的一切收支行为均要受到财政预算的制约与监督，阻断了乱收与滥支之间的利益驱动链条，对防止执收执罚部门和单位乱收、乱罚、截留、挪用，起到"釜底抽薪"的作用，促进了部门公正执法，规范了政府收支行为，有助于从制度上消除贪污浪费、权钱交易、私设"小金库"等腐败现象滋生的土壤。(3) 深化"收支两条线"管理，弱化了部门违规收费的动机，限制了乱发滥支，大大减少各种违法违规行为。

（四）有利于推进财政改革，建立公共财政框架体系

"收支两条线"管理制度改革是公共财政制度改革的重要组成部分，它和其他预算管理制度改革是相互支撑、有机统一的。目前，我国正在推行的财政综合预算、开设国库单一账户、实行国库集中收付和政府采购制度等各项预算管理制度改革，既要以"收支两条线"管理制度改革作为支撑基础，又要以"收支两条线"管理制度改革作为推动力和制度屏障。反之，其他预算管理制度改革的顺利推行，又为"收支两条线"改革的深化提供了有利条件，大大提高了"收支两条线"管理的水平和效率。

（五）有利于发展社会主义民主政治，构建社会主义和谐社会

党和政府提出全力构建社会主义和谐社会的目标，"民主法治"是和谐社会的基本特征之一。国内外的实践证明，政府民主最具体化的表现就是财政民主。"收支两条线"管理将预算外资金纳入预算管理，编制财政综合预算，这样政府所有的收支活动都置于公开、透明的监督之下，从而大大提高了国家财政收支的透明度，体现了财政民主的要求，从一个重要方面推动了社会主义民主政治改革。同时，"收支两条线"管理制度改革的实践，对深化分配制度改革、行政管理体制改革、司法体制改革等其他社会重大改革也具有积极推动作用。

二、"收支两条线"改革经验和启示

"收支两条线"管理制度改革经过十多年的实践，克服了重重困难和阻力，稳步推进，为如何在新旧体制转换过程中切实搞好改革，积累了宝贵经验。

（一）重大复杂的改革必须有明确的方向和坚强的领导

首先，明确的方向是前提。从 1993 年"收支两条线"改革正式启动以来，党中央、国务院始终明确改革的方向，即构建社会主义市场经济体制及其公共财政体制。按照这一方向，党中央、国务院在不同阶段及时下发一系列文件指导改革，使得改革有法可依、有章可循，一步步推向深入。其次，党中央、国务院适时做出重大决策是关键。"收支两条

线”管理制度改革直接涉及国家、地方、部门之间利益的划分，其每一步深入都是对既得利益的触动，困难极大。党中央、国务院适时做出决策对减少改革阻力、推动改革深入至关重要。如1998年，中央做出军队、武警部队和政法机关一律不再从事经商活动的重大决策，并很快延伸到所有行政执法部门，有力推动了“收支两条线”改革。再次，采取一系列措施统一思想是保障。正是由于党中央、国务院的广泛发动和大力强调，使各级政府和部门统一思想认识，从长期以来形成的地方和部门利益观念中跳出来，明确了“收支两条线”改革的性质、目的和重要意义，从而积极推动、配合改革，使得这项涉及每个单位、每个部门的改革得到全社会的理解和支持，大大减少了改革的阻力。

（二）纪检监察机关应当而且必须围绕解决突出矛盾发挥组织协调作用

“收支两条线”管理制度改革是社会一大难点，也是一项系统工程。其每一项工作，包括清理整顿收费、实行收入收缴改革、撤销银行账户、将收费纳入预算管理等等，涉及多方面的利益关系，需要各部门合作，尤其需要纪检监察机关的组织协调。实践证明，中央纪委、监察部从反腐败角度大力推动改革，及时研究解决工作中存在的突出问题，对改革措施落实情况进行监督检查，发挥了对这项改革的保障作用。不仅多次中纪委全会把“收支两条线”作为反腐败源头治本工作的重点，而且具体措施接连不断，使改革逐年推进。如1999年，监察部会同财政部等部门制定了《关于1999年落实行政事业性收费和罚没收入“收支两条线”规定工作的意见》，明确了“收支两条线”管理的六条标准，同年与财政等有关部门联合进行了中央单位预算外资金管理专项检查；2001年牵头组织了对中央部门银行账户管理情况的检查；2003年牵头开展了中央部门和单位行政事业性收费及政府性基金“收支两条线”专项检查等，这些都有力推进了改革。各级纪检监察部门积极发挥组织协调作用，有力促进了财政、银行、审计和执收执罚部门之间的密切配合，促进了改革的深化。

（三）组织实施重大改革必须底数清、情况明

“收支两条线”改革事关全局，情况复杂，工作艰巨，每一步推进都离不开准确的政策和明确的措施，而所有的政策和措施都需进行大量细致的调查研究。党中央、国务院、中央纪委作为决策层，出台停止军队、武警、政法机关经商活动决定，选择公、检、法、工商部门作为改革的先行者等等重大举措，都是深入研究问题、准确判断情况的结果。财政部门提出清理整顿预算外资金，是在组织大规模清理，弄清数额、分类后实施的；为排除阻力，加大经费保障力度，是在深入调研、摸清情况、反复测算后落实的；将改革逐步延伸到清理规范政策外补贴等深层次问题，是在全面调查、深入分析基础上向中央建议的；将“收支两条线”改革适时与推进部门预算、国库集中收付制度相结合，同样是在深思熟虑、包括考察国际经验后推进的。可以说，这项改革所以能冲破重重阻力，稳步推进，深入调查研究、准确摸清情况是重要的基础性工作。

（四）有效推行改革必须分步实施、重点突破

“收支两条线”管理制度改革涉及面广、政策性强、矛盾集中，无论从客观经济形势条件还是从人员、时间、精力上看，不可能一步到位。这就要求改革针对各个时期形势变化的需要，提出明确、具体的阶段性目标和每个阶段的工作重点，循序渐进，有序推进。改革经历了从最初的仅将行政事业性收费和罚没收入纳入财政专户，到对整个预算外资金

实行“收支两条线”管理；从最初重点对收入的管理，到同时加强对支出的管理；从最初的治理“三乱”，到要求将预算外资金纳入财政专户，再到彻底的收支脱钩，实行预算内外资金统管的财政综合预算；从最初的仅实行“收支两条线”改革，到部门预算、国库集中收付、津补贴制度等改革整体推进，相互推动的过程。在每个阶段，针对改革的主要矛盾和矛盾的主要方面，进行重点突破。如在改革之初，将治理经济环境、清理整顿乱收费作为工作重点；在改革需要突破时，规定在中央一级、省一级以及副省级城市、省会城市法院、检察院、公安和工商部门率先对行政事业性收费实行“收支两条线”管理，等等。正是由于立足实际，步骤扎实，重点突出，改革才能取得今天的成果。

（五）搞好改革必须注意把工作的经验及时转化为制度

健全机制，建章立制，使深化“收支两条线”管理走向法制化轨道是改革的一条重要经验。“收支两条线”改革是一项系统工程，需要及时总结实践经验，建立与之相配套的制度体系。改革以来，各级政府和相关部门，根据改革的进展与需要，及时将改革实践的经验转化为制度和有关法规，涵盖了规范、约束、惩处各个方面。仅财政部门就相继制定了以部门预算管理、银行代收代缴、财政票据管理、罚没收入管理、单位财务管理、财政经费保障等为主要内容的几十个管理制度和办法。地方如湖南省出台了《非税收入管理条例》等法规。法规制度的日臻完善，保障了“收支两条线”改革扎实有效地深入开展。

（六）推动改革措施的落实离不开广泛、经常的监督检查

在“收支两条线”改革实践中，许多地方建立了社会监督和内部监督相结合，财政、审计、纪检监察监督和人大、政协监督相结合，组织监督与社会舆论监督相结合的监督网络，确保了“收支两条线”制度的贯彻执行。从近几年开展监督检查的情况看，不仅及时查处和纠正了违规行为，而且宣传了国家有关“收支两条线”管理政策，对部门和单位触动很大，增强了有关部门和单位落实“收支两条线”规定的意识和自觉性。经常有效的监督检查是保障“收支两条线”规定落实的一项有效措施，应当长期坚持，常抓不懈。

以上“收支两条线”管理制度改革的经验和做法，反映出一定的客观规律性，对其他重大改革具有启示作用。

三、“收支两条线”改革中存在的问题与对策

经过多年探索和实践，“收支两条线”改革取得了明显成效。但由于种种原因，改革仍存在一些问题和障碍，深化改革任重道远。（1）思想认识还不到位。仍有一些部门和单位的领导将预算外资金习惯性地视为自有资金，要求收缴多少就要支出多少，不愿意接受统一管理。（2）法律法规不健全。目前，“收支两条线”管理制度改革的依据散见于党中央、国务院、中纪委、监察部和财政部等部门的各类文件中，在国家层面缺乏一套完整、统一、规范、系统的法律法规，这既不符合依法行政、民主法治的要求，也使得“收支两条线”管理制度刚性约束不足。（3）“收支两条线”管理的范围需要进一步扩大。目前，除罚没收入、基金收入以及纳入预算管理的行政性收费收入在“收支两条线”方面取得较大进展外，其他政府非税收入如国有资产（资源）有偿使用收入、国有土地收益等纳入预算内管理的力度不够，尤其是从全国来讲，还没有一个统一的可操作的管理办法。（4）收支管理不完善。中央和地方对预算外资金等非税收入还未全面实行收缴分离制度；实行收

支脱钩后一些地方应收不收、收入欠缴和入库不及时已成为当前“收支两条线”管理中一个突出的问题。很多地方还存在以收定支现象，没有实现真正收支脱钩，滥支乱用、截留挪用、坐收坐支问题仍然存在。特别是高等院校收费和电视台收取的广告收入等非税收入，管理难度很大。一些部门和单位为逃避财政管理和监督，将行政事业性收费作为经营服务性收费管理。(5) 监管有待加强。现行监管体制，管理权力分散，财出多门，信息不畅通，降低了管理效率，增加了监管成本。对“收支两条线”管理缺乏法规支撑，使负有主要监管职责的各级财政部门日常监管弱化。处罚力度不够，重检查轻处理，致使违规行为尤其是违规人员得不到应有的严厉处罚，一些问题屡查屡犯。(6) 相关配套改革还不到位。由于我国的事业单位改革、津补贴制度改革、公费医疗制度改革等各项配套改革都还没有完全到位，对部门非税收入的使用很难进行科学、合理地规范。

按照科学发展观、构建社会主义和谐社会和建立适应社会主义市场经济体制的公共财政的要求，我国应进一步提高政府非税收入“收支两条线”管理的层次和深度。从长远看，应取消“收支两条线”的概念，将预算外资金统一界定为“非税收入”，建立统一完整的国家预算。(1) 通过完善财税体制，深化税费改革以及加强法制建设等，将一部分收费、基金纳入税收管理；(2) 将其他各类行政事业性收费作为非税收入管理，从而强化财政对基金、收费的预算管理力度，建立完整统一的公共财政体系。

从近期看，应从以下方面进一步深化“收支两条线”管理改革：

1. 统一思想，确保各项改革措施继续推进。“收支两条线”改革的深化，很大程度上依赖于思想观念的更新。要通过各种方式，继续加大对改革的宣传力度，使各地方、各部门和各单位认识实行彻底“收支两条线”的重大意义，摒弃一切与社会主义市场经济体制要求不相符的做法、认识，把思想统一到非税收入“所有权属国家，使用权归政府，管理权在财政”的共识上来，深入贯彻落实党中央的要求，高度重视、全力支持和配合改革工作。当前尤其要注意改革成果的巩固，绝不允许出现名义上收支脱钩，实际上明脱暗挂甚至全额返还等回潮现象。建议中纪委在全会或以其他形式继续提出要求，以利于统一认识，和谐推进。

2. 加快立法，将“收支两条线”管理纳入法制化轨道。要适应进一步完善社会主义市场经济体制的要求，在多年预算外资金管理实践经验的基础上，尽快出台非税收入以及“收支两条线”管理的法律、法规，统一全国的非税收入管理规则，确立“收支两条线”管理制度的法律地位。按照公共财政的要求，将所有政府非税收入，包括政府部门和单位依法利用政府权力、政府信誉、国家资源、国有资产或提供特定公共服务、准公共服务取得的所有收入，均纳入“收支两条线”管理。从法律层面上规范和约束非税收入的项目审批、标准制定、征收管理、财政分配、资金使用和监督检查等活动，改变目前政出多门、口径不一、管理松散的局面，真正实现依法理财。

3. 深化改革，推动“收支两条线”管理向纵深发展。进一步增加实行“收缴分离、收支脱钩”管理的广度和深度。(1) 继续进行行政事业性收费、基金等清理整顿、研究工作，尽快确定目前性质较难确定的收费项目管理制度，逐步将政府性规费全部纳入预算管理，实现全口径预算。(2) 要全面建立“单位开票，银行代收，财政统管”的非税收入征管体系，深化收入收缴管理改革，继续扩大收入收缴改革试点范围。(3) 实行彻底收支脱钩，强化财政综合预算管理。预算外资金模式，已明显不适应市场经济体制下建立健全公共财政体系的要求，应将所有政府非税收入全部纳入预算管理。通过编制财政综合预算，合理核定部门和单位预算支出标准，使非税收入的收缴与管理同执收部门和单位的收入彻底脱钩。同时，提高部门预算编制水平，按照公共财政管理体制的要求，保障部门和单位履行职能所必需的经费开支。(4) 继续深化国库集中收付制度改革。提高国库管理工作效率，加快资金拨付进度，按照人大批准的预算及时核拨执收部门和单位的正常经费，确保执收部门和单位工作正常开展。

4. 建立机制，加强政府非税收入的征管工作。(1) 建立有效的政府非税收入制约和激励机制。加强对政府非税收入征收工作的监督管理，凡国家规定应当收取或取得的政府非税收入，执收部门和单位必须严格按照规定范围和标准及时足额征收。同时，在相关体制、机制、制度仍不完善的情况下，为保证收入水平，相对降低改革成本，作为过渡性措施，应考虑在政府非税收入管理政策和部门预算编制中建立一种激励约束机制，以调动执收单位积极性，确保应收尽收。(2) 加快"金财工程"建设，实现数据信息资源共享。"收支两条线"管理是一项复杂的系统工程，必须依靠现代化的网络信息技术。结合"金财工程"建设，建立起完整的非税收入的收入记账、会计核算、国库集中收付等信息共享、相互衔接的"收支两条线"管理体系，实现非税收入信息在财政部门、主管部门、执收部门和交款人之间的信息互通，确保政府非税收入及时足额上缴国库或财政专户，防止隐瞒、截留、挤占、坐支和挪用现象发生。(3) 建立财政预算资金绩效评价制度，加强对政府非税收入使用情况的监督，提高资金使用效益。

5. 加强监督，保证"收支两条线"管理各项规定的贯彻落实。建立监督检查机制，构建以立法机关监督为保障，财政、监察、审计监督为主体，公众和媒体舆论监督为基础的多层次监督体系，整合监督资源，形成监督合力。认真贯彻执行《财政违法行为处罚处分条例》等法律法规，加大查处力度。对检查中发现的问题，除了要严格按国家有关财政法规规定处理外，还要按有关法规要求，严格追究相关责任人员的责任。建议立法机关和中纪委、监察部进一步加大执法监察和执纪力度，以严明的法纪，保证改革的深入。

6. 配套改革，为彻底实现"收支两条线"管理创造制度条件。"收支两条线"改革涉及各个方面利益关系和工作方式上的调整，不能单兵推进，必须协同作战。特别到目前改革攻坚阶段，没有相关改革的配合，不可能取得彻底成功。因此，在进一步深化部门预算、国库集中收付等财政相关改革的同时，尽快出台规范的工资和津补贴制度，弱化狭隘的利益驱动；加快行政事业单位国有资产管理制度改革，堵塞不规范的收入来源；加快事业单位体制改革和乡镇机构改革，跳出"以费养人，以人收费"的恶性循环。多项相关改革的同步推进，将为"收支两条线"改革深化创造必要的条件。

试论政府财政活动公共性和我国公共财政体系的构建

国务院农村综合改革工作小组办公室　石义霞

一、政府财政活动公共性的理论分析

财政活动是任何一个国家政府的重要活动，虽然在不同的时代、不同的政府，财政活动的具体内容和方式有很大的区别，但却有共同的内涵和规律。因此，分析我国市场经济条件下财政活动的公共性，必须首先从财政活动公共性的一般角度去分析，以加深对财政活动公共性的理解。

财政活动公共性是政府财政所具有的产生于社会的公共需要、来源于社会的公共税收、服务于社会的公共利益，并受社会的公共监督的一系列特性。相应的，我们可以认为，公共性的财政是为纳税人和所有的公民服务的财政。就财政公共性的概念本身而言，是一个比较抽象的概念，隐含着一种公平、公开、权利与义务对等的理念和思想。而在具体的实践当中，则主要体现在政府的收入、政府的支出、政府的财政预算，以及财政行为的监督和财政制度等方面。这也将在我们后面的讨论中得到体现。下面试图从社会契约、财政民主和公共选择等理论的角度，来对财政活动公共性做一些粗浅的理论论证。

1. 从社会契约角度看财政活动的公共性。社会契约理论认为，人在没有政府的自然状态下，有着许多的不便，如有人不断地受到别人的侵犯而后又没有公共裁判去解决，为克服这种混乱和无序状态，人们订立契约，把自己的一部分权力交给成立的公共机构即政府去执行，从而使自己权益得到保护。在这个社会契约约束下，政府必须根据人民的意愿行使职权，同时还要接受人民监督，人民有权以投票方式来支持或反对该政府。“契约论固然是一种虚构，但是它试图从组成国家的人民中来寻找国家统治的根据，思路是正确的。”[①] 把社会契约理论应用到政府的财政活动当中，我们可以认为，在政府财政活动过程中，政府与公众之间也签订了一个契约，即公众向政府纳税，以此来获得政府提供的公共物品，而政府提供公共物品所需的各种费用也正来源于公众的纳税。根据此契约，“政府要为公众提供公共产品和服务，为此需要向公众征税来筹集资金；而公众从政府提供的公共物品中受益，但要付出纳税的代价”。[②]

2. 从民主财政角度看财政活动的公共性。财政民主化是财政公共性的必然要求和重要体现。为克服权利与义务不对称问题，我们提倡民主财政，即作为无数私人有机集合体的公众如何对政府的财政活动进行参与和监督，从而确保财政预算公共性。一般来说，财政民主化具体实现内容主要有：一是财政决策民主化，政府每年要向公众公布其预算和决算情况，接受公众监督。二是财政分权，即财政决策权不能都集中在中央政府，而必须落实到比中央政府更了解本地民众对公众物品的偏好的地方政府手中。三是财政竞争。“用脚投票”理论很好地说明了这一点。民众通过选举和迁移等方式，来选择能最有效地提供公共物品的政府，从而在各地政府间形成一种竞争机制。有这三种机制，地方政府便会更好地、更有效地为公众服务，实现公共性。

3. 从公共选择角度看政府财政公共性。公共选择理论是建立在民主制度基础之上的，由于社会上分散的个人对公共物品有着不同的偏好，因此，为了有效地表达和集中这些不同偏好，就必须采用自由市场中的个人选择模式。比照市场中交易模式，公共选择理论把政府公共部门看成是生产者、把公众看成是消费者、把公众对政府官员的投票看成是货币，而公众对政府官员的投票过程则是一种市场交易的过程。通过公共选择理论，我们可以实行财政决策的民主化，实现公共支出与公共税收均衡，并保证政府财政活动公共性的实现。

通过上述理论分析，我们可以认为，公共性是政府财政活动的本质属性，并自产生以来就一直存在着。“财政的公共性是财政范畴固有的、内在的。只是在不同的时期、不同的经济形态下，这种公共性的程度不一，或表现得突出不突出的问题。公共性是财政范畴的本质特性，并非‘公共财政’所独有。”[③]

公共性虽然是政府财政活动的本质属性之一，但在现实的社会历史发展过程中，财政的公共性并没有得到很好的体现和落实。典型的如奴隶社会和封建社会的财政活动，公共性并没有占据主导地位，财政公共性是一个相对的概念。一是财政公共性是相对于财政阶级性而言的。在阶级社会里，国家的阶级剥削性和统治性，体现在政府的财政收支和管理上，也是以占统治地位的剥削阶级为主体的分配，在主导的方面都是为剥削阶级利益服务的。马克思主义认为，“资本主义国家的财政，当其在担当一定的‘共同需要’的同时，

① 张馨：《公共财政论纲》，经济科学出版社 1999 年版，第 346 页。

② 井明：“民主财政论——公共财政本质的深层思考”，中华财会网络财经文库 2000 年 7 月。

③ 项怀诚主编：《建立有中国特色的公共财政体制框架》，经济科学出版社 2000 年版，第 416 页。

更主要、最基本的导向性，仍在于维护资本剥削制度，满足这个制度中统治阶级的需要”①。后来，随着资本主义的发展，市场机制力量日益增强，并最终成为配置社会资源的主要方式。这一根本性变化，使得财政活动公共性被压抑和扭曲地位得到根本改变，公共性日益超过阶级性占据主导地位。二是财政公共性具有一定的层次性。在不同的历史发展时期和不同的条件下，财政的公共性还具有不同的层次。根据我国学者刘尚希的观点，政府财政的公共性可分为三个层次：一是市场失灵领域，主要有国家安全、公共秩序与法律、公共工程与设施以及公共服务等；二是随着市场经济的发展而产生的诸如经济外部性、垄断、分配不公、经济波动、信息不完全等；三是在市场发育程度比较低的国家，如能源开发、原材料工业、铁路、航空、电讯等私人难以涉足的领域，这些领域大多由政府依靠公共性的支出去发展；具体到某一国家处在哪一个层次上，通常是和该国的社会发展阶段和经济运行体制相联系的。

总之，公共性是财政的本质属性。同时，财政公共性又是不断发展的，在不同的政治经济条件和历史发展阶段，其实现形式和存在范围是不同的。在财政发展历史进程中，市场经济的发展具有决定性意义。市场经济产生以后，财政公共性日益显现，并日益占据主导地位。

二、市场经济与政府财政公共性关系分析

市场经济与财政公共性互相促进、互相影响的关系。有市场经济，就必须要有与之相适应的公共性财政。为更好地论述我国市场经济条件下财政活动的公共性，还必须对“市场经济”这一十分关键的前提进行分析，即分析市场经济对财政公共性的影响和决定作用。

通过考察财政公共性的发展变化，我们可以看到，市场经济的产生和运行对财政公共性占据主导地位起到了十分重要的决定作用。具体可从市场经济给个人利益、财政活动以及预算制度带来变化的角度去分析。

一是市场经济进一步明确了国家利益和个人利益的界限。公共性是相对于个人而言的。公共性的形成和强大并最终产生与政府抗衡的力量，需要具有独立的社会地位和财产以及可以追求个体独立利益的个人。在奴隶社会、封建社会，统治阶级掌握着大部分的生产资料，广大社会成员处于被剥削、被压迫的地位，与政府之间的关系是附属性的和行政隶属的。市场经济的产生和发展改变了这一状况。在以自由买卖和追求利润最大化为特征的市场经济中，人们摆脱了行政权力的约束，在法律容许的范围内，每个人都有追求自我利益的独立权利和地位，个人的独立主体地位得到了可靠的保障。财政的公共性是建立于“私人”基础之上的，有了私人利益的保障，财政公共性的实现就具备了初步条件。

二是市场经济发展带来了必须由政府财政解决的公共性问题。市场机制是会失灵的，它不能确保在所有领域所有方面都达到资源的有效配置，甚至还会带来一系列个人无法解决的问题。主要表现为：公共产品存在的领域、外部性存在的领域、自然垄断的领域、信息失灵的领域，以及社会分配不公平的领域等。市场失灵决定了政府必须在一定程度上介

① 贾康：《财政本质与财政调控》，经济科学出版社 1998 年版，第 70 页。

入和干预市场经济活动，以克服市场失效，确保整个社会资源配置的有效性。在这种情况下，政府通过公共财政进行社会范围内财富的大规模再分配，为社会成员提供保障，为市场正常运行提供公共保障等，也就进入了政府财政公共性范围。

三是预算制度的产生给财政公共性提供了可靠保障。历史实践证明，市场经济发展所带来的预算制度，使得政府财政收入不再是君主的私人收入而成为国家的公共收入，财政支出不再是君主的私人支出而成为国家的公共支出，政府的收支也都必须纳入年度财政计划并公开化，议会批准的政府预算也具有法律效力。政府预算制度的产生和确立，使得财政活动的公共性占据了主导地位，从而产生了公共财政这一崭新的财政模式。

总之，有市场经济，就一定要有公共财政。目前我国市场经济体制正在逐步健全和完善，必然要对财政公共性产生要求，即必然要求公共性成为财政活动的主导属性，逐步建立健全公共财政体系。

三、按照政府财政活动公共性原则构建我国公共财政体系

为适应市场经济发展的需要，我国于 1997 年正式提出了建设公共财政体制的目标。在 1998 年的全国财政工作会议上，财政部正式宣布我国将在近几年内建立起公共财政的基本框架；在 1999 年 3 月召开的九届人大二次会议上，构建我国公共财政基本框架问题，通过人代会审查通过。至此，在我国建立公共财政体制已正式进入运作实施阶段。公共财政是一个完整的、统一的框架体系，涉及方法面面的因素和关系。就我国目前的具体改革措施来看，公共财政的基本框架主要包括：界定财政职责、规范公共支出体系和公共收入体系、完善预算制度，以及建立有效的宏观调控体系等几个方面。这里，主要从政府支出、政府收入、预算制度等方面来研究。

（一）规范和完善支出体系

财政职能是政府职能的集中体现。完善支出体系，首先要从规范政府职能入手，即一般所说的以满足社会公共需要和纠正市场失灵为标准。其次，要退出不属于社会公共需要的、政府不该管的领域，即“越位”的领域。主要有：竞争性领域、应用性研究、一般性文艺团体、弥补国有企业亏损以及给予一般加工工业的投资补贴等等。再次，要管好属于社会公共需要的、政府该管的领域，即“缺位”的领域。随着我国市场经济的进程和社会经济的发展，这些领域主要有：社会保障、调节收入分配、科学教育事业、环境保护、维护市场秩序以及宏观调控等。这些领域都是财政没有给予足够注意，而属于社会公共需要的领域。最后，还要考虑到财政公共性的层次，完善公共支出的供给领域。对于“纯粹公共品”的供给，如国防、外交、行政管理等费用，政府应全额负担；对于“混合型公共品”中的教育、社会保障、环境保护等公共支出，可实行最低保障原则；而对于也具有“混合型公共品”性质的供水、供电、道路、桥梁等基础产业，其公共支出供给方式可实行以市场为主、政府为辅原则。

此外，还要合理划分中央与地方政府的职责和权限，完善分税制改革和转移支付制度。在转移支付方面，我国存在着一些非规范的“区别对待”政策。主要表现为，政府财政支出偏重于某些经济成分、行业和地区，甚至是某些社会集团和少数社会成员的利益，而压抑其他一些部门和行业的发展。这种区别对待的政策，在使一部分人获得好处的同

时，而损害了另一部分人的利益。从公共财政的角度看，这些“区别对待”的政策无疑违背了市场经济所要求的财政公共性原则。总之，从“越位”的领域退出并弥补“缺位”事项后，我们便可纠正因“越位”和“缺位”而带来的政府职能的“错位”现象，科学地界定财政的职能范围，从而实现市场经济所要求的财政支出的公共性。

（二）规范和完善政府收入体系

政府要向社会提供公共服务，必须向社会取得一定的收入，这种收入的主要形式是税收。税收是构建为社会提供公共服务，凭借政治权力依法向居民和经济组织进行强制征收而取得的一种固定收入。税收具有强制性、无偿性和固定性特征，只有规范的税收才能给政府带来稳定可靠的收入，才能与公共支出格局相对应。就我国目前来说，在政府收入中，除了税收外，还有国有资产经营收益、政府债券、政府收费等非税收入。为规范收入秩序，首先要按照建立社会主义市场经济体制总目标的要求，遵循“统一税法、公平税赋、优化税制、合理分权”的指导思想，深化税制改革，建立适应公共财政体制要求的税收制度。具体要完善增值税制度和个人收入所得税制度，结合我国国情开征社会保障税，保持税收收入的稳定增长，增强税收对经济的调控能力等，最终要逐步从以流转税为主体税种的税收制度向以所得税为主体税种的税收制度的转变。其次，要进一步规范农村税费制度。乱收费现象混淆了纳税人法定的纳税义务和税外不合理负担的界限，不仅使政府收入对象与支出对象不对称，还助长了腐败现象的滋生和蔓延，严重影响了政府形象和干群关系。因此，应继续在中央政策的推动和资金支持下，在法律和制度的层面上使税赋制度得以保证。

（三）改革和完善财政预算制度

改革和完善预算制度是建立我国公共财政体制的关键所在。首先，在预算编制上，应细化预算科目、实行部门预算，增强预算透明度，改变现行预算科目过于笼统、随意的现象；在预算编制的每一个环节上，要制定具体的操作规程或办法，并使之法制化，加强规范性；预算编制后，一经人民代表大会批准通过，应具有法律效力，不可随意增加或修改。其次，在预算执行上，要建立统一的预算账户，实施国库集中收付制度，保障资金的及时到位和合法有效使用；建立资金拨付的法定核对和签名制度，在办理任何一笔资金的拨付时，从经办人员到主管领导都必须审核签名。再次，要建立预算资金使用的追踪问效制度，随时对资金的增减变化和去向有效地进行监督和检查。最后，还要建立预算支出使用效益评价制度，从而有效地调整政策，改进工作，提高财政资金使用效益。

（四）完善我国的财政监督体系

财政监督是指财政监督主体对各级政府和预算单位的财政资金收支活动的合法性和有效性实施的监察和督导。建立公共财政体制框架，重要一点就是要加强对财政的监督，尤其是要加强人大对预算的监督。“如果人民代表大会审议的预算、广大人民群众从新闻媒体上见到的预算，只是政府收支的一部分，还有相当部门游离于预算之外，这种审议或监督的实际意义就要打一个很大的问号了。”① 就我国目前的监督体系看，主要包括由财政部驻各地财政监察专员办事机构为主组成的中央财政监督系统，由地方财政、税务等组成

① 项怀诚主编：《建立有中国特色的公共财政体制框架》，经济科学出版社2000年版，第99页。

的地方财税监督系统，由各地审计部门组成的政府监督系统，以及中央和地方各级人大组成的人大监督系统等。表面上看来，我国的财政监督系统呈现出全方位、多环节、多层次的状态，但与西方发达国家财政的立法监督、行政监督、司法监督相比，我国财政监督实际上是不健全的、不独立的，尤其是人大对财政的监督作用不够。因此，我们要建立健全财政的监督体系，即每年收支预算的决定、审核由人大进行监督，收支计划的制定、现金的掌管以及会计、统计等事项的处理由行政机关进行监督，而凡是与财政有关的、违法违纪的案件要由司法机关监督。同时，要加强新闻媒体、社会舆论对政府财政行为的监督。只有健全我国的财政监督体系，才能从制度上保证财政行为取之于民、用之于民。

当前，在具体构建公共财政体制框架中，还涉及许多重要的相关问题，如政府职能的转变和财政职能的合理界定等等。对于这些问题，根据公共财政理论的要求，通常是以社会公共需要的满足为主要衡量标准的。但是，从更高的层次上来讲，要想真正地建立公共财政体制和实现财政的公共性，还必须从民主法制的角度，从财政立宪的层面上来构建。

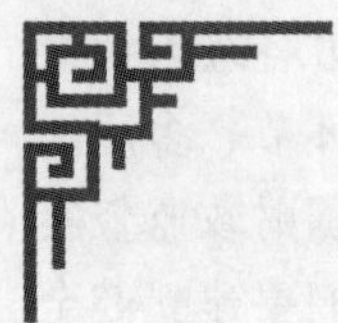

中国社会保障制度及运行中的不公正公平问题分析与思考

财政部科研所　赵福昌

党的十六届四中全会提出要“把和谐社会建设摆在重要位置，……促进社会公平和正义”。作为收入再分配的社会保障，重要的功能是促进社会公平。中国不断发展的社会保障制度，对改革和稳定起了重要促进作用。但中国的社会保障制度，从新中国成立以来的农村保障城市，到改革开放以来的非国有经济保障国有经济，再到老龄化日趋加重的当今社会中“新人”供养“老人”，而新人的社会保障权益在未来呈难以兑现之势。现代社会保险的设计难以彻底摆脱计划经济的思路影响，改革本身的渐进性加上理念不清、管理不规范，使我国社会保障制度及运行中暴露出诸多有失公平的问题，在促进一方公平的同时却忽视了另一方的公平，甚至在造成另一方新的不公平，这些都不符合“以人为本”和“构建和谐社会”的基本要求，对我国的社会保障公平及可持续发展提出了新的挑战。本文仅就我国社会保障公正公平问题进行必要的分析，并试着提出一些建议。

一、社会保障公正公平的把握

经济学上讲的公平，指一般过程公平和结果公平①，或“公正公平”（FAIRNESS）和“均平”（EQUALTY）。过程公平强调收入分配过程的不偏不倚，重点则在于公平尺度，同样的对待，防止双重或多重标准有所差

① 刘宇飞：《当代西方财政学》，北京大学出版社 2003 年版，第 58～59 页。

别的对待，突出的是规则的公平；结果公平强调收入分配的结果能够让所有的人都满意，侧重人人应平等地享有财富或收入，带有一定的平均主义的色彩。在中国市场经济改革过程中，一般认为，初次分配中突出效率，要发挥市场在资源配置中的基础性作用，也就是强调过程公平；再分配中，应该突出结果公平，实际上是就是“均平”。

社会保障是一种收入再分配，应该重视“均平”目标，即结果公平，要本着互济、共济的原则，实现高收入者对低收入者的转移支付，提供基本的生活保障，这是社会保障必不可少的核心内容；但是社会保障作为一项制度，在其制定和运行中也须体现公正公平，也就是说，在肯定再分配体现“均平”的前提下，本着“以人为本”的原则，作为社会保障制度应有的对象，无论是富者还是穷者，要一视同仁，处于相同或是同类状况的对象或是群体都应该得到同等的对待。要保障所有公民公正公平地享有社会保障的基本权利，既要避免同为公民享有社会保障权益的绝对差别，也要尽量避免同为公民因工作岗位、性质不同而社会保障权益的相对差别（本文下面的“公平”，无特殊说明，均指公正公平）。

二、我国社会保障制度及运行中不公平情况分析

社会保障项目大致分为社会福利（最低生活保障、社会救济等）和社会保险（社会保险和补充保险等）两大类。社会福利是指政府对居民无偿的、单向的资金转移的社会保障项目；社会保险则是利用现代保险的“责任共担”的原理①，被保险人先付费后受益的社会保障项目，它体现了一种权利与义务相对称的原则。我国的社会保障制度的不公平，既有最低保障层次（即社会福利）的不公平，也有社会保险层次的不公平。

1. 最低保障层次的不公平。最低保障层次，实际上就是要确保保障对象的一个最低生活水平，通过无偿转移支付的形式对低于某一收入标准的保障对象进行补助。我国最低社会保障层次的不公平表现在：

（1）城市最低生活保障的“劳动收入判断标准”没有全面体现个人的经济能力，只包括劳动收入，没有考虑资产或财产收入，导致最低生活保障运行中存在不公平的因素。一些没有收入却拥有存量资产的人仍然符合低保的资格标准，比如驾车领低保的情况，有违低保本意。确定“其他收入”的内容，对公平至关重要，考虑到我国经济发展水平较低，确定包括资产（财产）收入的“收入标准”，既有利于节约财政资金，也有利于实现更广泛的公正公平。

（2）最低生活保障等福利项目城乡间不公平。最低生活保障是政府保障居民最基本生存权利的共济措施，只要是本国居民，都应享受。而现实情况是，只有城市低保，农村几乎是空白，对农村居民不公正。低保标准可以不同，但不应该没有。

（3）管理不规范造成不公平。社会福利，要求在政府进行收入补贴以后的个人收入都能达到最低生活标准的水平，这其中关键是要掌握低保对象的实际收入水平，加上管理不规范或力度不够，也会造成同种状况的人因财产结构不同而适合不同的标准，不同状况的人也可能因为收入状况相同而适合同等的标准，造成对象间实际的不公平。

2. 社会保险层次的不公平问题。社会保险层次不公平，既包括社会保险对象间的不

① ［台湾］袁宗蔚：《保险学——危险与保险》，首都经济贸易大学出版社 2000 年版，第 57 ~ 60 页。

公平，也有地区经济运行影响的不公平：

(1) 社会保险对象间的对待不公平。包括社会保险制度内、外对象间不公平，当前与未来对象间不公平，以及不同制度对象间不公平。

第一，社会保险理念不明确，覆盖面不全，动用一般财政收入弥补社会保障收支缺口，造成社会保障制度内、外对象的对待不公平。在社会保险覆盖面尚不完全的情况下，由于我国社会保险与福利的边界并不清楚，社会保险没有突出交费与收益相对应的保险理念来经营，社会保险基金缺口，越来越多地要求政府用一般财政收入支付，使社会保险具有一定的社会福利色彩。这实际上就是让所有人出资为制度内局部人员办保险，造成制度内、外人员的待遇不公平，特别是对没有被社会保险覆盖的对象是一种不公平待遇。

对农村居民而言，更具矛盾性，一方面政府在大力解决“三农”问题，但同时也存在农村居民为城市社会保险付费却不享受社会保险的情况，存在穷人对富人进行转移支付，这与“以人为本”是背道而驰的。

第二，社会保险理念不明确，责任后移，造成社会保险当前对象与未来对象间的不公平，即前后代际不公平。代际不公平是指代与代之间的社会保障责任与收益的不公平。由于我国的社会保障名义上是个人账户与社会统筹相结合的社会保障制度，实际上仍然是现收现付制的模式，仍然存在着养老责任后移的情况，在这种“现收现付制”之下，必然的结果就是“现缺现补制”，由于未来人口老龄化的冲击，都会对当代和后代人的缴费和受益水平产生重要的影响。特别是当这种现收现付制的社会保险可持续性受到挑战乃至破产时，那是对未来出生的各代人最大的不公平。

由于我国社会保障管理理念不够明确，社会保障没有纳入长期预算管理，使得当期和未来社会保障责任不明确，社会保险在支付标准确定上没有充分体现收入、预期寿命的制约作用，容易造成当期应尽的社会保障责任没有尽全，而受益水平又高于国家经济发展“应该”提供的水平。

政府间责任确定不合理，也是代际不公平的重要成因。一是因为社会保险与社会福利边界不清，社会保险缺口最终成为政府的无限责任，二是因为社会保险管理短期行为突出，对社会保障责任重视不够导致社会保险水平偏高，过于依赖中央财政，而且社会保障基金短缺与浪费现象并存，不利于社会保障代际平衡和健康发展。

第三，社会保险制度间存在不公平。一是企业单位的社会保险，二是机关事业单位的社会保障，目前由于两种机制运作上的不同，使得两种机制下的保障标准差别巨大。

第四，管理不规范造成不公平。我国社会保险由于带有一定的“福利色彩”，加上机构上责任划分不尽合理导致管理软约束，把社会保险当成“唐僧肉”，一些没有缴费和缴费不足的人员也被“纳入”其中享受社会保险的受益，这对于足额缴费和制度外的人员都是一种不公正待遇。

(2) 统筹层次较低，难以发挥地区间社会保险的互济功能，造成对地区经济发展影响的结果不公平。由于发展的差距，地区间财力与社保压力呈现“难者愈难、易者愈易”的情况，而现实中社会保障基本上还是中央定政策，地方具体负责管理落实，统筹的层次也就比较低。由于中央缺乏有力的手段来判断地方政府筹集社会保障资金的努力程度，这样不得不采取“挤牙膏”的形式，充分发挥地方的积极性，来解决资金缺口。这种情况下，一些地方虽然在中央给予一定的补助下仍然收不抵支，只好提高地方的缴费率，这种因社会保障带来的地方负担不公平，不仅导致了当前情况的发展差距，而且也会在发展中加大地区经济发展的不平衡。因为，越是经济发达的地区其劳动力市场就业率高，人口结构相对年轻，社保负担较轻，越利于地区经济发展；而越是贫困落后地区，劳动力市场就业率低，社会保障负担率高，越是不利于吸引投资，必然导致经济状况不断恶化，从而不仅不利于社会保障问题的解决，反而加剧了地区社会经济发展的不平衡。

同时，中央政府“挤牙膏”的资金管理机制，中央要在充分发挥地方积极性后不得不成为社会保障的最终责任人，机制上留下了谈判的余地，造成了地方政府不是向内挖掘潜力、而是向上“跑部要钱”的局面，这也在不同程度上造成资金运转的低效和浪费，社会保障的责任也越来越依赖于中央财政。

三、我国社会保障的“公正公平”制度安排

根据我国社会保障制度的公正公平问题分析，下面就促进社会保障公平的制度安排谈一些建议。

（一）我国社会保险的模式选择

社会保险的模式从筹资的角度分主要有两种：一是现收现付制，二是基金制。现收现付制很好地体现了互济原则，且便于管理，无须高昂的管理和监管费用，最大的弊端在于对人口老龄化而言是脆弱的，但“……审视 80 年代中后期以来在世界范围内涌起的养老金计划基金化和市场化的改革浪潮，……，这种改革不应该是对历史上形成的现收现付制的一个全盘否定，只是由于它在过去十几年间的过度扩张，以至于取得了对基金制的压倒性地位，最终对经济沿着可能的最优路径增长形成了巨大的压力，所以才需要加大基金制在整个养老金制度中的比重”（李绍光，1998）；基金制对于老龄化而言优于现收现付制，且有利于提高储蓄促进增长；但是却大大弱化了社会保险的互济功能，并且存在积累资金的投资和保值增值以及高管理与监管费用问题。“世界银行在很多国家倡导养老金私有化和积累式养老保险，将此作为应对老龄危机的手段。然而，事实证明，这种做法是无效的，并导致了许多问题。……包括私营养老金的高额管理费用，约为一个工人终生缴费的25%；政府在养老金监管方面的高支出和一些昂贵的担保金；既要满足目前的津贴支付，又要为新的预筹金计划积累资金，导致过渡成本高昂；由于投资金融市场的不稳定，缴纳了相同保费的工人，最后能够领取的私营年金数额有可能十分不同。”[①] 同时考虑到现收现付制的缺点，应该考虑一个“二者合一的、能够向工人提供一种防止双重风险的措施”，[②] “最佳养老金制度可能是一种混合型制度，……，国家提供最低津贴，私营基金作补充。”[③]

在中国社会保险面临转轨成本、当前缺口和未来老龄化的三重压力下，社会保险的可持续发展受到严峻的挑战，因此有关组织和改革者，有的建议中国建立“三支柱”的社会保险制度（世界银行，1994），包括基本社会保险、补充社会保险和自愿保险；有的认为中国建立“两支柱”的社会保险制度（Arun Muralidhar，2004），包括基本社会保险和自愿

①②③ 国际劳工局报告：《社会保障：新共识》，中国劳动和社会保障出版社 2004 年版，第 20～21 页。

保险。

鉴于中国的现实国情，比较两者优缺点，我们应该选择现收现付制为主、积累制为辅的部分积累制模式，且现收现付制只有在强化预算约束的前提下才可以达到有效控制政府的社会保障责任，因为现收现付制下，解决社会保障可持续发展问题不外乎两条，一是提高缴费水平，一是降低支付标准。提高缴费率、开征社会保障税等提高缴费水平在我国目前已无多少空间，能够让我们选择的，只有控制社会保障的支付标准了。

综上所述，我认为积累制在我国尚不具备充分的条件，随着时间推移和资本市场的不断发展，再逐渐扩大个人账户的份额，但目前不宜过分强调个人账户。在资本市场充分发展以前，现收现付制更加适合我国的国情，而现收现付制中提高缴费水平的空间已不大，所以，以控制支付标准为主要内容，严格资金预算约束，加强管理，继续强调“低标准、广覆盖”，这样的一种以现收现付制为主、积累制为辅的部分积累制，是我国社会保障制度的现实选择。

（二）我国社会保障公平制度安排

在现实可行的社会保障模式下，要解决上述我国社会保障中的不公平问题，我们需要以新的理念为指导，体现社会福利（最低保障层次）与社会保险管理的差别进行制度安排。最低保障层次要本着“符合资格者受益、低水平、重管理”的思路安排，体现对低收入者的补助；社会保险层次，要本着“明确保险理念、建立社保预算、专家统一管理”的框架安排，在风险共担的意义上体现缴费者之间的“互济”，通过突出付费者受益的保险理念（政府可以补贴，但应限量，否则就成为福利了）、城乡有别和提高统筹层次，促进社会保险制度内外、前后、制度之间及城乡、地区间的社会保障公平，促进社会保障的可持续发展。

1. 我国最低保障层次的社会保障制度设计。最低社会保障层次的社会福利，符合资格者都应受益，并要合理确定保障水平，不宜过高；要强化管理，有效掌握低保人员收入，并且将判断享受低保的收入标准逐步突破到财产的标准，以解决收入标准判断上产生的不公平问题；加快农村最低生活保障制度的建设，农村低保标准不同于城市低保，但是制度必须建立，以体现公民在享受社会福利方面的平等权。

2. 我国社会保险层面公平的基本社会保险制度安排

(1) 突出社会保险付费者受益的保险理念，促进社会保障的公正公平和可持续发展。既要体现社会保险是付费者受益的概念，也包括不付费者不受益或不受益者不付费的含义；既要体现缴费对象间的互济，又要体现缴费与不缴费之间的差别。

第一，基本社会保险要强化缴费与受益对等的原则，促进制度内外社会保障对象间的（公正）公平。确立社会保险是交费与受益相对应的保障项目，在“风险共担”的原则下，既不能使社会保险基金支付没有参保的对象，同样也尽量避免让没有参保的对象为社会保障付费。财政补助范围必须限定，否则就违背保险的理念了。

第二，基本社会保险要体现“有条件”的自我平衡原则，促进实现当前与未来社会保障对象间的代际公平。建立代际社会保险统筹平衡的社会保险制度，即在“有条件”的自我平衡的前提下，综合预测代际社会保险负担，确立代际平衡的社会保险制度，如果未来的老龄化影响下养老负担重，那就通过调整当前的收缴率或支付标准，为未来进行必要的储备。

社会保险的“自我平衡”，不是不要政府补助，而是怎么补助的问题，应先确定政府补助，然后再确定社会保障的收支标准来达到“自我平衡”，实现社会保障支付的“有条件”刚性（即代际平衡的约束下刚性），“有限补助”转化为政府的“有限责任”，不再是无限责任。

第三，适时将机关事业单位纳入企业单位社会保险，逐步统一企业和机关事业单位的社会保险制度，营造制度间对象的待遇公平。

第四，适合经济发展水平的要求，建立城乡有别的社会保障制度，为缩小城乡社会保障差距构建制度框架。社会保险水平与经济发展水平是密切相关的，中国城市与农村经济发展水平不一样，居民的经济脆弱性也不一样，社会保障的制度自然也就不一样。城市社会保障应该将养老放在各个项目险种保障的首位，而农村地区则重点放在不能依靠土地而又因为收入水平低无法解决的保险问题上，应该与其经济发展和实际需要相适应。

所得税扩面到农村是建立中国公平规范的农村社会保障制度的基础。农村的社会保障，首先应强化农村福利性社会保障项目的建设；其次对保险性保障项目，要按照保险的权利和义务对等的原则逐步建立和完善，这就决定了首先要发展农村经济，随着收入的提高，逐步将其纳入个人所得税的范围，为社会保险金（税）统一征缴提供条件，也就符合了付费与受益权责对等的原则。在此基础上，建立和完善农村的社会保障。

第五，提高社会保障的统筹层次，加快养老保险的中央统筹，强化社会保障的功能，解决社会保障地区发展不公平影响，促进劳动力要素的自由流动。目前多数地方社会保障还停留在区、县一级的统筹上，统筹层次偏低造成了地区间社会保险不平衡严重，呈扩大之势，且制约了劳动力的流动，不利于统一市场的形成和经济的平衡健康发展。

社会保障发展的不平衡必然要求在统筹的层次上解决。美国实现社会保障扩面的第一大因素涉及解决地区社会保障财政负担公平问题。目前中国社会保障统筹的层次比较低，中央补助难以满足需要的地方，只好提高地方的缴费率，带来地方社会保障负担的不公平，在发展中扩大了地区经济发展的不平衡。而问题是，这种情况发展到一定程度，还得依赖国家统筹解决。因此，就应该趁早规范社会保障的管理，不断提高社会保障资金的统筹级次，最终实现社会保障的全国统筹。诚然，统筹层次的提高困难重重，但只有统筹层次的不断提高才有助于问题的不断显化，有助于建立一个平台来讨论问题和解决问题。

劳动力要素的自由流动也要求在提高社会保障统筹层次上来解决。中国社会保障统筹层次比较低，社会保障账户转移困难严重制约着劳动力流动，随着改革深化，这种制约日益突出，这既不符合我国市场经济发展的要求，也不符合我们改革的初衷，所以，应逐步提高社会保障统筹层次，促进人员要素自由流动。

（2）建立社会保障（险）预算，强化未来社会保险资金的储备。

第一，要通过预算约束，实现政府对社会保险从“无限责任”到“有限责任”的转变。借鉴美国的做法，社会保障为“线下预算”（OFF - BUDGET），要有别于一般收入的“线上预算”，强化长期内的预算约束，谋求社会保险有条件的“自我平衡”，即“有条件”的支出刚性。在不断提高统筹层次的情况下，依据养老保险、工伤保险和医疗保险的先后次序，社会保险要统筹考虑收入和支出，既要根据现实情况确定筹资水平，也要根据现实情况确定或调整支出的标准，而不能是支出标准刚性的情况下一味地强化筹资，并使筹资缺口成为政府的无限责任。

实现政府对社会保障的“有限责任”，即政府社会保险补助有条件的刚性，就需要一个预算，放在长期内实现平衡。就我国目前的情况，需要做的是，严格控制、在动态中降低养老保险的替代率，特别是政府强制参加的社会保障部分，水平不宜过高。我国养老保险在设计之初的目标替代率为 58.5%，而现实中的替代率虽已有所降低，但仍为 73.7%(财政部社保司 2004 年数据)，今后制度设计仍应逐步降低替代率达到目标水平，降低社会保险的福利色彩。

第二，通过建立社会保障预算，有效控制社会保障成本，强化对未来社会保障的资金储备。建立社会保障预算，强化社会保障资金及责任管理，节约当前资金，防止社会保障向当代人多分配的倾向，增加未来社会保险的储备，减小未来老龄化条件下社会保障的压力。增加未来老龄化条件下的社会保障储备十分重要，正如前面所说的，我国社会保障是“抢险”与“防洪”并存，“防洪”甚于“抢险”，当前仍应在“抢险”之际，加大“防洪”的储备。但现实中却相反，使得本应该在当前“抢险”的同时应积极为老龄化时代的社会保障进行积累的时候，在实践中却由于缺乏有效的方法来衡量而造成当前的“抢险”在不断透支，一正一反，大大增加了老龄化条件下的社会保障的压力程度，所以，迫切需要建立社会保障预算，强化对未来社会保障的储备，促进社会保障的可持续发展。

(3) 设立统管机构，采取专家管理，协调部门的责任与权利。社会福利与社会保险项目分别管理，成立专门的社会保险管理机构。要统一实施政府的社会保障职能，各部门职能相互制约、相互制衡，对资金的收缴和发放管理实行有效控制；采取专家管理、规划社会保险资金和责任问题，建立资金与责任对称的管理机制，通盘考虑社会保险统筹层次的提高，通盘考虑社会保险的代内、代际平衡，通盘考虑政府的责任，强化资金约束，加强社会保险的资金责任管理，这样来改变基金缺口财政不得不被动承担、成为社会保障“既来之则安之”的无限责任者的状况，改变社会保障管理中资金浪费和短缺并存、社会保障责任软约束和后移的严重情况。

总之，通过强化保险理念来解决代内和代际的社会保险待遇上的不公平，通过城乡有别的制度框架为缩小城乡社会保险不公平营造制度框架，通过提高统筹层次来解决社会保险导致的地区间发展不平衡，通过建立专门社会保险专家统管机构来协调和同意政府间和部门间的权利与责任，通过社会保障预算来总揽代内、代际预算约束和强化管理，最终促进社会保障的可持续发展。

3. 补充社会保险制度。补充社会保险制度，作为社会保险的一个层次，政府的责任相对减轻一些，政府主要通过一些法律手段或是政策优惠等，鼓励建立个人账户，个人账户的经营与管理，政府只负责相关的法律法规的制定，不负责具体的管理及直接责任。随着经济的发展，补充保险在社会保障中的作用将越来越重要。

政府预算的契约经济学研究与评述

财政部科研所　程　瑜

一、政府预算的契约命题

由信息不完全和信息不对称所引致的机会主义行为既可能发生在市场，也可能发生在组织内部，还可能发生于政府规制之中，因此，任何市场经济都必然会面临以下激励约束机制设计问题：给定信息不对称，什么是防范机会主义的最优社会契约安排。按照现代经济学的分类，把关于非对称信息情况下最优社会契约安排的理论称之为契约理论。现代契约理论主要研究在信息不完全和不对称情况下契约不完全的原因、后果及当事人如何设计一种契约，如何规范相关人员行为的问题。无论是对于市场上的逆向选择，还是对于组织内的道德风险，或者是对于政府规制中出现的机会主义行为，最优契约理论都是在一种委托代理框架下研究与其相对应的契约设计问题。通常，契约理论将拥有私人信息的决策主体称为代理人，将不拥有私人信息的决策主体称为委托人，并假设委托人拥有选择代理人和安排契约的权利。在这一框架下，最优契约设计问题就可表述为：委托人如何设计一个最优契约以克服代理人的机会主义行为。

政府预算是在总体资源有限的前提下对可支配资源的安排、配置与调整。从法律角度看，它可被视为一个以公法为基础的契约。政府如同一个超级企业，政府预算是一系列契约的组合。政府预算的契约关系可理解为委托代理关系，契约规定代理人为了委托人的利益应采取何种行动，委托人应相应的向代理人支付何种报酬。在委托代理理论框架下，政府预算过程被看作一个信息交换过程，这个过程也是委托人与代理人订立契约的过程。代理人的目标函数并不总是与委托人的目标函数一致，因此，如何建立有效的激励约束机制使得代理人能够在追寻自身利益最大化的同时，也考虑委托人的利益，关系着预算管理的成败。公民和国家间之所以存在委托代理的交易关系是因为由国家从事公共事务管理所耗费的资源相对而言比其他组织少，可将社会生产可能性边界予以拓宽，交易对公民很合算，公民与政府之间的互利贸易便有了基础。公民以牺牲纳税为代价将公共权力让渡给政府，政府通过对公民私有财产的“必要侵犯”筹集资金，为公民提供公共商品和服务，这种契约式的交换关系所引起的收入可以某种形式在公民和国家之间进行分配，要求政府预算决策符合民意，并对收取的税收与政府提供的公共商品和服务进行成本收益对比，使税收成为公民对国家提供公共商品和服务的回报，形成政府预算的契约特征。

二、政府预算中的委托代理契约关系

根据契约理论，委托人与代理人是不同的人，他们之间的关系是不对称的。主要体现在两个方面：一是地位的不对称。委托人和代理人在委托代理关系中所处的地位不同，利益导向也并非完全相同，同时他们又都是追求自身利益最大化的理性经济人，因此，可能出现代理人利用委托人的授权增加自身利益而使委托人的利益受损的情况。二是信息的不对称。代理人往往对自己的信息掌握更加完全，他对自己的努力程度、具体工作环境因素的变化、工作的实际结果等方面的信息掌握都比委托人全面。因此，为了自身的利益，代理人会想方设法在达成契约前利用信息优势诱使委托人签订有利于代理人的契约，抑或是在达成契约后利用信息优势不履约或消极怠惰，从而损害到委托人的利益。在政府预算过程中存在部门外部和部门内部多层级的委托代理关系，并且在每个层级中，都存在因内部信息或外部信息问题而导致道德风险或逆向选择行为，影响政府预算资源配置效率。

（一）部门外部的委托代理契约关系

1. 第一层次：公众与立法机构之间的委托代理契约。在这一层委托代理关系中，公众将自己的某些公共权力委托给了权力中心最高层（一般为立法机构）。在这里，公众是初始委托人，而立法机构是初始代理人，委托的公共权力是财政资金的处置权和监督权。“人们获得、保持及放弃权力，是一个选择问题。个人在私有领域内直接采取这种行为，在公共领域内通过政府间接采取这种行为。当人们相信这种行为的收益将超过成本时，他们就会运用权利；相反，当认为拥有产权的收益并不足以弥补成本时，他们就不会去运用权利，从而使这种产权置于公共领域内。因此，在公共领域所发现的，便是人们所不愿要求的。”① 在财政资金的处置方面主要是提供公共产品，而公共产品的提供就会存在“搭便车”现象，监督权的行使也同样存在着“搭便车”现象，所以公众不愿个别行使这种权利，而将其置于公共领域使其成为公共权力。公共产权具有不可分性、使用权的非排他性、外在性及剩余索取权的不可转让性的特征。由于资源具有稀缺性，且共同体成员追求自身利益最大化，因而必将导致公共财产的过度使用和“搭便车”行为盛行，最终会使公共财产的租金价值为零。虽然“从理论上来说，可以通过制定大量的法规限制公众的‘搭便车’行为以减少租金损耗，但为此需要支付很高的交易成本。当既不能通过公众行使退

① Y. 巴泽尔：《产权的经济分析》，上海三联书店、上海人民出版社 2003 年版，第 89 页。

出权来克服产权拥挤，而制定约束规则的成本又过高时，由国家或政府来代理共同体成员行使公共产权就成为一种必然的选择”。[①]

2. 第二层次：立法机构与政府部门之间的委托代理契约。在这一层委托代理关系中，立法机构是委托人，政府（主要是指财政部门）是代理人。与第一层委托代理关系不同的是，立法机构并没有把自己所拥有的全部的财政资金处置权和监督权都委托给政府部门，而是保留了部分的预算审批权和预算监督权。在这层委托代理关系中，重点是立法机构到底将多少财政资金的处置权委托给了政府部门，换句话说，就是立法机构到底给政府部门多少财政资金的自由裁量权，在既定的规则或自由裁量权下，立法机构又将如何激励和监督政府部门。

3. 第三层次：政府部门与消费者及其供应商的委托代理契约。这一层委托代理关系是根据政府部门的身份来划分的。(1) 政府部门作为公共商品和服务的提供者与消费者（顾客）之间的委托代理关系，由于政府部门提供的服务很多都是免费或部分免费的，所以很难通过价格来显示消费者偏好，在这种委托代理关系中，与市场买者和卖者的委托代理关系不同，公共商品或服务的提供者是信息劣势者，所以是委托人，而消费者则是拥有私人信息的，是代理人。(2) 政府作为采购主体与供应商之间的委托代理关系。这一层委托代理关系更接近于市场上的买卖双方的委托代理关系，政府部门作为买者由于信息劣势成为委托人，而供应商则是代理人。

（二）部门内部的委托代理契约关系

1. 上级政府与下级政府的委托代理契约。上级政府（主要是中央政府）与下级政府（主要是地方政府）的委托代理关系，在政府预算中表现为中央财政部门与地方财政部门的委托代理关系，主要涉及财政转移支付（或财政补助）。中央政府出于种种原因会对地方政府进行财政补助，例如财政的纵向不平衡、财政的横向不平衡等等。中央政府由于信息劣势成为委托人，地方政府是代理人。

2. 政府部门与支出部门的委托代理契约。在这一层委托代理关系中，政府部门将不同的财政资金使用权委托给了不同的支出部门，将财政资金的部分内部监督权委托给了政府部门内部的专职监督部门。传统的政府部门采用的治理结构是马克斯·韦伯所倡导的科层制的官僚组织，所以政府部门又称为官僚机构。各个支出部门为了争夺有限的预算资源易进行竞争或寻租行为。在这里，政府部门是委托人，而支出部门和内部监督部门是代理人。

3. 政府部门与政府官员之间的委托代理契约。政府部门与政府官员以及上下级政府官员之间因为利益目标的不完全一致，同样也存在程度不同的委托代理关系。在政府部门与政府官员之间，政府部门由于信息劣势，是委托人，政府官员具体实施政府意志的代理人。上下级政府官员之间，上级官员是委托人，下级官员是代理人。由于政府目标的多元性和政府官员政绩的不可比性，因此，政府部门必须通过激励约束机制的设计使得代理人在实现自身利益最大化的同时，最大限度地实现委托人的利益。

（三）政府预算中契约关系的特殊性

① 江龙：《财政监督的理论分析》，中国财政经济出版社 2002 年版，第 33 页。

在政府预算各个层级的委托代理关系中，除了初始委托人公众、最终代理人消费者和下级预算单位等之外，其他博弈参与者都有着双重身份，既是委托人的代理人，又是代理人的委托人。委托代理理论的研究主要是从个体的角度出发的，所以无论是部门外部还是部门内部的委托代理关系，其实质都是各部门的领导代表其部门参加博弈。威尔逊（Wilson）曾经指出在政府机构代理关系中的两个关键特征：一是代理人有多重任务。确实在政府预算过程中也存在着代理人的各种任务现象，如财政部门不仅要对财政资金的利用效率承担责任，还必须承担收入再分配实现公平目标的任务和促进宏观经济稳定增长，而效率和公平又有可能是相互冲突的。二是政府机构有多重委托人，即有多个影响政府机构的组织和个体。在政府预算过程中，政府机构也难逃这种厄运，如多个利益集团会对某一公共支出部门的决策施加影响。

政府预算过程中的委托代理关系传统上都是采取长期契约形式，通过运用长期契约，政府实现了一种稳定，但另一方面，这种长期契约一般都是不完备的，因为政府管理的一般都是期限较长的服务，因此要签订包括各种偶然事件的完备合同存在很多困难。尽管有预算程序来补充长期契约的不完备，但还是会存在签约后的机会主义（道德风险），因为长期契约没有引进竞争。且政府预算过程中的代理人一般都是政治家和政府官员，因此，初始委托人在罢免个人代理人方面比较困难。此外，政府预算过程中的代理人行为无论是产生正的外部效应还是产生负的外部效应，都很难被评估甚至发现，这就容易导致委托人对代理人的激励不足。

三、政府预算契约中的利益均衡博弈

政府预算的目标确立和分解过程即各个预算参与者之间的博弈过程。这种博弈表现在预算目标分解和确立的每个层次上，贯穿于政府契约关系的各个层级中，这是由参与各方的制度性身份或地位所决定的。在每一层次预算目标分解中，参与者分别扮演委托人和代理人的角色。委托与代理人之间目标函数的差异及信息不对称则成为预算博弈的基本动因。在预算目标的分解过程中，委托和代理人双方所掌握的信息是不平衡的，在效用最大化的驱使下，有信息优势的一方（通常为代理方）会利用有利信息为自己谋利，而处于信息劣势一方（通常为委托方）则会采取各种手段获取更多的信息以便做出科学合理的预算决策。在信息的搜寻和利用过程中，上报和下达预算目标的双方不仅要考虑由于环境所带来的不确定性因素，而且要考虑对方的预期和决策，而预算目标的最终确定则是委托方与代理方讨价还价和利益相互协调的结果，从预算目标的各自提出到最终确定这一过程即表现为预算博弈。下面以政府部门与支出部门之间的审核及监督契约为例，分别构建博弈模型进行探讨。

（一）政府部门审核支出部门的博弈模型

1. 静态博弈模型。为分析简化起见，我们假设在这一阶段预算博弈的参与人为两方：一方为支出部门，称为预算资金申报方（简称申报方）；一方为政府部门，称为预算资金审批方（简称审批方）。由于存在信息不完全和信息不对称，使得双方均处于两难的策略选择：申报方为争取尽可能多的预算资金采取虚报（一般为高报）和实报策略。虚报有受到惩罚的风险，实报又担心不能实现其利益最大化的目的。审批方由于法律所赋予的职责，采取对上报的预算进行审批和削减的策略。削减少了，没有履行好职责，浪费了财政资源；削减多了，给支出部门工作造成困难，并可能引发部门的逆向选择行为。

申报方和审批方都是理性的经济人，即申报方的理性选择是努力高报预算，并设法使审批方批准；而审批方的理性选择是根据其所掌握的信息适度削减申报方的预算。假设审批方的预算资源是有限的，总额为 π，减少对申报方的预算就可以增加其可支配的资源，因此这是一种零和博弈，即参与方的利益是对立的。假设审批方削减预算的概率为 α，则审批的概率为 $1-\alpha$；申报方实报的概率为 β，则虚报的概率为 $1-\beta$。审批方削减预算往往是在一定的调查分析后作出的，当然审批也是在一定分析的基础上做出的，假设前者的成本为 c_1'，后者的成本为 c_1，且有 $c_1'>c_1$；申报方虚报预算需要花费一定的成本隐藏信息，假设该成本为 c_2'，则实报的成本为 c_2，且有 $c_2'>c_2$；申报方实报的预算规模为 x_1，则虚报的预算规模为 x_2；同时假设削减时削减系数为 k。

根据假设条件，有政府部门（审批方）与支出部门（申报方）的博弈矩阵，如图 1 所示。

		申报方：实报	申报方：虚报
审批方	削减	$\pi-(x_1-x_1k)-c_1'$， $x_1-x_1k-c_2$	$\pi-(x_2-x_2k)-c_1'$， $x_2-x_2k-c'_2$
	审批	$\pi-x_1-c_1$，x_1-c_2	$\pi-x_2-c_1$，x_2-c_2'

图 1　审批方和申报方的博弈矩阵

给定申报方实报和虚报的概率 β 和 $1-\beta$，则审批方的期望收益为：

$$Eu_1=\alpha\beta[\pi-(x_1-x_1k)-c'_1]+\alpha(1-\beta)[\pi-(x_2-x_2k)-c'_1]+(1-\alpha)\beta(\pi-x_1-c_1)+(1-\alpha)(1-\beta)(\pi-x_2-c_1)$$

令 $\frac{\partial Eu_1}{\partial \alpha}=0$

$$\beta x_1k+x_2k-c_1'-\beta x_2k+c_1=0$$

解得：$\beta=\frac{x_2}{x_2-x_1}-\frac{1}{k}\cdot\frac{c_1'-c_1}{x_2-x_1}$

给定审批方削减和审批的概率 α 和 $1-\alpha$，则申报方的期望收益为：

$$Eu_2=\alpha\beta(x_1-x_1k-c_2)+\alpha(1-\beta)(x_2-x_2k-c_2')+(1-\alpha)\beta(x_1-c_2)+(1-\alpha)(1-\beta)(x_2-c_2')$$

令 $\frac{\partial Eu_2}{\partial \beta}=0$

$$-\alpha x_1k+\alpha x_2k+x_1-c_2-x_2+c_2'=0$$

解得：$\alpha=\frac{1}{k}\left(1-\frac{c'_2-c_2}{x_2-x_1}\right)$

当博弈均衡时，审批方以 $\alpha=\frac{1}{k}\left(1-\frac{c'_2-c_2}{x_2-x_1}\right)$ 的概率选择削减，申报方以 $\beta=\frac{x_2}{x_2-x_1}-\frac{1}{k}\cdot\frac{c_1'-c_1}{x_2-x_1}$ 的概率选择实报。也可以这样理解：当审批方以 $\alpha>\frac{1}{k}\left(1-\frac{c_2'-c_2}{x_2-x_1}\right)$ 的概率选择削

减时，申报方选择实报，反之，则选择虚报；当申报方以 $\beta<\frac{x_2}{x_2-x_1}-\frac{1}{k}\cdot\frac{c_1'-c_1}{x_2-x_1}$ 的概率选择实报时，审批方选择削减，反之，则选择审批。由此可以看出，审批方可以影响申报方的实报概率，虽然申报方也可以影响审批方的削减概率，但申报方若想降低审批方的削减概率，则必须以提高其实报概率为代价。根据 $\beta=\frac{x_2}{x_2-x_1}-\frac{1}{k}\cdot\frac{c_1'-c_1}{x_2-x_1}$ 分析，削减系数 k 与 β 成正方向变化，调查分析成本的差额，即（$c_1'-c_1$）与 β 成反方向变化。因此，审批方可以通过提高其削减系数、降低调查分析成本来提高申报方的实报概率。①

需要指出的是，本模型是一个不完全且双向信息不对称的静态博弈模型，审批方并不知道申报方是否实报，只知道其实报与虚报的概率；同样，申报方也不知道审批方是否审批，只知道审批与削减的概率。当然实际的情况应该是动态博弈，且博弈过程中可能会伴随“寻租”行为的发生。此外，在上述模型中，我们把制度看成是外生变量，是既定的，而事实上审批方有权制定博弈的规则，这就使得主动权更倾向于审批方。

2. 动态博弈模型。所谓动态博弈，是指博弈局中人对于双方的收益和行为并不完全了解，且申报方与审批方的策略选择不是同时的，而是有先后次序的，即由申报方先提出申请，然后由审批方进行审批。即先由申报方主动提出对己最有利的策略，再由审批方对申报方的选择进行判断后作出相应的策略选择。下面用博弈树图来表示不完全信息下的动态博弈，见图 2。

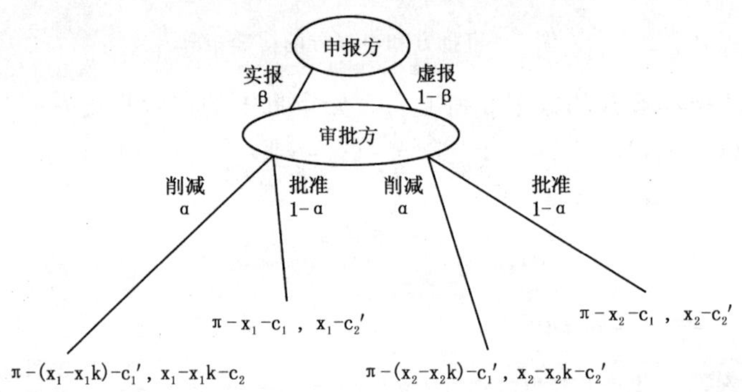

图 2　不完全信息下的动态博弈树

如图 2 所示，申报方仍然存在虚报和实报两种策略选择，而且其能够凭借信息优势明确自己的行动。而审批方此时无法得知申报方的策略以及行为，因此，只能先判断自己处于信息集的节点 1 或是节点 2，然后再决定自己下一步的行为策略。根据申报方以及审批方的得益函数，通过计算，可以得出以下结论：

当 $\alpha>\frac{1}{k}\left(1-\frac{c_2'-c_2}{x_2-x_1}\right)$，且 β 的取值区间是 $\left(0,\ \frac{x_2}{x_2-x_1}-\frac{1}{k}\cdot\frac{c_1'-c_1}{x_2-x_1}\right)$ 时，申报方选择虚报，审批方选择削减；当 $\alpha<\frac{1}{k}\left(1-\frac{c_2'-c_2}{x_2-x_1}\right)$，且 β 的取值区间是

① 本静态模型借鉴徐曙娜：《公共支出过程中的信息不对称与制度约束》，中国财政经济出版社 2005 年版，第 115～116 页。

$\left(\frac{x_2}{x_2-x_1}-\frac{1}{k}\cdot\frac{c_1'-c_1}{x_2-x_1},\ 1\right)$时，申报方选择实报，审批方选择批准。当α、β在上述两个区间取值时，预算博弈将达到一个动态均衡的状态。由于申报方和审批方的风险趋向类型不同，所以在博弈中到达的均衡是一种动态均衡，即该博弈均衡有无穷多个解。

需要说明的是，上述无论是静态博弈模型还是动态博弈模型，都简化了一个事实，即都把预算博弈视为单轮次博弈，而实际上预算博弈是一个多轮次的重复博弈，虽然多轮次博弈中的每一个轮次的特征都比较相似，但是局中人所掌握的信息对比的变化将会导致各种系数也相应发生变化。如申报方虚报的事实在首轮次被审批方洞察后，在审批方心理上产生了诚信危机，从而对以后的审批造成不利影响，即审批方的削减系数 k 是变化的。

（二）政府部门监督支出部门的博弈模型

由于政府预算多层委托代理关系存在信息不对称的情况，易诱发代理人的机会主义行为，委托代理链条越长，对初始委托人目标的偏差越大。这时，对代理人的监督就显得尤为重要。下面我们以政府部门对支出部门的监督为例，构建博弈模型。

根据预期效用理论，对于一个理性的组织或个人来讲，他主动遵守某一规则的条件是违规时的效用小于遵守规则时的期望效用。支出部门也是如此，是否违规主要是对违规成本和由此带来的收益进行权衡；而政府部门选择监督与否或者决定监督力度时，也会对监督成本和监督收益进行比较。支出部门的违规成本不仅与违规所受到的惩罚力度有关，而且与政府部门的监督强度有关，政府部门的监督强度又与支出部门的违规程度以及由此造成的损失有关。在该博弈模型中，支出部门与政府部门各有两种可选择的策略，即违规和不违规，监督和不监督。模型的各个变量如下：

W——支出部门的正常收入；

B——违规收益；

P——支出部门违规被发现后的罚款；

K——政府部门对支出部门的监督成本（常数）；

θ——支出部门违规的概率；

λ——政府部门对支出部门监督的概率（假定政府只要监督，就可以查明真相）。

根据假设，我们可以得出支出部门与政府部门之间博弈的支付矩阵，如图 3 所示。

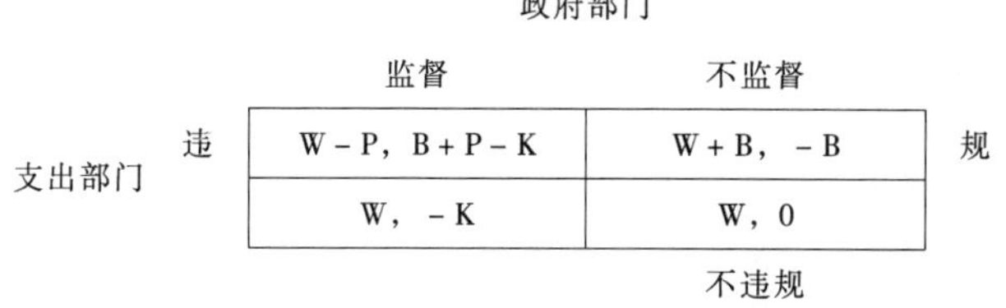

图 3　政府部门监督支出部门的支付矩阵

若给定λ，支出部门选择违规（θ＝1）和不违规（θ＝0）的期望收益分别如下：

$E(1,\lambda)=(W-P)\lambda+(W+B)(1-\lambda)=-(P+B)\lambda+W+B$

$E(0,\lambda)=W\lambda+W(1-\lambda)=W$

令$E(1,\lambda)=E(0,\lambda)$，解得：$\lambda^*=\frac{B}{P+B}$，即若政府部门监督的概率小于$\lambda^*$，则支出部门的最优选择是违规；若政府部门监督的概率大于λ^*，则支出部门的最优选择是不违规；若政府部门监督的概率等于λ^*，则支出部门随机的选择违规或不违规。

若给定θ，政府部门选择监督（$\lambda=1$）和不监督（$\lambda=0$）的期望收益分别如下：

$E(\theta,1)=(B+P-K)\theta+(-K)(1-\theta)=(B+P)\theta-K$

$E(\theta,0)=(-B)\theta+0(1-\theta)=(-B)\theta$

令$E(\theta,1)=E(\theta,0)$，解得：$\theta^*=\frac{K}{2B+P}$，即若支出部门违规的概率大于θ^*，则政府部门的最优选择是监督；若支出部门违规的概率小于θ^*，则政府部门的最优选择是不监督；若支出部门违规的概率等于θ^*，则政府部门随机的选择监督或不监督。

由此可见，该博弈的均衡是政府部门以λ^*的概率选择监督，支出部门以θ^*的概率选择违规。也可以这样理解：实际中有许多个支出部门，其中有θ^*比例的支出部门选择违规，$1-\theta^*$比例的支出部门选择不违规，政府部门据此随机的监督λ^*比例的支出部门的违规情况。支出部门违规的概率与监督成本成正比，与违规处罚的轻重成反比，政府部门监督的概率也与支出部门违规处罚的轻重成反比。此外，支出部门违规的概率和政府部门监督的概率与违规收益额有关。

四、结论及政府预算契约机制设计路径

政府预算契约是一种对与交易有关的未来可能出现的状况以及每种状况下双方的责任和义务并未准确规定的不完备契约。在实际中，预算支出的事前契约（正规制度）给予代理人自由支配的空间过大，因此决策和实施过程易导致内部人控制。预算中的协调和预算通过后的调整未能完全地纳入契约，从而为代理人的机会主义行为和利益集团的寻租行为提供了机会。此外，有效监督的制度条件不够完备，缺乏代理人的信息披露制度和委托人的关键环节介入制度，使得有关预算支出的立法软化，监督乏力。但是，并不能因此认为上述结论是对目前制度的本质上的否定，现实制度中的缺陷和漏洞是制度演进中存在的问题。要造就一个完善的制度必须研究其局限条件，例如，要使委托人拥有完整的控制权，需要建立一个由委托人控制的咨询机构；要使委托人实现有效的监督，必须实现完全的分治和信息对称。然而，要具备上述条件，要么有悖于我们的政治制度，要么由于交易费用过高而无法实现，最终导致最优的制度始终是一种理想状态，它是现实制度演进的目标。但这并不意味着现实的改进毫无意义，相反，对现实制度的改革正是实现理想状态的必经程序。政府预算契约是预算博弈的参与人共同遵守的行为规则，在这一规则下各方都会最大限度地实现其自身利益。但当在现行预算制度下其各自的自身利益无法得到满足或由于现行预算制度的低效运行将会损害预算博弈参与人的利益时，就会出现预算制度非均衡状态，预算博弈的各参与人也就会提出对现行预算制度进行优化和改革的要求，以建立起符合参与人利益要求的新的预算制度。

（一）预算契约机制的设计和调整应尽可能地形成预算激励相容约束

利益目标不同与信息不对称所引起的委托代理问题，导致政府预算未能按照设计的理想状态运作，要想改善这种状况，就必须在政府预算改革中侧重委托代理问题的解决，减

少不同利益集团间的利益冲突，实现“双赢”格局。而委托代理问题的解决通常可借助于激励与约束措施的引用。激励机制的作用是使得代理人能够在追寻自身利益最大化的同时，也考虑委托人的利益。为了使代理人有足够的激励去自动选择有利于委托人的行动，可考虑在契约的设计中让代理人也承担一部分结果不确定的风险，并从这种风险承担中获得相应的补偿。在政府预算问题上，就表现为如何在预算这种制度中引入激励措施，引导政府各部门在实现自身利益的同时最好的使用预算资金。

当然，单纯的引入激励机制只能在短期内有助于委托代理问题的解决。在长期中，政府预算单位意识到在职消费的收益大于分享的预算剩余，从而降低争取预算剩余的积极性，转向在职消费领域寻求更多利益，激励措施效用降低。此时，进一步引进约束措施是必须的。激励与约束并存的预算制度，可以降低外生因素对于推断的干扰，减少风险成本，降低错误惩罚或者错误奖励代理人的几率。因此，预算制度的设计和调整既要考虑政府的预算政策目标，又要充分考虑各参与方的利益目标，既要考虑到各参与方在预算契约实施中有可能采取的各种对策选择，又要考虑到这些对策选择对预算契约实施带来的预期影响。为此，政府在预算制度和管理方式的选择上应设计这样一种契约机制，即这种预算制度能够使预算博弈各参与方追求自身利益最大化的行为选择符合政府的政策目标和利益取向，即形成预算“激励相容约束”。

（二）建立有效的政府预算相关信息获取机制及完整的财政管理信息体系

政府预算契约是一种不完全契约，预算博弈是非对称信息博弈，委托代理关系产生的一系列问题的根本在于信息的不对称，委托人对代理人行为的了解和掌握往往是不全面的，而且通常情况下某些代理人会极力隐藏其信息或行动，引发逆向选择和道德风险。因此，要从根本上解决问题，就必须加强信息的公开程度，建立有效的预算相关信息获取机制及完整的财政管理信息体系是必要的，使网络经济的发展服务于预算管理，尽可能地缩小信息不对称范围，打破信息壁垒，尽可能在信息全面、完备的情况下进行预算契约机制设计。

（三）预算契约机制设计应对博弈主体采取相应的行为规范

制度是社会中不同利益主体之间进行博弈的基本规则，博弈对制度的产生和发展又有促进作用。博弈各参与方只能在制度允许的框架下作出对己最有利的策略选择，但如前所述，博弈的各参与方都是理性的经济人，那么就不能排除有参与方突破现有规则限制谋求利益最大化的可能性。博弈各参与方的利益最大化追求动机与现有规则之间的矛盾，从另一个角度说明了现有的博弈规则不尽完善以及用完善和人性化的规则引导博弈各参与方进行理性行为的必要性。从理论上讲，完善现有的预算博弈规则包括压缩预算博弈发生的空间，尽可能地消除信息不对称的体制基础，将一切预算博弈行为纳入制度约束，明晰、准确、严格界定博弈各参与方的责任和权利。具体地说，包括真正做到细化部门预算，制定科学、合理的预算支出标准化体系，完善预算编制方法，严格预算申报、审核、审批程序，改进审批办法，尽可能的采取科学手段进行定量分析，减少审批中的随意性，建立严格的内部稽核制度等。

（四）完善政府预算监督制度，构建全面有效的财政监督体系

政府预算的监督应贯穿于整个预算的全过程和预算契约的各个层级，实行对本级预算

支出的申报、拨付、使用的事前、事中和事后全过程跟踪监督，及时发现财政资金运行过程中存在的问题。绩效监督作为解决信息不对称时代理人道德风险的主要手段，在实际运作中应增加其强度，使得绩效监督不仅能够界定出现浪费和管理不善问题的领域，而且能够寻找出用不同方法利用同样资源就可以产生更大资金效益或社会效益的领域，构建相互协调、相互补充的财政监督体系。

中央政府与地方政府在土地调控中的博弈分析

——诠释宏观调控中政府间关系协调的一种新尝试

财政部科研所　唐在富

一、引　言

（一）土地问题在我国宏观经济管理中的特殊地位和作用

我国目前实行的是城镇土地国家所有和农村土地集体所有相结合的土地公有制。集体所有土地须经国家征用后方可投放市场，形成事实上的土地终极国有。土地资源本身的特殊性，加上土地国有带来的政府对土地一级市场的垄断，使得土地资源价格形成的市场化步伐迈得非常艰难。在改革开放以前，我国土地资源由各微观单位基本无偿使用，土地利用以计划代替规划，土地调控处于一种比较粗放的状态。1994 年分税制改革以后，土地相关的财税收入等成为地方政府的主要财源，“地价上涨—房价上升—财政增收”，这时土地调控处于被动服从的地位，即土地投放服从经济增长目标，土地投放继而成为各地产业同构和重复建设的帮凶。中央政府与地方政府在土地调控上的博弈色彩越来越浓，引起了专家学者和管理层面的高度重视。

（二）中央政府与地方政府土地调控目标差异分析

中央政府“地根”调控的目标是实现土地资源的均衡有序利用和经济社会的可持续发展。理论上其决策是符合全社会福利最大化原则的。从这种意义上来说，中央与地方的调控目标应该是一致的。但是，作为具有“经济人”思维的地方政府，也有与中央政府利益不一致的地方。原因主要在于：一是社会整体的福利最大化并不意味着具体每一个区域民众的福利最大化；而恰恰相反，社会全体人们的福利最大化恰恰是在各个区域人们可能实现的最大化福利“抽肥补瘦”的基础上来实现的。二是区域经济发展目标的内在驱动。当绝大多数地区都严格执行紧缩政策时，少数几个地区采取欺骗行为，就有可能既不受查处（不至于影响到宏观调控大局），又能实现更快速度的发展。三是地方财政增收的现实需要。土地国有这一基础条件为地方政府财政增收提供了便捷的途径，地方政府会想方设法在土地上多筹钱，满足财政支出的需要，以实现政府的各项工作目标。当然当中也不排除个别公权力执行者不当利益的驱动。

（三）土地利用失衡对宏观经济发展的影响和危害深重

正是由于上述原因，导致地方政府在土地调控存在向上拉升的强烈冲动。在改革开放以来的几次大的经济波动当中，当中央政府要求收紧“地根”时，不少地方政府暗中违背中央政府的调控意图，推动地产、房产价格上涨，给宏观经济发展带来不利的影响。一是地方保护、重复建设现象普遍，土地资源利用不确定性增加，利用效率下降，土地资源浪费严重。二是国有土地权益大量流失，弱势群体利益受到侵害，激发社会矛盾与冲突。三是中央与地方之间信任关系受到损害，直接增加了监督、查处费用等行政协调成本；对社会诚信产生很大的负面影响，增加了市场的协调成本。

（四）对已有研究的简要回顾

限于数据搜集困难等因素的影响，现有研究对土地调控深入关注的还不多，对地方保护、重复建设等的形成和发展，主要是从地方政府之间的财政经济竞争和政治晋升激励来进行分析和解释。主要有两种途径：一是基于市场和经济竞争的逻辑。主要强调行政性分权和财政包干改革以来地方官员的财政与经济激励（沈立人、戴园晨，1990），以及产权不清晰、委托代理关系不明确所带来的软预算约束（张维迎等，1999）。Wong（2000）认为财政分权是导致一些微观扭曲的原因，例如：更多的地方保护、过度的投资和重复建设等；Young（2000）则认为中国的分权化改革导致了“零碎分割的内部市场和受地方政府控制的封地”，并提供了中国地区间贸易保护主义和产业同构化的经验证据，强调地方财政激励和扭曲的价格体系对产业同构化的影响。另一种途径是政治晋升博弈。周黎安（2004）认为我国地方官员具有双重特征：一方面是“经济参与人”，即受财政、经济竞争激励和软预算约束的影响；另一方面也是“政治参与人”，关注政治晋升和政治收益。政治晋升博弈带有零和性质，使得官员具有强烈动机推动本地经济增长，“不择手段”地进行区域间的“恶性竞争”，而对区域分工与合作则热情不高。

由于对中央与地方政府之间的博弈过程，以及由此带来的影响等深入研究还不够，制约了理论研究对现实社会现象的解释力。因此，要全面认识经济宏观调控中产生的这些问题，还得从中央与地方的关系协调入手，分析“政令不畅”背后的一些博弈因素。本文以土地调控为例，尝试运用博弈论的分析方法，对中央与地方之间在土地调控中的博弈过程进行考察，为理解我国经济宏观调控出现的各种偏差，乃至中央与地方的关系协调提供了一个新的观察视角和理论框架。

二、中央与地方之间的“地根”博弈分析

（一）基本前提或假设

1. 中央政府（国务院）是国有土地总代理人，地方政府受中央政府委托行使部分土地所有者权利和管理者职权。法律对两者行使土地所有者的权利有清晰的界定。

2. 中央政府土地调控的目标是实现土地资源的可持续利用和经济社会协调发展。具有双重目标函数 Uc 和 Ut。Uc——中央政府本身效用；Ut——全国总体的经济发展速度、财政增收情况、中央与地方政府之间的长期协调、中央政府的威信和官员个人的权威。调控指令下达以后，中央政府的行动空间是“查处——S”与“不查处——NS”。

3. 地方政府的目标函数 Ui 包括区域内的经济发展速度、财政增收速度、政府在当地民众中的威信和官员个人晋升机会等。地方政府的行动空间是“欺骗——C”与“执行——I”。采取“欺骗”行为且不受查处的情况下，可以获得更多的当期地方财政收入和更高的经济发展速度，提高地方政府在当地民众中的威信，增加官员个人的政治晋升资本。

4. 中央通过“查处”可以纠正地方政府前一期的“欺骗”行为，但实施“查处”需要付出调查费用等成本。在不存在“欺骗”行为的情况下，如果中央实施了“查处”行为，会增加社会总体成本（分摊到中央与地方）。

5. 地方政府选择“欺骗”策略有可能获得收益，但也面临风险。受到查处后则会承担由此发生的费用、上缴违规财政收入、区域经济发展严重受挫和政府威信下降，官员个人受到相应处分。

博弈分析以一对一的静态分析为起点，博弈双方都是有限理性或完全理性且理性程度相同。转入动态分析后，初始点以中央政府为支配方（中央政府首先宣布土地调控政策），地方政府为追随方，支配方和相随方地位是轮流互换的。

（二）一个中央政府与一个地方政府的博弈——“监察”模型

假设现在经济过热，中央向地方政府下达紧缩“地根”的指令，地方政府面临两种选择：“欺骗”或“执行”。选择“欺骗”，在中央政府不予以查处的情况下，该地方政府获得收益 R_1；如果地方政府的欺骗行为被查处，那么地方政府将会有一个被处罚成本 g（用地冻结、责令复原、官员查办），并且从地方政府到中央会有一个收益转移（f）。地方政府选择“执行”，会使获得的收益 R_0（一般少于 R_1）。在土地调控指令被准确执行的情况下，中央政府有收益 V；在一对一的博弈中，如果地方政府实施欺骗行为，而中央政府又没有实施查处，则中央政府的收益为 0。中央政府实施查处要花费成本 C。于是支付矩阵可表示如图 1 左边。为简化分析，我们对其进行赋值（如图 1 右边），两者之和就是社会的总福利水平。

		中央政府			中央政府	
		S	NS		S	NS
地方政府	C	R_1-g，$V-C+f$	R_1，0	C	1，6	4，0
	I	R_0，$V-C$	R_0，V	I	3，5	3，6

图 1　一对一静态博弈支付矩阵图

博弈结果：（1）地方政府“执行”，中央确信地方政府不采取欺骗行为，而选择“不查处”策略。这时中央抽紧“地根”的意图得以完全实现，地方政府因为整体宏观经济环境的稳定，而实现了较好的经济增长和财政增收，收益为3；中央政府收益为6。社会总体的福利水平为9。（2）地方政府选择“执行”，中央政府选择了“查处”策略，社会总体福利水平为8。（3）地方政府选择“欺骗”，中央“不查处”，社会总体福利水平为4。（4）地方政府选择“欺骗”，中央进行“查处”，社会总体福利水平为7。

在静态分析当中，中央政府惩罚尺度（成本 g）对地方政府行为选择有着至关重要的影响。若 $R_1 - g > R_0$，即地方政府因欺骗受到查处以后，其收益仍然大于准确执行中央政策时的收益。将出现纳什均衡（欺骗，查处），地方政府欺骗行为持续泛滥，“地根”调控和宏观经济发展失控。若 $R_1 - g < R_0$，即地方政府因欺骗受到惩罚以后，其收益低于准确执行中央政策时的收益。这种情况下，博弈不存在纯策略纳什均衡，存在混合策略纳什均衡。若 $R_1 - g = R_0$，这时地方政府虽然理论上没有直接的财税激励刺激土地欺骗行为，但是在官员个人非法牟利、官商合谋等因素的推动下，地方政府仍有驱动力选择“欺骗”策略，土地调控仍然面临失控的威胁。由此，我们可以得出结论：（1）中央政府查处使地方政府收益损失（g）越大，地方政府欺骗的概率越小。（2）地方政府欺骗获益（$R_1 - R_0$）越大，地方政府选择欺骗策略的概率越大。（3）中央政府查处成本（C）越高，地方政府欺骗的概率越大。（4）中央政府期望的目标收益越高，地方政府欺骗的概率越小（源于预期的中央政府查处的概率越大）。[①]

同时得知，中央与地方政府之间围绕“地根”调控的博弈，是一种典型的“监察博弈”——如果中央查处，则地方政府选择执行；如果中央不查处，则地方政府选择欺骗。反过来，如果地方政府欺骗，中央则选择查处；如果地方政府不欺骗，则中央会选择不查处。这就决定了博弈分析必须引入动态分析。

（三）一个中央政府与两个地方政府的博弈分析——抗联盟均衡与“鹰鸽”博弈

引入动态博弈以后，预期改变会引起新一轮的博弈要求。起始点上，中央政府理性预期并作出策略选择，地方政府只能采取相随配合的态度，选择一种理性的“让步”策略。而且在博弈持续进行的情况下，地方政府的这一选择也使自己在下一轮博弈当中转变为支配方，迫使中央政府作出相随的策略选择。

1. 基于抗联盟均衡的分析。假设有两个地方政府存在的情况下，中央政府与集体理性的地方政府，都会根据预期选择自己的策略。中央政府首先发出指令，确定“查处”与否；两个地方政府对中央的策略选择进行预期，并相应地进行决策。假设有地方政府 A 和 B，策略空间（欺骗 C，执行 I），依照前述的分析，预测中央政府“查处”或“不查处”时的支付方程（假设地方政府不当土地收益恰好为 f）分别如图 2 所示。

这一博弈中，有两个纯策略纳什均衡（C，C，S）和（I，I，NS），分别还有一个混合策略均衡，均衡（I，I，NS）帕累托优势（C，C，S）。但是，中央面临地方政府可能联盟（作出一致反应）的挑战：如果两个地方政府预期到中央选择 NS，他们可以协同他们的行动在矩阵的帕累托优势均衡（C，C）上；如果他们预期到中央会选择 S，则会协同行动在

① 限于篇幅，惩罚尺度对地方政府行为选择影响的具体分析未在此给出，如需详细了解，请与作者联系。

帕累托优势均衡（I，I）上，从而颠覆三方博弈中“好的”均衡（I，I，NS）。在此情况下，中央需要寻求一种抗联盟均衡（C，C，S）。为了更清晰地看出上述博弈过程，我们对此进行赋值如图3。

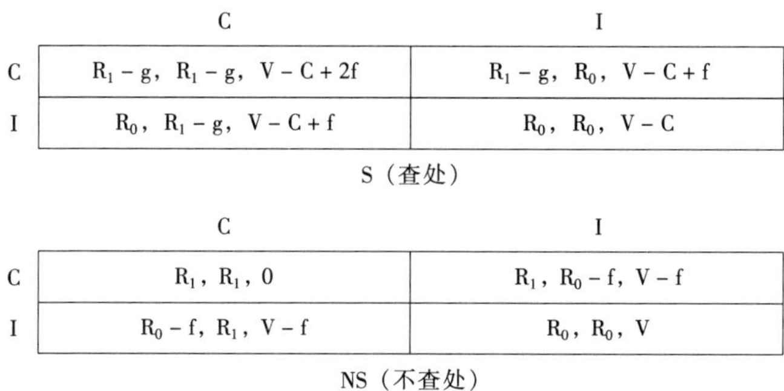

S（查处）

	C	I
C	R_1-g，R_1-g，$V-C+2f$	R_1-g，R_0，$V-C+f$
I	R_0，R_1-g，$V-C+f$	R_0，R_0，$V-C$

NS（不查处）

	C	I
C	R_1，R_1，0	R_1，R_0-f，$V-f$
I	R_0-f，R_1，$V-f$	R_0，R_0，V

图2　抗联盟均衡支付矩阵示意图

S（查处）

	C	I
C	1，1，6	1，3，5
I	3，1，5	3，3，4

NS（不查处）

	C	I
C	4，4，0	4，2，5
I	2，4，5	3，3，6

图3　抗联盟均衡支付矩阵示意图

纯策略博弈的循环过程（以中央政府不查处为起点）：M（4，4，0）→N（1，1，6）→P（3，3，4）→T（3，3，6）→M（4，4，0）。引进可理性化和严格重复优势进行分析，从中央政府这个角度来看，选择“查处”是必然的，查处情况下有次优均衡（3，3，4），虽然比（3，3，6）帕累托劣势，但是主动权在中央政府一方，且社会总体福利水平（3+3+4=10）和地方政府的总收益（3+3=6）都比较高。这种均衡分析还可以扩展到一个中央政府与多个地方政府之间的博弈（如图4）。

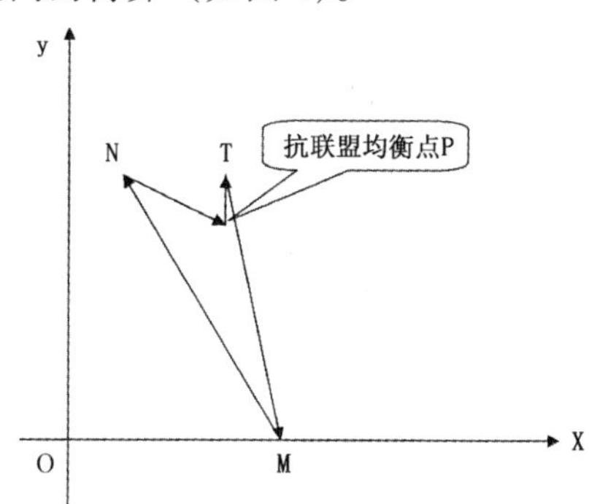

图4　抗联盟均衡点形成过程示意图

2. 基于“鹰鸽”博弈的分析。前面的分析是基于两个地方政府联盟合谋、作出一致反应基础之上的。现实当中，地方政府之间也存在竞争与博弈关系。地方政府A的策略选择除了要“前后看”——看中央的策略选择；还要“左右看”——看地方政府B的策略选择。然后才根据预期确定自己的策略。另一方面，中央政府实际上是不可能对所有的“欺骗”进行查处的，往往是欺骗行为在广度上达到一定程度时（频度“红线”），中央政府才对地方政府进行查处。为了简化分析，我们假设中央政府由“不查处”转向“查处”的条件是，地方政府“欺骗”面大于等于50%。也就是说，在一个中央政府与两个地方政府的博弈中，只有一个以上（不含一个）地方政府选择“欺骗”时，中央才会由“不查处”转向“查处”。如此一来，在中央选择“不查处”时，地方政府面临四种可能的收益布局（如图5所示）。

		B地方政府 C	B地方政府 I
A地方政府	C	1，1	4，2
	I	2，4，	3，3

图5　中央政府“不查处”时两个地方政府支付矩阵示意图

支付矩阵显示，在中央政府首先选择“不查处”并在存在“查处”频度“红线”的情况下，地方政府之间形成“鹰鸽”博弈格局——谁先选择“欺骗”，谁就取得了博弈的主动权。

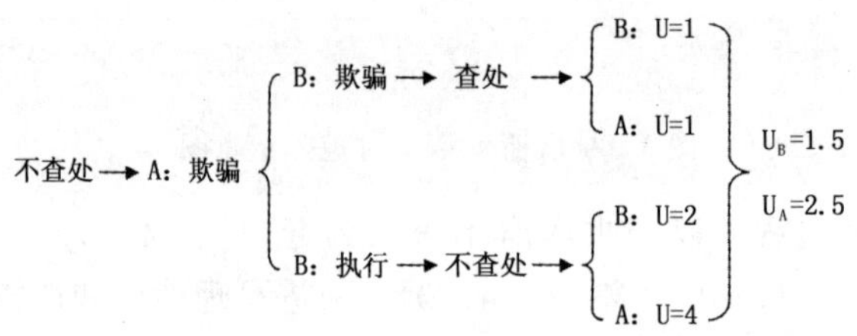

图6　地方政府A抢先选择“欺骗”时双方的期望效用图

如图6所示，谁先采取行动实行“欺骗”策略，谁就会赢得先机，在博弈中获得优势地位。而且在中央只有达到一定比例“欺骗”程度才实施“查处”的情况下，首先选择“执行”策略的一方将处于弱势地位（如图7所示）。

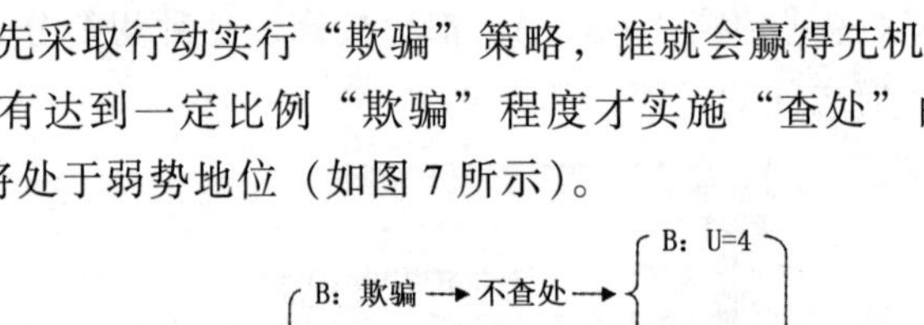

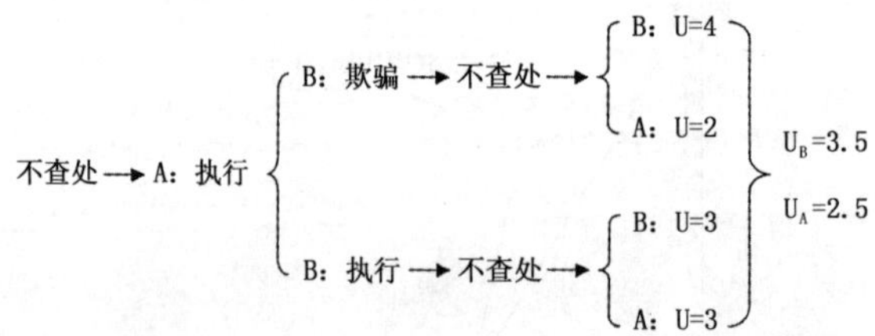

图7　地方政府A抢先选择“执行”时双方的期望效用图

由此，中央对欺骗行为的查处存在频度“红线”的情况下（事实上中央对地方政府的“欺骗”行为不可能百分之百查处），按照财税激励和经济竞争激励理论的推演，两个地方政府都会趋向于选择“欺骗”策略，而且会努力先于另一个地方政府实施欺骗行为。这种策略选择倾向将导致土地调控的失效，土地资源的滥用行为普遍存在。

（四）一个中央政府与多个地方政府的博弈分析——“猎鹿”模型

在前面分析的基础上，我们把博弈扩展到一个中央政府与多个地方政府的分析。考虑到我国官员任期的阶段性和中央查处时间上的滞后，“欺骗”行为一般在当期是具有超额收益的。因此，多个地方政府之间在这里的策略选择与战略布局是一种典型的“猎鹿”模型。假设有 q 个地方政府参与“地根”调控博弈，策略空间为（欺骗 C，执行 I），选择“欺骗”时不管其他地方政府如何行动，假设都可获得当期收益 2；选择“执行”时，只有在所有地方政府都选择策略“执行”时，才提供收益 3（长期均衡发展所带来的收益在每一期的平均值），否则收益为 1。中央政府实施“查处”的前提是：地方政府在前一期当中“欺骗”面（频度红线）达到 1－P。这一博弈有两个纯策略均衡——所有地方政府欺骗和所有地方政府执行。在 q 个地方政府存在的情况下，只有在至少有 P 的概率所有其他 q－1 个政府采用“执行”时，这个地方政府选择“执行”才是最优的。如果每个地方政府以独立于其他人的概率 X 选择“执行”，那么这要求 Xq－1≥P。我们以 P＝1/2 为例，考察一下 X 与地方政府个数之间的关系变化（如表 1 所示）

表 1　地方政府数量不同对 X 值的要求变化表

Q	2	3	4	5	6	11	16	21	26	31
X	0.5	0.707	0.794	0.841	0.871	0.933	0.955	0.966	0.973	0.977

由表 1 可知，随着地方政府数目的增加，某一特定的地方政府如果要选择“执行”策略，则要求每个地方政府选择“执行”的概率也随之大幅度提高。以 31 个地方政府为例，要达到 X_{30}≥1/2，则需要 X≥0.977，也就是说对于某个特定的地方政府，只有其他每个地方政府选择“执行”的概率大于 0.977 时，这个地方政府选择“执行”策略才是最优的选择，否则只能选择“欺骗”。很显然“所有地方政府欺骗”的风险要优于“所有地方政府执行”，而且随着地方政府的数目增加，单个地方政府选择“执行”策略的风险急剧放大。

三、博弈分析的主要结论及验证分析

（一）博弈分析得出的结论

根据前一节的分析，我们得出这么几个结论：

1. 在土地调控静态博弈分析中，地方政府“欺骗”的预期收益越大或被查处的预期损失越小，其选择“欺骗”策略的可能性越大。中央政府的查处决心、惩罚尺度可以改变这种预期。

2. 引入动态分析以后，支配方与相随方在中央与地方间发生交叉转换。抗联盟均衡的分析表明，中央政府在发出调控指令的同时，选择“查处”的次优策略，既可以掌握主动权，也可以获得较高的总福利水平，是明智的选择。

3. “鹰鸽”模型分析表明：在中央政府对土地管理欺骗行为查处存有频度“红线”的情况下，地方政府选择“欺骗”要优于选择“执行”，先选择“欺骗”要优于后选择“欺骗”。但实行用地责任终身追究等制度，则会改变成本收益布局，减少欺骗行为发生。

4. 在“猎鹿”模型的分析当中，我们看到在一个中央与多个地方政府之间的博弈当中，如果存在查处频度“红线”和只考虑当期收益，地方政府选择“欺骗”要优于选择“执行”；先选择“欺骗”的地方政府要优于后选择“欺骗”的地方政府。并且，随着地方政府数目的增多，选择“执行”策略的风险会急剧放大，选择“欺骗”更符合“经济人”的行为特征。

这些结论我们可以从1993年和2004年治理经济过热的实践中得到初步验证，并有助于解释我国的房地产泡沫、产业同构、地方保护、环境污染等经济社会现象。

（二）对我国两次“治热”经济调控的考察

1993年与2004年经济宏观调控虽然背景不同，但是面临的问题和难题都是“治热”。在两次调控当中，1993年时更注重金融手段。比如：1993年6月实行的16条调控措施中，前11条都是与金融相关的。调控初期由于对土地调控重视不够，宏观调控的效果受到影响，之后又回过头来收紧“地根”，最后到1996年实现了“软着陆”。而2004年的宏观调控。从一开始就把土地调控作为重要手段，严把信贷和土地两道“闸门”，使得2004年的宏观调控迅速取得了明显的效果。当年底，宏观经济运行就实现预期的目标，并在之后连续3年划出了令人满意的曲线。

根据前面的理论分析，要防止地方政府在土地调控上选择“欺骗”策略，关键是要改变策略选择预期的成本收益布局。中央政府在2004年前后及时采取一系列措施，影响了地方政府的预期和策略选择，土地调控是比较成功的。典型的事件包括：一是严查江苏“铁本”事件；二是严肃清理整顿开发区；三是设立执行招拍挂“8·31”大限；四是实施“三个暂停”，并接着出台土地管理改革措施；五是实行省以下国土资源垂直管理；六是强化全国范围内的土地监察。这些措施进一步疏通了土地调控的传导机制，增强了中央土地调控政策的执行力，改变了地方政府对土地欺骗行为的收益与成本预期，对于实现土地调控以至整个宏观经济调控的意图起到了非常重要的作用。

类似的，在地方保护、产业同构、环境污染以及房地产价格控制等方面，中央与地方政府的目标也是一致与错位并存。消除地方保护主义，实现资金、技术、劳动力资源的自由流通，促进全国范围内的公平竞争；根据各区域的资源禀赋和区位特点，在全国范围进行合理的产业布局，实现区域间各施所长、优势互补；采用成本较高的节能环保技术，发展循环经济，以维护和恢复生态环境；保持合理的房地产价格走势，以增强经济社会的可持续发展能力等等。这些都有利于长远发展，实现全社会整体福利的最大化。但是区域间经济竞争，地方官员的政治晋升竞争，使地方政府热衷于选择“损人利己”和“损人不利己”的策略，对“利人利己”策略热情不高（周黎安，2004）。使得中央政府的调控政策在博弈当中形成阻梗，传导机制由此受到了损害，房地产泡沫、地方保护、重复建设、污染环境等问题长期存在。借助于本文对中央与地方政府在土地调控上的博弈分析架构，可以更好地厘清这些问题的产生根源，明确解决问题的方向。

四、初步的对策建议

至此，本文通过对中央与地方政府在土地调控上博弈过程的勾画，为中央与地方之间在类似的宏观调控问题上的关系协调，建立了一个理论分析框架。解决问题的关键在于改变地方政府对中央策略选择的预期，改变地方政府策略选择的成本收益布局，从而消除或减少宏观调控中的梗阻现象和欺骗行为。现谨以土地调控为例，提出一些直观的对策建议：

1. 完善法律和制度，严格执法执纪，改变土地欺骗行为的收益成本布局。通过进一步完善相关法律法规，严格执纪执法，解决“查处”的频度“红线”问题，压缩投机空间，提高非法用地行为的成本。非法用地行为所带来的收入要如数划转中央，地方政府还要全额承担恢复费用；不但要追究经济责任、行政责任，对于严重的破坏环境和浪费土地资源的行为，还要依法追究刑事责任；不但要追究在任官员的责任，还要追究调离或退休官员的责任，实行用地责任终身追究制。

2. 建立精干高效的土地执法力量，疏通土地调控传导机制，增强中央政府土地宏观管理能力。国土资源部门由中央垂直管理，主要做好三件事：一是审查并监督各地制订和实施科学的土地发展利用规划；二是协调保护好农地、大江大河等特殊土地资源；三是对违法违规用地行为进行查处。把具体的用地审批和管理权力下放给地方政府，中央政府集中精力做好土地监察、农地保护和总量调控工作，确保土地资源的可持续性利用。

3. 将地方政府用地行为的外部性问题内部化。建立地方政府在土地使用与调控上的自我约束机制，把土地规划使用的权力下放给地方政府，使其在享有用地权力的同时，承担起持续均衡利用土地的责任，增强地方政府的用地责任意识。变“被督促均衡用地”为“自主地考虑均衡用地”。

4. 提高涉地行政行为的透明度，实行更为全面的监督监察制度。在土地规划使用权力下放地方政府后，要强制规定：土地的长期开发利用规划和年度用地计划，必须交由当地人大、政协审议通过方可执行，并不得随意变更。用地计划出台、具体实施等重要环节都必须在当地进行公示，接受社会公众的监督。没有经过这些环节监督的用地行为，一律依法依规进行处罚，充分发挥当地人大、政协和社会公众的监督作用。

5. 要利用先进的技术手段，提高土地监管水平，降低监督成本。在完善法律的基础上，通过运用卫星观测、GPS 全球定位等技术手段，提高土地欺骗行为的查处率，降低中央的监管成本，改变地方政府违规用地的收益与风险结构，消除或减少地方政府的投机行为。

公共产品的需求与供给

——基于评价与激励理论的分析框架

财政部科研所　李成威

一、公共产品需求分析的实质：公共产品评价分析

（一）公共产品需求与公共产品评价的关系

需求是消费者在一定时期内在各种可能的价格下愿意而且能够购买的该商品的数量。在私人产品的情况下，货币选票代表了人们对产品的需求，因此“需求是以货币表现的社会需要”。[①] 货币选票的多少，取决于人们对产品的价值评判，即对产品的评价。

结论一：私人产品需求的实质是人们对该产品的评价，这种评价是通过货币选票机制实现的。

在公共产品的情况下，产品需求的货币选票评价机制是不存在的，但如果能够找到其他评价机制，即能够通过各种直接或间接的方式了解人们对公共产品的评价，这种评价事实上也就反映了人们对公共产品的需求状况。如前所述，评价即价值评判，是对产品的价值进行量化的过程，而价值量化的过程实际上是表达人们对产品的满足程度及需要的过程。

结论二：如果能通过各种方式了解人们对公共产品的评价，就能实现对公共产品的需求分析，公共产品需求分析的实质是公共产品的评价分析。

（二）公共产品评价的方法

本文将公共产品评价方法分

① 沃尔科夫（苏）：《政治经济学词典》，北京师范大学出版社 1984 年版。

为两类：显示偏好方法（Revealed preference methods）和表达偏好方法（Stated preference methods）。

显示偏好方法也称行为评价方法，是通过观察消费者的行为推导出他们对公共产品的评价，包括交通成本方法、资产选择方法（快乐定价方法）和投票评价方法。表达偏好方法是从提问中了解消费者对公共产品的评价，包括或有评价方法、心理学评价方法。

显示偏好方法和表达偏好方法虽然都应用于公共产品的评价。但两者适用的范围有一定的差异。显示偏好方法主要适用于"使用价值"（use value）的公共产品，[①] 表达偏好方法主要适用于"非使用价值"（nonuse value）的公共产品。戴孟德和豪斯曼（Diamond and Hausman，1993）对公共产品的"使用价值"和"非使用价值"区分进行了归纳。公共产品的"使用价值"是能从公共产品的使用、消费中产生的价值。公共产品的"非使用价值"是一种用人类价值标准来衡量的（anthropocentic）与公共产品的使用、消费并无关系的价值。"使用价值"可以进一步分为直接使用价值（direct use value）、间接使用价值（indirect use value）和机会价值（option value）。"非使用价值"进一步分为遗产价值（bequest value）和生物价值（existence value）。表1以环境类公共产品为例对上述分类进行了说明。

表1　环境类公共产品的价值划分（Paulo，2002）

使用价值	直接使用价值	休闲效用 例如：旅游观光、垂钓、游泳等
	非直接使用价值	生态效用 例如：江河保护、植树造林等
	机会价值	使用保护效用 例如：将来的参观等
非使用价值	遗产价值	祖传物效用 例如：对子孙后代的土地和栖息地保护等
	生物价值	生物效用 例如：野生动物多样化保护意识

本文认为，"使用价值"的公共产品价值可以用显示偏好方法来评价，"非使用价值"的公共产品价值则要用表达偏好方法来评价。"使用价值"的公共产品虽然不能像私人产品那样可以通过观察他们的直接购买行为评价他们对这些产品的偏好，但是可以观察通过他们在各种使用机会之间的选择行为以及与之相关的机会成本——例如交通成本和资产选择成本，来推导他们对这些产品的偏好。

"非使用价值"公共产品主要涉及他人（子孙后代）使用或非人类使用的价值。对于这类公共产品，人们自身并不直接消费和使用，因此，无从观察他们的选择行为。所以，"非使用价值"的公共产品价值很难通过显示偏好方法的方法来评价，只能通过表达偏好

① 这里的使用价值并非政治经济学中的使用价值概念。

的方法来进行。

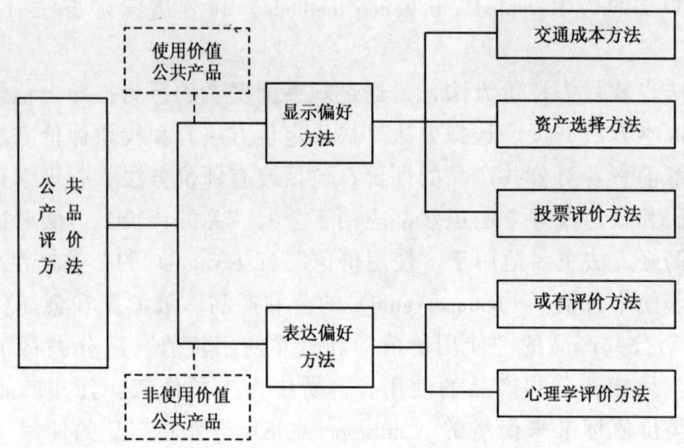

图1　公共产品评价方法分类

交通成本方法（Travel cost method）是通过了解人们消费公共产品所花费的交通成本推导人们对公共产品的评价。例如，公共休闲草坪是一种公共产品，该草坪给消费者的效用就可以用他们到该草坪所付出的交通成本来衡量，当然草坪的效用或价值可能超过消费者的交通成本，但该交通成本至少是该草坪效用或价值的下限，否则消费者就不会付出交通成本来享用该草坪。

资产选择方法有时也称为快乐定价法（Hedonic approach），是通过比较不同环境下的资产价值，推导该环境（公共产品）的价值。例如，如果房屋大小和其他条件相同，空气清洁地区的房子一个月的租金平均为1000美元，而空气污染地区的房子一个月的租金平均为850美元，这就说明人们愿意每月为干净的空气支付150美元。

投票是投票人在公共稀缺资源的众多使用途径中作出选择的过程，这一选择过程反映了投票人对各种使用途径的需求（Schram，1991）。在选举中，特别是直接民主选举中，选民的行为是了解他们对公共产品评价信息的可能来源渠道（Bishop *et al*，1997）。社会和政府对公共稀缺资源的利用，也需要通过人们的投票行为予以确定。这分为两种情况：一是人们直接对公共产品的表决。在这种情况下，假定N个参与者对A项公共产品进行表决，每一参与者的选票投向就反映了他对公共产品的偏好。而投票者之所以将选票投向心仪的公共产品，是因为他在投票之前熟悉和了解各选择项，并对它们进行了价值评价。二是人们对政党进行投票。这里，假定不同政党代表不同的公共支出水平或不同的公共产品（服务）类型，每一参与者对政党的选票投向就反映了他对该政党所代表的公共支出水平和不同的公共产品（服务）类型的偏好。

或有评价方法（Contingent Valuation Method，简称CV method）是通过设计问卷，促使公共产品的消费者表达其愿意为公共产品支付（Willingness to pay，WTP）的货币价值，或者换句话说，如果停止该公共产品的提供，他们愿意接受（Willingness to accept，WTA）多少补偿。当然，这里并不需要消费者为消费的公共产品进行实际支付，因此或有评价可以看作通过虚设一个或有的或假定的产品市场，估计该产品的影子价格。

心理学家在研究人们对外部刺激的强度评价上取得了丰硕的成果，其中就包括人们对公共产品的评价（Simon，2002）。心理学最为常用的两种评价方法是：数量估计方法（magnitude estimation）和等级划分方法（category rating）。这两种方法广泛应用于将主观感觉与客观尺度联系起来，这些方法同样适用于公共产品的评价。

结论三：人们对公共产品的评价是可以了解的，包括两类方法：显示偏好方法和表达偏好方法。其中显示偏好方法包括交通成本方法、资产选择方法（快乐定价方法）和投票评价方法。表达偏好方法包括或有评价方法、心理学评价方法。

二、公共产品供给分析的实质：公共产品激励分析

（一）公共产品供给与公共产品激励的关系

本文认为，公共产品的供给包括两个环节：一是融资环节，该环节消费者进行公共产品的需求（偏好）表露，并根据受益原则为公共产品支付费用；[①] 二是管理和监督环节，包括安排产品的生产和监督等组织过程。

这里先辨明两对概念：一是需求与需求（偏好）表露；二是生产和供给。需求是由消费者对产品的主观评价形成的，是消费者的意愿。而需求（偏好）的表露则是消费者发出的信号，这种信号是与其利益相联系的，消费者要据此支付成本，因此，需求（偏好）的表露是属于供给方面。生产指的是“将投入变成产出的更加技术化的过程，制造一个产品，或者在许多情况下给予一项服务”；[②] 而供给则包括消费者对公共产品的偏好表露、为公共产品支付费用（产品融资）、安排产品的生产和监督等组织过程。

公共产品供给的两个环节实际上是两个激励问题：

一是消费者公共产品偏好表露激励，该激励在受益原则的情况下，解决公共产品的融资问题，本文称为偏好表露（融资）激励问题。

二是对安排生产的激励，并不是所有的公共产品的消费者（提供者）都直接参与公共产品的生产，他们可能要委托某些机构对公共产品的生产作出安排，因此，在公共产品生产安排的时候，消费者和安排生产的机构之间存在委托代理关系，这种委托代理关系的存在，便产生了激励问题，本文称为管理及监督激励问题。

结论四：公共产品供给的两个环节的实质是两个激励问题：偏好表露（融资）激励问题与管理及监督激励问题。如果能有效解决这两个激励问题，公共产品的供给问题便迎刃而解。

（二）公共产品激励问题的解决：公共产品激励机制

由于第一个激励问题的存在，即偏好表露（融资）激励问题，每个人都不愿意表露对公共产品的真实偏好，偏好表露（融资）激励机制就是要通过一定的制度设计，使人们表露真实的偏好，进而根据他们表露的真实偏好，负担公共产品相应的成本，解决公共产品

---

① 需要说明的是，需求和需求（偏好）的表露是不同的。

② Elinor Ostrom，Larry Schroeder and Susan Wynne. 1993. Institutional Incentives and Sustainable Development：Infrastructure Policies in Perspective. Boulder：Westview Press. 中译本《制度激励与可持续发展》，陈幽泓等译，上海三联书店 2000 年版，第 87 页。

的资金来源问题。

当公共产品的资金来源问题得以解决，公共产品的受益者按照他们的受益大小提供了相应的资金，这些资金就集中在某些机构的手中，通过这些机构为上述受益人安排公共产品的生产。[①] 这样在公共产品受益者（现在成为资金提供者）与资金管理者之间形成了一种委托代理关系，这种委托代理关系的存在，就出现了激励问题，即如上所述管理激励问题。[②] 管理激励机制涉及一系列制度安排，确保公共产品资金管理者按照资金提供者对公共产品的需求（由公共产品的评价决定）提供一定的公共产品，并保证资金提供者对资金管理者的资金使用情况进行监督等。

上述两个激励问题（偏好表露激励问题和管理及监督激励问题）虽然有一定的独立性，但大多数情况下是紧密联系在一起，不可分割的。同样两套激励机制也是不可分割的，统称为公共产品激励机制。公共产品激励问题与激励机制之间的关系如图 2 所示。

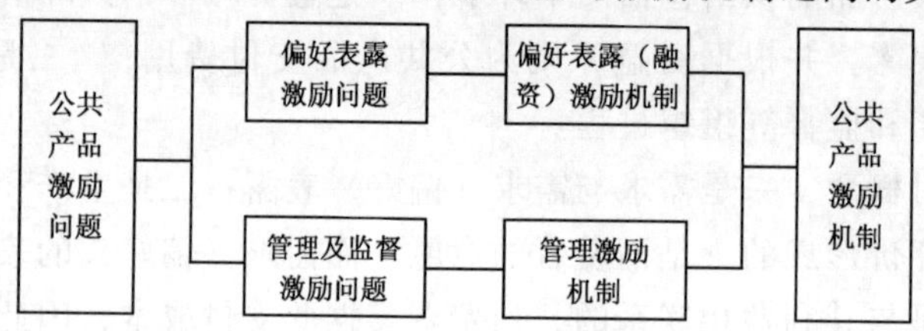

图 2　公共产品激励问题与激励机制

偏好表露激励机制的核心思想就是设计一种税制或支付制度，能促使每个人都表露他们对公共产品的真实偏好，其目的在于设计这样一种税制，在这种税制下，说真话即表露真实偏好是每个人的占优策略，也就是说这种税制是个人激励相容税制。在设计这种机制时，应满足下列要求：当每个人通过选择其表露使自身的福利达到最大时，纳什均衡（每个人都将他人的表露当作是给定的）是帕累托有效的；在纳什均衡中，每个人都诚实地表露其对公共产品的评价；诚实的表露是一种占支配地位的策略。理想的偏好表露激励机制应该既能对消费者实现有效的偏好表露激励，又不存在预算资源的浪费。维克里（Vickrey，1961）、克拉克（Clacke，1971）、格鲁夫（Groves，1973）、格鲁夫和劳伯（Groves and Loeb，1975）、塔德曼和塔洛克（Tideman and Tullock，1976）、格鲁夫和莱亚德（Groves and Ledyard，1977）以及格林和拉丰（Green and Laffont，1977，1979）等分别对此进行了研究。[③] 但目前该研究并没有达到令人满意的理想境界。

公共产品供给中的委托—代理关系是公共产品供给管理激励问题的根源。公共产品提供的主体包括集团、政府和私人。[④] 每一主体提供公共产品的过程中，都涉及双层委托代理关系：一是提供者（委托人）与管理者（代理人）之间的委托代理关系，二是管理者

① 这些机构可能是政府机构，也可能是公共产品消费集团的协作组织。

② 当一个委托人向一个代理人委派任务时，激励问题就会出现。见让—雅克·拉丰和大卫·马赫蒂摩：《激励理论：委托代理模型》，中国人民大学出版社 2002 年版。

③ 参考 Green，J. R. Laffont，J.J. 1979，Incentives in public decision – making. Amsterdam：North – Holland.

④ 李成威：“公共产品提供和生产的理论分析及其启示”，《财政研究》2003 年第 3 期。提供比供给的涵义要窄一些，仅指负担相应的成本，为公共产品提供资金。因此公共产品的“提供者”就是负担相应的成本，为公共产品提供资金的主体。

（这时变为委托人）与生产者（代理人）的委托代理关系。委托代理以及与之相关的激励机制，现代激励理论已经进行了深入的研究，这些研究的成果完全可以运用于公共产品供给管理机制之中。

结论五：解决偏好表露（融资）激励问题需要很好地设计偏好表露（融资）激励机制，而解决管理及监督激励问题则可以依据现代委托代理和激励理论的丰硕成果来设计很好的管理激励机制。

三、公共产品需求与供给均衡

对公共产品的评价，可以确定人们对公共产品的需求。但是需求虽然确定，却不一定能够满足，它们的满足程度取决于公共产品是否能够有效供给，而公共产品的有效供给则需要解决两个激励问题，第一个激励问题是公共产品的偏好表露激励，该激励在受益原则的前提下解决公共产品的融资问题，但仅仅有了资金也不一定能够有效地供给公共产品满足需求，还必须解决公共产品的供给管理激励问题。设立有效的激励机制，使供给中的各个主体按照最优的原则行事，个人和社会总体对公共产品的需求才能真正满足。

结论六：运用公共产品评价方法，可以了解人们对公共产品的需求。但是需求的满足程度依赖于公共产品的供给，需要设立很好的激励机制，有效解决供给中的两个激励问题，这样公共产品的需求与供给才能够实现和谐。

关于财政与银行关系的历史回顾及反思

财政部科研所 申学锋

一、在计划经济确立初期，银行是财政的出纳，财政困难便向银行伸手，财政对银行存在“欠账”

新中国成立后，国际上以美国为首的西方资本主义国家对中国实行封锁禁运，国内不法资本家和投机势力利用人民政府暂时困难之机，垄断物资，囤积居奇，以致各地物价飞涨，市场秩序陷入全面混乱，人民政府面临财经困难的严峻考验。当时国家既要维持庞大的军费开支和900万军政公教人员的生活，还要恢复百废待兴的国民经济，财政支出急剧膨胀。但由于新解放区的财政收入尚未整顿，全国财政没有统一，人民币也不能正常流通，财政收入的增长极其缓慢。财政无力，只得依靠银行发行钞票，这在一定程度上加剧了通货膨胀。

到了1952年，抗美援朝战争基本胜利，国民经济的恢复也卓有成效，财政收支实现平衡并略有结余。在这种大好形势下，人民政府满怀快速发展国民经济的急迫心态，结果由于财政管理的经验缺乏，在编制1953年预算时，把上年的财政结余列入国家预算，作为当年的基本建设投资安排支出。这种指导思想使预算的执行出现了问题。1953年国家预算内的基本建设拨款增长了50%，增长速度超过了生产资料和农副产品的增长速度，使得市场供求关系异常紧张，国家财力难以承受。到1953年7月份，财政赤字累计已达10.74亿元。为弥补赤字，便向银行提取存款，从而造成银行信贷资金紧张。银行为回笼资金，又向商业部门收回贷款，各地商业部门只得压缩库存物资（当时称为“泻肚子”），把

挤出来的钱归还银行，进而造成某些产品市场脱销的局面。

至1956年，“一五”计划接近完成，为了争取早日实现目标，国家采取“三管齐下”的措施：基建方面，基建拨款比上年增长57.7%，占当年国家预算总支出的45.7%；新增职工方面，实际增加职工515万人，比原计划数额增长了5.1倍，当年因职工人数增加和升级调资，全民所有制职工多开工资达6亿~7亿元；农业贷款方面，1956年计划农业贷款增加11.2亿元，但执行结果增加了20.3亿元。三项措施并举，使得财政出现了高达18.31亿元的赤字。为弥补这个差额，国家再次动用历年财政结余10.11亿元，剩余的8.2亿元赤字依靠动用财政存款、向银行透支和动用地方预算周转金解决。

1953年和1956年，国家在编制财政预算时先后两次动用财政结余，结果引起短时期的失误。这是一个深刻的教训。那么，为什么财政结余不可随意动用呢？这与当时的财政金融状况是直接相关的。新中国成立初期，银行自有资金很少，居民储蓄几乎没有，信贷资金严重不足，其主要来源是财政存款和财政结余。换言之，财政结余并不是放在财政部门的闲置资金，而是作为财政性的存款放在银行，当作银行的信贷资金。因此动用财政结余就等于抽走了银行信贷资金，银行资金紧张，只得收回商业部门的贷款。商业部门为偿还贷款，便拼命抛售物资，这又会造成市场的波动。这是财政与银行特殊关系造成的连锁反应。

自建国初期直至改革开放之前，国家财政在社会资源配置中扮演了主角，社会再生产过程的各个环节都由财政统一计划加以控制，财政职能延伸到社会各类财务职能之中。此间财政支出机制的特点是大而宽：不仅巨额的经济建设投资由财政直接拨款，国有企业的定额流动资金也由财政无偿拨付，此外财政还要承担国防、外交、行政、科技、教育、文化、卫生等各项支出，负担沉重可想而知。在一穷二白基础上建立起来的新中国，财政收入并不丰裕，面对庞大而急迫的支出需要，财政往往左支右绌，捉襟见肘。钱不够怎么办？只能从银行拿。因为在计划经济模式下，银行的钱就是国家的钱，或者干脆就是财政的钱，财政出现困难，自然而然就想到了向银行伸手。因此，这一时期财政对银行的欠账是客观历史条件下的必然结果，我们不能片面地加以批评。

二、改革开放后的十余年，国家采取“放权让利”政策，财政职能逐渐弱化，银行作用日益凸显，出现“小财政、大银行”局面

改革开放后，国家采取放权让利政策，使国民收入分配格局发生了巨大的变化，国民收入分配开始向居民、地方、企业倾斜，国家财政特别是中央财政陷入困境，财政拨款支持企业的能力大大降低。与此同时，随着居民储蓄的增加，银行资金逐渐充实，贷款范围也突破了流动资金的界限，银行在企业生产建设资金的筹集中替代财政扮演了主角。这就是人们常说的“小财政、大银行”局面。

放权让利政策首先表现为中央与地方分配格局的调整，中央将部分财权下放地方，导致中央财力困难。改革开放前，国家一直实行高度集中的财政管理体制。1980年开始，我国实行多种形式的“分灶吃饭”预算管理体制。“分灶吃饭”打破了统收统支、吃大锅饭的局面，扩大了地方的财权，提高了各地生产建设的动力，使资金的使用效率有所提高。但在执行过程中，统支改革的进展相对缓慢，在中央财政收入逐年下降时，财政支出

却减少有限，以致中央财政困难重重，无法保障国家重点建设资金，甚至还得向地方财政借款来弥补缺口。

在财政与企业关系上，国家采取减税让利措施，给予企业一定的利益，财政因此作出较大牺牲。此外，国家还通过“利改税”改革扩大了企业的财权。1984年10月开始，国家又决定在上年利改税的基础上进一步改革，将国有企业应当上交国家的财政收入按11个税种向国家缴税，从而由“税利并存”过渡到完全的以税代利，税后利润归企业自主安排使用。“利改税”的直接结果就是国家财政收入的减少，财政为改革作出了较大的牺牲。

在城乡居民收入方面，国家运用财政补贴方式，支持农副产品收购价格，调整城镇企业职工工资。从1979年起，国家提高了粮、棉、油、肉、蛋等18种主要农副产品的收购价格，平均提高24.8%。为保证这一政策得到顺利贯彻，国家对商业经营农副产品的购销差价实行财政补贴政策。1981～1990年，国家财政价格补贴占当年财政支出的比例都在10%以上，其中有3年达到14.0%。与此同时，国家还放松了对国有企业工资的管制，相继提高了部分职工工资级别和部分地区的工资类别，普遍实行奖金制度和副食品价格补贴制度。

实践证明，放权让利政策是完全正确的，其成效也相当明显，不仅促使城乡居民收入和居民储蓄稳定提高，也对国家经济产生了良好效应，形成一种良性循环。1980～1990年，国内生产总值平均增率达到9.5%。但必须看到，取得这样的成绩是以财政的巨大牺牲为代价的，伴随改革成就的是国家财政收入的减少和支配能力的下降。一方面，在各行其是的减税让利超过合理数量界限的情况下，财政收入占国内生产总值的比重由1979年的28.4%滑落到1993年的12.6%；另一方面，随着地方分权，中央财政收入占全国财政收入的比重由1979年的46.8%下降为1993年的31.6%。这样，中央财政本级组织的收入不能满足支出的需要，必须依靠地方财政收入的上解来平衡收支。1983年开征的“能源交通重点建设基金”和1989年开征的“预算调节基金”，都是为了维持中央财政正常运转而采取的非常措施。这在很大程度上导致中央政府调控能力的弱化，宏观调控的意图难以真正贯彻。

既然中央财政配置社会资源的职能被弱化，在其捉襟见肘之时，有着充裕资金的国有银行正好垫补了中央财政在投融资和宏观调控方面留下的真空，并在相当长的一段时期内肩负着部分财政职能，获得了“第二财政”的称号。在1979年以前，国家基本建设投资均以国家财政无偿拨款方式办理。但此后逐渐壮大的国有银行取代财政成为固定资产投资的依赖主体。1978年，城乡居民储蓄存款余额仅有210.6亿元；到了1985年，这一数字增至1622.6亿元，增长了6.7倍。随着居民储蓄的增加，银行资金逐渐充实，贷款范围也突破了流动资金的界限，开始发放技术改造贷款和固定资产投资贷款（当时叫做中短期设备贷款），银行在企业生产建设资金的筹集过程中扮演了主角。“拨改贷”政策正是在这样的背景下出台的。1984年12月，国家计委、财政部、中国人民建设银行联合决定，从1985年起，凡是由国家预算安排的基本建设投资全部由财政拨款改为银行贷款，“拨改贷”在全国推行。从理论上讲，“拨改贷”政策可以促使贷款企业提高资金使用效率，避免重复建设和资金浪费。但是由于当时规定国有企业可以用所得税之前的利润来还贷（即“税前还贷”），从而产生了两个消极影响：一方面，国有企业不计后果地盲目开发和重复建设，甚至进行“棉花大战”、“桑蚕大战”、“羊毛大战”；另一方面，银行觉得贷款收回没有问题，因此随意放贷，信贷超出实际需求，而居民消费需求又迅速膨胀，全国出现抢购风潮，物价迅猛上涨。1988年居民消费物价指数上涨18.8%，涨幅高于经济增长率7.5个百分点，通货膨胀达到顶峰。从本质上看，这是财政与银行关系处理失当的必然结果。

三、1994年分税制改革后，财政逐渐壮大，银行也同步扩张，银行风险财政化趋势明显

作为一种过渡性的财政体制，20世纪80年代实行的分灶吃饭框架内的财政包干制有其必然性，它打开了改革的突破口，扩大了地方财权，调动了地方政府发展地区经济的积极性。在“多劳多得”的刺激下，广东、浙江等沿海地区的经济迅速崛起。但另一方面，包干制与“条块分割”地按照行政隶属关系控制企业的旧体制相结合所造成的弊端也日益显露：它在客观上助长了低水平重复建设和投资膨胀，削弱了中央政府的宏观调控能力，强化了地区封锁和地方保护倾向。事实表明，曾经发挥过积极作用的包干制财税体制已经落后于时代。

1993年12月15日，国务院发布《关于实行分税制财政管理体制的决定》，决定从1994年1月1日起在全国实行以分税制为基础的分级财政管理体制。此次财税改革的基本内容是：实行分税制体制，理顺中央与地方的分配关系；改革国有企业利润分配制度，为企业创造公平竞争的外部条件；全面改革税收制度，建立新型税制体系。同时财政彻底取消向银行的透支和借款，赤字全部以举借国债方式弥补。从1994年起，国家财政改变了债务收入不列赤字，对外公布的赤字又以向中央银行透支或借款弥补的传统做法，而以国际通行的口径计算赤字，以国际通行的做法弥补赤字，即债务收入不列正常财政收入。改革对于推动财政与银行关系的正常化起到巨大作用。

1994年实施的分税制改革成效无疑是明显的。改革前的1993年，国家财政收入仅为4348.95亿元；到了2003年，财政收入猛增至21715.25亿元，10年时间增加了4倍。此外，同1993年相比，2003年国家财政收入占GDP的比重由12.6%提高到18.6%，中央财政收入占全国财政收入的比重由39%提高到54.6%。国家财政实力的增强和中央财政收入规模的壮大，有力地支持了财政职能的发挥，中央政府的宏观调控能力也随之加强。

在国家财政不断壮大的过程中，银行业也迅速扩张，其势头较之财政发展有过之而无不及。改革开放后的20多年，银行业掌握的社会资本急剧扩张。截至2004年底，我国银行业总资产达到31.49万亿元，比1978年的1600亿元增长了196.8倍。2004年的国家财政收入虽有明显增长，也不过26355亿元，比1978年的1132.26亿元增长仅22.3倍。由此可见，目前我国仍然处于“小财政、大银行”的局面。

当然，在银行业快速扩张的同时，也存在不容忽视的问题。国有商业银行在行使部分财政职能的同时，为巨额不良资产的产生埋下了伏笔。国有商业银行的不良资产主要是政策性贷款，它们是在长期的计划经济体制下以及向市场经济体制转型过程中逐渐积累形成的，同时也与各大银行盲目攀比放贷数额有直接关系。至于这些不良资产的确切数字，人们莫衷一是。多数研究者认为，国有商业银行不良贷款占其整个贷款余额比率大致为20%～30%，这远远超过了《巴塞尔协议》对银行贷款相关比率的要求。此外，四大国有商业银行的资本充足率也很低，没有达到《巴塞尔协议》规定的不得低于8%的标准。这些问题使国有银行存在着很大的风险，1997年爆发的东南亚金融危机就对我国的银行业提出了挑战。国有银行能够渡过危机，原因在于我国在金融市场实行了严格的准入制度和宏观外汇管理政策，而不是银行本身的各种机制足够完善，这一点大家有目共睹。

自东南亚金融危机以后，财政部以出资人身份承担了处置银行业不良资产的责任，银行风险“顺理成章”地向财政传导。1997年，财政部冲销了国有商业银行的呆账300亿元，1998年又冲销了400亿元。1998年，财政部通过发行2700亿元特别国债对四大国有银行进行注资，以提高其资本充足率。1999年，国务院按照建行、工行、中行、农行四大国有商业银行的归口，分别成立了信达、华融、东方、长城四家资产管理公司，专门处置各银行的不良贷款，当年四家公司剥离了四大行1.4万亿元的政策性不良资产。此后，国有银行一再呼吁希望国家财政能够二次注资来补充资本金，并且对部分不良贷款进行二次剥离，以便尽快达到不良贷款比率低于10%、资本充足率高于8%的国际监管要求。剥离不良贷款和补充资本金的核心问题都是财政出钱，这对财力有限的中央财政造成了不小的压力。2004年，中行和建行进入股份制改革阶段。根据改革方案，此次财务重组的基本思路是先将两家银行原有的所有者权益、准备金和2003年利润全部转为风险准备，专门用于核销资产损失。中、建两行的未核销部分1498亿元和1289亿元“可疑类贷款”按市场方式出售给资产管理公司。尽管此次剥离引进了一些市场机制，有别于上次的做法，但本质上仍是财政埋单。同时，通过国务院批准设立的中央汇金公司分别向中行和建行注资225亿美元，用于提高资本充足率，而汇金公司的终极所有人和出资人无疑就是财政部。可以想见，由于国有独资或国家控股银行的性质以及财政与银行之间纠缠不清的裙带关系，如果经过改革的国有银行再出现任何经营风险，财政兜底的责任肯定不能摆脱，银行风险财政化已经形成了一种惯性，这大概也是财政对银行长期“欠账”的一种轮回。

由国家财政出面化解银行风险固然获得了一定的社会效应，但也带来了一系列负面影响，其中最主要的就是增加了财政的脆弱性。政府潜在债务平时处于潜伏状态不易觉察，一旦显性化，就变成政府的现时义务，冲击原有的预算平衡，给财政预算留下缺口，造成财政收支的严重失衡。我国正处于转轨时期，来自银行业的隐性和或有债务不可避免，银行风险向财政的转移在短期内难以遏止，这就必然会增加财政的脆弱性。

四、充分发挥财政的“大服务”功能和银行社会资本的分配作用，在国务院统一领导下，理顺财政与银行关系

社会主义的财政分配在社会再生产中居于极为重要的地位，现在人们一提公共财政，就把行政、教育、文化、医疗、国防等几个方面的分配看作国家财政的全部，以小财政代替了大财政。目前我国财政收入只集中了GDP的20%，在国家总财力尚属有限的前提下，财政要实现调控宏观经济的管理职能，就必须发挥调控社会资本的分配与使用方向的功能，通过适当手段引导社会资本，使其为社会主义市场经济的健康发展服务。这就是财政的“大服务”功能。

社会主义财政分配是为整个国民经济服务的，其本质与“公共财政”强调的政府为满足社会公共需要而提供公共产品的任务是相似的，但两者的根本区别在于对公共财政范围的界定上。社会主义财政发挥作用不应该只局限于提供公共产品这个狭小的范围，它应该提供一种“大服务”。财政的大服务功能，主要体现在方针、路线、政策、战略任务的制定与引导方面，体现在调整产业结构、产品结构、区域经济结构以及提高经济效益、维护社会稳定、保障人民基本生活等方面，这是宏观意义上的服务，而不是拘泥于一时一事之上的服务。

由于财政收入的“蛋糕”并不大，因此财政的“大服务”功能只是起到宏观调控和引导作用，这就要求我们充分利用社会资本，发挥资本纽带作用。目前银行业掌握的社会资本高达 31 万亿元，如果不能合理利用这些资本为经济建设服务，一味依赖财政，就重新陷入了传统计划经济时代的思维，不利于国民经济的快速发展。

党的十五大报告指出，要以资本为纽带，深化公有制经济改革，大力发展民营经济。在社会主义市场经济体制下，公有制不可能与社会化资本截然分开，为此就要探索灵活多样的实现形式。在改革开放的实践中，公有制的实现形式发生了巨大变化，开始向着多样化的方向发展，形成了股份制、股份合作制等形式。推行公有制的多种实现形式，使股份制成为公有制的主要实现形式，有利于所有权和经营权的分离，有利于提高企业和资本的运作效率，有利于银行社会资本和民间资本作用的发挥，具有十分明显的积极意义。

党的十六大把全面建设小康社会作为今后 20 年的奋斗目标和主要任务。要实现这一目标，就必须在科学发展观的统领下，坚持统筹城乡发展的方针，消除三大差别，实现全体人民的共同富裕。目前我国社会经济中小生产的比重仍然很大，农业领域小生产汪洋大海的问题仍然非常突出。这就要求我们以资本为纽带，着力发挥银行业掌握的社会资本的作用，以现有城镇为依托，变一家一户的小生产为规模化、现代化、集约化的大生产。在这个改造过程中，财政部门要制定科学合理的政策加以引导，通过优惠政策吸引社会资本。在市场机制的作用下，这些社会资本的功能不再是纯粹的输血，它将极大地带动农村经济造血机能的发展，从根本上解决三农问题。

要充分发挥财政的“大服务”功能和银行社会资本的纽带作用，就必须理顺财政与银行的关系，使两者在明确各自分工的基础上相互协作，共同推动国民经济的协调发展。我国财政、银行体制改革已经进行了 20 多年，但到目前为止，两者之间的关系并没有完全划分清楚。历史上，财政与银行是穿着连裆裤的亲兄弟，现在，亲兄弟分了家，各自为政，职能模糊，而总体态势是银行发展快于财政。银行部分权利的实现是以财政为后盾的，是财政权利的一种间接表达，但随着自身实力的扩张，银行有时在权利上排斥财政。2004 年，国务院通过新成立的中央汇金公司，运用 450 亿美元的国家外汇储备对中行和建行注资。于是便有人指出，中国人民银行和国家外汇储备局是两家商业银行的出资人，财政与之无关，因此财政无权监管两家银行。这种观点模糊了外汇储备的性质和国家财政的出资人身份，也提醒我们必须科学分析和正确处理财政与银行的关系。

外汇储备是国家通过中央银行发行人民币，从创汇企业和居民手中收购而来的资金，是人民币资产的重要转换形式。新中国成立以来，国家财政通过价格补贴等形式支持人民币的币值稳定，通过外贸补贴、出口退税、创汇补贴等方式支持外汇储备资产的稳定增长，还通过对中央银行全额注资和对国有商业银行部分注资来支持金融体系的稳定发展。在国家财政困难不能直接注资银行业的情况下，利用国家外汇储备资产注资，表面看来与具体年度的财政预算无关，但实际上仍是财政对国有资产的一种安排，本质上仍是国家负债，国家财政对此负有最终责任。财政部门是银行业国有资产权益的总代表和管理者，财政部门对银行业实施的财务监管是金融监管体系的重要一环。因此，在运用国家外汇储备注资国有商业银行时，财政部门必须作为出资人和最终责任人对国有商业银行进行财务监管。那种认为财政部门不是银行出资人，因此不能直接对之行使监管手段的观点是根本错误的。

当然，在强调财政对银行监管的同时，也应该明确银行的权利与分工，发挥其在分配领域的职能。有种观点认为，银行只是扮演出纳的角色，不能执行分配资金的职能，而只能通过财政来分配资金。我们不同意这种看法。众所周知，现代银行是随着资本主义的产生与发展而发展起来的，资本主义再生产需要大量的货币资本，而信用制度则是集聚和分配货币资本最灵活、最有效的方式。信用方式不仅能集中资本家的闲置资本，而且能把社会上闲散的小额货币汇成巨额资本，进而根据各个部门的生产需要，把货币资本分配出去。在社会主义市场经济条件下，由于再生产过程中仍然存在着货币资金的循环与周转运动，因此仍需要信用和银行，分配职能仍是银行的基本职能之一。银行信贷计划同财政收支计划一样，是国民经济计划的组成部分，银行与财政部门一样，是国家用来动员和分配资金的职能部门，只是两者动员与分配资金的性质和方式不同。

还有一种观点认为，银行是代人保管资金，不能对不属于自己的资金进行分配。这也是一种错误观念。银行的特殊作用恰恰在于它能够把私人资本变成社会公共资本加以分配，银行能够分配的资本绝大部分不是自有资本，而是社会资本。正由于银行信用具有动员社会闲置货币资本和各阶层收入的职能，可以大规模地、灵活地向职能资本家提供货币资本，才促进了资本的集中和资本主义生产的发展。社会主义银行同样具有集聚社会资金的职能，具有支配社会资金的权力，银行集聚的社会资金完全可以运用到国民经济各部门中去。银行动员的社会资金是已经被分配过了的资金与货币（经过国民收入的分配与再分配），有一部分是在财政对企业资金进行分配的基础上形成的，这正说明了银行动员资金的重要性。那些被分配过了的、尚未使用的闲置资金与货币收入是不能靠财政再来动员的，只有依靠银行才能动员与集中。把消费基金变成积累基金，是信用制度和银行制度独特的功能。社会主义银行具有分配社会资金的职能是无可否认的。

总之，我国正处于经济体制变革的重要时期，财政金融体制的改革是整个国民经济调整改革的重要一环。如何理顺财政与银行的关系，又成为改革成功与否的关键。只有在国务院统一领导下，克服各自为政的弊端，使财政和银行分工协作，共同承担集中与分配生产资金的职能，发挥财政的“大服务”功能和银行在分配领域的重要作用，才能使国民经济沿着协调健康的道路前进。

依托共同会计价值观　重塑会计职业行为

财政部科研所　王建新

前　言

中华民族要想屹立于世界民族之林，不能没有核心价值观与伦理道德。同样的逻辑，中国会计职业界要真正做到“诚信为本、操守为重、坚持准则、不做假账”（朱镕基，2001），成为世界会计职业界的典范，除了有完善的基于国情且符合国际惯例的会计标准外，也不能没有共同的价值追求、共同的伦理约束、共同的职业信仰，即不能没有共同会计价值观。在会计职业判断日益增多的今天，准确真实会计信息的产生一方面需要有完整合理的法律法规和准则制度约束，另一方面更需要全社会特别是会计行业内有一个共同的价值观和职业操守。正如亚当·斯密在《道德情操论》中指出的：① 人在围绕着个人利益最大化而行为时，迫于个人的同情心、感激心、社会法规、道德观而达到整个社会的福利最大化、和谐稳定。会计执业人员在其执业行为过程中首先考虑本企业利益最大化，然而，在满足内部管理决策要求的基础上，也要考虑企业利益相关者对会计信息的需求，如果一味地迎合内部或外部利益相关者对会计信息的要求，那么会计人员很可能会作出一些不符合职业道德的举动，甚至背离法律、法规的要求。而共

① 亚当·斯密在其所著的《道德情操论》第二卷第三章中指出：“可以在人们相互之间缺乏爱或感情的情况下，像它存在不同的商人中间那样，存在于不同的人之间；并且，虽然在这一社会中，没有人负有任何义务，或者一定要对别人进行感激，但是社会仍然可以根据一种一致的估价，通过完全着眼于实利的互惠行为而被维持下去。”在这部著作中，他间接地指出了社会价值观作为一种“看不见的手”可以协调人与人之间追逐自利行为的关系，从而达到社会政治的平衡。

同会计价值观恰恰就是在满足企业自身利益最大化和增进整个社会福利之间的一个切合点。因此，为规避会计舞弊行为和非职业行为的发生，需要全行业形成共同的价值观。特别是在我国实施了新会计准则会计职业判断大大增加，而会计职业判断所遵循的基本价值标准却偏差严重的今天，更加迫切需要全社会倡导和树立共同的会计价值观。同时，共同会计价值观也是与党的十七大所提出的社会主义核心价值观的理念和内涵相契合，顺应了时代前进的方向。在此，笔者就共同会计价值观的内涵、特征、功能、根源、趋势及意义等相关问题作系统地阐述。

一、共同会计价值观是个人理性与社会理性相互博弈的归宿

会计执业人员作为经济学意义上的经济人，追逐个人利益是个人理性的必然导向；企业（公司）作为法人，渴求股东利益最大化乃至利益相关者利益的最大化是法人理性的导向；无论是作为自然人的经济人还是作为法律主体的“法人”，都必须皈依于社会理性，否则就无法在社会中找到生存与发展的立足之地。每一个经济人、法人都在权衡利益的得失，而他们的利益满足又不得不依赖社会理性作为支撑，三者相互博弈的最终归属自然选择了共同会计价值观。

在对共同会计价值观进行阐述与论证之前，我们首先要对价值、价值观、会计价值观的内涵进行界定。何为价值？追溯词源，在西方，“价值”（value）一词最早来自于梵文 wer（掩盖、保护）和 wal（掩盖、加固）及拉丁文 vallo（用堤护住、加固、保护）、valeo（成为有力量的、坚固的、健康的）和 valus（堤），综合以上词意，取其“对人有掩护、保护、维持作用”的含义。后来，由这种含义逐渐演变出“可珍惜、令人重视、可尊重”的意思，与日常用语中的“有用”相类似。可见，西方一些思想家对价值的规定基本上都是从经济学的角度来阐述的，他们认为事物对人有用，能满足人的某种需要，符合人的某种利益即事物有价值，所以价值问题只是一个主体认识的问题。

缘于对价值的偏好和认同，在个体的潜在思维意识中便定格成为一种意识偏好。这种意识偏好在行为得到价值激励时或正强化时便自然形成一种行为倾向，该行为倾向又反馈于行为主体的潜在意识。在这个循环的过程中，个人的意识倾向和主观思维便逐渐趋于稳定，这种稳定的意识倾向和主观思维便是价值观。会计价值观首先依附于会计执业人员的价值观，一个会计执业人员的个人价值观以享乐为导向、以权力为中心，那么他在其职业行为过程中就会敷衍塞责、漫不经心、卑躬屈膝，为了得到公司领导的赏识而虚造财务数据，甚至跟管理层串通一气，进行财务舞弊，瞒天过海，欺骗董事会和公司的利益相关者，扰乱社会经济秩序。反之，积极、健康、科学、向上的价值观往往引致会计执业人员能够在本经济单位利益最大化和社会利益最大化之间找到一个契合点或和谐区间，在这个和谐区间进行职业行为。会计价值观是建立在会计执业人员价值观基础之上的职业价值观、行为价值观。价值、价值观和共同价值观的相互关系如图 1 所示。

会计作为社会经济管理活动中的一种职业，有其职业的特殊性与价值的多元性；会计执业人员在其职业行为过程中，往往从本经济单位利益最大化的角度出发，在一定程度上不能够公允地反映企业经济管理活动的实际。而会计行业的法律、法规、职业道德并不完全能够从执业人员的内心灵魂深处触动其本质意愿，使其在追逐其个人、经济主体利益的基础上，

不断地增进整个社会的福利。共同会计价值观的形成则是整个会计行业的精神信仰、道德情操和理念意志，弥补了上述空缺。那么，共同会计价值观的实质与内涵是什么？

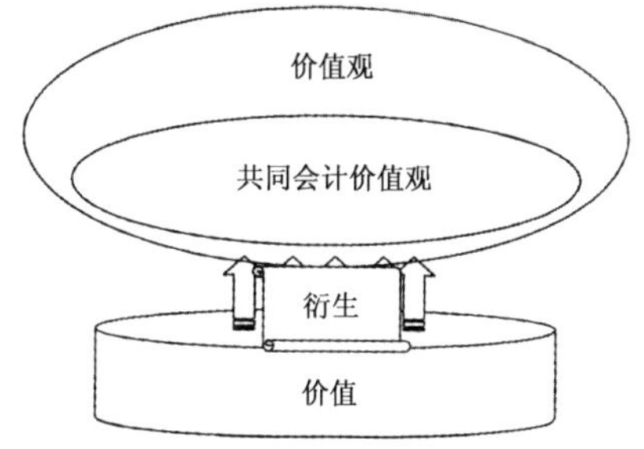

图 1　价值、价值观与共同价值观相互关系

共同会计价值观是一个系统概念体系，这个概念体系有着内部的逻辑结构，这个内部逻辑结构的溯源是由两个要素组成，一个是会计执业人员的职业属性；另一个是会计执业人员的社会属性，而连接这两个基本属性的是会计执业人员所在公司的法人本性。会计执业人员的职业属性经过行业的职业秩序的“滤波”转换为职业理性；会计执业人员的社会属性经过社会公德、社会责任感的“滤波”转化为社会理性；会计执业人员的职业理性和社会理性的糅合便可形成具有一定独立性的、经得起时间考验的、稳定的、具有内在演化逻辑的共同价值观。如图 2 所示，是本文拟论述共同会计价值观构建的概念逻辑体系。

1. 职业属性“滤波”皈依为会计职业理性。会计执业人员的行为首先具有职业属性的特征，这是由会计执业人员的自我本性及其所在单位的法人本性所决定的。会计执业人员应该能够满足所在单位利益最大化，没有盈利水平的保持与提升，作为法人实体也就失去了存在的资本（包括货币资本和人力资本）基础；会计执业人员作为一个自然人，具有自然人的共有本性，追逐个人利益最大化；会计执业人员内心世界的价值判断会使其在作出违背职业通则和制度通则的行为时产生一种内心的谴责；这三个参数便可糅合为会计执业人员的职业理性。

（1）追逐本经济单位利益最大化。会计执业人员所在的经济单位一般都是一个独立的法人（有限责任公司或股份有限责任公司），[①] 作为法人实体，首先需要可持续发展下去，当然暂且抛开那些非盈利组织不谈；其次要实现满足公司利益相关者利益的最大化的目标；最后随着这些公司内部激励约束机制的不断完善，会计执业人员的所得和所在公司价值具有密切的正相关关系，“一荣俱荣，一损俱损”。这就在客观上要求会计执业人员的职业属性首先要追逐本经济单位的利益最大化。

（2）追逐个体利益与偏好最大化。会计执业人员首先是一个自然人，[②] 而且在社会经济关系中是一个经济人，其行为的出发点和最初动机源于对个人利益最大化的追求，当然并不排除他出于一种同情心理而作出一些不符合常规“经济人”动机所要求的行为。从会计凭证的填写、会计账簿的纪录到会计报表的公布，会计职业人员的行为动机都源自于对

① 排除在政府部门、事业单位和具有公益性质组织执业的会计人员。

② 自然人是从法律层面对会计执业人员的身份本性进行定义，经济人是从社会经济关系层面对会计执业人员的身份本性层面进行定义。

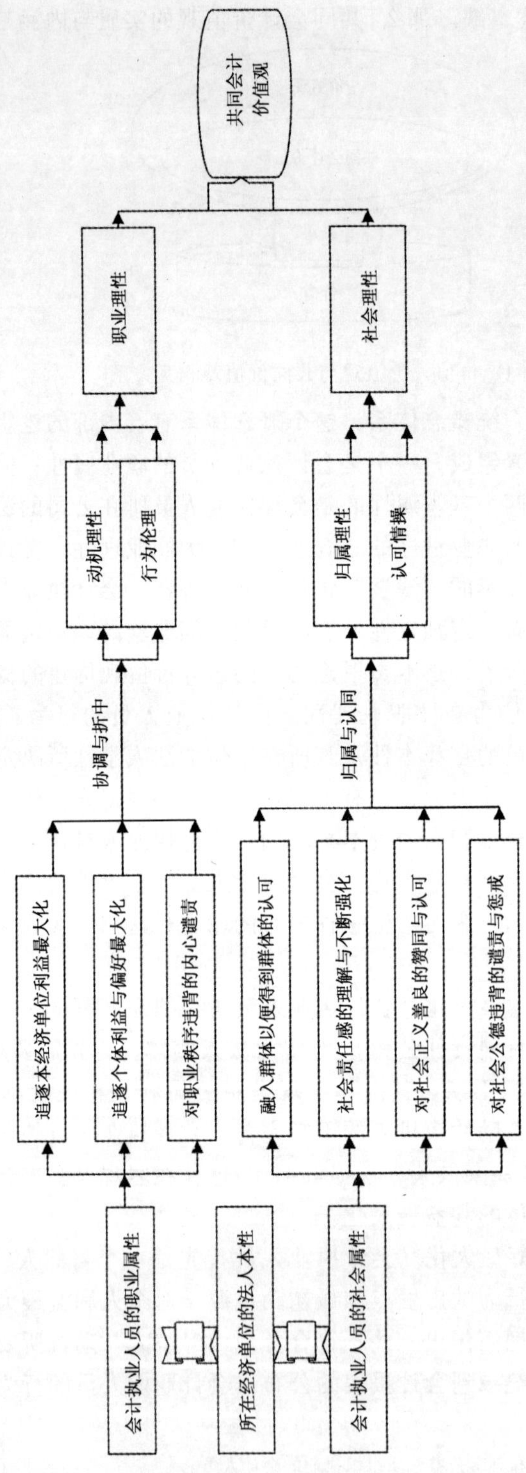

图 2　共同会计价值概念体系架构

个人利益最大化的追求，个人岗位绩效的改善可以大大提高自己的薪酬水平。

（3）对职业秩序违背的内心谴责。由于会计执业人员天性中有一种对非道德行为、非职业行为给他人带来不良影响的换位思考，所以内心有一种行为的“准绳”，在自己作出有悖于职业通则、准则制度的行为时，会在灵魂深处产生内疚与谴责感①。这种内心谴责并不是虚假的，它是经过心理理论内部严格进行逻辑证明的，由于自己的非职业化行为和不符合道德伦理的行为会给他人带来伤害，所以一种本能的换位思考促使了会计执业人员的自我内疚与谴责。

（4）三个参数糅合成为职业理性。一方面是会计执业人员所在经济单位法人本性——追逐公司利益最大化和利益相关者的利益最大化，另一方面是会计执业人员作为“经济人”的天性——追逐个人利益最大化。在这两个动机的引诱下，会计执业人员往往会作出不符合职业通则、准则制度和社会公德的行为，这些行为往往表现为违法乱纪、贪污盗窃的行为，不敢承担负责，怕得罪人，怕打击报复。但会计执业人员非职业行为在内心深处引发的自我谴责心理往往会把这些非职业行为的意识窒息于“襁褓”之中。正是由于这种内心的谴责之情抑制了会计执业人员的非职业欲望，塑造了会计执业人员的职业理性。

2. 所在经济单位的法人本性连接职业与社会属性。会计执业人员所在经济单位首先通过一些职业规则、准则制度和文化载体给会计执业人员传导一种职业思维：公司作为法人，是在追逐法人利益最大化、满足公司利益相关者利益最大化的基础上追逐法人利益最大化。公司作为法人拥有独立的法人财产权，而法人的意志往往体现为公司法人的意志，尽管为了磨合股东意志、董事会意志和经理班子的意志，公司法人意志应该能够和股东意志保持一致，但在具体的运营及管理中，公司法人意志更多的是体现为经理班子的意志，经理班子的意志往往体现为经理班子成员在追逐个人利益的同时实现了公司法人利益最大化，这并不排除经理班子成员在牺牲公司法人利益的基础上满足个人最大利益，笔者谈论这个问题是会计执业人员所在公司具有完善的法人治理结构的基础上展开的。

随着社会经济环境的日趋法制化，竞争激烈程度的不断白炽化，消费者的日趋理性化，越来越多的经济单位开始注重对社会环境的维护、社会伦理道德的感知和社会公共道德的自觉遵循。如果经济单位的法人行为得不到政府的理解与支持，得不到股东（资本所有权人格化主体的代表）的理解和赞同，它就不可能长久发展下去，由于法人意志得不到理解和法人利益得不到维护，会计执业人员的利益也就得不到保障。会计执业人员个人利益最大化的满足，建立在经济单位法人利益最大化实现的基础之上。而经济单位法人利益最大化需要自觉承担起法人的社会责任，需要自觉放大法人的社会正效应，所以会计执业人员所在经济单位的法人本性连接着会计执业人员的职业属性与社会属性。

3. 利益制衡的社会属性不断演化为社会理性。会计执业人员首先是一个自然人，同时也是一个有着一定社会网络关系的社会人。作为一个社会人，首先得自觉遵循社会规则

① 该段的内容参阅了［英］亚当·斯密著《道德情操论》中的内容，原文内容如下：这种相同的天性或本能，在邻居遇到不幸时，促使我们体恤他的悲痛；在自己遇到不幸时，促使我们去节制自己的哀伤和痛苦。在两种情况中，我们自己的情感和感觉的合宜程度，似乎恰好同我们用以体谅和想象他人的情感和感觉的主动程度和用力程度成比例。

和社会道德，自觉按照群体思维模式行为，这样可以更好地融入社会群体中去。会计执业人员要有一定的社会责任感及其相应的行为，这样他才可得到更多人的赞誉和认同；会计执业人员更应该具有社会正义感，具有慈悲胸怀；会计执业人员在职业行为和社会行为的过程中会逐渐意识到个人的利益和整个社会秩序和理性是休戚相关的，个体利益的维护和社会的繁荣和稳定成长密不可分。

(1) 融入群体以便得到群体的认可。马斯洛的需求层次论认为个人的需求是分层次的，个体得到社会的尊重与认可属于中档的需求层次。会计执业人员作为社会群体中的一员都会有一种得到社会认可的意愿，迫于被群体接受的压力而不断更正自己的行为，从而确保社会对自我行为的认同，这样他才能得到群体的认可并能够融入到群体中去。

(2) 社会责任感的理解与不断强化。会计执业人员职业动机应该能够体现对社会责任的重视与自觉承担。亚当·斯密在其所著的《道德情操论》中一味地把人的责任感归因于宗教的作用，[①] 虽然有其内在逻辑合理性，但犯了客观唯心主义错误。笔者认为这个神是一种责任感的准绳，是一种行为规则的社会底线，它的存在可以约束会计执业人员在行为中充分考虑行为的社会效应，自觉承担应尽的社会责任。

(3) 对社会正义善良的赞同与认可。人都有一种心理倾向，就是对非正义行为和恶毒举动所带来的伤害有一种慈悲和同情心。会计执业人员也不例外，他们也会愤恨和排斥会计行业的一些非正义行为和恶毒举动，而赞同和支持正义善良的行为和举动。

(4) 对社会公德违背的谴责与惩戒。[②] 会计执业人员如果在职业行为过程中，出于自我利益的考虑而公然挑战与违背《会计法》、《企业会计准则》及《具体准则》、公司的内部控制制度等，他的这些行为在一些特定的内外部监督机制下会被发现，影响到他的个人声誉，并会通过传导机制影响到社会群体（主要指和他本人具有直接或间接关系的社会群体）对他个人的一些评价定势，更严重的是影响他以后的生存和未来发展，这些内外无形和有形的约束使得会计执业人员自觉维护与遵守社会公德，对于违背和挑战社会公德的行为和人给予谴责与惩戒。

4. 职业理性和社会理性积淀为共同会计价值观。会计执业人员的职业属性在职业伦理和他本人内心职业秩序底线的规范下逐步转化为动机理性和行为伦理；会计执业人员的社会属性在社会公德的折中下逐步转化为归属理性和认可情操；会计执业人员的职业理性和社会理性在认知模式的定格下逐步转化为共同的会计价值观。

(1) 职业属性在职业伦理的协调下转化为动机理性和行为伦理。会计执业人员的职业属性出于一种天然的动机需求，它如果不受任何内心伦理底线和社会法律法规的约束，极可能会走向另一个极端，这就是和所在经济单位的经理班子沆瀣一气，虚报会计数据，干

① 具体内容可参阅［英］亚当·斯密著：《道德情操论》，商务印书馆 1999 年版，第 208 页。原文的内容如下：“但是信仰宗教的人还有一种约束，这就是，他不干则已，一干起来就像神圣的神在场那样神圣，这位至尊的神会根据他的实际行为给予补偿。”

② 参阅［英］亚当·斯密著《道德情操论》第 106 页中的内容，原文内容如下：凭借公众对其作用的认识，社会可以在人们相互之间缺乏爱和感情的情况下，像他存在于不同的商人中间那样存在于不同的人中间；并且虽然在这一社会中，没有人负有任何义务，或者一定要对别人表示感激，但是社会仍然可以根据一种一致的估价，通过完全着眼于实利的互惠行为而维持下去。

扰董事、股东及其利益相关者的正确的决策行为，但在职业伦理的内在约束下，职业属性就会在职业伦理的协调下转化为动机理性和行为伦理。

（2）社会属性在社会公德的折中下转化为归属理性和认可情操。会计执业人员作为一个社会人，具有心理和行为上的倾向性，这种倾向性就是会计执业人员希望得到公众的认可和接受，得到同事或团体的认可和赞同。但如果他的一些行为越出了社会公德的底线，就会遭到具有正义感群体的排斥，或者遭受到恶劣影响的群体的排斥，比如受到和会计执业人员发生直接或间接联系的人的反对和谴责，所以会计执业人员在社会公德折中下转化成为归属理性和认可情操。

（3）职业理性和社会理性在认知模式定格下转化为共同价值观。会计执业人员的职业理性和社会理性会在心理上形成一种定格，这个定格我们可以称之为会计价值观。每一位会计执业人员的职业理性和社会理性都不太一致，如何进行磨合才能形成共同会计价值观呢？亚当·斯密在其著的《道德情操论》中指出："我们也不因为个人是社会的一员或一部分，以及因为我应该关心社会的毁灭，所以对这个人的毁灭或损失表示关心。不论在哪一种情况下，我们对个人的关心都不是出于对大众的关心；但是，在两种情况下，我们对大众的关心是由一种特别的关心混合而成的，而这种特别的关心又是由我们对不同的个人所产生的同情组成的。当某个人受到伤害或摧残时，我们要求对在他身上犯下罪行的人进行惩罚，与其说是出于对那个受到伤害人的关心，不如说是出于对社会总的利益的关心。"①就是在不同会计价值观的碰撞和磨合中形成了经得起时间考验的、稳定的、本质定格的共同会计价值观。

二、会计共同价值观是社会发展与时代进步的要求

当今世界，一个国家的综合国力不仅仅体现在经济发展水平上，还体现在文化水平和价值观上。胡锦涛同志在党的十七大报告中指出："文化越来越成为民族凝聚力和创造力的重要源泉、越来越成为综合国力竞争的重要因素……要坚持社会主义先进文化前进方向，兴起社会主义文化建设新高潮，激发全民族文化创造活力，提高国家文化软实力……使人民精神风貌更加昂扬向上。"由此可见，文化和价值观对于一个国家的发展是相当重要的。

同时，在党的十七大报告中，胡锦涛还提出要建设社会主义核心价值体系，增强社会主义意识形态的吸引力和凝聚力。社会主义核心价值体系是社会主义意识形态的本质体现，用以爱国主义为核心的民族精神和以改革创新为核心的时代精神鼓舞斗志，用社会主义荣辱观引领风尚，巩固全党全国各族人民团结奋斗的共同思想基础。积极探索用社会主义核心价值体系引领社会思潮的有效途径，主动做好意识形态工作，既尊重差异、包容多样，又有力抵制各种错误和腐朽思想的影响。胡锦涛总书记指出了社会主义核心价值体系的重要性，强调了社会主义核心价值体系在改革创新、引领社会思潮和抵制腐朽思想中的重要作用。社会主义核心价值体系的提出是社会和时代发展到今天的必然要求。共同会计价值观就是社会主义核心价值体系的一个重要组成部分，是实践社会主义核心价值观的途

① 该段的内容摘自［英］亚当·斯密著：《道德情操论》，商务印书馆1999年版，第111页。

径之一。会计人员以良好的精神状态和高尚的道德情操，在自己的工作岗位上努力奋斗，不仅在为社会的发展和国家的繁荣贡献力量，而且在激励和感化本行业及其他行业的从业人员提高道德修养和精神境界，增强国家文化软实力，最终提高我国的综合国力。

因此，会计共同价值观不只是一个微观层面的信仰与情操问题，更是一个宏观层面的创新与发展的问题，是社会发展与时代进步的迫切要求。

三、从共同会计价值观的特征与功能的角度解析会计职业化的趋向及规范化趋向的深层次原因

共同会计价值观的特征和功能恰好和会计职业化、规范化趋向具有内在逻辑一致性，这是倡导、认同和坚持共同会计价值观已经逐渐为当代社会和会计理论界所关注的深层次原因。

（一）共同会计价值观的特征

共同会计价值观从理论特质上看，它具备以下特征：

1. 社会历史性。共同会计价值观是一种社会历史发展的产物，并具有鲜明的时代特点。它是人类在会计活动的实践中形成、发展和完善起来的，不可能脱离特定的历史背景。共同会计价值观的内在历史演化逻辑赋予其与时俱进的使命，以适应新形势下新的要求。与此同时，随着经济的全球化，国家、地区间的经济联系越来越密切，会计价值观之间相互渗透、相互影响，又会被赋予新的内容。但同时它又具备某种独立性和相对稳定性，在变动的价值观中始终存在某些稳定的价值观念。

2. 超越性。在某种意义上讲，共同会计价值观是一种"信念状态"。因为它包含着对职业理想目标的追求和实现，是驱动职业活动最深刻的内在动机，它不仅是对现实社会生活的价值认识，更多的是对现实社会生活的超越性和理想性。不管人们是否意识到，共同会计价值观始终伴随着会计职业人生，始终影响着会计职业人生。它把提升人类精神境界、润泽人的心灵作为其最终目的，通过塑造会计人员的职业意志来规范会计人员的职业行为，把会计执业人员的生存价值观和职业价值观融合一体。

3. 行业性。不同行业所要求的共同价值观不同，或者从另一个具体的角度来看，不同的行业有不同的职业通则，不同的行业有不同的职业理念。会计作为经济生活中必不可少的服务子行业，有其特定的职业通则和行为通则。会计行业的共同价值观要求会计人员具备一定的战略思维能力，不仅能够从流程层面（从单据、分录、凭证、报表及报告）把握公司内部的财务流程，还能够从战略的层面去把握公司的财务风险，公司财务风险要建立在会计人员精确的会计报表及会计分析材料的基础之上，这就要求公司会计人员要能够适度跳出会计的固定框架，参与公司重大投资决策、会议、议题的讨论，并能够积极发言。上述的要求便是公司内部会计人员所必备的会计职业理念。同时，随着企业业务的复杂化，会计准则规范处理的多样化，会计处理方法的选择不同揭示的会计信息也会不同，因此，需要会计人员具有相似理念的职业判断，否则会因职业判断差异而导致会计信息的偏差。

（二）共同会计价值观的功能

一般说来，共同会计价值观能发挥以下几方面作用：

1. 导向功能。价值观的导向功能主要体现在“突出人们思想和行为的善恶、荣辱的价值追求，以特有的感召力引导人们去扬善抑恶、趋荣避辱”。[①] 共性的功能，共同会计价值观也能对会计行业整体和会计人员的价值取向和行为规范起导向作用，它具有明显的倾向性，这种倾向性促使会计行业和会计人员乐于接受某些观念和准则，而拒绝另一些观念和准则。使人们“择其善者而从之，择其不善者而改之”，提高自己选择行为和识别善恶的能力，做到“有所为而有所不为”，增强履行职责和道德义务的自觉性，确立自己人生的坐标，树立热爱会计、献身会计的职业理想。因此它是对会计活动所指向的不合理社会价值目标的矫正，超越会计人员的自发、盲目的对单纯的、具体的、分散的功利的追求，限制会计人员出于狭隘功利主义目的对行业整体的损害，培养会计人员对整个会计行业发展所应有的责任感。

共同会计价值观可深深浸润到每个会计执业人员的灵魂深处，引导其把自己所从事的职业与和谐社会的构建、新道德观的塑造、新价值观的培养和新风尚的树立紧密联系起来，使他们为之坚信，为之努力，为之追求。它是“定向器”和“定位器”，是会计行为规范化与职业化的基础，也是会计价值目标得以实现的重要保证。例如，被称为“会计泰斗”的潘序伦先生，出于对中国社会的高度责任感和道德义务，最初选择“人弃我取”的会计职业，依照孔圣人的教诲“民无信不立”，倡导立信会计精神，并身体力行，为中国现代会计科学和会计事业的发展作出了杰出的贡献。[②]

2. 激励功能。共同会计价值观是会计人员理想的基础和前提，共同会计价值观使得会计人员认同共同的奋斗目标，真诚地怀着共同的理想，激发高昂的情绪和奋发进取的内在动力。而且这种激励属于精神激励范畴，它比物质激励显得更高效持久，能使得会计人员赢得社会的肯定与尊重，获得内心的精神满足而超越单纯个人利益的算计。“当生活遇到重大冲突时，能够充分发挥自己的全部意志和心理潜力，把自己的聪明才智升华到一个新的高度，他比一般人更能够经得起各种复杂环境的考验和锻炼，具有矢志不渝、百折不挠的奋斗精神。”[③]

3. 约束功能。对会计行为的约束来说，除了包括会计法、会计准则和相应实施的审计制度等正式规则之外，还有非正式规则，包括价值观念、伦理道德、风俗习惯、意识形态等。

从调节方式来看，共同会计价值观潜移默化地影响着会计人员的职业行为，通过会计职业道德自律机制对会计人员产生内在的、无形的规范性约束力，对行为进行自我控制，实现外部约束与自我约束的统一。这种约束力是一种柔性的，它使价值观浸润人心，注重于唤起会计人员的职业荣耻感，提高善恶判断能力。从时效性来看，共同会计价值观有其不可替代的独特功能，它是一种非外在力量，它使会计人员心悦诚服地接受，形成一种长时效应。从功能的调节范围上看，共同会计价值观的调节范围很广泛，它主要是影响会计职业道德的形成和调控，从思想深层约束会计人员的不当行为提供坚实的保证。所以，中

---

① 唐凯麟：《伦理学》，高等教育出版社 2001 年版，第 54 页。

② 叶陈刚：《商业伦理与会计职业道德》，东北财经大学出版社 2004 年版，第 45 页。

③ 唐凯麟：《伦理学》，高等教育出版社 2001 年版，第 520 页。

国古代思想家孔子就认为：“道之以政，齐之以刑，民免而无耻；道之以德，齐之以礼，有耻且格。”[①] 在当代，著名经济学家厉以宁也指出：“道德的力量十分重要，是对社会经济活动的市场调节和政府调节之外的第三种调节力量，市场调节与政府调节都有其局限，两种调节互补之后仍会留下一部分空白，这个空白只能依靠道德调节来发挥作用。”

4. 社会功能。社会体系的完善、社会功能的发挥、社会运营的顺畅，需要一个核心的价值理念和共同的制度通则来保障。而共同会计价值观作为社会体系内部一个通则理念，是保证会计行业顺畅运营、规范运作的基础理念。如果一个会计行业内部行不成共同的价值观，首先会影响到这个行业的执业风尚和这个行业的人员修养，进而会影响到和这个行业相关的行业及这个行业内部员工有联系的其他社会成员，这在一定程度上会给社会带来不利的影响，这种负面效应还会持续扩大，更别说其正面效应的放大了。会计行业管理者及执业人员一定要重视这个行业共同价值观的社会功能，要在重塑这个行业价值观的基础之上，不断放大其社会功能。

因此，可以说，突出、强调、高扬共同会计价值观是塑造会计行业一流行业形象的基点和灵魂，成功的共同会计价值观必将成为会计行业宝贵且永久的无形资产。

四、会计行为责任化所要求的共同会计价值观的形成逻辑及培育路径

无论是从中国还是从西方会计历史的演变规律来看，共同会计价值观的发展路径都是由以个体利益、阶级集团利益为中心逐步转化到以社会共同利益为中心。共同会计价值观不仅具有内在的概念逻辑体系，还有深厚的理论基础做支撑。越来越多的国内外案例给会计行业的职业诚信、职业道德敲响了警钟，而共同会计价值观正是解决此类问题的上策。

（一）依托历史背景而成长的共同会计价值观

为了探索共同会计价值观的演变路径和历史起源，需要对中国和西方国家的会计演变思想史的内在逻辑进行辨析，运用历史的分析方法，对会计思想史的演变历程进行深入剖析，从中找出共同会计价值观的内在实质和外在表现，为构建中国特色共同会计价值观提供一些参照与借鉴。

1. 共同会计价值观的中国历史渊源。共同会计价值观是和中国会计思想史的演变过程紧密相连的。中国的计量、记录行为产生于氏族公社制度的形成过程中。简单刻记约在山顶洞人时代已初露端倪，而在氏族公社的末期则形成了“书契”。[②] 部落时代，在进行会计报告审核活动前，先要祭祀鬼神，通过郑重的仪式来彰显会计的重要，通过公开显示和保障公正。这个时期的共同会计价值观是源于氏族人对记录人员威信的尊敬和诚实的认可，内在认知伦理迫使记录人员必须保持独立、公正和准确。第二个会计思想史阶段是夏商西周及春秋战国时期。夏商周时期，除了以郑重的仪式彰显会计的公开公正外，还制定了较为严格的规范制度，通过明确的职位分工和相互制约职能安排，把对会计公开公正的要求体现到规章制度中。而战国时期的百家争鸣则对会计共同价值观有了新的思考：无论是治理国家，还是战争筹划都离不开会计工作的准确及时。孔子提出“会计当而已矣”。

---

① 《论语·为政》。

② 该段的内容参阅刘开瑞：“中国传统会计文化特征”，《北京商学院学报》1998 年第 2 期。

当就是适当，恰当。它有两层意思，一是要求按照制度规定进行工作，二是工作要实事求是。整体看来，这个时期的会计已与经济法制相结合，会计方法和会计计量尺度也日趋规范和完整，是这个时期的经济法制赋予了共同会计价值观相对稳定的发育温床。第三个会计思想史阶段是秦汉会计思想，这一时期最重要的特征是法典化。对会计工作从原始登录到编成会计报表都有严格的程式化规定；会计人员在原始记录和会计报表上都要署名，以明确责任；从中央到地方，都设立了较为完善的财计机构，中央还一度设立了“计相”；会计部门的内部设置也具有分工明确的特征。这些都为后期会计执业人员的相互制衡提供了一个组织架构雏形，也在一定程度上赋予共同会计价值观以法制色彩。第四个古代会计思想史是魏晋南北朝的会计思想，这个时期的思想主要特征是随着户籍、记账制度的不断创建，思想的制度性、规范性、科学性在不断强化，共同会计价值观也逐步进入到初步发展阶段。第五个会计思想史阶段是隋朝时期，经过魏晋南北朝四百年战乱和四十多个政权的分和，这一时期对财政的规范统一有了新的要求，通过《五曹算经》等手册的编制，在全国范围内形成了统一的计量公式和统一的报表编制口径，会计的技术性、专业性得到进一步加强，促进了会计账簿的分类设置与财务的分类核算。随着会计控制方法的逐步统一，共同会计价值观进入了发展阶段。第六个会计思想史阶段是唐代时期，这个时期的特征是有了比较严格的财计制度，而且会计方法也日趋完善，笔者认为在严格的财计制度基础之上，共同会计价值观便进入到快速发展阶段。第七个会计思想史阶段是宋代时期，这个时期的主要特征是基本形成了中式的方法体系，单式记账方法已发展完善，这个时期的共同会计价值观是在中式方法体系日趋完善的基础之上不断发展。传统会计思想史给共同会计价值观赋予了深深的历史烙印，这就是要维护封建统治阶级的利益，通过设置一定的制衡机制和法律制度确保会计的公正、客观和准确。

近现代的会计思想史溯源于民国一直到现在这个阶段，这个时期的共同会计价值观具有强烈的国家政治色彩，是和国家的政治体制密切相关的。随着会计国际趋同的不断深入，共同会计价值观也越来越凸现一些国际化的特征。

2. 共同会计价值观的西方历史渊源。斯科特博士指出，习惯性术语“底行”（bottom line）是西方“挣钱”（make a buck）文化的不言自明的公理。从“底行”的作用来看，会计在西方文化中不仅仅是扮演技术信息的角色，会计描绘了西方的文化。[①] 笔者个人认为真正意义上会计是资本主义产生与发展过程中内生的一种经济技术手段与价值观的复合体，但它又进一步地推进了资本主义生产关系的不断完善与发展。

下面以美国为代表探讨会计的共同价值观在西方国家的历史渊源。在美国，会计共同价值观的形成大致分为以下几个阶段：第一个阶段是工业革命前的会计，主要是指殖民地的会计，大部分人认为殖民地会计是商业专业化的结果，这个时期的会计价值观处于初级阶段的水平，理性和伦理的成分较为质朴，主要体现的是对如何尽快完成资本主义的原始积累。第二个阶段是国民经济刚刚兴起时的会计，这个时期大致在 1776 ~ 1826 年，企业具备了独特的准法人契约性质，为现代公司资本主义奠定了法律基础。由于资本市场也在

① 这段内容摘自加里·约翰·普雷维茨等著，杜兴强、于竹丽等译：《美国会计史——会计的文化意义》，中国人民大学出版社 2006 年版，第 4 页。

这一时期兴起，所以导致了大量的职业会计人员的需求，此时的共同会计价值观已逐步由赤裸的逐利倾向过渡到满足企业利益相关者的需要。第三个阶段是南北战争前期，这个时期的时间范围在1827~1865年，这个时期的显著特征是企业规模的迅速扩张，由原来的许多小单位的交易和活动转变为大公司内部的交易活动，促使了成本会计的兴起，这个时期的共同会计价值观核心是如何提高企业法人的声誉和满足法人利益最大化。第四个阶段是镀金时代（内战结束后）的会计思想，时间范围在1866~1896年，这个阶段的会计特征是由会计本身延伸到商业本身，商业要取得成功，也就离不开会计了。这个时期会计价值观已开始体现自己的经济责任观，并从本为经济单位法人利益服务逐步转变到为整个国家的经济发展服务。第五个阶段是会计职业的雏形期，时间范围在1897~1918年，正值第一次世界大战前期，这个时期的会计师受托于公司，对其财务信息进行披露，促使累进所得税的实施及对市政财政的更好控制，共同会计价值观的主要内容转变为如何更好为政府服务，政府是会计价值的归属。第六个阶段是会计职业的成熟期，时间范围在1919~1945年，这个时期的重要特征是会计师在恢复罗斯福私人财产权“神圣地位”这一目标上发挥了关键的作用。这个时期的共同会计价值观是在恢复“经济人”的合法地位，帮助赢取战争的胜利。第七个阶段的会计是不确定时期的会计，时间范围在1946~1972年，这个时期的主要贡献在于1973年的财务会计准则委员会正式成立，明确强调会计职业的责任是向公司利益相关者提供一系列内容比较翔实的报告，这个时期的共同会计价值观是职业理性和社会理性的一种体现，要主动承担起会计的职业责任和社会责任。第八个阶段是全球资本市场阶段的会计思想，时间范围在1973年至今，这个时期的会计特征是全球化的趋势越来越明显。保罗·F. 格雷蒂，会计职业的审计准则之父，对于他的注册会计师生涯如是说到：“我们大都忙于为我们的客户和我们的职业服务，以至于我们很少有意识地用哲学的术语来评价我们的工作。”（Zimmer man，1978）这个时期的共同会计价值观开始追寻会计所具有的哲学伦理和社会责任。

共同会计价值观的演化逻辑从关注个人利益、法人利益、利益相关者的利益，逐步过渡到关注经济、政治，乃至整个社会，以职业理性和社会理性为基础，促使整个经济生活和社会秩序的和谐。

（二）借助人性价值理论而衍生的共同会计价值观

共同会计价值观作为一个完整的概念体系，有着厚实的理论背景作为支撑。共同会计价值观作为会计执业人员的最高精神追求，需求层次论为其架构了理论基础；人性的多样性为共同会计价值观的人性需求提供了理论基础；价值一元论的相对历史优越性为共同会计价值观提供了现实的理论背景。

第一，从需求层次理论来分析，会计执业人员的职业行为是由分层次的需求动机所驱动的。美国人本主义心理学家马斯洛（Abraham H. Maslow）于1943年在《人类动机理论》[①]中提出了“需求层次理论”。他把人的需求分为生理需求、安全需求、爱和归属需求、尊重需求和自我实现需求这样由低到高的五个层次。低层级需求得到最低限度的满足后，个体才会追求更高一级的需求，呈“阶梯式刚性上升”，通过一系列的巅峰体验达到自我实

① Abraham Maslow，1943，A Theory of Human Motivation，Psychological Review，50，370~396.

现的最高境界。美国心理学家克雷顿·奥尔德弗（Clayton Alderfer）于 1969 年在《人类需求新理论的经验测试》[①] 一文中继承和发展了马斯洛的观点，把人类需求分为由低到高的三个层次：生存需求（Existence needs）、关系需求（Relatedness needs）以及成长需求（Growth needs），又称作 ERG 理论。低层次需求的满足必然强化会计执业人员追求高层次需求的欲望，他们不仅仅把会计职业作为生存的手段，更多的是把自我价值实现和社会价值实现的统一作为最终归宿。共同会计价值观作为会计人员的一种特殊的精神需要，它植根于会计执业人员的社会本性之中，和会计执业人员的心理需求密不可分。共同会计价值观作为一种社会和会计行业的信仰归属，能够唤起会计人员的广泛共鸣，成为会计执业人员职业行为的价值向导。它能使会计人员从内心理解"追寻什么"、"为何追寻"、"如何追寻"的问题；倾听自己内心的呼唤，他们明白自己需要什么；进而怀着坚定的信念，奋力前行，始终为自己的目标而拼搏；培养奋发向上、开拓进取的精神；在职业活动中表现出诚实守信，富有责任感和使命感。

第二，从人性论角度来看。当代社会中，人不是只追求经济利益的"经济人"，也不是只注重人际关系的"社会人"，而应该是"中性人"。人所追求的也不再只是外化的物质，而是在工作过程中实现自我价值与社会价值的满足；自我价值的实现也不能局限于以自我为中心的角度，更应着重考虑自我行为的外部价值和社会价值。因此，不仅要讲人的经济性、社会性，还应讲他的能动性、复杂性。个人在物质上的需求是有限的，在精神上是无限的，精神满足与价值实现更为重要。个人与行业的谋利行为应与社会利益相协调，在满足个人利益与行业利益的同时也促进了社会发展，放大了人类的共同利益。为了规避种种片面、狭隘和短期的逐利行为，在"中性人"理论假设的基础上，我们应确立并把握一种终极的共同价值目标，兼顾个人利益、行业利益和社会利益，保持会计个体价值观和共同价值观的统一和谐。

第三，从价值取向的多元性和价值导向的一元性来看。在社会转型时期，个体有着不同的价值准则、理想选择和目标追求，所以当代中国价值取向日趋多元化。随着多元化价值取向的异化程度不断提高，这些价值观既有积极向上的，也有消极落后的，因此必须进行正确的引导。人是社会关系的总和，人有自尊、被爱和相处的需要。人必须经常不断地衡量和测定自己的价值观与行为，或坚持、或改变自己的行为方向，力图同社会的价值目标保持一致，从而使一元性的价值导向成为可能。这种一元性的价值导向，必须是具有生命力、感召力的，是反映事物发展客观规律、顺应时代潮流的，它能对多元的价值观进行整合，达成共识。共同会计价值观的提出就是价值取向的多元性和价值导向的一元性的辩证关系在会计行业的具体化。

第四，从经济学博弈论的角度来看。各种会计失范行为，究其行为动机，主要是他们以身试法所获取的利益远大于所付出的代价，代价越小，谋利越高，失范行为发生的概率就越大。要有效治理，必须使会计人员遵守会计法规的动机由害怕受到舆论指责和法律惩处的"要我这样"，升华为内心的自我调节、自我约束、自我判断和自我"立法"的"我

---

① Clayton P. Alderfer, 1972, Existence, relatedness, and growth; Human Needs in Organizational Settings, New York, Free Press, 6～29.

要这样”，共同会计价值观在内在调节、约束等方面就可以发挥其举足轻重的作用。我们可用公式表示：

$$\text{自律力量 } V=\frac{c\times q}{c\times q+b\times (1-q)}\times m$$

其中，V代表抑制舞弊的自律力量即自我约束、自我控制的力量；c代表个人承担的风险值即舞弊失败承担的成本；q代表被追究的可能性即舞弊失败的可能性；m代表对共同会计价值观的认同程度；b代表会计舞弊行为给自己带来的收益；1－q代表会计舞弊行为没被发现的概率。[①] 由以上公式可见，对共同会计价值观的认同程度越高，自律的力量越强大，内心谴责的力量也就越大。

第五，从价值选择与法律、道德规范的协调统一来看。在价值、法律规范和道德规范的关系上，价值是法律规范和道德规范的内容，法律规范和道德规范是价值的表现形式，道德规范和法律规范都蕴含着深刻的价值理念。法律和道德规范必须建立在共同的价值基础之上，道德规范和法律规范只有建立在共同的价值观念基础上才能避免二者出现分离现象，道德才能成为法律实施的支持性资源。法律规范与道德规范，法治、德治之所以能相辅相成、相互促进，结合成一个有机体系，归根结底在于他们有着共同的价值基础，法律规范和道德规范具有深层次的内在逻辑一致性。实践表明，人们遵守某些正当性的行为规范，其理由恰恰是来自于稳定的价值取向。所以，法律和道德等规范不过是共同价值观念的外在表现形式，也是价值本质得以体现和展开的条件。社会生活的规范性要求总是围绕着价值关系来展开的，道德规范和法律规范应置于共同的价值基础之上，价值选择与法律规范、道德规范应协调统一。[②] 共同会计价值观是法律规范、道德约束在会计执业人员内心深处的再一次升华，此时外在导向的价值目标与内心价值追求目标已完全吻合。

（三）规避道德风险而必需的共同会计价值观

从国内外爆发的会计舞弊、财务造假的现象来看，除了制度规范、准则约束、道德谴责外，会计业界还需要有一种共同的价值观作为会计执业人员职业行为和生活依存的归宿。

1. 会计界的“诚信危机”。在当今经济生活中，部分会计师事务所及会计人员对私利的过分偏好越来越背离社会理性的轨迹，已经成为严重危害市场经济秩序的一个“毒瘤”。首先，会计信息严重失真，表现为CEO利润、CFO收入、书记工资、主任成本、厂长费用、经理效益；其次，一部分注册会计师和一些事务所成为上市公司造假的重要参与者，重创了注册会计师行业的信誉度。近几年来发生的“北京长城”、“郑百文”、“深圳原野”、“银广夏”、“蓝田股份”等一系列会计造假事件，不仅给国家和社会公众带来了巨大的经济损失，而且使一部分注册会计师事务所成为上市公司造假的殉葬品，更严重的是使CPA社会公信力越来越弱化，整个会计行业正面临着前所未有的“诚信危机”。鉴于此，有人形容会计造假引爆了一个“信用炸弹”。

这种情况绝非偶然和个别现象，财政部2002～2003年会计信息质量抽查结果显示，

① 何雪峰认为，自律力量 V＝c·q，笔者做了修正。何雪峰：“会计人的境界：从国家立法走向内心立法”，《技术经济与管理研究》2002年2月。

② 危玉妹：“价值选择与法律、道德规范的协调统一”，《中共福建省委党校学报》2003年11月。

2002年有八成以上会计信息失真，2003年有九成以上企业会计要素失实。中国会计面临“诚信危机”，国外会计界也面临危机，会计造假已成为一个全球性的难题。美国会计陷入“信用沼泽”（柴慧，2002），安然公司、世界通信公司、施乐公司等相继发生了一系列会计造假丑闻，无怪乎有人说，美国企业文化最缺乏的就是“耻”字，以耻为荣。同样，英国政府也实施一系列改革，其中包括公司每7年要更换外部审计师，禁止会计师事务所既承担审计业务又提供咨询服务。

2. 会计造假的危害和原因。真实、可靠的会计信息是企业科学管理和政府宏观经济决策的依据，会计一旦丧失诚信，将会带来灾难性的后果，会计造假引起信息失真已是会计界乃至整个经济生活中的一大公害。首先，宏观上，会计信息失真，会掩盖经济运行中存在的矛盾和隐患，蒙蔽宏观经济决策主体的战略决策眼光，影响利益分配和社会资源的合理配置；其次，微观上，会计信息失真使管理层无法掌握企业生产运营的实际情况，极易造成决策失误或延误，不利于企业的科学运营及有序管理；再次，具体管理决策上，会计信息失真必然造成管理混乱，对战略和决策起着误导作用，还可能为经济犯罪提供寻租的余地，滋生腐败，影响社会稳定。

会计造假的原因，可谓仁者见仁、智者见智。笔者认为，它与我们的社会、经济、文化背景都有着密切联系。诚信和会计职业道德是会计不可或缺的内在素养和道德要求，是会计行业的道德应然，但道德应然不等于道德实然。会计造假深层次的原因应是缺乏一种先进的具有公信力的共同会计价值观，人们没有树立和坚持代表社会发展主流的共同会计价值观，导致道德标准下滑，真假、善恶、是非等界限模糊，无法约束与规范会计执业人员的舞弊心理倾向和职业行为。

3. 时代呼唤共同会计价值观。当前，我国正致力于建立社会主义市场经济。市场经济既是竞争经济，也是法制经济，更是伦理经济。诚信和科学价值观是市场经济规范的基础和灵魂，市场经济的规范运营与有序调控内在地需要在占主导地位的蓬勃向上、健康发展的价值观、荣辱观指导下的道德力量对自我行为进行约束，道德自律就显得越来越重要，发挥着越来越巨大的作用。社会的健康发展离不开众多的会计人员的辛勤劳动和智慧成果。就整个会计行业而言，主流是好的，但也面临价值观日益多元化及精神缺失的严重挑战，为了给会计行业的健康发展提供文化底蕴和伦理动因，营造一个良好的道德环境，锻造会计人员高尚的品德，使其守信如节、守身如玉，追求“出污泥而不染”的高尚境界，以赢得社会对会计职业的信赖与追尚，我们迫切需要探讨共同会计价值观问题，它是会计行业的敬业精神和安身立命之基础，会计人员必须牢记在心，并付诸于会计实践活动中去。这对我们来说，这决不仅是一个理论问题，更是一个重大的现实问题。因此，时代呼唤共同会计价值观，时代也必定造就共同会计价值观。

知荣知耻，是会计人员的立身之本、安命之基。“八荣八耻”为人们的行为规范指明了方向，为共同会计价值观的培育与塑造提供了遵照标准。我们要以胡锦涛总书记提出的“八荣八耻”为公民道德标杆，理论联系实际、活学活用、学以致用，大力开展会计诚信教育，加强会计理论创新和会计实践创新，身体力行地把会计职业道德教育作为社会主义思想道德体系建设的重要内容抓实、抓好，不断探索新内容、新方法、新形式、新途径，创造新经验，紧紧抓住会计人员的心理，适应形势变化的需要，法治与德治并重，使会计职业道德教育落到实处，取得实效。总之，共同会计价值观是在特定的社会条件中产生并逐步演化而来的，是会计实践的总结，是理论发展的要求，是会计伦理文化的传承。它的提出适应了当代中国国内社会环境的变化和社会整合及凝聚模式的变化，是会计行业在新形势下作出的历史性和前瞻性的贡献。

五、中国特色社会主义共同会计价值观的特殊性

中国特色社会主义共同会计价值观，是在吸收人类文明优秀成果的基础上提炼和发展起来的，是与时俱进的，它既有一定的普适性，更有重要的特殊性。中国特色社会主义共同会计价值观的特殊性主要体现在以下几个方面：

1. 坚持集体主义的思想基础。中国特色社会主义共同会计价值观的思想基础是集体主义，即坚持集体利益与个人利益的统一。一方面坚持集体利益高于个人利益，个人利益应当服从于集体利益。另一方面又尊重个人的正当利益，鼓励发展健康的个性，使个人全面发展。集体主义的特殊优势是注重协调与合作，能发挥集体合力的作用，能完成单个人无法完成的任务。在尊重个人正当利益基础上的集体主义，是对西方个人主义的扬弃，它高于个人主义，也优于个人主义。集体主义代表全体成员的共同利益和每一个成员的正当的特殊利益，不仅有利于发挥集体的作用，还有利于发挥个人的积极性，还可以防止片面追求个人利益的消极作用。集体主义防止出现片面追求私利而造假的不良现象，有助于培养会计从业人员的诚信品格、集体意识和利他意识。

2. 坚持义利统一的价值取向。是义利统一，还是唯利是图，重利轻义，这是价值取向上的问题。中国特色社会主义价值观，不同于中国古代传统的儒家重义轻利的价值观，也不同于西方资本主义重利轻义的价值观，它以历史唯物主义为指导，既重视物质功利，又重视道德、义利统一，主张生财有道，以义统帅利。坚持物质文明与精神文明一起抓，两个文明同步发展。中国特色社会主义共同会计价值观的价值取向是义利统一。既尊重会计从业人员追求个人利益的要求，又重视规范他们的行为，培养其遵纪守法、公正处事的行为规范。

3. 坚持开拓创新的前进动力。江泽民同志说过："创新是民族的灵魂，是国家兴旺发达的不竭动力。"胡锦涛同志在党的十七大报告中也指出，当今世界正在发生广泛而深刻的变化，当代中国正在发生广泛而深刻的变革。机遇前所未有，挑战也前所未有。要以改革创新为核心的时代精神鼓舞斗志。由此可见，创新在当今国家的发展中占有特别重要的地位。创新是国家发展、民族振兴的动力。同样，坚持以开拓创新为前进动力也是中国特色社会主义共同会计价值观的一个重要特征。创新的特征要求会计从业人员从容应对时代和环境的变化，面对社会主义市场经济的新机遇和新挑战，要不断开拓进取，要学习先进的技术和管理知识，改善知识结构；要培养多种技能和能力，完善能力结构；要将理论与实践紧密结合起来，在实践中发现新的规律，并运用这些规律去解决实际工作中的新问题。

六、把脉塑造共同会计价值观的基本思路，培育具有中国特色的共同会计价值观

在现实层面上，共同会计价值观主要是以会计伦理道德规范、职业精神、公众舆论、

规章制度等形式表现出来，对会计执业人员产生内在的规范性约束，影响他们的价值取舍和追求，它是会计行业凝聚力的基石，是培养向心力和认同感的关键。共同会计价值观不仅具有“目的价值”，提供价值指导和行为规范的心理准绳和制度标杆，升华会计的职业内涵，而且也具有直接的管理功能，即具有“工具价值”。共同会计价值观既反映了中国传统文化的基本精神，又体现了现时代的精神，无论是内涵还是总体框架都能够适应当代社会和价值体系都在发生急剧变迁的发展要求。

会计精神与共同会计价值观紧密相连，是会计行业规范化和信念化的意识的最集中体现，是对共同会计价值观最核心内容的再提炼和思想“加工”，使其“精神实质”融入会计精神的框架中去，形成整个行业反映出来的会计精神。简而言之，会计精神是会计行业在特定的社会条件下，在社会实践中体现出来的最主要思想意识和心理倾向，它关涉会计执业人员最深层的精神世界，具有深层关怀的意义。会计精神不但能产生一种积极的文化和心理氛围，深入到人们的情感、意志、信念中，而且是会计执业人员的一种行为方式，表现为一种知行统一的“实践精神”。它具体体现为诚实守信的品格、客观公正的意识、开放广阔的胸襟、开拓创新的中国会计精神。

当前，我国正处于发展最迅速、变化最深刻的时期，人们的利益需求和价值观念越来越趋向于多元化，一些与主流意识形态不同甚至相反的价值观念也会涌现，致使各种价值观念相互碰撞，甚至造成价值迷茫。面对新形势，我们必须具有新时代特征的共同会计价值观。

首先，面对复杂多变的社会环境，会计人必须以共同会计价值观为指导，将其内化为道德人格，外化到职业意志和职业行为。会计岗位是“财经重地”，在熙熙攘攘的市场经济中，会计人要自觉抵制个人主义、拜金主义、享乐主义的诱惑，要“见利思义”、“见得思义”，不能“近水楼台先得月[①]”。会计人员要紧握《会计法》等“尚方宝剑”，以会计准则为行为准绳，不能账上添彩、表中生花，要坚持客观公正的原则，做到“择其善者而从之”，崇尚诚信的职业操守，捍卫“不做假账”的职业道德底线。让我们高举“诚信”和“责任”两面大旗，永恒诚信，责任永担。

其次，在新形势下，会计执业人员要勇于创新，将市场经济基本规律所要求的诚信规则和核心价值观有机地结合起来。面对社会主义市场经济的新形势、新环境和新挑战，要不断开拓创新，在知识结构上，由“窄浅型”向“广深型”转变；在业务能力上，由“单一型”向“多能型”转变；在实际工作中，由“学问型”向“实用型”转变；在日常工作中，由“繁琐型”向“科学型”转变等等。

再次，会计人要使共同会计价值观在一举一动、一点一滴中体现，在不忘加强自身修养的同时，以广阔的视野、博大的胸襟和开放的姿态，兼收并蓄、古为今用、洋为中用，为繁荣和推进我国的会计行业作出新的贡献。只有全社会形成了科学的共同会计价值观，才能保障高质量会计信息的产生。

---

① ［宋］俞文豹《清夜录》：“范文正公镇钱塘，兵官皆被荐，独巡检苏麟不见录，乃献诗云：‘近水楼台先得月，向阳花木易逢春。’”

我读“政策”

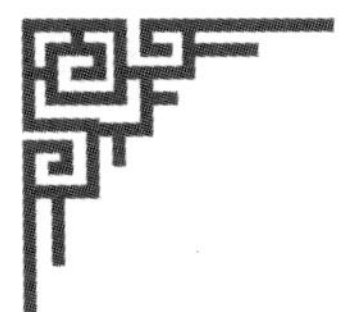

企业内部控制法律规范体系与实施机制研究

财政部条法司　罗　昕

当前，加快推进企业内部控制标准体系建设已经成为社会各界的共识和财政部门的重要工作。在依法治国、依法理财的宏观背景下，我们旨在从法学视角来探求将内部控制标准体系和实施机制转化为立法和执法实践的必要性、可行性和路径及方法。

一、内部控制历史演变的规律探析

1. 内部控制的历史演变大致可划分为内部牵制、内部控制制度、内部控制结构和内部控制整体框架四个阶段：

（1）内部牵制阶段。作为一种经济活动中的管理手段，原始的内部牵制实践可以追溯到几千年前，如美索不达米亚文化时期的财物核对，我国西周时期对财务的管理等等。内部牵制开始走向成熟的标志是15世纪意大利复式记账法的出现。从此，对管理资金、实物和账目的不同岗位进行职能分离，并依其钩稽关系进行相互核对，构成了内部牵制的核心内容。

（2）内部控制制度阶段。内部控制作为一种制度概念，最早出现在1929年美国注册会计师协会（AICPA）和联邦储备委员会发布的《会计报表的验证》中。此后随着账项基础审计模式向制度基础审计模式的推进，AICPA将内部控制划分为旨在保护资产安全和会计信息真实的内部会计控制，以及旨在保障企业内部依法正常运转的内部管理控制，并认为审计人员应主要检查内部会计控制。1977年生效的美国《反国外贿赂法》采纳了内部会计控制的定义，标志着内部控制概念首次在法律层面上得到确认。

（3）内部控制结构阶段。企业管理和审计实践的发展逐渐表明人为分割内部会计控制和内部管理控制并不可取。1988年AICPA在《会计报表审计中对内部控制结构的关注》里首次以“内部控制结构”的概念取代了“内部控制”，指出“企业的内部控制结构包括为合理保证企业特定目标而建立的各种政策和程序”，由控制环境、会计系统和控制程序三个要素组成，标志着内部控制开始从审计技术导向向企业管理导向发展。

（4）内部控制整体框架阶段。1992年COSO公布《内部控制——整体框架》报告，提出“内部控制是由企业董事会、经理层以及其他员工实施的，为实现经营活动的效率和效果、财务报告的可靠性、相关法律法规的遵循等三大目标，提供合理保证而设计的过程”，主要包括控制环境、风险评估、控制活动、信息与沟通、监督等五个要素。该报告肯定了内部控制的多元化目标，在一定程度上实现了审计技术导向的内部控制与企业管理导向的内部控制的整合，为内部控制的晚近发展明晰了思路。

此后，许多国家和国际组织的职业团体纷纷在此基础上对内部控制进行深入研究，主要的代表性成果有：美国结合《萨班斯法》的要求，公布了COSO《企业风险管理——整合框架》，强调建立以财务报告为导向、与企业的风险管理相结合的内部控制。英国先后发布了Cadbury《内部控制和财务报告》、《关于公司治理的联合规则》以及Turnbull指南，强调建立以公司治理为导向的内部控制。加拿大发布了COCO《控制指南》和《评估控制的指南》，强调建立一个内涵更为广泛的内部控制。国际信息系统审计与控制协会等组织已经将信息系统的内部控制作为一个新的研究焦点。

2. 从内部控制理论和实践的历史演进路径，我们可以清晰地发现以下规律：

（1）内部控制经历了一个由简单到复杂，由零散到系统的发展过程，其涉及的范围不断扩大，涵盖的内容不断丰富。在所有权和经营权一体的企业内，最初的内部控制就是一种直接的、简单的管理方式，主要是高层向下控制经营活动，主要的形式是人员间的职能牵制和对财物资产等活动的交叉控制。而在现代企业制度中，随着股权的多元和分散，所有权与经营权的分离，内部控制首先表现为通过公司治理结构等组织层面的构造和授权定责来搭建一个环境框架，然后培育企业内部控制文化，构建公司全员参与的内部控制利益相关者共同实施机制，再着重利用财务、信息控制等技术标准手段，具体嵌入企业经营管理全程。可以说，内部控制的演变史就是一条由单一层面、单一措施向立体结构、多管齐下的扩展之路。从财务会计领域的查错防弊、保护资产到财务报告的控制，再扩展到事关整个企业生存和发展的治理结构、经营效果、发展战略等相关事项；从对财会等具体业务活动和一般员工的控制，扩展到对管理决策和管理层、董事会的控制；从运用传统的牵制、核对、检查等控制手段，扩展到治理结构、企业文化、权利激励等控制方法，逐渐将消极的控制与积极的引导相结合。

一言以蔽之，经过多年的理论发展和实践检验，内部控制已经从传统的内部牵制、审计导向的会计控制向以目标为导向、以重要风险管理为手段的全面、全员、全过程的内部控制发展，内部控制内容和方法的要素化、扩展化、结构化、体系化趋势不断加强。

（2）内部控制利益相关者的利益博弈与整合，决定了特定时空里内部控制理论与实践的表现形态。综观内部控制的发展史，在企业内部控制众多的利益相关者中，企业的所有者和经营者、国家监管者、独立的审计人员这三大类主体，对于内部控制理论和实践的发展，起着至关重要的作用。不同主体对于内部控制有着不同的利益诉求，对内部控制理论和实践的期望、理解和使用各异，这些差异化利益的博弈和整合，决定了特定时空里内部控制理论与实践的表现形态。

最初的企业内部控制实践，起源于满足企业所有者（同时往往也是企业的经营者）防弊纠错、控制经营活动、保证经营安全、提高经营效益的需要，是单一主体和单一目标导向的。随着现代企业制度的建立，股权社会化带来的企业所有制结构变化，所有权和经营权日益分离，职业经理人出现，远离企业管理的、分散的、流动的所有者，特别是通过资本市场进入企业的投资者和潜在投资者，对企业的经营管理情况了解得越来越少，往往只能通过财务报表等公开财务信息来把握企业运行状况，作出自己的投资决策。他们越来越需要防止企业被掌控经营权的董事、经理等“内部人”控制，以确保自身和公司利益的最大化。他们对内部控制的低层次诉求，就是财务报告控制，希望凭借完整、真实、及时的财务信息，作出股权投资决策；他们对内部控制的高层次诉求，则是通过有效的治理结构安排，构筑一整套涵盖企业经营全程的内部管理系统。可以说，正是企业两权分离，导致了企业内部控制需要满足所有者和经营者两类权利主体的双元目标，解决好委托代理问题。

随着国家经济职能的不断扩展和强化，国家对市场和作为市场主体的企业的监管和调控也日益重视，加强企业内部控制，保证企业行为法律依从，满足监管者的公共治理需要，保持良好的市场秩序，就自然成了内部控制的第三元目标。同时，国家对于政府和市场边界的设定，对于不同利益诉求的调和，对于不同监管者职责的安排，又从国家意志层面决定了内部控制制度有关内容的安排。

审计人员原本仅应以独立的专家身份介入企业内部控制事宜，运用自身的专业技能，对企业经营管理状况作出客观的评价。然而，审计人员自认识到研究和评价被审计单位的内部控制，有利于合理确定审计范围和程序、节约审计成本、提高审计效率时起，就有了主动关注内部控制发展的动力，并影响着内部控制的演进。一方面，审计人员作为最早系统研究内部控制的职业群体，在很长一段时间内主导着内部控制的发展走向，其研究动机和知识储备，自然而然地决定了其研究范围和重点都局限于与财务报告有关的内容，而对其他内容关注较少，也就不可避免地导致内部控制的内容和形式都打上了审计行业的烙印，一度被定义在与会计控制密切相关的狭窄范围内。另一方面，从规避或减少执业风险的角度出发，审计人员主观上并不希望内部控制的范畴界定过大。因为，当审计人员需要对企业内部控制作出评价时，内部控制范围界定越宽，审计人员的工作难度就越大，可能犯错并引发审计责任的风险也就越大。

由于内部控制利益相关各方的利益诉求不同，对内部控制的期望、理解和使用也就各异。一方面，在内部控制理论研究上，不同主体基于各自不同的视角来考察问题，虽然在一定程度上促进了理论的繁荣，但也引发了对内部控制内涵、外延、目标、内容等诸问题认识上的差异，各种学说既在一定程度上相互独立，又在一定程度上相互重叠，既在一定程度上相互协调，又在一定程度上相互矛盾，进而产生了对内部控制理论规定性上的差异，使得理论的连贯和评判愈加困难。另一方面，在内部控制实务中，理论的多样性必然引发实践的混乱。而特定时空里内部控制实践形态的因素，就是不同主体间利益诉求博弈后的均衡。审计人员凭借先发优势，造就了一度被奉为圭臬的审计导向的内部控制模式；而保护投资者利益诉求的胜利，则导致了内部控制向风险管理导向转型。

从哲学意义上来讲，本质意义上的内部控制应该是唯一的，如同真理的唯一性。不同视角里看到的内部控制形态，都将最终部分对应和聚焦在唯一的内部控制本原之上。因此，内部控制利益相关者的利益整合将决定内部控制理论与实践的走向。COSO《内部控制——整合框架》之所以能获得相对广泛的认可，关键也就在于其方法论层面上的先进，即整合各方不同需求和各种不同观点，搭建一个各方共同沟通的平台，进而寻求一个各方都能接受的结论。

二、内部控制法律管制的国际比较

在 2001 年“安然事件”爆发以前，各国基本上都没有专门针对企业内部控制的特别立法。英美法德等法制发达国家对于企业内部控制的立法管制，主要体现在企业会计立法管制和企业治理立法管制两个方面。前者主要体现在商事基本法和会计法中，后者主要体现在公司法、合伙法等商事主体法和证券法中。“安然事件”爆发后，美国颁布了《萨班斯法》，并制定了执行该法案的许多实施细则和操作指引。欧盟及其主要成员国内部，也都集中围绕公司法和公司治理规则进行了审查和改革，其中有些内容是对《萨班斯法》的参考和借鉴，有些则是对自身公司治理和内部控制实践的反思和完善。

通过对内部控制法律管制的国际比较，我们可以总结出以下经验：

1. 必须根据本国国情和法律传统，建立一个科学的企业内部控制规范体系。在这个规范体系中，往往是在商事基本法、商事主体法、证券法等法律中，概括性规定有关企业会计管制和企业治理结构的事项，然后在法律层面之下，由行政主管机关来制定相对具体的规章，明确细化法律的具体要求。此外，行政机关往往会支持和认可有关机构（立法咨询机构或职业团体）制定的详细操作指南和研究报告，从而形成一个相对完整、相互协调，具有可操作性的规范体系。

值得注意的是，截至目前，还没有哪一个国家单独制定了一部专门调整和规范内部控制的法律或法规，即使是在内部控制立法管制发展过程中具有标志性意义的《萨班斯法》，也不是一部专门规范内部控制的法律，其立足点还是从保护投资人角度出发，对证券法和证券交易法进行修订。德国的《加强企业监督和透明度法》也并非是一个全新的、独立的法律文本，它更多是对《合作社法》、《年报公告法》、《证券交易法》、《交易所许可条例》、《会计师职业条例》、《资本投资公司法》、《股份公司法实施条例》等多个经济法律法规，特别是对德国《商法典》和《股份公司法》进行了一系列修订和补充。

2. 必须合理界定国家监管和企业自治的关系，建立一个切实有效的企业内部控制实施机制。在《萨班斯法》之前，各国对内部控制实施机制的法律规定，主要是强调公司治理结构的搭建和公司财务报告的披露，并且一般只对框架性的要求做强制性的规定，对于具体的细节设计则大量采用指引类的规范，引导企业自主进行选择和改进。然而，《萨班斯法》出台的危机背景和救市情节，决定了其必然以“治乱世用重典”的立场来强制性地规范市场，《萨班斯法》要求每一个编制财务报告的公司设立并保持财务报告内部控制系统；要求公司管理层每年都评价公司的财务报告内部控制系统，并在财务报告中出具评估报告；要求对财务报告进行审计的注册会计师，对管理层的评估报告以及公司的财务报告内部控制系统都进行评估。从而，彻底改变了政府监管企业的方式和介入企业的深度，从过去的市场（企业）自律性监管转变为政府实质性监管。

该法实施和修订所引发的全球性争议，促使世界各国深入思考两个问题：一是政府监管与市场（企业）自治的边界是因此得到了修复还是毁坏；二是法律实施的成本和效益是否匹配。从实施《萨班斯法》在美国以至全球引发的争议以及《萨班斯法》2007 年的修订风波来看，对于这两个问题，尤其是第二个问题，依然没有形成最后的结论。但是，重视内部控制实施机制的构建，尤其是注重考量企业的实施成本，已经成为各国研究立法时关注的重点。

3. 必须以保护股东尤其是中小股东利益为主旨，从企业治理结构的高度建设企业内部控制。无论是美国的《萨班斯法》还是欧洲的公司法改革，在加强内部控制建设方面都有一个鲜明的共同点，即立足于企业治理结构来做文章。各国立法改革都以保护股东尤其是中小股东利益为主旨，从企业治理结构的高度重新审视企业内部控制建设，跳出了以往立法只注重规范财务报告的局限，从规范治理结构、控制整个财务报告产生过程这个更为宽广的视野出发，进一步完善制度规范，防止企业风险。

在改革的具体内容上：(1) 加大董事和高管人员进行内部控制和信息披露的责任。强调对年度财务报告和其他关系企业发展的重大事项进行报告和披露，要求董事会、首席运营官和首席财务官等高级管理人员就披露内容的真实性作出承诺，并承担严厉的法律责任。(2) 加大对董事和高管人员行为的制约。推进董事会成员构成的多样化，强化独立董事的数量和作用；强化监事会或审计委员会、薪酬委员会的权力和作用。(3) 严格会计和审计制度。限制注册会计师的聘用和业务范围，从源头上斩断注册会计师与被审计企业之间的利益关系，加强审计人员的外部性、独立性和公正性，加强对注册会计师行业的监管，加大对注册会计师执业责任的追究。

三、我国企业内部控制法制化建设

十几年来，我国的内部控制法制化建设从无到有，成绩显著。据不完全统计，我国已有近十部法律法规中涉及了内部控制事项，专门以内部控制为主题的规范性文件有近百件，一些企业也已实施内部控制。但总的来说，还难以完全适应市场经济发展需要，存在一些亟待解决的问题：(1) 内部控制规范内容各异，尚未形成基本的框架；(2) 内部控制规范杂乱繁多，尚未形成科学的体系；(3) 内部控制规范落实不力，尚未形成有效的机制。

内部控制法制化建设是一项长期而艰巨的工作，考虑到我国的历史文化传统、经济发展道路、政治法律偏好以及企业内部控制实践等方面与西方发达国家有很大的不同，我们应发挥后发优势，在借鉴西方内部控制理论成果和实务经验的基础上，立足中国国情，建立一套与我国经济社会发展相适应的内部控制法律规范体系和实施机制。

（一）构建一个科学的内部控制法规体系

在立法内容上，建议做两个层次的安排：首先，抽象出多数企业普遍存在、普遍关注的共性业务与共性事项，统一作出普适性的规定。其中，要将企业的财务报告控制作为现阶段立法的最主要内容，作出强制性的规定。对于非财务报告控制的其他领域，原则上可以作出倡导性的规定。其次，针对不同类型的企业，作出不同的要求。考虑到国有大型企业、金融企业和上市公司对于社会经济生活的影响重大，承受内部控制成本负担的能力也较强，应当予以重点规制，可以在公司治理结构、全面风险管理等方面选择一些具体项目对其作出强制性要求。对于中小企业、非公司制企业等，可以结合其企业特点，适当降低管制要求，作出特殊规定。

在立法形式上，考虑到我国的法律体系构成和立法权限安排，建议在法律、行政法规和部门规章三个层面上，制定新法和修改旧法并举：首先，可以通过修订《会计法》、《公司法》、《证券法》等现有的法律法规，补充完善有关内部控制的普适性规范。其次，在加强研究、达成共识的前提下，尽快制发一个部门规章，对内部控制的概念、目标、原则、要素、基本要求等基础性问题作出明确的规定，从而形成一个公认的、基本的内部控制框架。此外，可以考虑借鉴德国《加强企业监督和透明度法》和我国《国务院关于加强食品等产品安全监督管理的特别规定》的做法，在一个专门立法或立法修正案中，围绕内部控制这个主题，一次性对《公司法》、《证券法》、《会计法》、《注册会计师》等多部立法中的相关内容进行一系列地修订和补充。

（二）建立健全内部控制实施机制

1. 建立内部控制动力机制。不但要借助治理结构的安排和业绩、薪酬考核等制度，规范全体员工行为，而且要高度重视员工培训和内部控制文化培育，引导树立内部控制理念。

2. 健全内部控制法务工作机制。要切实推行企业法律顾问制度，健全法务工作机制，充分发挥其在经营决策、执行、监督中的职能作用，不断提升企业防范和化解法律风险的能力和水平。

3. 推行内部控制效果评估机制。一方面要求特定企业的董事和高管对内部控制的建立和执行情况进行自我评价，并向股东会、监管部门或社会报告；另一方面要求注册会计师严格执行相关审计准则，对企业的内部控制是否健全、有效进行全面评估，发表审计意见。

4. 完善内部控制监管协调机制。各监管部门不仅要完善信息共享、事前协商、相互遵守监管规范、案件移送等协调机制，有效配置行政监管资源，形成监管合力，提高监管效能，而且要充分发挥行业协会自律作用。

5. 强化内部控制责任追究机制。要通过立法，明确责任主体，加大责任力度，落实责任追究。

中国非物质文化遗产保护思路与财政税收政策

——兼论文化大发展大繁荣的财政税收政策

财政部税政司　李旭鸿

党的十七大报告提出，“要推动社会主义文化大发展大繁荣”、“重视非物质文化遗产保护”、“解放和发展文化生产力”。其中，非物质文化遗产指各族人民世代相承的、与群众生活密切相关的各种传统文化表现形式和文化空间。保护和利用好我国非物质文化遗产，对落实科学发展观，实现经济社会的全面、协调、可持续发展，推动社会主义文化大发展大繁荣具有重要意义。随着全球化趋势的加强和现代化进程的加快，我国的文化生态发生了巨大变化，非物质文化遗产受到越来越大的冲击，加强我国非物质文化遗产的保护刻不容缓。

根据非物质文化发展规律和国际经验，结合《非物质文化遗产保护公约》建议，以及我国的经验和教训，我们提出，在全球化时代和市场经济下中国非物质文化遗产保护的思路：“保护抢救、合理利用、传承发展”的三方面的工作内容，“政府与市场、保护与利用、传承与欣赏”的三个结合的保护工作方式和主体。在非物质文化遗产保护中，以及推动文化大发展大繁荣方面，国家财政税收政策发挥着重要的作用，建议通过财政支出、财政政策、税收优惠政策支持非物质文化遗产的保护、利用、传承与发展，解放和发展文化生产力，推动文化大发展大繁荣。

一、我国非物质文化遗产现状与保护历程

中国是一个拥有5000年不间断文明史、56个民族的文明古国，拥有十分丰富的非物质文化遗产，这些活态的文化，不仅构成了中华民族深厚的文化底蕴，承载着文化渊源的基因，也是我们创造新文化的立脚点。“中华文化是中华民族生生不息、团结奋进的不竭动力。”[①] 在经济全球化的背景下，世界各国的民族民间文化都受到了空前的冲击。我国作为一个发展中国家，面对这个巨大的冲击，非物质文化遗产也渐渐失去了原有的存在土壤和社会环境，有许多传之已久的口头与非物质文化遗产正在逐渐走向消亡。正如全国政协委员、中国民间文艺家协会主席冯骥才所说的“民间文化的传承人每分钟都在逝去，民间文化每一分钟都在消亡”。[②] 加强我国非物质文化遗产的保护已经刻不容缓。

1930年中国政府颁发了第一部文化遗产保护的法律《古物保存法》，1931年颁布《古物保存法实施细则》，增加历史建筑保护内容。

新中国对文化遗产的保护经历了曲折的历程，1982年颁布了新中国第一部文物保护的法律《文物保护法》，标志着中国文化遗产保护法制化管理的新时期的到来。但是，非物质文化遗产保护立法直到1990年《著作权法》首次涉及，将民间文学艺术作品纳入著作权的保护。1997年国务院发布的《传统工艺美术保护条例》，是第一部保护传统工艺美术行业发展和人才的法规，据此产生了工艺美术大师的命名和保护制度。

1998年以来，民族民间传统文化保护进入一个新时期。2000年，云南省颁布了我国第一个省级保护条例《云南省民族民间传统文化保护条例》，随后，贵州、福建、广西等也颁发了保护条例。2000年11月，“全国民族民间文化保护立法工作座谈会”召开，2002年8月，《民族民间文化保护法》草案报送全国人大教科文卫委员会，2004年8月，借鉴联合国教科文组织的《保护非物质文化遗产公约》，草案更名为《中华人民共和国非物质文化遗产保护》。目前，该法正在进一步征求意见和修改，并有望在不远的将来发布实施。如此，这部非物质文化遗产保护法将与文物保护法一道，共同构建一个文化遗产保护的法律保障体系。

20世纪中叶，我国政府组织文化工作者对部分传统文化遗产进行了调查和研究，使许多濒临消亡的非物质文化遗产得到抢救。1979年文化部、国家民委、中国文联共同发起“十部中国民族民间文艺集成志书”编撰工作。2002年起，文化部、财政部等有关单位启动了中国民族民间文化保护工程。

2005年4月，国务院办公厅印发了《关于加强我国非物质文化遗产保护工作的意见》（国办发［2005］18号），并提出了国家级非物质文化遗产代表作申报评定暂行办法，成立了非物质文化遗产保护工作部际联席会议制度；[③] 有关部委和地方政府也出台了相关规定、开展了一些基础工作。[④] 该年文化部开展了第一批国家非物质文化遗产名录推荐项目

---

① 《中国共产党第十七次全国代表大会报告》(2007)。

② 人民网评论部策划：《拿什么拯救你，我的非物质文化遗产？》，中国网2005年4月29日。

③ 包括文化部、发展改革委、教育部、国家民委、财政部、建设部、旅游局、宗教局、文物局九部委（局）。

④ 如《石家庄市人民政府办公厅关于加强全市非物质文化遗产保护工作的意见（石政办发［2005］56号）》等。

的申报和评审工作，根据名录申报评定暂行办法，按照申报条件和相关标准，组织有关专家对全国31个省、自治区、直辖市及相关部门推荐申报的1315个项目进行审议，提出第一批国家非物质文化遗产名录推荐项目501项，[①] 并于12月31日在互联网上公示。2006年2月12日中国非物质文化遗产保护成果展开幕，这是我国政府举办的第一次全面反映非物质文化遗产保护成果的大规模重要展览。

二、我国非物质文化遗产保护的思路

（一）非物质文化遗产保护意义的理论分析

联合国教科文组织《保护非物质文化遗产国际公约》提出，“保护人类非物质文化遗产是普遍的意愿和共同关心的事项”，党的十七大报告提出，“当今时代，文化越来越成为民族凝聚力和创造力的重要源泉、越来越成为综合国力竞争的重要因素”，我们要“提高国家文化软实力”。[②] 对此，我们从文化哲学、公共经济学以及实证与规范逻辑等角度予以分析。

1. 文化哲学理论。从文化主体的角度说，文化起源于人的类本质活动，即实践活动；人类与其他物的区别，是人类的文化属性；人类除传承本能以外，还能传承文化遗产。从文化发展的角度来看，发展新文化既可以向异文化学习，更重要的是从自己民族的非物质文化遗产中吸收精华；文化遗产（有形和非物质的）是人类历史发展的见证，“一个民族的文化遗产是该民族现存文化的记忆”。[③] 从文化模式来说，其是主导性的民族的心理和精神，非物质文化遗产蕴含了一种文化模式的精神价值、思维方式，是维系和鉴定文化模式的基本依据。[④]

2. 公共需求和公共产品理论。人类社会的需求总体上可以分为私人需求和公共需求，公共需求是众多个人作为一个整体时产生的需求，用于满足人的公共需求的产品就是公共产品。公共产品的突出性质是消费上的非排他性（无法排斥他人对同一商品的消费）和非竞争性（每一个人对物品的消费不会导致其他消费人效用的减少）。非物质文化遗产是一个国家或社会的公共财富（一定意义上也是全人类的公共财富），具有公共产品的属性，用于满足群体的公共需求，保护和传承非物质文化遗产就是生产和提供一种公共产品。[⑤]

3. 现实逻辑：非物质文化遗产是数字时代的重要内容。卫星网络、宽带技术、数字压缩、现代传播技术的飞速发展，日益普及的数字电子产品，带来了一个传媒的“数字时代”，伴随着传媒技术过剩、内容缺乏和需求多样。因此，只有将人类社会迄今为止积累

---

① 据笔者分析统计，共分为十类501项。其中，民间文学32项、音乐69项、舞蹈36项、戏剧92项、曲艺44项、杂技与竞技17项、美术60项、手工技艺84项、传统医药6项、民俗61项。

② 《中国共产党第十七次全国代表大会报告》（2007）。

③ 青岛泰之：《青岛泰之先生的致词》，中国艺术研究院编《人类口头和非物质遗产抢救与保护国际学术研讨会》（内部资料），2002年版。转引自顾军、苑利：《文化遗产报告——世界文化遗产保护运动的理论与实践》，社会科学文献出版社2005年版，第5页。

④ 财政部前部长金人庆曾多次指出，“文化是一个民族的灵魂”。正是从这个意义上来论述的。

⑤ 在这里的界定上，经济学和文化哲学取得了默契。如衣俊卿界定文化为文化是满足人的需要的价值规范体系和行为规范体系，马林诺夫斯基认为“文化的功能在于满足人的基本需要”，参见衣俊卿：《文化哲学十五讲》，北京大学出版社2004年版。

下来的全部文化成果（遗产）制成数字文化产品，并调动所有人的文化需求，才能实现现代“传媒手段”的潜力。这就刺激了对文化遗产的大规模整理和保护，以及在所有传统产业领域对文化符号的应用。“现代化曾经使现代人遗忘传统，而在数字传媒时代，文化传统第一次在真正意义上成为财富。”①

4. 文化与经济发展的双向逻辑：非物质文化遗产是文化产业的重要资源。文化产业代表了未来社会经济发展的趋势，被誉为最有前途的产业之一，世界各主要发达国家纷纷将发展文化产业提升到提高国家文化软实力高度，集中力量发展优势文化产业，并以此为龙头，全面提升其文化国际竞争力。② 考察社会的“工业化”时代、“信息化”时代之后，我们认为，人类的国民经济和社会生活必将走向一个“文化化”的时代。③

文化产业发展依赖的除一般产业的资金、技术、设备外，更重要的是文化资源。文化资源一般是指前人所创造的文化遗产库和今人所创造的文化信息的总和。有学者将文化资源概括为四种形态：一是符号化意义的文化资源；二是经验型的技能文化资源；三是垄断性的旅游文化资源；四是创新型的智能文化资源。非物质文化遗产是前三种形态文化资源的重要组成，也是第四种形态文化资源的重要源泉。大型原生态歌舞《云南印象》就是成功利用文化资源的范例。

5. 经济全球化与非物质文化遗产保护的内在冲突。全球经济科技一体化对各国特别是发展中国家的传统文化产生了深刻冲突和巨大影响，加剧了传统文化、弱势文化的消亡速度。许多国家政府都意识到经济发展与文化保护具有同等重要的战略意义。非物质文化遗产体现了特定民族或群体的审美个性和文化精神，其独特性是其他依附现代工业社会所产生的文化所不能取代的。在某种意义上，它的消亡意味着民族个性、民族特征的消亡。在经济全球化的形势下，保护不同民族、群体、地域的传统文化，维护世界文化的多样性，成为国际普遍关注的重要问题。

（二）非物质文化遗产保护的国际经验

考虑到非物质文化遗产保护最早发源于日本，目前欧美等国家该项工作进展的也较好，我们也通过查阅相关资料了解到了国际上的非物质文化遗产的保护经验。这些经验，对我国的保护工作很有借鉴意义。

1. 严格的法制体系。世界文化遗产保护的历史告诉我们，文化遗产的保护，法制是关键。许多国家建立了严格的法律体系，遏制了违法行为的发生，也成为保护工作的指导。从文化遗产保护法的制定规律看，制定一部有形文化遗产、非物质文化遗产以及自然遗产的综合性大法已经成为一些国家的共同选择。

2. 完善的组织管理机构。在世界文化遗产保护先进国，基本上都建立有完善、科学

---

① 刘吉发、岳红记、陈怀平：《文化产业学》，经济管理出版社 2005 年版，第 22 页。

② 刘吉发、岳红记、陈怀平：《文化产业学》，经济管理出版社 2005 年版，第 50 页。

③ 国内有学者已通过“经济的文化化”提出了“文化化”的概念。（参见刘吉发、岳红记、陈怀平：《文化产业学》；丹增：《文化产业发展论》，人民出版社 2005 年版，第 21 页。我们此处的“文化化”是广义上的内涵，包括人类经济和社会的方方面面，是一种对社会形态的预言。也有学者提出类似的设想，丹麦未来学家沃尔夫·伦森认为，人类社会在经历狩猎社会、农业社会、工业社会和信息社会之后，将进入一个关注梦想、历险、精神及情感生活为特征的梦幻社会（参阅刘吉发、岳红记、陈怀平：《文化产业学》，经济管理出版社 2005 年版，第 20 页）。

的组织管理体系，专门负责文化遗产的保护工作。这些机构一般包括中央政府中的专门机构、地方政府中的专门机构、各级专家咨询机构、民间社团组织和相关科研单位等，这些组织在文化遗产保护中发挥了重要作用。

3. 遗产保护与产业化的紧密结合。国家和国民绝不仅仅将文化遗产理解为消极保护，而是充分发挥市场的作用，将文化遗产作为一项新兴产业进行有效的经营。通过产业化和市场，既缓解或解决了解决资金不足的问题；更重要的是，充分发挥了遗产的历史教育、价值熏陶、审美教育和文化认同的作用，从而为文化遗产的保护与传承，提供了强大的社会动力，形成了保护与利用、传承与发展的良性循环。

4. 有效的财政和税收政策。充足的资金投入是保护和利用的重要条件，文化遗产保护先进国的遗产保护的资金来源一般包括四个方面，一是政府直接投入的财政资金，二是企业经营性所得的投入，三是通过发行遗产保护彩票获得的社会资金，四是国家通过税收优惠政策鼓励对于个人或企业的捐赠资金。此外，利用财政和税收政策鼓励文化产业的发展。

5. 做好文化遗产大普查的基础工作。世界文化遗产保护先进国，几乎都进行过文化遗产的全国性大普查，通过大普查，第一，作为保护工作的基础性数据，做到“心中有数”；第二，发现了和抢救了一批重要的遗产；第三，对于本土的文化研究和文化创造，以及创意产业的发展，发挥了重要作用；第四，大普查进一步增强了国民的遗产保护意识、文化的认同感，也进一步培养和拓宽了本土文化产业的消费市场。①

（三）我国的非物质文化遗产保护思路

保护和利用好我国非物质文化遗产，对落实科学发展观，实现经济社会的全面、协调、可持续发展具有重要意义。

按照党的十七大提出的“重视非物质文化遗产保护”、“解放和发展文化生产力，是繁荣文化的必由之路”的重要指导思想，根据非物质文化发展规律和非物质文化遗产保护的世界经验，结合《非物质文化遗产保护公约》中的建议，“采取措施，确保非物质文化遗产的生命力，措施包括这种遗产各个方面的确认、立档、研究、保存、保护、宣传、弘扬、承传（主要通过正规和非正规教育）和振兴”，以及我国云南等地区保护民族民间文化的经验和教训，我们认为，对在全球化时代，市场经济下中国非物质文化遗产保护的思路，可以概括为“保护抢救、合理利用、传承发展”的三方面的工作内容，“政府与市场、保护与利用、传承与欣赏”的三个结合的保护工作方式和主体；其中，在“保护抢救”环节，政府自然应该发挥主导的作用，在“合理利用”和“传承发展”，我们认为，根据非物质文化的特点，社会应该发挥关键作用，处于核心环节，政府应该发挥重要的引导作用，但决不能包办，更不能行政审批或不当干预。②

1. 保护抢救。（1）目前我国最急迫的是颁布非物质遗产保护法，使保护工作在法制

① 顾军、苑利：《文化遗产报告——世界文化遗产保护运动的理论与实践》，社会科学文献出版社2005年版，第18页、第265~279页。

② 非物质文化遗产千百年来主要是依赖民族民间土壤自然生存、传承下来的，一旦行政手段过分或粗暴干预，从而破坏其赖以生存的自然环境，其结果往往会适得其反。从现实中看，已经出现了不少类似问题。参见朱兵：《我国非物质文化遗产的立法：背景、问题与思路》，世界遗产专题集邮网。

的保障和指导下顺利地开展；(2) 尽快开展非物质文化遗产的全国大普查工作；(3) 可以在准备大普查的同时，开展“申报制”和“指定制”相结合的保护工作；(4)“坚持非物质文化遗产保护的真实性和整体性”；(5) 建立中国包括物质文化遗产、自然遗产和非物质文化遗产在内的文化遗产基础信息数据库，成为全社会研究和文化创新的源泉；(6) 建立非物质文化遗产保护新型博物馆“生态博物馆”，采取动态的生活化开放式的保护方式，非物质文化遗产的基本形式、内容、风格、特点等才能得以保留下来存续下去；① (7) 命名、资助和奖励传承大师；(8) 中央政府有关部门主导、地方政府辅助、民间社团、研究机构、产业化主体、社会各界积极参与的全方位保护体系。

2. 合理利用。合理利用，应该包括用于公益性和市场性。公益性主要包括宣传、展览、研究、教学、公益性演出等；市场性主要包括产品化、商业性展演等。合理利用既是保护的要求，也可以通过普及遗产意识和经济激励而促进保护工作。合理利用的关键是“正确处理保护和利用的关系”，“在有效保护的前提下合理利用，防止对非物质文化遗产的误解、歪曲或滥用。在科学认定的基础上，采取有力措施，使非物质文化遗产在全社会得到确认、尊重和弘扬。”②

3. 传承发展。

(1) 建立传承人的命名和保护制度，完善现行的工艺美术大师的命名和保护制度，并针对性的推广到各门类的非物质文化遗产；(2) 大力发展文化产业，鼓励和支持将非物质文化遗产产业化，并结合出版、音像、广播电影电视、广告业、演出、旅游等行业，将非物质文化遗产资源变成经济资源；(3) 积极研究和发展“创意经济”，鼓励利用文化改造和提升传统产业；(4) 创造良好环境，保证和提升非物质文化遗产产业化的经济效益，激励相关人群自觉学习和传承，让非物质文化遗产体现“活”的文化；(5) 通过教育和宣传加强国民对非物质文化遗产的了解和文化认同，同时积极开展中国非物质文化遗产的国际宣传和传播（通过政府、社团和企业），加强国内消费者的文化认同、培育和发展国内外消费市场、支持产业化发展，形成非物质文化遗产保护、利用、传承和发展的生机勃勃的良性循环。

三、我国非物质文化遗产保护中的财政税收政策建议

理论分析和国际经验表明，在国家的非物质文化遗产保护整体工程中，国家财政税收发挥着重要的作用，可以通过财政支出、财政政策、税收优惠支持非物质文化遗产的“保护抢救”、“合理利用”和“传承发展”。当前我国的财政和税收政策，还主要是针对文物保护和文化产业发展的政策，且存在诸多的问题，并且还没有纳入和针对非物质文化遗产保护的体系中来。为此，结合非物质文化遗产保护的内在要求，我们提出如下财政和税收政策建议。

---

① 和传统博物馆相比，生态博物馆强调文化遗产原状地、动态地、整体地保护和保存在其所属的环境中，包括自然景观、建筑物、生产生活用品等物质（有形文化遗产）和风俗习惯等非物质（非物质文化遗产）的所有文化因素均在保护之列。采用生态博物馆这种保护模式，非物质文化遗产的基本形式、内容、风格、特点等才能得以保留下来存续下去。参见：《生态博物馆：非物质文化遗产保护的新思路》，中国网，2006 年 1 月 1 日。

② 国务院办公厅关于加强我国非物质文化遗产保护工作的意见（国办发［2005］18 号）。

（一）财税支持非物质文化遗产的“保护抢救”

财政要在加大针对非物质文化遗产保护的文化经费投入力度，同时要强调重点。一是图书馆、博物馆等公益性文化事业单位，2007 年国家已出台有关博物馆的免费参观政策；二是文物保护经费，促进优秀民族民间文化遗产的保护和利用；三是加强基层公共文化设施建设，满足人民群众基本文化生活需求。具体包括：（1）财政提供专项经费，支持开展全面普查并建立非物质文化遗产名录体系。（2）建立中国包括物质文化遗产、自然遗产和非物质文化遗产在内的文化遗产基础信息数据库。（3）完善和加强已经提出的民族民间传统文化保护工程专项资金，用于非物质文化遗产重大项目的保护和研究，珍贵资料与实物的征集与收购，非物质文化遗产传承人的培养、资助与奖励等。（4）国家对民族民间工艺大师发特别补助金，以提高他们的技能，要求其每年展示技艺，使之得到利用。并要求他们进行技艺的传授，鼓励他们多招收徒弟，传于后代。（5）在资金投入过程中，应充分发挥中央财政资金的导向性和示范性作用，通过增加专项资金、转移支付等手段，增强对文化事业发展的宏观调控能力，带动地方财政将有限的资金投向文化事业发展的重点项目上来。特别是应增加中央财政对中西部困难地区、少数民族地区、边疆地区基层文化设施建设的专项补助。（6）同时，各级政府要设立相应的专项资金。（7）支持设立“生态博物馆”。（8）财政支出表明政府的支持态度，传达一种信号，推动形成中央政府有关部门主导、地方政府辅助、民间社团、研究机构、产业化主体、社会各界积极参与的全方位保护体系。（9）界定非盈利公益性的保护单位，研究给予其免征企业所得税的优惠政策。（10）对于社会各界，包括企业和个人对于非物质文化遗产保护的捐赠，给予一定比例内免征所得税的优惠政策，鼓励社会资金投入。

（二）财税支持非物质文化遗产的“合理利用”

（1）财政可以探索设立“非物质文化遗产宣传专项资金”，支持公益性的宣传、展览、演出等；（2）将对非物质文化遗产的研究纳入国家社会科学研究基金等课题专项经费的资助范围；（3）财政支持文化产业发展，促进市场性的合理利用，主要包括文化资源产品化、商业性展演以及文化资源与其他文化产业的整合开发；（4）合理利用既是保护的要求，也可以通过普及遗产意识和经济激励而促进保护工作；（5）对新型“生态博物馆”展示非物质文化遗产的门票收入给予免征营业税、企业所得税的优惠。

（三）财税支持非物质文化遗产的“传承发展”

（1）财政支持建立传承人的命名和保护制度，给予资金支持；（2）财政税收政策鼓励文化产业发展，鼓励和支持将非物质文化遗产产业化，并结合出版、音像、广播电影电视、广告业、演出、旅游等行业，将非物质文化遗产资源变成经济资源；（3）财政税收鼓励利用文化改造和提升传统产业；（4）支持设立专门非物质文化遗产的教育和宣传，可以支持设立机构或者开展事业，加强国民对非物质文化遗产的了解和文化认同，同时积极开展中国非物质文化遗产的国际宣传和传播，加强国内消费者的文化认同、培育和发展国内外消费市场；（5）财政要支持支持民族艺术精粹，支持根植于民族民间的优秀文艺作品的创作，发展非物质文化。

（四）财税支持文化产业发展

党的十七大报告提出的“解放和发展文化生产力，是繁荣文化的必由之路”，抓住了文化遗产保护和文化大发展大繁荣的关键。鉴于文化产业的整体发展是非物质文化遗产保护、利用和传承的关键环节，并且对于国家社会经济发展具有重要意义，支持和推动文化产业发展也是制定财政税收政策的重要内容。

1. 调整财政的文化支出结构，大力发展文化产业①。优化资源配置，调整支出结构，是建立公共财政和财政支出改革的一项重要任务。今后，财政部门应进一步明确界定文化单位的财政供给范围，调整财政资金支出结构，支持落实好十七大报告中提出的“实施重大文化产业带动项目，加快文化产业基地和区域性特色文化产业群建设”；同时，推动文化体制改革，解决文化单位机构重复设置、布局不尽合理、规模效益不高、损失浪费严重等问题。国家财政应对不能从其提供的文化产品和服务中得到相应回报的公益性非营利文化单位，给予经费保障；对具有一定经营能力的公益性非营利文化单位，给予资助。营利性文化机构要逐步转制为企业，成为独立的市场主体。对于需要财政资金扶持的有一定经营能力的文化单位，财政应调整投入方式和投入结构。逐步提高具有激励性质的经费投入比例，建立和完善奖励机制，促进其走向市场，不断提高社会效益和经济效益。要制定切实有效的财务管理制度，逐步建立文化单位综合运营效益评估体系。

2. 落实和完善现行财政和税收优惠政策。2000 年 12 月，国务院制定下发了《关于支持文化事业发展若干经济政策的通知》（国发［2000］41 号），规定对文化经济政策加以调整和完善。一是继续征收文化事业建设费；二是对 7 类出版物的增值税继续实行先征后退的办法；三是全国县及县以下新华书店和农村供销社销售出版物的增值税，继续实行先征后退的办法；四是继续实施发展电影事业的五项经济政策；五是继续增加对宣传文化事业的财政投入，中央和省级财政继续建立宣传文化发展专项资金；六是建立健全专项资金制度；七是鼓励捐赠的政策。今后，上述政策在严格落实的基础上，根据文化产业发展实际，调整完善。

2005 年初，财政部、国家税务总局出台多项税收优惠政策，支持文化产业发展。(1) 对政府鼓励的新办文化企业，自工商注册登记之日起，免征 3 年企业所得税。(2) 试点文化集团的核心企业对其成员企业 100% 投资控股的，经国家税务总局批准后可合并缴纳企业所得税。(3) 文化产品出口按规定享受出口退（免）税政策。(4) 对在境外提供文化劳务取得的境外收入不征营业税，免征企业所得税。(5) 对生产重点文化产品进口所需要的自用设备及配套件、备件等，按现行税收政策的有关规定，免征进口关税和进口环节增值税。(6) 对因自然灾害等不可抗力或承担国家指定任务而造成亏损的文化单位，经批准，免征经营用土地和房产的城镇土地使用税和房产税。(7) 对从事数字广播影视、数据库、电子出版物等研发、生产、传播的文化企业，凡符合国家现行高新技术企业税收优惠政策规定的，可统一享受相应的税收优惠政策。(8) 对国务院批准成立的电影制片厂或经国务院广播影视行政主管部门批准成立的电影集团及其成员企业销售的电影拷贝收入免征增值税。(9) 对电影发行企业向电影放映单位收取的电影发行收入免征营业税。今后，上述政策应该从以下方面进行完善：一是研究扩大文化产业的界定，目前的政策对于文化产业的界定范围较窄，仅包括新闻出版、广播影视和文化艺术，根据国际情况和我国发展实

① 董德刚、宋文玉：《国家财政政策与文化产业的发展》，中国网，2002 年 1 月 25 日。

际，可以研究将文化娱乐业、文化旅游业、艺术培训业、艺术品业、信息网络服务业、广告业、会展业等纳入享受优惠政策的文化产业范围；二是政策的执行期限为截止到2008年，今后建议按照区分市场性、阶段性和长期性，政策力度递减的原则，予以调整，更好的发挥税收政策的引导和激励作用。

3. 支持文化体制改革。财政部门应积极配合文化部门加快文化事业单位体制改革。全面推行聘用制，精简富余人员，严格控制人员增长，使国家核拨的经费，更多地用于事业的发展；调整内部收入分配机制，根据国家统一工资制度和政策规定，在国家核定的工资总额内，将收入分配与岗位职责、工作业绩、实际贡献挂钩。同时，要通过调整、合并、转制等方式，合理配置文化艺术资源，充分发挥文化单位在区域经济和社会公益事业中的作用。

为支持文化体制改革，财政部和国家税务总局下发财税［2005］1号文件，规定：(1) 经营性文化事业单位转制为企业后，免征企业所得税。(2) 对享受宣传文化发展专项资金优惠政策的转制单位和企业，2005年度照章征收企业所得税，从2006年度起免征企业所得税，不再享受与所得税有关的宣传文化发展专项资金优惠政策。(3) 经营性文化事业单位转制为企业后，原增值税优惠政策继续执行。(4) 由财政部门拨付事业经费的文化单位转制为企业，对其自用房产、土地和车船免征房产税、城镇土地使用税和车船使用税。上述政策将于2008年年底到期，今后，应该根据文化体制改革和市场化的进程，适时调整优惠政策内容和力度，推动体制改革和文化产业发展。

4. 财政税收支持创业投资发展，① 支持文化资源的产业化。财政设立创业投资发展引导资金，导向和支持创业投资行业的发展、创业投资企业的设立和业务开展；国家通过对于创业投资企业的投资收益减免税或者股权转让所得投资抵免的优惠政策，鼓励社会投资于创业投资，鼓励创业投资以现代投融资模式，发现、开发文化资源，扶持新型文化企业的成长和壮大，促进包括非物质文化遗产在内的文化遗产的保护、合理利用与传承，进而推动国民经济的"文化化"，"培育文化骨干企业和战略投资者、繁荣文化市场，增强国际竞争力"。②

5. 探索文化产品的政府采购制度。在文化产品和服务市场化的基础上，区分公共产品的政府提供和政府购买。政府采购应包括文化服务产品的采购，特别是一些大型的庆典和文化体育活动的文化服务，通过政府采购，由国家鼓励的文化企业承办，培植品牌良好、实力强大的文化企业。例如，2008年北京奥运会就是一个很好的时机。

6. 推动文化产业实现集团化经营。目前，我国已经进行了组建出版集团、报业集团、影视集团、发行集团的试点工作，并取得了一些成功经验。今后，财政部门将继续密切配合，制定和完善相关措施，包括税收上的企业改组改制的税收优惠政策、企业集团的合并纳税政策，推动文化产业按照专业分工和规模经营的要求，运用联合、重组、兼并等形

---

① 创业投资是一种与创业相适应的新型投资制度，通过有效的支持创建新企业和老企业重组，促进经济结构调整和产业升级；对于中小企业的壮大、新型产业的发展、科学技术的进步以及创业精神的培养具有重要意义。参见刘健钧：《创业投资制度创新论——对"风险投资"范式的检讨》，经济科学出版社2004年版。

② 《中国共产党第十七次全国代表大会报告》(2007)。

式，组织一批主业突出、品牌名优、综合能力强的大型集团，推动产业结构、产品结构、组织结构、地区结构调整，实现跨地区发展和多媒体经营，逐步增强文化产业在国民经济发展中的重要作用。

完善个人所得税制　合理调节收入分配

财政部税政司　马　静

我国现行的个人所得税制始建于20世纪80年代，几乎与中国改革开放的整个历程是同步的。随着我国由计划经济向市场经济转型，我国经济社会形势发生了很大变化，在经济持续、快速增长的同时，分配关系方面也呈现新的特点，旧有的分配秩序被打破，在坚持公有制、按劳分配为主体的前提下，多种经济成分共同发展，多种分配方式并存，客观上造成了收入差距拉大的矛盾。作为直接作用于个人收入调节的个人所得税，自然而然在促进社会公平方面被人寄予厚望。因此，笔者拟从调节收入分配的角度，对个人所得税的功能定位及下一步个人所得税的改革设想作粗浅探讨。

一、我国收入分配差距的现状对加强个人所得税的调节功能提出了要求

20世纪80年代实施改革开放政策以来，我国经济社会形势发生了很大变化，一方面，经济快速发展，国内生产总值（GDP）持续、快速增长，GDP由1978年的3645.2亿元增长到2006年的210871亿元，增长57.8倍，人均GDP由1978年的381元增长到2006年的16084亿元，增长42.2倍；由此带来城乡居民收入大幅度提高，城镇居民人均可支配收入由1978年的343.4元增长到2006年的11759.5元，增长34.2倍，农村居民人均纯收入由1978年的133.6元增长到2006年的3587元，增长26.8倍，城乡居民人民币储蓄存款余额由1978年的210.6元增长到2006年的161587.3亿元，增长767.3倍，人民生活富裕程度明显提高。另一方面，社会成员收入差距呈不断扩大的趋势。以衡量收入差距的量化指标——基尼系数为例，按照国际标准，一般

认为，基尼系数低于0.2表示收入分配绝对平均，在0.2~0.3之间表示比较平均，0.3~0.4之间表示相对合理，0.4~0.5之间表示差距较大，0.6以上表示差距悬殊。根据统计资料，从2000年开始我国居民的基尼系数超过0.4，表示我国已步入收入差距较大的国家之一。比较历年的基尼系数，数字呈上升趋势，表明从整体上看我国居民收入分配差距在加大。据金融部门估算，目前70%的居民储蓄存款集中在30%的人手中，这一估算数据也在一定程度上说明了我国收入分配差距扩大的现状。

从理论上说，在经济发展的过程中，居民收入分配差距在一定程度上扩大属于正常现象，并且随着经济发展到一定阶段，居民收入分配差距将逐步趋于缩小。问题在于，居民收入分配差距的扩大是由于不同群体根据劳动、资本等生产要素取得的正常所得所导致的，还是由于一些非正常的因素所导致的。如果是因为前者，那么这种居民收入分配差距容易为人们所理解和接受。如果是由于后者，那么这种居民收入分配差距则不合理甚至不合法，理所当然会招致大众的反对，也极易带来社会的不稳定。目前，社会上对缓解收入分配不公的呼声较为强烈，每年“两会”期间都有不少人大代表、政协委员提出建议或提案，希望通过加强个人所得税的调节作用等手段缩小分配差距，促进社会公平。因此，如何完善当前的个人所得税制度，加强其调节功能，建立一种更有利于促进收入公平分配的税制体系，成为当前构建和谐社会的一个重要问题。

二、个人所得税在调节社会分配中的功能定位

税收的基本功能有二：组织收入和调节分配。对于任何税种来说，组织财政收入都是其基本功能，个人所得税也不例外。世界各国的实践证明，个人所得税在保证国家财政收入及时、稳定、可靠方面的优越性，使其成为西方发达国家的主要税种。在一些西方发达国家个人所得税都占有相当高的比重。2000年OECD的资料显示，发达国家个人所得税占国家税收收入总额的平均比重达到29%，若包括保险税这一比重则高达51%。个人所得税又具有直接对纯收入课税，税负不易被转嫁、可以较好地体现“量能负担”、“劫富济贫”等特点。因此，它又被认为是政府调节社会再分配的有力工具之一。20世纪80年代以来，世界各国普遍进行了以“宽税基、低税率、简税制”为特征个人所得税制改革，在降低所得税率的同时，拓宽所得税的税基，除了增加新的应税项目，还减少或取消所得税制中的减免、豁免或减让等政策，以增加个人所得税调控的覆盖面，使个人所得税的各项功能，尤其是调节个人收入分配的功能得到充分发挥。

从个人所得税本身的功能而言，它对个人收入分配差距理应起到一定的调节作用，但这种功能的发挥与各个国家的经济社会环境密切相关，可能会存在一定的局限性。从我国目前的情况出发，在强调个人所得税调节功能的同时，还不能将调节收入分配、实现社会公平的希望过高地寄予个人所得税之上，其局限性可从以下几方面分析：

第一，目前我国居民收入差距过大的根源在于初次分配。在国民收入初次分配中，由于初始条件不平等、经济发展不均衡、经济体制不完善、法律制度不健全等原因，我国城乡之间、地区之间、行业之间、不同所有制经济之间、不同收入阶层之间差距非常明显。而个人所得税作为国民收入再分配的手段之一，只能对经过初次分配后形成的收入予以调节，相对缓和居民收入差距，不能从根本上和源头上解决和控制收入差距。再分配作为初

次分配的有效补充，起辅助而非主导作用。因此，即便个人所得税制本身相当完善，初次分配不规范，个人所得税调控功能的发挥仍难以起到明显成效。

第二，个人所得税调节社会分配功能的发挥必须以其达到相当的收入规模为前提。按照税收理论，某一税种调控职能的发挥是以其收入职能的实现程度为基础的。只有税收达到一定的规模才能起到较为明显的削弱"收入金字塔"塔尖的作用，同时，对低收入者的转移支付也要依靠所得税达到一定的收入规模。在经济发达国家，个人所得税作为一个主体税种，一方面是国家财政收入的主要来源，另一方面也是政府调节收入分配的主要手段，形成了组织收入和调节分配并重的双重职能。我国的个人所得税制度建设目前尚处于发展阶段，个人所得税占税收收入的比重尽管近年来已大幅提高，但客观地说，占税收总收入6%左右的比重决定了个人所得税在我国目前还不是主体税种，因而其调节社会分配的作用也是相对有限的。

第三，仅靠个人所得税难以完全实现"劫富济贫"的目标。个人收入差距的形成，很大一部分是与个人或家庭拥有的资产存量密切相关，而个人所得税只是对个人收入流量的调节，资产存量不在个人所得税的调节范围之内。并且，个人所得税参与分配的收入只是合法收入，对那些所谓的"黑色收入"、"灰色收入"通常无能为力。对于低收入者而言，主要通过政府的财政转移支付对其给予补助，税收的调节作用相对较小。美国经济学家奥克纳在一项研究中表明："转移支付对收入分配较之税收对收入分配的作用大得多。对所有家庭来说，在减少不平等方面转移支付要占3/4，而税收只占整个变化的1/4。"约瑟夫·斯蒂格利茨也在《发展中国家的税制改革》一书的前言中写到："发展中国家的税制不必过分地强调公平，因为这些国家的再分配最好由公共支出实现。"（威尼·瑟斯克，2001）这些观点也在一定程度上说明了税收调节作用的有限性。我国历史上曾出现的税收"万能论"，即一遇到什么问题，就设计一个税种去调节，就是过分夸大了税收的调节功能，既破坏了税制的统一性和规范性，其调节效果也并不理想。

综上所述，我们认为，我国个人所得税制的长远功能定位应是组织收入与调节功能并重；在现阶段，可略偏重于调节收入功能，一方面促进社会公平，另一方面也为将来更好地发挥个人所得税的组织收入功能奠定坚实的基础。

三、我国现行个人所得税在调节收入分配方面发挥的功能作用及存在的问题

（一）我国个人所得税的发展沿革及其调节社会分配的功能

作为组织财政收入和调节个人收入分配的重要税种之一，个人所得税在我国经历了一个从无到有、逐步完善的过程。1950年政务院公布的《全国税政实施要则》中就设立了个人所得税税种，但由于种种原因一直没有开征。直到20世纪80年代，为适应改革开放的需要，我国才相继开征了个人所得税、城乡个体工商业户所得税和个人收入调节税。1994年将三税合一，颁布实施了新的《个人所得税法》，初步建立起与社会主义市场经济相适应的个人所得税制度。统一后的个人所得税将个人所得分为工薪所得、个体工商户生产经营所得、承包承租经营所得、劳务报酬所得、稿酬所得、特许权使用费所得、利息股息红利所得、财产租赁所得、财产转让所得、偶然所得和经国务院财政部门确定征税的其他所得等11个应税项目，分别规定了每个应税项目的费用扣除标准和适用税率及计税办

法，属于分类征税模式。1999年经全国人大常委会审议通过，对储蓄存款利息所得恢复征收个人所得税。

近年来，随着国民经济的快速发展，居民个人收入水平的逐年提高以及税收征管手段的不断改进，个人所得税收入呈现较快增长的势头，2002年至2007年个人所得税收入分别为1211亿元、1417亿元、1737亿元、2094亿元、2452亿元和3185亿元，年均增长幅度为21.4%；2007年个人所得税收入比1994年增长43.8倍，占税收总收入的比重增长到6.4%，是同一时期收入增长较快的税种之一，在国家财政收入中占有越来越重要的地位。

在组织财政收入的同时，个人所得税始终贯彻“量能负担”的原则，积极发挥调节收入分配的作用，如税法对工薪所得规定了九级超额累进税率，对个体工商户生产经营所得规定了五级超额累进税率，对超过一定标准的劳务报酬所得实行加征五成或十成征收等。近年来，随着社会上要求调节高收入、缓解收入分配不公的呼声日益强烈，财税部门从完善政策和加强征管两方面着手，进一步加大个人所得税调节力度，主要措施包括：一是制定和完善了一系列针对高收入行业和个人的具体征管制度和办法，包括对个人投资者、演艺人员、体育明星、律师事务所从业人员、私人办学、娱乐业人员、建筑安装业、广告市场、股票期权等的具体征管办法。对个人投资者将个人和家庭消费支出列入企业成本和费用，以及投资者个人及其家庭向其所投资企业借款等行为，明确规定了征税办法，堵塞了税收漏洞。二是每年都根据经济和社会形势的发展，确定重点征管对象。如近年来着重加强了对金融、保险、证券、电力、电信、石油、石化、烟草、民航、房地产、“三资”企业、高新技术企业、足球俱乐部等高收入行业、企业，以及大的个人独资和合伙企业的征收管理。三是在推行全员管理的基础上，普遍建立重点纳税人档案。据统计，截至2006年初，全国各级税务机关已对770万纳税人建立了档案，有效地加强了对高收入者个人所得税的征管。四是加强个人所得税专项检查力度，打击偷逃税的行为。

在调节高收入的同时，现行政策对于低收入者也给予了很多照顾，如对下岗职工从事个体经营的所得，对个人因与用人单位解除劳动关系而取得的一次性补偿收入，对个人按国家规定缴纳的基本养老保险金、基本医疗保险金、失业保险金、住房公积金等，给予了多项免税优惠。

（二）某些内、外部因素的存在，制约了个人所得税调节收入分配作用的充分发挥

尽管目前个人所得税调节收入分配的作用不断加强，但由于受到税制本身、征管水平以及外部环境等若干因素的制约，个人所得税调节收入分配的作用尚未得到充分发挥。

从税制本身看：第一，根据所得项目分类按月、按次征收个人所得税，与综合各项所得按年汇总计算征税的制度相比，不能综合个人全年所有收入按超额累进税率征税，难以充分体现公平征税、合理负担的原则。第二，随着经济的发展，纳税人取得多项所得或从多处取得所得的现象越来越多，而目前对不同的所得项目采取不同税率和费用扣除的办法，使得个人所得项目越多，取得所得的“次”数越多，得到的费用扣除也就越多，容易造成纳税人分解收入、享受多次费用扣除而偷逃税收的现象。第三，税率结构较为复杂，导致收入水平相同的纳税人，税负却可能相差悬殊。尤其是工薪所得累进级次过多，边际税率偏高，过高的边际税率不利于吸引高科技管理人才，实际意义也很小，反而容易刺激纳税人偷逃税，增加税收征管难度，造成个人所得税流失。

从税收征管看：尽管这两年征管体系建设有了很大进步，但总体征管水平仍然比较落后。税务系统尚未实现计算机全部联网，也没有与银行等部门实现计算机联网，因而难以收集到个人的各项所得信息，并对其进行有效的传送、储存、取用和交叉稽核，从而难以有效监控税源。各地在税收政策执行过程中，存在擅自出台减、免、返税政策，攀比税收优惠的情况，也制约了税收调节个人收入分配作用的发挥。

从外部环境看：第一，分配秩序不规范。基层税务部门反映，很多企事业单位均存在将给予雇员的各种工资性福利如代币购物卡、出国出境旅游和购买各种商业保险等不纳入工资总额管理的问题，以此逃避个人所得税监控。第二，信用结算制度不健全。由于信用卡、支票等信用结算工具还不普及，一些纳税人通过现金交易、建假账、隐瞒收益等手段逃漏个人所得税。第三，其他部门与税务部门之间缺乏足够的配合。个人所得税需要相关部门齐抓共管，如对个体行医的征管需要卫生部门的配合，对私人办学的征管需要教育部门的配合，对演职人员的征管需要文化部门的配合，对出境个人的征管需要边防部门的配合等。但由于各种因素，实际管理中相关部门往往各守各规、各行各道，与税务部门之间缺乏配合，导致对某些行业和个人的税收征管缺乏力度。

上述问题的存在直接影响了个人所得税在组织财政收入和调节收入分配、缩小贫富差距方面的作用，社会上要求进一步改革、完善个人所得税的呼声日益强烈。

三、建立综合与分类相结合的个人所得税制，充分发挥个人所得税调节收入分配的作用

（一）进一步完善税制，加强征管，发挥个人所得税的调节作用

按照党的十六大精神，个人所得税改革的目标是按照“简税制、宽税基、低税率、严征管”的原则，建立综合与分类相结合的税制，进一步规范和拓宽税基，合理调整税率和级距，适当降低工薪所得税负水平，同时，努力创造条件，建立一套科学高效的征管体系，更好地发挥个人所得税组织财政收入和调节收入分配的作用。结合目前的社会环境和税收征管水平，笔者建议，下一步个人所得税改革应主要从以下几方面着手：

(1) 实行综合与分类相结合的个人所得税制。从公平税负、更好地调节收入分配的需要出发，实施综合与分类相结合的个人所得税制，乃至过渡到完全的综合个人所得税制，是我国个人所得税制改革的方向。只有逐步向综合税制迈进，才能从根本上解决税收公平的问题，加大对高收入的调节力度。但综合税制模式的实施需要一些配套条件，包括建立健全税务部门对个人所得信息收集和交叉稽核系统以及银行对个人收支的结算系统，建立个人收入档案和代扣代缴明细管理制度，建立个人财产登记和储蓄实名制度，以及居民固定账号信用卡或支票结算制度等。在现阶段这些条件难以完全具备的情况下，可采取逐步过渡的方式，即先将现行的十一类征税所得先归入几个大一点的类别中去，实行综合征收，如将工资薪金所得、生产经营所得、劳务报酬所得、财产租赁所得等有较强连续性或经常性的收入列入综合所得的征收项目，制定统一适用的累进税率；对财产转让、特许权使用费、利息、红利、股息等其他所得，仍按比例税率实行分项征收。

(2) 适当降低个人所得税边际税率，减少累进级距。为进一步公平税负，简化税制，强化个人收入分配，更好地吸引国、内外高科技管理人才和境外个人投资者，应对现行个

人所得税税率和累进框架进行适当调整，在综合征收基础上，合理设计累进级数，调整级距，适当降低最高边际税率，加大对高收入者的调节力度。

(3) 规范征税范围，适当扩大税基。针对我国个人所得税税基设计方面存在的课税范围较窄、减税项目过多等问题，可借鉴国际经验，进一步规范和扩大税基，一方面扩大征税范围，可考虑改现行税法列举征税项目的方式为列举免税项目的方式，将免税项目之外的一切收入都纳入征税范围；另一方面规范减免税项目，尽量减少个人所得税的减免税项目，变税收的直接优惠为间接优惠，通过设计合理的扣除项目等方式来体现对特殊群体的照顾，也减少税收漏洞。

(4) 努力创造征管条件，加大对高收入者的税收监管力度。个人所得税改革能否顺利推进，征管水平是重要前提。因此，目前应下大力气健全和完善征管措施。其中包括：建立健全税务部门对个人所得信息收集和交叉稽核系统以及银行对个人收支的结算系统，实现收入监控和数据处理的电子化；逐步建立个人收入档案和代扣代缴明细管理制度；建立个人财产登记和储蓄实名制度；大力推进居民固定账号信用卡或支票结算制度等，为全面推进综合和分类相结合的个人所得税制改革创造条件。

（二）分步实施个人所得税改革是我国的现实选择

个人所得税是世界上最复杂的税种之一，具有很强的政策性，也要求具备较高的征管和配套条件。在我国人口众多，城乡收入差异大，地区发展不平衡的情况下，全面修订个人所得税法，使改革一步到位是很难做到的。个人所得税法作为处理国家与个人分配关系的一部重要法律，每一项税收政策的调整都将涉及方方面面的利益关系，体现着党和国家的方针政策，影响着老百姓的经济生活，因此，改革和调整个人所得税制必须要广泛调查、慎重研究、科学求证，既要反映党和国家新时期的治税思想，充分反映民意，又要向国际惯例靠拢，符合现代税制的客观规律和要求。从世界发达国家个人所得税制度建设情况看，都经历了一个不断改革和完善的过程，特别是在现代个人所得税制中，对相关征管条件和配套措施都有很高要求，其中，包括储蓄实名制、个人财产登记、个人收入申报及交叉稽核、信用卡制度以及大量数据微机处理等。我国个人所得税自开征至目前只有 25 年左右的时间，其制度设计、征管手段等基本上是与我国不同时期的特殊国情相吻合的，今后改革和完善个人所得税也必将与我国国情相结合，不可能超越我国历史文化和经济发展所处阶段，特别是在税收诸多征管和配套条件不具备的情况下，我国个人所得税的改革必将呈循序渐进、不断完善的过程。因此，应树立长期改革思路，不宜要求一役全功。

总之，调节社会收入分配是个系统工程，需要各方面政策配合发挥作用，个人所得税只是其中的一种手段。从根本上说，要加快推进收入分配制度改革，进一步完善按劳分配为主体、多种分配方式并存的分配制度，整顿和规范分配秩序，通过扩大就业、建立农民增收减负长效机制、完善工资正常增长机制、逐步提高社会保障标准、加快垄断行业改革、规范国有企业经营管理者收入等举措，全面调节个人收入分配，构建合理有序的收入分配格局，也为个人所得税调节功能的发挥打下良好的基础。

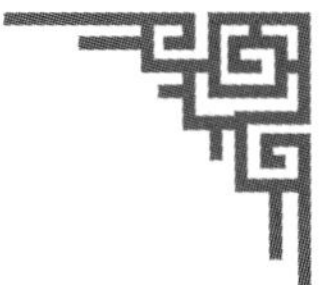

配额外棉花进口滑准税政策的历史沿革与效果分析

财政部关税司　陈智远

棉花是我国仅次于粮食的重要农产品，又是棉纺业的主要原料，直接关系1.2亿棉农和1900万纺织工人的生计。在棉花进口量超过国内供给总量1/3的开放市场条件下，做好进口棉花市场调控是保护棉农利益、促进棉纺业健康发展的关键环节之一。继对进口棉花实行关税配额管理后，从2005年起，我国开始对配额外进口棉花实行滑准税，并于2007年对滑准税政策进行了进一步的调整与完善。

一、2005年棉花滑准税政策出台的背景

（一）2003~2004年棉价大幅波动，低税低价棉花大量进口

加入WTO后，我国纺织工业高速发展，棉花需求量迅速上升，同时由于国内棉花减产，2003年首次出现了严重的供需缺口，国内棉价迅速上扬，328级标准棉价格由年初的11100元/吨攀升到年底的17300元/吨，涨幅高达56%。2004年初棉价继续高涨，在2月底达到17700元/吨，为近年棉价的顶峰。为缓解国内棉花供应紧张的局面，2004年国家在89.4万吨承诺关税配额量的基础上，分两次增发了150万吨配额（1%关税）。进口棉花总计239.4万吨，占当年我国棉花产量的37%。随着大量低价低税棉花的进口，国内棉花价格急剧下降，每吨标准棉价格下跌了6500元，跌幅近40%。2005年初，国内棉价继续下滑。

（二）棉价异常波动影响棉

花生产稳定，损害涉棉各方利益

价格异常波动直接影响了棉花生产和棉农利益。2003 年棉价急剧上涨后，2004 年国内各棉花主产区棉农纷纷扩大种植面积，据国家统计局统计，全国棉花播种面积达到了 8539 万亩，较前一年增长 10.6%，产量创历史新高达到 642 万吨。但受棉价下跌影响，2004 年籽棉收购价格严重下滑，出现了“增产不增收”的现象。种棉成本收益分析表明，棉农每亩现金收益由 2003 年的 832 元降低到 2004 年的 615 元，降幅 26%，种棉净利润下降 50%。这严重挫伤了农民种棉积极性，棉花播种面积锐减。据国家统计局统计，2005 年全国种植面积仅 7593 万亩，较 2004 年下降了近 1000 万亩，跌幅达 11.1%。

价格异常波动也不利于纺织企业进行生产计划和成本控制，不利于纺织健康发展，并引起了部分棉花加工企业、流通企业的巨额亏损，国家棉花储备公司就是其中的一个典型。

（三）国内外棉花市场不平等、不公平竞争问题凸现

在棉花价格大幅波动、棉花生产不稳定、棉农利益受损的情况下，国内外棉花市场竞争的不平等、不公平问题凸现。目前我国棉花种植以农户小规模生产为主，与发达国家大规模农场生产的模式相比，我国棉农在这场不平等竞争中处于先天性劣势地位。同时在生产支持方面，发达国家向棉农提供高额补贴，而我国支持有限。例如根据美国《2002 年农业保障和农村投资法》规定，美国为棉花生产提供直接支付、反周期支付等一系列补贴政策，保证棉农每磅棉花能获得 72 美分（折合 12900 元/吨）的销售收入。在此情形下，若仅对进口棉花征收 1%的配额内关税，国产棉花明显无法与受高额补贴而低价进口的棉花展开公平竞争。

二、2005/2006 年国务院批准以滑准税形式增加棉花进口

2005 年 3 月，有关部门应纺织行业要求，向国务院请示在 89.4 万吨 1%关税配额的基础上，再以关税配额方式安排 140 万吨棉花进口。就此问题有两种不同意见。有一种意见认为通过关税配额的方式大量进口，会打压国内棉花价格，既不利于稳定棉花生产、保护棉农利益，也不利于改善纺织品出口环境，还会使其他 WTO 成员产生我国棉花关税配额可以不断增加的想法，不利于我国参加新一轮农业谈判，因此建议对于增发的配额，应按现行配额外关税税率（40%）或适当优惠的暂定关税进口。还有一种意见认为，国际棉价高于国内棉价，增发配额不会打压国内价格；纺织工业吸纳大量农民工就业，增发配额有利于纺织工业发展，总体上不会损害农民利益等，因此可以增发配额。经过协调，国务院决定以适当优惠的暂定关税方式增加棉花进口 140 吨，具体方案由有关部门本着“有利于纺织工业和棉花生产发展，有利于兼顾棉农和纺织工人的利益，有利于我对外贸易谈判”的原则研究确定。

根据国务院批示精神，国务院关税税则委员会（简称“税委会”）办公室在深入分析“三个有利于”原则的基础上，借鉴有关国家实践经验，提出以滑准税作为优惠暂定关税方式。这种方式使进口棉缴税后价格大致稳定于一定目标价格之上，以此目标价格为支点，进口税率与进口价格形成反向联动关系：进口价格降低，税率相应提高，并以 40%为上限；进口价格提高，税率相应降低，以 5%为下限。以配额外棉花滑准税方式增加进

口 140 万吨棉花得到了发展改革委、农业部、商务部、海关总署等税委会组成部门的一致赞同，并于 2005 年 5 月得到国务院的批准。

2006 年，经国务院批准，税委会决定对配额外进口棉花继续适用滑准税，但目标价格由 2005 年的 12100 元/吨提高到 12950 元/吨。

三、2005/2006 年棉花滑准税执行效果及存在问题

2006 年，税委会办公室在海关总署、农业部、发展改革委和棉纺协会、棉花协会等单位协助下，结合人大代表、专家学者、新闻媒体的意见，深入调查分析了 2005/2006 年滑准税政策的实施效果以及有待完善的问题。

（一）政策效果显著

1. 以滑准税形式增加进口弥补了国内供应不足，使棉纺业获得了可观的进口税收优惠，促进了棉纺织行业的高速发展。

我们对棉花进口报关单分类逐笔统计结果显示，2005 年配额外进口棉花共计 153.5 万吨，其中以一般贸易方式进口 121.5 万吨，加工贸易方式进口 29.7 万吨，以其他方式进口 2.3 万吨。以一般贸易进口计，2005 年配额外棉花进口实际适用税率为 5.3%（加权平均税率）。2006 年配额外进口棉花共计 295 万吨，其中一般贸易方式进口 202.6 万吨，实际适用税率约为 8%。据中国棉纺织行业协会统计，2005 年、2006 年全国规模以上棉纺织行业全年利润增长迅速，配额外棉花进口所缴纳的关税负担不大。以 2005 年为例，棉纺织行业实现净利润 159.9 亿元，较 2004 年增长 77%，全行业缴纳配额外棉花进口关税 5.9 亿元，仅占棉纺织行业利润总额的 3.69%。

2. 以滑准税方式增加配额外进口棉花，为国内外棉花竞争创造较公平的市场环境，稳定了国内棉花市场，有力地保护了棉农的利益。

(1) 滑准税政策压缩了国内市场销售的国内外棉花价差，在一定程度上避免了国际市场低价棉冲击国内市场，维护了国内外棉花市场竞争的公平性。

据中国棉花协会发布的国产和进口棉花价格指数统计，2005 年 8 月初（2005 年配额外棉花开始集中进口）至 2005 年底，国内销售的国内外 328 标准棉花平均价差由滑准税实施前的近 2000 元/吨缩小为 840 元/吨，2006 年进一步缩小为 770 元/吨。价差的压缩为国产棉花以较合理价格销售留下了一定空间。

(2) 配额外棉花滑准税政策降低了国内市场棉花价格的波动幅度，消除了国内棉花价格的异常波动，稳定了国内棉花市场。

按上述价格指数统计，2005 年 8 月初至 12 月底，国内 328 标准棉价格波动范围为 13300～14300 元/吨，波动幅度 7%左右；2006 年同期上述棉花价格波动范围为 12600～14000 元/吨，波动幅度 10%左右。而 2002～2004 年同期波动幅度分别为 14%、31%和 18%。

(3) 棉花市场的相对稳定为农民顺畅销售籽棉创造了有利条件。2005/2006 年籽棉销售价格相对稳定，均保持在 2.5～2.8 元/斤，避免了 2003/2004 年大起大落的局面。

综上，我们认为，2005/2006 年棉花滑准税基本实现了国务院提出的“三个有利于”的政策原则和目标。同年，农业部、发展改革委等有关部门的调查也得到类似结论。

（二）需要进一步完善的3个问题

1. 国内销售的进口棉花价格仍低于国产棉花价格，国内外棉花价差较大，既容易滋生棉花滑准税配额发放的腐败行为，也会影响棉花经营企业皮棉销售进度，打击企业收购籽棉的收购价格和积极性。

2006年6月底有地方政府反映，由于进口棉花价格优势（如前所述，尽管2005/2006年国内销售的同等级国内外棉花差价虽然较2003/2004年有所压缩，但外棉价格平均仍比国产棉花低800元左右），皮棉销售进度比2005年同期降低近20%，造成大量皮棉积压，企业资金难以回收，影响新棉收购。同年10月新华社反映，部分地区棉花企业收购积极性不高，甚至出现了严重的"打白条"现象。这些情况引起了党中央、国务院领导的高度重视，胡锦涛总书记、温家宝总理和回良玉副总理均作了重要批示。

有关部门对棉花市场问题做了进一步深入分析和论证，认为"进口棉花既是解决我国棉花资源短缺的需要，也是调控棉花产业稳定发展的有效手段，要在准确分析我国棉花产业产需形势和国际棉花市场变化的基础上，统筹考虑国内棉花的销售，统筹考虑国内纺织企业和种棉农民的利益，合理确定进口的时机、数量和价格。要在保障棉花供应的同时，保证国产棉花的销售，维护国内棉花市场价格稳定，保护棉农利益。除根据WTO规则承诺的配额外，可考虑通过调整税率，使进口棉花与国内棉花价格基本相当"。

2. 在滑准税税率滑动范围内，不同品质、价格进口棉花缴税后价格趋于一致，缴税后的价格没有反映其品质差别，既影响进口企业对外谈判积极性，影响低等级棉花进口，也不利于形成国内外棉良性竞争并促进国棉质量提高。2006年"两会"期间，人大代表和政协委员曾就完善棉花关税政策提出专门的提案；棉纺织行业协会也通过新华社、新浪网及其他专业媒体多次反映意见。

3. 在原有滑准税形式下，存在以高报价格方式偷逃税款的海关监管风险（如采用从价税方式则存在低报价逃税风险），为一些不法企业所利用。2006年9月初，海关查处了上海、天津、宁波等地部分企业走私偷逃税款的不法行为。

四、2007年完善调整配额外棉花进口滑准税政策

为全面贯彻落实国务院确定的调控目标，在总结前两年来滑准税执行效果和问题的基础上，2006年我们把协调棉花产业和棉纺织产业发展的目标进一步细化到5个环节中：一是在棉花生产销售环节，棉农能以合理价格顺畅销售籽棉，净收益有所增加，棉花种植基本稳定；二是在棉花加工环节，棉花加工企业能获得合理利润，积极收购籽棉；三是在棉花进口环节，使进口棉与相应等级国棉的国内售价大体相当或略高，鼓励国内纺纱企业优先购买国棉；四是在棉纱进口环节，使纺纱企业购买国棉或进口棉纺纱均能获得一定利润，购买国棉较进口棉花纺纱利润更高；五是在棉纱生产和销售环节，使国产棉纱有一定价格优势，国内棉布企业优先购买有竞争力的国产棉纱进行生产。

为定量分析政策调整给各环节涉棉主体带来的直接利益变化，我们咨询了有关部委以及业内近30名资深专家，收集整理了2002~2006年间棉农每亩棉花经济成本构成、棉企每吨棉花加工成本构成以及棉纺企业单位纯棉纱（布）成本构成；咨询了棉花协会、棉纺织协会等单位，收集整合了5年来每个工作日不同等级国产籽棉收购成本、皮棉售价、棉

纱售价、棉布售价近5000组数据；并通过网络匿名与棉企业主和棉纺企业相关人士联系，进一步验证了相关情况与实际吻合程度。

在此基础上，我们利用国内外棉花价格数据，深入挖掘、分析国内外棉花价格规律异同及其互动关系，并把研究结果运用于滑准税调整设计，使每一特定等级进口棉征税后售价略高于或相当于相应等级国棉售价，但同时又低于高一等级国棉及进口棉的售价，形成国棉和进口棉价格随等级提高而依次升高的格局，使进口棉国内售价能较完整保存品质信息。在理顺进口棉花和国产棉花价格关系的同时，大幅度地降低了通过高报价格逃税的风险。

五、2007年棉花滑准税实施情况

（一）充分实现了进口棉花与国产棉花在国内销售价格基本相当或略高的调控目标

如果把国内外棉花在国内销售的价差不超过500元/吨（约占棉价3.8%左右）视为“基本相当”的话，按中国棉花协会发布328标准棉花价格指数统计，2007年上半年的所有工作日（130天）均实现了内外棉价基本相当的调控目标，其中80%的工作日（104天）进口棉花价格略超国产价格，20%的工作日（26天）进口棉花价格略低于国产棉花。同时，2007年新滑准税政策改变了2005/2006年进口棉花价格普遍低于国产棉花价格且价差较大的现象。

（二）保证了国产棉花优先销售，维护了国内棉花市场稳定，保护了棉农利益

内外棉价差的压缩，避免了进口棉花冲击国内市场，对国内棉花市场稳定起到了重要作用。2007年328标准棉价格变化幅度较之2005/2006年进一步缩小。2007年328标准棉价格指数变化系数为2.6%，低于2006年4.4%和2005年7.2%的水平。

进口棉花与国产棉花在国内销售价格基本相当或略高，为优先保证国产棉花销售创造了有利条件。2007年1月至6月每个月棉花加工企业平均销售进度均快于去年。据国家棉花市场监测系统抽样调查统计，6月底棉花加工企业平均销售进度92.14%，同比增加21.72个百分点。其中新疆棉已基本销完。

棉花市场稳定和国产棉花的顺利销售为保护棉农利益创造了有利条件。在2007年全球棉花丰产的情况下，籽棉收购价格相对稳定，保持在2.6~2.9元/斤左右，按每亩产棉80斤计算，2006棉花年度棉农每亩增收约216元。

（三）包括棉纺织行业在内的纺织工业健康平稳发展

1. 生产保持较快增长，产销衔接良好。2007年上半年，我国棉纺织行业累计实现营业收入2917亿元，同比增长26.05%；产销率达97.28%，较去年同期提高了0.23个百分点，产销衔接良好。

2. 经济效益平稳提升，运行质量有所改善。2007年上半年棉纺行业实现利润104.3亿元，增长50.52%。有关部门认为，棉花价格的相对平稳，国内外对部分化纤产品持续旺盛的市场需求，也为行业的效益增长作出了积极的贡献。2007年1~5月，行业利润率达3.66%，比上年同期提高0.41个百分点，其中棉纺利润率为3.58%。

3. 纺织出口增速放缓，仍保持较快发展速度。2007年上半年棉纺织行业出口355亿元，同比增长13.3%，增长率略有下降。纺织品进出口贸易顺差515.3亿美元，占贸易顺

差总额的比例略有下降，但仍过半（52.84%）。

综合纺织工业3个方面的情况，我们认为，包括棉纺织行业在内的纺织工业逐步进入平稳发展状态，棉花滑准税至少没有妨碍纺织工业的健康发展。

六、完善棉花市场宏观调控的建议

2002年以来，正反两方面的宏观调控经验告诉我们，要保持棉花产业和纺织工业的长期协调发展，就必须妥善解决好棉农、棉企和纺企三者之间的利益关系。在开放的市场经济条件下，棉农利益保护有赖于棉企皮棉的顺畅销售，只有皮棉能顺畅销售，棉企才会积极以合理价格收购籽棉。同时，国产棉花顺利销售也有赖于国产棉花竞争力的稳步提高，有赖于国内外棉花平等、公平市场环境的逐步建立，有赖于纺织行业的较好较快发展。

要促使这些环节良好运行，必须加强各种宏观调控工具的分工协作，以建立国内棉花产业健康发展的长效机制：

1. 加大棉花良种补贴规模和科技投入力度，提高对国内棉花生产的扶持力度，支持包括新疆在内的棉花生产基地的建设，从根本上降低棉花生产成本，为纺织行业提供成本合理的原料，为国内外棉花平等竞争创造条件；

2. 稳定配额外棉花滑准税调控政策，控制好进口棉花在国内的销售价格，使进口棉花和国产棉花在国内销售价格基本相当或略高，防止低价进口棉花冲击国内市场，为国内外棉花竞争创造公平市场环境；

3. 妥善运用配额政策，把握好棉花进口的时机和数量，提高配额发放透明度，研究进口配额拍卖的可能性，形成有利于纺织企业生产计划的稳定环境；

4. 适当增加棉花国家储备，加强国家对国内棉花市场的调控能力，防止国内棉价剧烈波动，促进纺织行业健康发展。

我国财政改革的时空分析

财政部预算司　赵新国

按照经济体制改革的时间表，我国将在2020年左右建立比较完善的社会主义市场经济体制。财政作为经济体制的重要组成部分，也要遵循这一时间安排，到2020年建立比较完善的公共财政体制。要如期实现改革的目标，需要对以往的财政改革进行全面总结，对当前所处的位置和特征进行深入分析，为深化财政改革提出有针对性的政策建议。本文将尝试从经济体制改革全过程的角度，就财政改革的相关问题展开分析。

一、分析方法

按照辩证唯物主义的质量互变规律，事物的发展都是从量变积累到质变的过程。这一发展过程可进一步细化为：量变积累—部分质变—质变。这里“部分质变”在事物发展过程中处于中间阶段，是由量变到质变的转折点，起着促进和推动事物发展的中介作用，其特点是具有非典型性和不确定性。为更好地对中间阶段进行研究，学者建立了一种新的方法，即“中位观察法”。[①] 中位观察法最初是用来研究经济转轨的，是指将一个经济的转轨总过程视为从低到高的循环上升的开放系统和非平衡运动加以考察，从中寻找已完成部分质变并具有不可逆性的位置，即中位，在此建立观察点，进行整体分析并作出线性序列概括，侧重于当前研究和预测研究的关于过程分析的方法。它与以往的分析阶段划分的研究方法不同，是将研究分为两个阶段进行，即寻找中位的研

① 吕炜著：《经济转轨的过程与效率问题》，经济科学出版社2002年版，第52～60页。

究和以中位为观察点的过程分析及阶段表述的研究。

中位观察法的主要内容：(1) 判定一个经济是否达到转轨总过程的中位，由两个要素决定：原体制的普遍特征基本消失而新体制的普遍特征开始显现；新体制置换旧体制的趋势从基本面（经济环境）和政策面（决策意向）判断已综合表现出不可逆性。(2) 中位阶段不可避免。由质量互变规律决定的新旧体制转换的路径上，不经过漫长的量变积累是不行的，同样，想抛开“部分质变”的中间阶段直接与质变并轨，也是不可能的。(3) 如果认为中位的时间区间相对较短、遇到的困难比初始阶段小，都是错误的。它可能是矛盾最为错综复杂而实施改革创新的“度”最难把握的时期。这时，不仅包括转轨启动初期就存在的尚未着手解决的矛盾，而且包括中位之前改革政策不当积累下来的矛盾，以及改革之时适当，但后来未能及时更新而产生的负效应。

虽然中位观察法是用来研究转轨经济的，但我国的财政改革同样是转轨经济的重要内容，也要经历量变积累到部分质变的过程，也存在中位阶段。因此，中位观察法同样适用于分析研究财政改革的过程。本文运用这一方法主要解决三个问题：一是明确财政改革的时间表；二是寻找财政改革的中间阶段，即中位；三是分析中位阶段的特点，并对下一步改革进行预测。

二、经济体制改革的时间安排

(一) 经济体制改革目标的确立

改革开放以来，我国一直在探索经济体制改革的目标，直到 20 世纪 90 年代取得重大突破。1992 年 10 月党的十四大在党的历史上第一次明确提出了建立社会主义市场经济体制的目标模式。十四大还对社会主义市场经济体制的基本内涵和主要特征作了阐述。1993 年 3 月 29 日，第八届全国人大第一次会议通过了《中华人民共和国宪法修正案》，修正后的《宪法》，将“国家在社会主义公有制基础上实行计划经济”修改为“国家实行社会主义市场经济”，把实行社会主义市场经济体制作为国家经济体制改革的目标模式以立法形式正式确定下来。

(二) 经济体制改革的时间表

根据国家领导人的讲话和党的文件判断，我国应该是在 2020 年左右实现经济体制改革的总体目标，建立起完善的社会主义市场经济体制。判断依据如下：

1. 邓小平在南方谈话中指出：“改革开放以来，我们立的章程不少，而且是全方位的……恐怕再有三十年的时间，我们才会在各方面形成一套更加成熟、更加定型的制度。在这个制度下的方针、政策，也将更加定型化。”[①] 邓小平南巡讲话是在 1992 年，再过 30 年就是 2020 年左右。

2. 党的第十五大政治报告。十五大报告指出：“从现在起到下世纪的前十年，是我国实现第二步战略目标、向第三步战略目标迈进的关键时期。在这个时期，建立比较完善的社会主义市场经济体制，保持国民经济持续快速健康发展，是必须解决好的两大课题。”

---

① 邓小平：《在武昌、深圳、珠海、上海等地的谈话要点（一九九二年一月十八日至二月二十一日）》，《邓小平文选》第三卷。

可见，建立比较完善的社会主义市场经济体制的时间是在2010年左右。①

3. 党的十六大政治报告。十六大报告指出："在优化结构和提高效益的基础上，国内生产总值到二〇二〇年力争比二〇〇〇年翻两番，综合国力和国际竞争力明显增强。基本实现工业化，建成完善的社会主义市场经济体制和更具活力、更加开放的经济体系。"报告中明确提出要在2020年建成完善的社会主义市场经济体制。②

（三）财政改革的时间表

财政作为经济体制的一个组成部分，对于社会经济体制的完善和功能的实现，具有不可或缺的作用。因此，没有完善的财政制度、管理体制和运行机制，就不可能有完善的市场经济体制。到2020年建成完善的社会主义市场经济体制，意味着到2020年也要建成完善的财政体制。社会主义市场经济从确立到基本完成的时间跨度大约为30年（1992~2020年），与此相适应，以建立和完善社会主义市场经济体制为目标的财政改革的时间跨度也是30年左右。考虑到财政在市场经济中的重要地位和基础性作用，财政改革完成的时间还要适当早于经济体制改革的总体进度，那么，财政改革的过程就不到30年。

三、我国财政改革的中位及其特征

（一）我国财政改革的中位始于2002年

按照中位观察法所确立的判断条件，我国财政改革在2002年开始进入中间阶段，这一结论的得出主要依据是2002年召开的党的第十六次全国代表大会。十六大报告指出："改革开放取得丰硕成果。社会主义市场经济体制初步建立。"就财政改革与经济体制改革的关系而言，财政改革是经济体制改革的重要组成部分和重要推动力量；就财政改革的作用而言，财政为经济体制改革提供制度基础和物质保障，公共财政体制的初步建立是社会主义市场经济体制初步建立的重要标志。因此，社会主义市场经济体制初步建立也意味着公共财政体制的初步建立。

（二）中位阶段的主要特征

1. 公共财政框架初步形成，财政制度已经具备市场经济财政制度的基本特征。1993年以来，按照建立社会主义市场经济体制的要求，我国先后进行了包括税制改革、分税制改革、财政支出改革和预算改革在内的一系列重大改革，提出并确立了财政改革的目标是建立公共财政体制，财政制度的总体面貌发生了根本性的变化。

从财政收入看，财政基本的收入形式从税利并存转向以税为主，2002年税收收入占财政收入的93.3%；建立了以增值税和所得税为主体的税制结构；税收制度从"区别对待"向"一视同仁"转化，取消了按所有制成分设置税种、税率的做法，统一了个人所得税和企业所得税；流转税类的主体税种逐步向增值税这一具有明显"中性"特征的税种过渡。税种的设置和具体税制的构建都符合市场经济国家普遍做法和改革趋势。

① 江泽民：《高举邓小平理论伟大旗帜，把建设有中国特色社会主义事业全面推向二十一世纪——在中国共产党第十五次全国代表大会上的报告》，人民出版社1997年版。

② 江泽民：《全面建设小康社会，开创中国特色社会主义事业新局面——在中国共产党第十六次全国代表大会上的报告》，人民出版社2002年版，第19页。

从财政支出看，财政资金逐步退出市场竞争性领域，大幅度压缩建设性支出，调整建设性资金使用方向，主要集中到基础设施等领域；财政支出从主要支持国有经济转向支持所有的经济成分，支出重点逐渐转向政权建设和国家安全以及教育、科技和社会保障等社会事业上来。

从财政体制看，分税制改革建立了市场经济国家通行的分级财政体制，初步划分了中央和地方的事权、财权和收入；确定了中央税、地方税和共享税，税收权限集中到中央；建立了过渡期转移支付制度，转移支付规模不断扩大，并且主要用于中西部地区，逐步缩小地区差距。

从财政管理看，我国的政府预算编制和执行制度发生了重大变革，初步建立起符合公共财政要求的预算管理框架。通过实施部门预算、国库集中支付制度和政府采购制度改革，提高了预算管理的规范化和科学化；加强财政管理和监督，提高了预算透明度和财政资金使用效率。

综上，我国财政从形式和内容上已经初步实现了公共化，意味着公共财政框架的基本形成。尤其是预算制度的根本性变革，是公共财政框架基本建立的关键性标志。尽管目前我国建立的还只是初具轮廓的公共财政，是一个基本的制度框架，与健全完善的公共财政尚有相当的距离，但毕竟为我国财政全面和彻底的公共化提供了必不可少的起点和基础。

2. 财政改革的趋势已不可逆转。首先，从外部环境看，党的十六大作出了建成完善的社会主义市场经济体制的战略部署，党的十六届三中全会进一步明确了完善社会主义市场经济体制的目标和任务。经济体制改革决定财政改革，只要市场经济的改革方向不动摇，那么以公共财政为目标的财政改革的趋势也不可逆转。其次，公共财政作为我国财政改革的目标已经得到了全党的确认，写进了中央的文件。2000 年党的十五届五中全会通过的《中共中央关于制定国民经济和社会发展第十个五年计划的建议》，明确提出逐步建立适应社会主义市场经济要求的公共财政框架。最后，财政改革的各项任务是对过去改革的继续和深化。《中共中央关于完善社会主义市场经济体制若干问题的决定》提出："按照简税制、宽税基、低税率、严征管的原则，稳步推进税收改革。深化财政管理体制改革，健全公共财政制度，明确各级政府的财政支出责任。深化部门预算、国库集中收付、政府采购和收支两条线管理改革。"可见，"决定"所确定的任务和要求都是过去各项改革的延续和深化，而不是对现行制度的否定和旧制度的回归，其内容也符合公共财政的方向和要求。

（三）中位阶段存在的深层次矛盾

1. 由于改革不彻底使现行体制带有部分旧体制的特征。一是维持既得利益成为财政改革的常态。改革开放之初，为减小由于利益格局大的变动而带来的地方抵制倾向，降低改革成本，实行了不动存量、调整增量的财政包干体制。从此，保持既得利益和基数法就成为后来历次改革的通行做法。1993 年的分税制仍然延续了财政包干体制下的一些不合理成分，如，对地方财政收支基数的确定，仍然采用传统的基数法；沿袭原有上解、补贴办法等等。2002 年所得税分享改革仍以 2001 年为基数，中央与地方实施增量分成。二是现行体制带有原体制收入分成的特点。早在 1954 年，我国就实行收入分类分成的办法，从这时起到改革开放的各个历史时期，基本都保留了中央与地方的共享税，因而收入分成也成为我国传统财政体制的特点之一。在实行财政包干制时期，财政收入50%以上是共享收入。分税制改革后，共享税在全部税收收入中的比重更是达到60%以上，这表明当前的财政体制还是一种不彻底的分税制。三是保留了预算外资金。预算外资金是一种既得利益的体现。在1993年以来的历次改革中均保留了这部分收入，并且规模不断扩大。1998年我国预算外资金规模为3082.29亿元，2001年攀升至4300亿元。

2. 由于改革不到位使一些改革措施没有实现改革的初衷。一是税制尚不完善。主要表现在：现行税制虽然号称是流转税和所得税的双主体模式，但所得税还没有形成真正的主体税种；增值税存在重复课税，消费税、个人所得税调节力度不够；能够发挥调节作用的税种，如财产税、社会保障税等还没有建立起来。另外，财政收入体系不规范，除税收外，还存在大量的非税收入。二是财政支出范围和结构不够合理。主要表现在：财政支出越位与缺位并存，财政仍然负担了一些应由市场承担的支出，而应由财政供给的领域，保障力度还不够；缺乏应有的效益意识和科学的评价体系，财政支出效率不高。三是分税制改革不够彻底。主要表现在：中央和地方政府事权和支出责任划分还不够清晰，经常发生交叉、错位；税收权限高度集中，地方税收体系不健全，中央财政收入比重偏低，制约了提供基本公共服务的能力；省以下分税制还没有建立起来。四是预算管理的水平有待提高。主要表现在：在预算体系上，我国基本上还是实行单式预算；预算编制涵盖的内容不够完整，方法不够科学，透明度不高；国库管理制度尚不健全，实施国库集中收付的预算单位、资金范围、单位级次等不够完整；政府采购范围较窄，程序不够严密；政府采购的政策目标得不到全面落实。

四、对深化财政改革的几点认识

（一）要进一步增强改革的紧迫感

按照建立和完善社会主义市场经济体制的总体要求，我国从1993年开始的财政改革到目前已经进行了15年，进入中间阶段（2002年）也有6年的时间，距改革目标的实现（2020年）还有12年。从时间的角度看，改革过程已经完成了60%；从工作量的角度看，虽然初步建立了公共财政框架，但要如期完成改革目标，任务依然十分艰巨。一方面，要努力缩短中间阶段的时间，为后面的改革赢得更大的空间；另一方面，要从根本上解决目前存在的深层次问题，以减轻后期的改革压力。因此，必须提高对财政改革艰巨性和紧迫性的认识，采取切实有效措施，尽快在制约改革的关键领域和重要环节取得突破，力争早日实现改革的目标。

（二）要统筹安排各项改革的力度和进度

2020年建成完善的公共财政体制，意味着公共财政体制的各个组成部分首先要实现自身的完善，同时还要做到总体上的均衡。但是，由于各项改革出台的时点不同（如分税制改革和税制改革是1993年，预算改革是2000年），改革的难易程度不同，实施改革的力度不同，因此，各项改革的进度和制度的完善程度各不相同，造成了目前财政制度总体上的不均衡。下一步，要按照改革的总体目标和要求，深入分析公共财政体制各部分的完善程度和改革的难易程度，明确改革的重点内容和时间表。要统筹安排各项改革措施出台的时机和次序，把改革的力度控制在财力可以承受的范围内，避免形成大的风险。

（三）要突出重点，扎实推进各项改革

1. 在年度和税种之间统筹安排增税和减税的改革措施，实行结构性的税制改革。税制改革的重点包括：增值税转型，建立综合和分类相结合的个人所得税，完善资源环境税制和财产税制。为确保国家财政收入的稳定，避免年度之间财政收入的大起大落，税制改革措施的推出必须在收入的增减方向和时间的进度安排上统筹协调，合理搭配，选择恰当时机予以实施。

2. 根据市场化进程逐步推进财政支出改革。财政支出范围反映政府职能，而政府职能是随着市场化的进程逐步转变的，因此，要随着市场经济体制建设的推进逐步清理和规范财政支出范围。要按照政府的施政方针，进一步转变职能，调整和优化财政支出结构，加大对“三农”、教育、就业和社会保障、医疗卫生、科学技术和公共安全等方面的投入，不断提高基本公共服务的水平，大力保障和改善民生。

3. 在合理划分各级政府事权的基础上推进财政体制改革。财政体制改革的基础和核心是政府间的事权划分，但是事权划分属于行政管理体制的范畴，需要通过深化行政管理体制改革来实现。在事权划分尚不到位的情况下，要研究建立省以下的财政体制框架，逐步完善地方税体系，提高中央财政收入的比重，加大一般转移支付力度，缩小纵向和横向的财力差距。

4. 以预算制度为核心深化财政管理改革。财政管理改革的核心是预算改革，包括预算编制、预算执行和预算监督。要在认识和把握预算管理规律的基础上，完善预算管理体制和运行机制。要进一步加强预算管理，完善管理制度，改进管理方式，增强预算约束性。要逐步建立统一的预算绩效考核评价体系，提高财政资金使用效益。要积极探索预算公开的方式和途径，加强预算监督，提高预算透明度。

探索建立粮食作物政策性保险制度促进我国粮食生产

财政部经济建设司　赵　鹏　龙祝志

粮食作物保险对保障国家粮食安全、稳定农民收入具有重要作用。2008 年中央 1 号文件明确提出要支持发展主要粮食作物政策性保险。结合当前我国粮食生产发展形势，我们对建立我国粮食作物政策性保险制度进行了初步研究。

一、加快建立粮食作物政策性保险制度十分迫切和必要

近年来，随着我国经济社会的快速发展，保险市场日益成熟和完善。充分利用保险这一金融工具，进一步创新完善政府支持粮食生产的机制和效率，对确保国家粮食长期安全有重要意义。

（一）我国粮食作物因灾损失巨大，亟须建立防范风险的农业保险机制

我国地处东亚季风区，是世界上最严重的气候脆弱区之一[①]。农业自然灾害频发，粮食生产受旱、涝、风、雹、冻、病和虫灾害影响严重。据统计，我国平均每年因自然灾害损失粮食约 550 亿公斤[②]，占全国粮食总产量的 10%以上；每年为防治病、虫、草、鼠害，仅农药投资一项就高达 20 亿元[③]。改革开放以来，我国粮食生产能力有了较大提高，基本实现供求平衡，但粮食生产靠天吃饭的局面还没有发生根本性转变。随着全球气候变迁和生态环境恶化，自然灾害发生的频率和强度仍呈加剧趋势。2007 年东北地区的干旱和南方地区的冰雪雨冻灾害，对农业损失达 1700 多亿元。

（二）现有粮食补贴政策难以完全弥补农户风险损失需要

近年来，我国对种粮农民实行粮食直补、农资综合直补、良种补贴、农机购置补贴等直接补贴政策，补贴规模逐年加大，一定程度上增加了农民收入。但一旦受灾，现行政策难以弥补灾害损失。调研中，江西省一户农民给我们算过一笔账，他家承包低洼地 1000

---

① 王丹、游威：《增强抵御天气气候灾害能力成为气象部门最紧迫的课题》，载 2002 年 3 月 23 日 cctv.com 新闻频道，http://www.cctv.com/news/society/20020323/115.html.

② 陈文科等：《农业灾害经济学原理》，山西经济出版社 2000 年版，第 54 页。

③ 陈文科等：《农业灾害经济学原理》，山西经济出版社 2000 年版，第 14 页。

多亩，2007年亩均补贴约32元，补贴收入3.2万元。但是2001年一年涝灾，当年投入的20多万元全部损失，从而使得农户不敢进行大规模农业投入。

（三）引进农业保险制度，更利于政府和企业共同促进粮食生产

粮食生产的自然灾害风险大，仅依靠政府力量难以有效确保粮食生产和农民收益的稳定。从各国实践看，对粮食作物进行农业政策性保险，实际上引入市场机制，运用企业和市场的力量共同确保农业生产的稳定，有利于分散风险，提高效率。目前，农业保险作为WTO框架的“绿箱政策”日益受到重视，已经成为农民分散和防范农业风险，政府支持农业发展的重要举措。

二、发达国家发展农业保险的成功经验，对我国发展粮食作物保险提供有益借鉴

农业保险最早源于德国（1791年德国成立雹灾保险机构），美国、日本在1939年通过立法进行试验经营，到20世纪50年代至60年代，南美洲和亚洲许多发展中国家开始农业保险的尝试。目前，世界上有大约40多个国家实施了农业保险或农作物保险政策，这些国家基于不同的背景和目的，形成了不同的制度模式。

（一）政策目标明确，发展模式多样

与其他保险不同，农业保险服务于国家的农业安全和粮食安全，具有准公共物品的属性。从国际经验看，政府更多地从发展农业保险的政策目标和导向出发，根据本国国情选择适当的农业保险保障目标，主要有三类：一是灾害补偿目标，即政府发展农业保险仅限于解决农作物因灾害事故所造成的损失，不考虑价格等市场风险的影响。主要见于德国等西欧国家。险种设计主要是灾害险，保险发展模式中市场机制的成分多一些。二是社会保障目标，即政府发展农业保险除了解决灾害补偿问题外，还对农民的基本收益提供保障，主要是美国、加拿大、日本等，保险业发展模式中，政府主导的成分大一些。三是引导投入目标，即政府发展农业保险更侧重于引导生产者对农业生产加大投入，政府对保险的补贴等与生产贷款挂钩，主要是亚洲发展中国家及巴西等国家。

农业保险经过多年的发展，从操作层面看，国际上主要有五类发展模式：[①]（1）美加模式——政府主导，市场运作。这种模式下，政府提供政策支持，并给予一定保费、业务经费和宣传推广经费补贴，私营公司经营或代理农业保险业务。（2）日本模式——政府支持，互助共保。这种模式下，民间非盈利团体具体经营保险业务，政府提供保费、业务经费补贴，并提供再保险和贷款支持。（3）苏联模式——政府垄断，独家经营。这种模式随着苏联和东欧社会主义国家变革已经消失。（4）西欧模式——民办公助，市场为主。这种模式下，政府以农业生产基本投入为保险目标，为农业生产提供基本保障。（5）亚洲模式——政府参与，重点扶持。这种模式下，政府选择一家或几家保险公司经营农业保险业务，并为这些公司提供政策和财政支持。

从发展趋势看，通过纯商业模式或政府独家垄断的经营农业保险做法，很难成功，大多数国家都逐渐转向政府支持、商业化运作的模式，即政府在财税政策上予以适当扶持，具体经营由商业性保险公司运作。

① 庹国柱、李军等：《农业保险》，中国人民大学出版社2005年版，第108页。

（二）保险制度设计在逐步完善

大多数国家都是以立法为基础，统一农业保险政策，并不断完善具体操作办法，推动保险业的健康发展。主要有：一是农作物保险由以前重保数量逐渐向保产值、保收益方向发展，更多地体现政府对农民提供社会保障的目标。以美国为例，1980 年，美国将农作物保险作为农业灾害保障的主要形式，主要保农作物平均产量的一定比例，结果农民认为保障水平太低，收费水平太高，参保率低下；1994 年为提高参保率，美国实行与福利政策相联系的强制投保，投保率得到提高，但农民对这种强制投保的政策有很多抱怨；1967 年以后试办既可对付农产品产量风险又能对付农民产品价格风险的收入保险，从保产值发展为保收益，获得较大成功。美国的农业保险政策，是以政府财政支持为基础的，实质上是其社会福利制度的一部分。近几年，欧盟等国家正在考虑效仿美国，建立类似模式。二是农业保险对象由以前的分户保险为主，逐渐向区域保险演变，以有效地防止农业保险的逆向选择和道德风险。美国的农业保险最初以分户风险保险为主。这种模式下，当农户判断其努力生产的收益抵不上可能获得的赔偿收入时，很容易引发逆向选择，应对农业灾害的积极性也受到影响。1994 年，美国专门为大麦、玉米、棉花、花生、小麦、饲料等作物设立保险项目，保险金额不按个别农场的产量确定，而是以一个县的预测产量的一定比例确定。当投保人的农作物发生灾害损失时，只有在全县平均产量低于保险产量时，才能得到保险赔偿，有效避免了逆向选择和道德风险。三是准确界定政府、生产者、保险公司的角色和职责，注重调动各方积极性。政府主要是制定立法和支持政策，鼓励农民参保，支持保险公司进行保险，给予政策上的适当支持，但不包办。企业主要负责经营保险，负责保险的技术设计、经营制度安排和业务盈亏。农业生产者作为投保人，主要采取自愿原则，自主投保。

（三）政府支持农业保险的政策体系比较完善

农业保险比较成熟的国家大都建立了政府对农业保险的政策支持体系。主要包括三个方面（以美国为例）：一是保费补贴。各种险别的补贴比例不同，其中巨灾保险为全部保费，多种农作物保险、收入保险等约为保费的 40%。日本对农户一般按照保险费率补贴，如水稻为费率的 58%，小麦为费率的 68%，春蚕茧为费率的 57%，牛、马为费率的 50%，猪为费率的 40%，保险费率越高补贴越多。此外，日本政府还对开展农业保险的团体提供一定事务费补助。二是保险公司业务费用补贴。向承办政府农作物保险的私营保险公司提供 20% ~ 25% 的业务费用，包含农作物保险推广费用和教育费用在内的各项费用。三是给予保险公司一定税收优惠政策。

三、我国农业保险的发展情况及目前面临的问题

我国的农业保险经历了试办、停办、恢复试办、探索多种办理模式的曲折过程。1950 年中国人民保险公司首先在山东、北京、新疆和四川等地试办了牲畜保险，后来又在江苏、陕西等省试办了农作物保险。1958 年，受历史原因影响，农业保险连同国内保险业一同停办。1982 年，经国务院批准，中国人民保险公司恢复了农业保险业务，采取商业化模式经营，亏损由国家弥补。但由于农民对农业保险需求有限，企业经营成本过高，农业保险业务量逐年减少。

2004年，中共中央国务院《关于促进农民增加收入若干政策的意见》（中发［2004］1号）提出："加快建立政策性农业保险制度，选择部分产品和部分地区率先试点，有条件的地方可对参加种养业保险的农户给予一定的保费补贴。"按此要求，保监会在上海、黑龙江等地启动了多种模式的政策性农业保险试点。2007年4月，我部首次对6个省（区）5种农作物开展了中央财政农业保险保费补贴试点工作，对各地政策性农业保险试点起到了积极推动作用，当年全国农业保险保费收入达52亿元。我国的农业保险正在试点的基础上，逐步完善。

（一）目前我国农业保险试点工作的主要情况

一是业务开展以省为单位，模式不一。目前我国的政策性农业保险试点工作主要由省级人民政府负责，各省根据本地实际情况进行探索。2007年各省开展农业保险的主要模式有以下几种：

(1) 政府与保险公司共担风险的联办模式。在这种模式下，政府与保险公司签订协议，利用保险公司的服务网络和管理资源，开展农业保险业务，与保险公司共享保费、分摊赔款。联办模式的优点在于，政府作为保险责任分摊主体，降低了保险公司赔付风险。不足在于，政府与企业行为目标不同，不利于明晰二者的责任，效率较低。

(2) 政府承担风险，保险公司代为经营的委托代办模式。政府委托保险公司代办政策性农业保险，保险公司按保费收入的一定比例提取管理费，剩余保费归政府所有，全部风险由政府承担。这种模式的优点在于，政府与企业责任明晰。不足在于，政府与企业缺乏利益交叉点，政府承担风险过大，保险公司缺乏控制风险的积极性。

(3) 政府政策主导下的保险公司市场化经营模式。政府出台农业保险支持政策，扶助保险公司开展保险业务。保险公司根据市场化原则运作，负责农业保险的经营，保费由保险公司收取，赔款也由其负担。

二是保障水平以保农作物的物化成本为主，个别地方进行了以产值为保障目标的探索。目前，绝大多数试点地区均按照"低保障、广覆盖"的原则根据农作物物化成本确定保障水平，其中湖南水稻的保险金额为每季每亩240元，吉林玉米为每亩200元、大豆为每亩166.7元。江苏南部地区以水稻产值的70%为保障目标，亩均保险金额700元。

三是保险金额均为定额，费率由省级政府与保险公司共同确定，保险赔款主要参考产量损失率计算。为便于保险业务开展，无论是保物化成本还是产值，均采取定额方式承保，即保险金额不随实际物化成本或产值变动。保险费率由地方政府与保险公司共同核定，大部分地区粮食作物平均费率在10%左右。赔款主要在农作物收获后，根据产量损失程度及保险金额计算。

四是探索了财政支持农业保险的多种形式。2007年中央财政安排专项资金，进行种植业保险保费补贴试点。2008年中央财政增加了补贴规模，扩大了试点范围。各地还根据本地情况，探索了对保险公司的费用补贴及税收优惠政策。

（二）目前我国发展农业保险面临的主要问题

1. 国家缺乏对发展农业保险的总体规划和制度安排。从国外农业保险发展情况看，农业保险具有准公共物品属性，需要由国家按照政策导向，统一规划，统筹考虑，统一设计。但目前我国采取的分省试点方式，缺乏统一规划和明确的政策目标，长远看，不利于推动农业保险的整体发展。

2. 农民投保意识不强，参保率低，保费收取困难。发展农业保险必须具备一定的参保率。然而，从目前情况看，多数试点地区农民参保率偏低，主要原因，一是由于我国农村土地经营规模狭小，且分布零散，农民农业生产成本不高，且农业风险相对分散，农民对农业保险需求有限。虽然政府给了保费补贴，但对于多数农民来说还是不愿拿钱购买保险。目前多数试点省份农民自负保费多由县乡政府先统一垫付保险公司，而后再向农民逐户收取，保费收取难度大；二是广大农民对保险的认知度不够，保险意识不强。

3. 基层政府对农业保险认识存在偏差。一是个别地方政府对政策性农业保险的作用认识不足，认为国家补贴保险，还不如直接补贴农民或政府，发展农业保险的积极性不高；二是相当一部分政府部门认为，政策性农业保险就是国家政策，应该按照政府要求制定保险条款，脱离了市场轨道，加大了保险公司的经营风险；三是个别地区未能选择与本地相适应的政策性农业保险经营模式，对保险业务推广造成了一定负面影响。

4. 缺乏有效的巨灾风险分担机制。一是农业保险以省（个别地区以市、县）为单位开展，风险分散范围有限；二是国内再保险市场承保能力有限，个别直保公司通过再保险分散巨灾风险的意识不足；三是政府对农业保险责任过分干预，部分风险无法在国际再保险市场分散。2007 年吉林遭遇严重旱灾，农作物保险赔付率达到 150%以上，由于保险风险分散不充分，保险公司、地方政府赔付压力巨大，部分地区通过强行降低赔付水平减少赔款，违反了保险诚信原则，对农业保险的推广造成负面影响。

5. 政策性农业保险产品创新和经营技术水平不高。一是多数保险公司缺少经办农业保险的经验、人才和覆盖农村的服务网络，对农业生产规律和农业风险特点的认识不足；二是试点险种、保费和保额水平等方面还难以满足农民需求；三是目前防范逆选择和道德风险的手段不足；四是农业保险损失鉴定复杂，保险企业基层专业力量普遍不足，技术水平有限。

四、加快建立我国粮食作物政策性保险的政策建议

目前，我国试点的农业保险项目分为种植业保险和养殖业保险两部分。粮食作为关系国计民生的重要农作物是种植业保险的主要方面，我们建议从粮食作物政策性保险入手，借鉴国外农业保险的先进经验，加快粮食作物政策性保险机制建设，探索促进粮食增产和农民增收的长效机制，促进国家长期粮食安全。

1. 抓紧研究确定我国粮食作物政策性保险发展规划，建立全国范围内的农业保险政策体系。

一是逐步建立以灾害补偿和基本收益保障为目标的全国性粮食作物保险政策体系。对粮食作物进行保险的根本目的是通过保险，防范自然灾害风险，更好地确保农民收益，促进粮食生产。因此，我国开展粮食作物保险应首先立足防范灾害风险，对自然灾害风险予以适当补偿。同时，积极探索运用保险工作保障农民基本收益，确保农民种粮收益的稳定，防范市场风险。二是统一规范农业保险发展模式，在总结试点经验教训基础上，建立政府主导、商业化运作的保险模式。从国际经验和我国试点实践看，采取政府包办保险或完全商业性保险运作模式均不可取。前者不仅运作效率低，政府财力也负担不起，后者是

企业经营风险太大，积极性不高，难以推进。政府主导、商业化运作模式较为适合我国国情，易于在全国范围内推广。三是进一步完善农业保险的政策支持体系。(1) 加快农业保险立法，尽快立法或出台相关条例明确政策性农业保险地位、发展模式及目标，奠定政策性保险发展基础，规范农业保险行为；(2) 完善税收优惠政策，对农业保险公司经营利润、所得税等方面给予一定政策优惠；(3) 财政适当补贴，加大中央财政对农民保费的补贴比例，并对农业保险开展好的地区给予一定奖励。同时对企业经营管理费用予以适当补贴，以提高企业经营和农民投保的积极性。

2. 完善保险制度设计，提高保险技术和经营管理水平，加强保险范围、保险品种和保险费率等合理性研究，完善保险技术，加强保险精算，设计科学合理的保险制度和切实可行的具体操作办法。重点支持种粮大户、农场及粮食种植业龙头企业参与粮食政策性保险

(1) 保险品种选择。将四大主要粮食品种全部纳入政策性保险范围，包括小麦、水稻、玉米、大豆，并分品种设计相应的保险制度。

(2) 保险标的设计。根据国际经验和国内试点情况，在我国实行单一的保险制度不可取，建议多种保险标的并行，同时推进和试点。一是继续完善保成本、保产值的保险制度设计。二是积极探索保农民种粮基本收益粮食保险制度，以一定区域平均种粮收益为保障目标。当该区域实际亩均种粮收益，低于政府确定的保障目标，则对该区域种粮农户都给予赔偿。从我国目前的农业发展水平及财政情况看，建议先从保成本起步，有条件的地方可逐步向保产值、保收入的阶段过渡。

(3) 投保人的确定。风险概率和损失大小决定农民是否积极投保。由于我国生产规模小，户均粮食种植面积不到5亩地，农民相对风险损失概率小，大多不愿投保。强制性保险，农民意见会很大。比较积极稳妥地做法是，在坚持农民自愿原则的基础上，主要鼓励产粮大户投保，非产粮大户根据自愿原则农民自愿参与。借鉴日本的做法，对户均20亩以上农户，国家积极支持农民投保，政策上予以鼓励或者通过现有补贴政策予以引导；对户均20亩以下的农民完全采取自愿投保方式，但农业保险政策上一视同仁。

(4) 保险费率。不宜采取统一费率，在国家指导下，由保险公司参考不同地区、不同品种粮食的灾害损失率，按照保险原理确定。

3. 逐步建立保险风险分担机制。政策性农业保险具有高风险性和准公益性，灾害风险完全由企业和农民承担难以做到，需要建立风险共担机制。一是尽快建立农业保险的再保险机制。原保险由承保的商业性保险公司承担，原保险公司再在政策性保险机构或其他商业性保险公司再保险，以分担保险风险。二是建立巨灾风险基金。目前农业保险主要是应对日常性年度灾害设计的，一旦发生巨大自然灾害，赔付损失大，保险公司难以筹集资金，需要建立巨灾风险基金。资金来源于年度保险收入，根据一定比例划转，滚动使用。

4. 其他需要注意的问题。一是坚持立足国情、立足省情、因地制宜的原则，积极稳妥地推进农业保险。二是坚持农民自愿原则、企业自愿、政府引导的原则，不能强制要求农业参与保险。三是坚持市场机制原则，要充分利用市场机制经营保险。四是坚持统一规划、试点先行、稳步推进。

探索在公共财政资金领域开展以结果为导向的绩效评价工作

财政部监督检查局　高　辉

为加强公共财政管理，提高财政资金的使用效益，我国提出建立绩效预算体系，核心是通过制定公共支出的绩效目标，建立预算绩效评价体系，逐步实现对财政资金从目前注重资金投入的管理转向对支出效果的管理。本文通过对我国目前绩效评价工作开展情况的调查以及对国外绩效评价的研究，提出借鉴国外先进做法，完善我国公共财政资金绩效评价的建议和做法。

一、当前我国绩效评价工作的开展情况及存在的问题

绩效评价是指运用一定的评价方法、量化指标及评价标准，对中央部门为实现其职能所确定的绩效目标的实现程度，及为实现这一目标所安排预算的执行结果所进行的综合性评价。目前，绩效评价已成为评价公共财政资金使用效益的发展趋势，受到各部门、各地方越来越多的重视。当前，我国在相关领域中使用了效益审计、绩效评价、绩效考评等不同词汇，但其主要内容均为绩效评价。

目前，我国对绩效评价工作的探索分为两类：

1. 借鉴国际经验，探索对国际金融组织和外国政府贷款项目进行绩效评价试点，引入以结果为导向的绩效评价方法。如：审计署在2006年对100个世亚行贷款项目进行了效益审计，2007年选取了50个外国政府贷款项目进行效益审计，并着手研究制定绩效评价指标体系，推动

了发改委、财政部共同研究制定适合我国国情的评价指标体系；国务院扶贫办近年来对世行贷款、农发基金等在扶贫领域的贷款项目开展了绩效评价；部分财政厅（局）的外债金融处也在探索对国际金融组织贷款开展绩效评价试点。

2. 部分中央部门、地方财政部门开展绩效评价试点。在财政部统一领导下，国家海洋局、中国科学院、农业部、教育部等中央部门对公共财政资金项目进行绩效考评试点，广东、湖北、江苏、浙江、北京、海南等省市财政部门也开始探索进行绩效考评，部分财政部门还成立了专门的绩效考评管理机构，如云南省财政厅成立了绩效评价处。

目前，我国开展的绩效评价工作存在的问题是仍侧重于传统的投入—产出模式，未能真正做到以结果为导向，缺乏对结果和影响的综合评价；绩效考评指标体系的设立偏重于资金管理，无法真正评价项目的绩效情况。

二、国外绩效评价工作开展情况

（一）法国开发署绩效评价工作开展情况

法国开发署（AFD）是具体实施、管理其对外援助的部门，很注重对对外援助项目结果和影响的管理，并形成了较为成熟的基于结果的项目绩效评价方法，从过去仅注重项目的投入、产出，转为注重项目的结果和影响，关注项目是否有效地达到预期目标，是否对社会产生积极的影响，是否具有可持续性等，并据此进行评价研究，为项目的改进或类似项目的实施提供重要参考。

1. AFD 绩效评价介入环节。在一个项目周期中，AFD 对项目的三个环节进行评价：项目单位对项目可行性研究的质量、项目单位招投标时竞标人的资质、合同执行过程中对项目执行情况，并在最后一笔资金支付后对项目进行评价总结。此外，AFD 对特定项目在其结束 1～2 年后进行项目评价。

2. 监测指标。监测是针对特定指标进行数据收集的过程，用于提供项目进展情况和目标实现情况，是发现问题、开展科学评价和决策的重要依据。为促进开展基于结果的发展评价，AFD 针对不同的发展援助领域研究建立了“集合指标”体系（Aggregated Indicators），将发展项目分为交通、能源、教育、农业、城市发展等 11 个行业分别制定评价指标。通过不断修正，现已形成较为成熟的 58 个监测评价指标体系。

3. 发展项目评价。AFD 对具体项目的发展评价分为两个层次：一是系统评价，即对所有进入结束期的项目进行简化评价；二是深入评价，通常是当项目执行出现问题、最终结果不理想、执行机构出现重大变化和 AFD 计划在同一领域增加资金投入时，对该项目进行深入评估。

4. 发展战略评价。AFD 的战略评价是为发展战略提供服务，评价内容可以是 AFD 的金融产品、援助工具、援助程序；可以是对开展的技术援助进行评价分析，对其国别战略政策进行思考；也可以是总结发展战略的经验、进行智力生产性思考，与合作伙伴分享智力成果。

（二）欧洲委员会绩效评价工作

欧洲委员会（EC）是欧盟组织的具体执行机构，EC 下属的评估部负责对发展项目的绩效进行评价，但评估部的地位非常独立。2000 年，欧盟改革对外政策后，项目层面的评价主要由对外关系总司负责，评估部则主要关注国别（区域）和行业（主题）战略的评价。

发展项目评价与国别战略评价方法基本相同，主要评价发展项目或国别战略的相关性、有效性、效率性、影响和可持续性，评价过程分为六个环节：

1. 提出评价问题。评价问题针对项目实施的关键环节提出，为数据收集、深入评价分析提供指导，一般不超过 10 个。

2. 确定评价参考。评价参考分评价标准、目标水平和指标三部分。评价标准用以判别项目的长期影响是正面还是负面；目标水平是将长期影响进行量化的尺度；指标则是回答评价问题或应用评价标准时收集数据的载体。

3. 数据收集。指标确定后即开始针对相关指标进行数据收集。数据收集要有针对性、可靠性和开放性，应尽可能地雇用当地顾问协助数据收集。

4. 分析数据。数据收集后，评价人员就可按一定方法对数据进行处理分析，得出结果。分需数据时一般不对评价对象进行判断。

5. 根据分析结果，作出推理判断。评价工作存在一定主观性，因此 EC 将评价结论提交给一个由各参与方联合组成的工作小组，对评价结果进行评判。

6. 提出建议。根据评价结果，提出相关建议。

（三）挪威发展合作署、财政部、审计署绩效评价开展情况

1. 挪威发展合作署（NORAD）发展评价实践。NORAD 隶属于挪威外交部，代表挪威政府对外提供发展援助，非常重视发展援助资金的绩效评价，并设立了独立的、不受 NORAD 管辖的评价部。评价部主要负责确定待评价对象，实际评价工作则委托外部评价人员。

NORAD 评估部的评价工作主要分为十个步骤：确认被评价的领域和规划；收集相关信息，并与主管单位和其他相关利益方进行讨论；确定评价任务大纲，列出评价工作应包括的内容和效果，并准备招标文件；招标外部评估机构；准备评价报告；向所有利益相关方提交评价报告，并听取意见；在与相关方充分沟通的基础上，准备最终评价报告；向外交部的主管部门提交评价结果和建议；外交部负责落实具体建议；一年后对建议落实情况进行汇报。

2. 挪威公共资金绩效评价现状。由于挪威各部委在预算执行过程中是相对独立的，因此，挪威对公共财政资金绩效的评价也是独立进行。

挪威自 1986 年开始强调公共财政资金使用的绩效，要求预算单位对公共财政资金使用进行绩效评价，各预算单位可自行制定资金管理和评价的办法。

与援外资金管理相比，挪威以结果为导向的公共财政资金管理发展比较缓慢，主要原因是：财政部在预算编制过程中处于弱势地位，预算由内阁直接决策；财政部未向各部委施加压力，而各部委缺乏改革的意愿；财政部本身也未系统地对预算执行绩效进行监测和评价。

3. 挪威绩效审计实践。挪威审计署的任务是通过审计，监测、指导和保障政府的资金运用符合议会的决策，具有非常独立的地位，隶属议会。其主要工作分为三大类：财务审计、绩效审计和公司控制。

绩效审计是根据议会决议对项目的经济性、有效性、效率和影响进行系统分析，向议会提供关于政府措施实施和影响的相关信息。目前，绩效审计对象仅限于对于经济、社会有重大影响的项目。

三、国外以结果为导向的绩效评价对我国的启示和借鉴

（一）推进以结果为导向的绩效评价

以结果为导向的绩效评价是目前西方国家实行的一种较为科学、先进的评价方法，其核心是强调目标与结果及结果有效性的关系，以提高管理效率、资金使用效益和公共服务水平。不论国际金融组织贷款项目还是国内公共财政支出项目，基于结果的绩效评价有助于对项目实施情况和有关政策作出更准确的判断，是一种行之有效的评价和项目管理方法，可供我们学习、借鉴和推广。

（二）逐步建立适合我国国情的、科学的评价方法、程序和指标体系

从国外绩效评价开展情况看，法国、挪威和其他多边组织经过若干年的实践，均制定了比较成熟的以结果为导向的绩效评价方法和评价程序。如：欧盟有一套完善的绩效评价理论，包括评价指南（分为国别、行业评价指南和项目评价指南）、评价方法论、评价工具等；挪威2002年研究建立了“地方政府数据纪录和信息计划”的监测体系，用于中央政府评价政策目标的实现情况，涵盖要监测的40个关键指标和16个行业近1000个一般指标。我国可以吸收借鉴这些比较成熟的理论体系，通过在我国进行探索试点，研究建立适合我国国情的绩效评价体系。

（三）保证绩效评价工作的高度独立性

绩效评价工作本身具有一定的主观性，因此，要确保评价结果的公信度，评价人员应具有高度独立性。如：NORAD的评估部门完全独立，不受NORAD管理；EC的评估部可以直接向欧盟委员会进行报告。在我国探索推进以结果为导向的绩效评价工作时，应成立具有高度独立性的评价机构。独立性表现为组织、人员的独立和经费的独立。组织、人员独立意味着绩效评价工作不应由项目实施部门进行，而经费独立则为评价的独立性提供了保障。

四、工作思考

（一）引入以结果为导向的绩效评价方法，以国际金融组织贷款项目为切入点，逐步扩大至公共财政资金领域

财政部提出建立以结果为导向的预算分配管理体制，而目前情况下并不适合一步到位推行绩效预算，以结果为导向的绩效评价是绩效预算的核心和基础，应当是今后工作的重心。引入以结果为导向的绩效评价工作，建议分三步实施：第一步，在国际金融组织和外国政府贷款领域开展项目绩效评价，探索适合我国国情的绩效评价方法，财政部国际司已选择了四个世行、亚行贷款项目进行绩效评价试点；第二步，将绩效评价工作推广到公共财政支出领域，建议选择同一时期同一领域相对独立、完整的世亚行贷款项目和预算内基本建设项目，探索开展绩效评价工作，总结世亚行贷款项目管理中好的做法和经验，推动我国公共财政资金支出项目的管理；第三步，将公共财政支出领域的绩效评价从项目扩展

到行业、财政政策领域。

（二）借鉴国外先进经验，建立符合我国国情的以结果为导向的绩效评价体系

评价体系的建立是一个长期的过程，需要在实践中不断完善。由于我国绩效评价工作起步较晚，可以充分借鉴、利用国际金融组织和西方发达国家的先进经验，组织有关专家、实务工作者进行相关研究，在实践中不断修正，形成适合我国国情的评价体系。

1. 组织建设。由于绩效评价带有一定的主观性，要提高绩效评价结果的公正性和客观性，应当成立独立的评价机构或由相对独立的机构承担评价工作，不应由业务管理、实施部门承担。首先，对于公共财政资金项目的绩效评价，由各中央部门开展缺乏应有的独立性，也使得评价结果缺乏公信力，建议选择部分重大项目由财政部直接组织开展；其次，对我部而言，考虑到职能不相容和统一组织的因素，绩效评价工作不应由业务司局分散组织开展，而监督检查局是财政部专职监督的机构，具有充分的独立性，可以承担组织工作，财政部驻各地财政监察专员办事机构为开展此项工作提供了有力的人员保障。

2. 绩效评价对象。当前，对公共财政支出项目进行绩效评价试点应分两个层次，一是由财政部监督检查局商业务司选择部分重大财政支出项目进行绩效评价，现阶段可以社会保障、“三农”、教育、科技等项目作为突破口，具体由监督检查局和业务司局共同负责项目的组织实施；中央部门有关负责人、相关领域专家作为专家咨询团队；外部中介组织、专员办人员作为评价人员。二是委托中央部门对其他项目自行组织进行绩效评价，财政部定期或不定期对中央部门的评价质量进行检查。

3. 评价程序。规范的评价程序是开展绩效评价工作的基础，国际金融组织和西方发达国家的评价程序虽然不尽相同，但总体上可以归纳为五个步骤：一是准备阶段，主要是确定评价主管、组织专家团队、聘用外部评价小组；二是“案头研究”阶段，主要是分析活动的逻辑框架、提出评价问题和判断标准；三是数据收集阶段，评价小组根据工作计划收集相关数据；四是报告阶段，评价小组形成最终报告；五是报告报送和跟踪反馈阶段，主要是将评价报告报给政策制定者、相关利益方等。

4. 评价指标体系。科学的评价指标体系是开展绩效评价的技术支持，我们应借鉴国际金融组织和西方国家比较成熟的指标体系，通过试点加以修正，形成适合我国国情的指标体系。建议可以分为三个层次：第一层次是所有项目的共性指标，适合所有评价项目；第二层次是分行业共性指标，根据我国经济行业分类，分别研究确定农业、教育、交通、卫生、基础设施等不同行业的共性指标；第三层次是评价项目的个性指标，根据不同项目在具体开展评价工作时确定。

（三）绩效评价是财政监督的重要内容

从财政监督与绩效评价的关系来看，财政监督和绩效评价都是公共财政框架下，开展财政管理的有效手段与方式；绩效评价拓展了财政监督工作的领域和内容，扩大了财政监督覆盖的范围，使监督方式与手段多元化，并提高了对财政资金支出项目的管理水平；现有财政监督机构的业务职能和人力资源是开展绩效评价的有力保障，通过必要的学习和培训可以形成绩效评价的工作团队。

（四）正确区分财政部绩效评价与审计署绩效审计的区别

首先，财政部门开展绩效评价是与财政职能的履行紧密联系在一起的，这是财政绩效

评价区别于审计最突出的特点，在公共财政资金领域进行绩效评价的目的是为改进、完善财政政策提供参考，服务于财政管理和财政政策。其次，项目的绩效评价应当属于项目管理不可或缺的组成部分，项目在设计时应将绩效评价作为其中一个环节，财政部门可以根据实际需要灵活选择开展事前、事中和事后评价，而审计属于更独立、层次更高的外部再监督，侧重于对公共财政资金的事后审计、评价。监督检查局、专员办系统、地方财政部门监督机构应充分注重并积极研究财政资金绩效评价的有关问题。应建立并完善外部信息使用机制和绩效评价应用体系，将评价结果有组织地反馈到相关决策部门并使绩效评价结果在财政资金分配中成为起引导作用的关键性指标。

制度变革下的汇率政策措施作用比较分析

财政部科研所　张　鹏

中国在1994年即确定的本国的汇率制度是“单一的、有管理的浮动汇率制”，但在长期的实践中，中国货币当局事实上执行的是一种典型的钉住汇率。这种钉住汇率的形成为保证中国贸易、投资和金融的稳定发挥了重要作用，但随着中国宏观经济的不断发展，这种钉住汇率制度也逐渐与实践发展不相适应，暴露出较为严重的问题。在这种情况下，将钉住汇率适时地向有管理的浮动汇率回归，便有了现实的基础，也成为这一时期汇率政策变革的主要方向和内容。

从汇率政策的构成措施来看，其最根本也最直接的措施就是汇率的升值和贬值。但是，同样的汇率升值和贬值措施在不同的汇率制度下有着不同的特点，一般来说，钉住汇率制度下的汇率升值和贬值是由政府主导和推动的；而管理浮动汇率制下的汇率升值和贬值则是市场推动和政府干预的共同结果。因此，本文的研究对象就成为政府主导下汇率升值和贬值与管理浮动下的汇率升值与贬值的措施作用的比较。

一、制度变革下汇率政策措施的实施特点

汇率政策措施可以分为政府主导下的升值与贬值和管理浮动下的升值与贬值两个基础类型，在实施中，两种类型表现出不同的运行特征。

（一）政府主导下的升值与贬值

政府主导下的升值与贬值也即政府通过行政手段推动货币的汇率水平发生改变，这种改变类似于传统意义上的法定升值与法定贬值，其主要特点包括：

1. 汇率的改变较为突然。

为了防止市场上的跟风行为，政府往往对汇率的变化秘而不宣，等到一个特定的时机而突然发布。

2. 汇率变动的程度较大。一般来说，政府都有维持汇率水平稳定的偏好，而除非到了非调整不可的程度的时候，政府一般不会随机的跟随市场的力量去进行调整，而一旦达到了调整程度，政府往往无法通过多次微调的办法完成汇率水平的改变与平衡，而只能选择成本相对较小，不易造成市场扭曲的一次到位的调整方法，这种调整一旦发生，其程度必然较大。

3. 汇率变动受制于政府意志的改变。也就是说政府对于经济、社会和产业的目标和意识发生改变时，将会直接调整汇率的水平，使其为政府的目标和意志服务。从中国的情况来看，这种趋势非常明显，当20世纪80年代以前，中国为满足自身的建设需要而鼓励进口，所以导致了汇率水平的提高；而在80年代初期，由于政府追求国际收支的均衡（汇率中性）从而推动汇率水平又一次提高，并导致了大规模的贸易赤字；而1994年外汇改革以来，政府的政策目标转变为鼓励出口，所以汇率水平又开始了大幅度的贬值。

（二）管理浮动下的升值与贬值

所谓管理浮动下的升值与贬值就是政府对汇率的波动予以管理和限制，在确定的幅度范围内，由市场力量决定汇率水平及其走势，而达到了波动的边界，政府即入市干预或对交易进行限制。这种汇率措施的特点是渐近性、可预期性和边界约束性。其中值得注意的是边界约束性，有管理的市场浮动汇率手段会导致市场力量在政府划定区间的边缘线上进行博弈或是力量累积，政府对波动边缘的确定和控制一定要科学，否则的话，极易在边缘线上将市场力量之间的博弈演变成政府与市场力量间的博弈，造成汇率政策的失败。

二、政府主导下的汇率贬值与升值

对于汇率政策措施对宏观经济的影响，本文主要选择贸易、投资、货币供应和国内市场利率四个方面的指标进行分析，具体有：

（一）政府主导下的汇率升（贬）值与贸易的关系

先分析汇率升值的情形。当政府主导下的汇率出现升值的时候，因为变化较为突然，国内商品的价格由于黏性的作用来不及进行相关的调整，原有进出口合同的价格仍将保持不变；而由于变化程度较大，汇率给企业正常经营带来的影响也较为显著，因此在短期内会出现出口企业受损而进口企业受益的情形，国际收支变化的可能性并不明显，但这种累积为中长期的贸易走势带来了恶劣的影响，从而使贸易的冲击效果得以放大。从中长期来看，由于合同的价格和国内商品的价格都可以进行调整，出口企业由于国际市场上的需求弹性不同，其外汇收益也出现了不同的变化，国际市场需求弹性较小的企业外汇收益上升，而国际市场需求弹性较大的企业外汇收益下降。根据中国企业出口商品的特点来看，其综合效果将是整体外汇收入的下降。而进口企业在中长期中，由于国内商品价格随着国际商品价格的下降也出现了缓慢的下降，但由于升值初期给进口企业带来的超额利润的刺激，进口企业都加大了进口的力度，而由于中国政府对顺差追求意志转变为平衡贸易和对进口的默许，这种进口的增大一般不会受到政府的阻碍，因为尽管国内商品价格出现了明显的下降，进口的数量和总额却一直保持增长。综合考虑出口和进口两方面变动的影响，整个国际收支状况会出现相对或绝对的恶化，如图1所示。

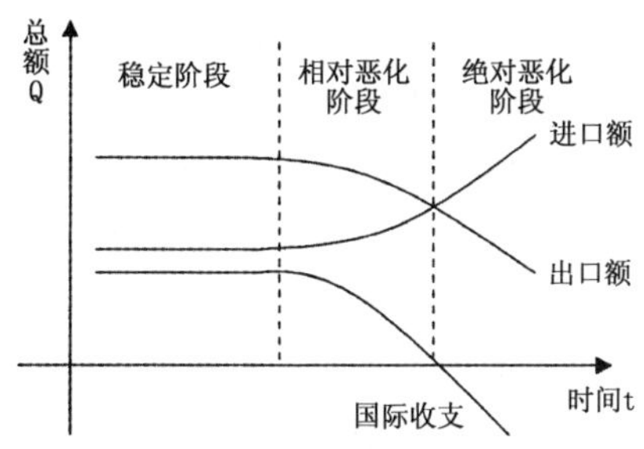

图 1　政府主导汇率升值下的影响效果

接下来分析汇率贬值的情形。当汇率出现突然而急剧的贬值时，短期来看，国内商品的价格由于黏性效应无法跟随汇率做即时而直接的调整，因此，商品的价格和成交合同的价格与数量仍然保持稳定。但随着汇率效应影响面的扩大，从中长期来看，由于贬值的作用，可以使出口企业调整价格的空间变大，进而拉动整体出口情况的改善，出口量和出口额都得到一定程度的提高，但随着国内商品价格由于出口的扩张和贬值对本币购买力的影响而出现上升的情形，出口扩张的速度也随之减慢，进入了贬值效应的衰退期。而对于进口企业，由于贬值初期进口价格突然提高，而国内市场价格仍然保持不变，因而遭受了巨大的损失，所以进口企业会在已有合同执行完后迅速进入调整期，大力减少商品的进口量，从而使国内市场上进口商品的供给出现短缺，拉动进口商品价格的上升，以此为基础开始缓慢的恢复进口，但由于市场需求的作用，这种恢复仍然小于贬值前的进口水平。上述的调整过程见图 2 所示。

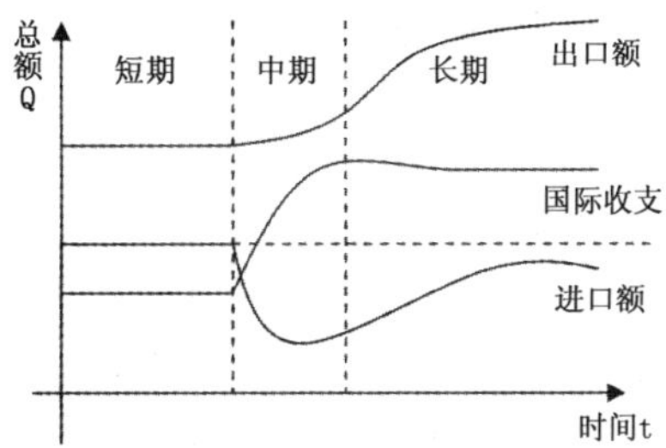

图 2　政府主导汇率贬值下的影响效果

（二）政府主导汇率升（贬）值与投资的关系

对于中国引进外资的情况而言，突然而急速地提高现行汇率的水平，将迅速恶化跨国公司对于可行性投资评价和财务及融资成本，使得跨国公司放缓投资计划，重新进行可行性评估。而在进入中长期后，如果中国宏观经济形势保持稳定，而中国原有的竞争优势的基础仍然保持，于是投资的长期诱因开始发挥作用，而新一轮的国外直接投资开始恢复。如果政府采用的是突然而急速的降低现行汇率水平，由于并不会冲击跨国公司原有可行性评估中的财务成本和融资成本，所以跨国公司的投资仍将保持，但由于跨国公司对贬值后的宏观经济形势的担心，这种投资并不会出现意想中的扩张，而是在等待中缓慢增加，在没有新要素或新市场激励的情况下，这种增加的势头也会逐渐消退。

而对于中国的对外直接投资而言，在不考虑对资本外流相关限制措施的情况下，政府主导下的汇率升值，由于其突然性使得有计划对海外进行投资的制造企业尚没有时间完成海外市场的调查和评估，因此在升值初期对对外直接投资的拉动有限。而由于政府主导汇率升值的幅度较大，对企业进行海外投资的诱因明显，所以企业海外投资规模将迅速扩张。在政府主导汇率贬值的情况下，由于短期内企业持有的外汇资产的财务成本大大上升，企业愿意利用贬值的时机将其调回国内，所以短期内外汇内流的速度加快，而原计划实施对外直接投资的企业，则由新增的巨大的财务成本和融资成本，或将投资计划推迟，或将投资计划取消，中国企业的对外直接投资活动被显著的抑制了。上述的情形表示见图 3 所示的情形。

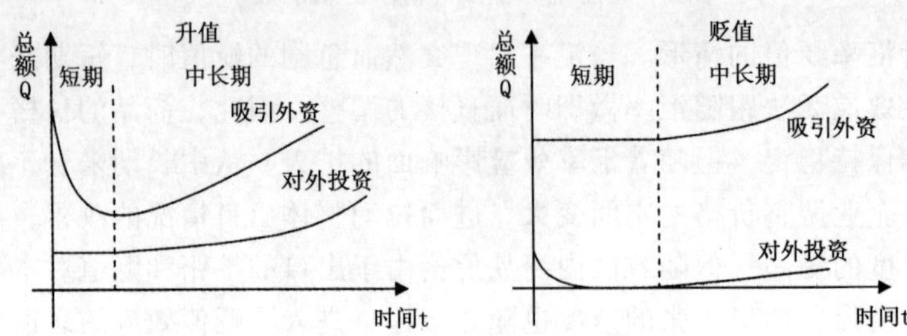

图 3　政府主导汇率变动对投资的影响

（三）政府主导汇率升（贬）值对货币供应量的影响

在政府推动汇率快速大幅度的升值时，由于国内物价水平尚没有出现明显的波动，所以国内对于货币的需求并没有出现明显的变化，仍将在一定的水平上保持稳定。而随着升值效应的显现，本国出口商品的压力开始增大，国内积累商品的数量增多，因而商品的价格水平下降；而在进口方面，由于升值效应的逐步加强，进口商品的价格开始下降，在国内收入水平和需求偏好没有发生大的改变的情况下，对于本国货币的需求量开始减少，所以导致货币需求曲线左移，货币供应量下降。

在政府推动汇率快速大幅度的贬值时，在初期国内物价水平也将保持稳定，本国商品的价格和进口商品的价格变化的程度都不明显。而在贬值作用逐步加强后，本国出口商品的价格开始出现下降，对外出口商品的数量增加，由于进口额的减少，中国的贸易顺差将会出现明显的扩张。顺差积累的大量外汇进入国内市场，由于汇率贬值，通过外汇占款渠道投放的本币在两个因素的作用下会明显增加。而进口商品的价格也将同时出现增长，这种增长也加剧了货币市场上对本币的需求，带动需求曲线的右移，从而推动货币供应量的增长。这一过程可以通过图 4 进行较具体的描述。

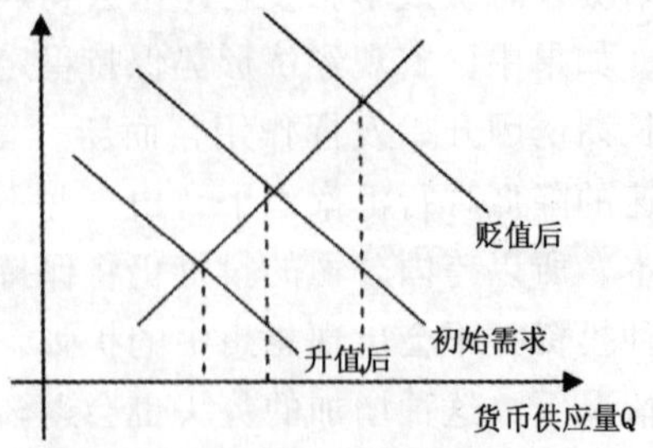

图 4　本币的市场需求变动图

（四）政府主导下的汇率升（贬）值对利率的影响

政府主导下的汇率升（贬）值对利率的影响将在货币供给量的基础上进一步发生变化。当政府主导下的汇率升值的时候，由于其突然性短期内对宏观经济层面和货币市场的供求情况下都没有形成显著的影响，因此，这一阶段，国内市场的利率水平总体上保持稳定。而当出口受阻而进口商品价格出现明显下降之后，国内货币市场对本币的需求量开始下降，需求曲线左移，从而导致利率水平出现短暂的下降。而后货币当局根据货币市场的走势进行干预，减少国内货币的供给量，推动供给曲线的右移，从而将国内市场的利率水平拉高。而当政府主导汇率贬值时，这一情形将会发生相反的变化，从而导致利率水平的下降。其作用过程如图 5 所示。图中的 D 为初始的本币需求曲线，D′为汇率升值的情况下的本币需求曲线，而 D″为汇率贬值情况下的本币需求曲线；S 为初始的本币供给曲线，而 S′为升值时的本币供给曲线，S″为贬值时的本币供给曲线。

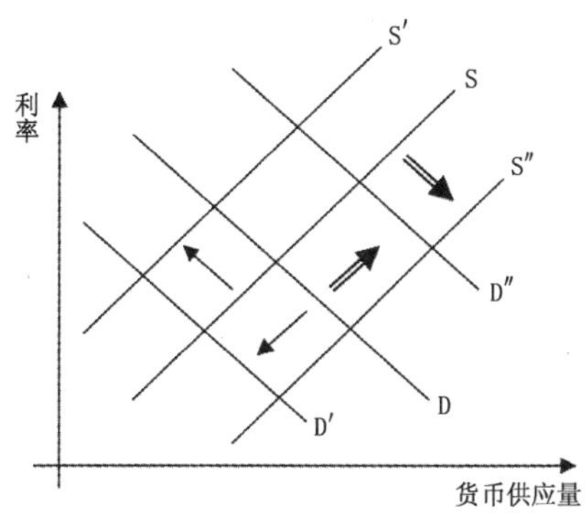

图 5　政府主导下汇率升贬值对利率的影响

三、有管理浮动下的汇率升值与贬值

本文对于有管理浮动下的汇率升值与贬值的考察基于前述三个特点展开，即渐近性、可预期性和边界约束性。这种分析基础上的差异，使得汇率的升值与贬值尽管发生了方向相同的变化，但其效果却出现了很大的差异。

（一）有管理浮动对贸易的影响

当政府管理下的汇率向上浮动时，由于浮动幅度较小，而且在发生浮动之间已经存在较明显的市场预期，因此，从事贸易活动的进出口企业对于汇率的走势都有着基本的判断，而一旦汇率发生变化，政府主导汇率升（贬）情况下的短期静止的情形一般不会出现。从实际来看，由于汇率升值，出口商开始有准备的在汇率升值以前通过适当提高出口报价的方法来规避生产中出现的激烈波动。而进口商则适当减少在升值前的订单，一方面避免升值后在进货成本上的劣势地位，另一方面集体行为的后果可以适当拉升商品的国内售价，使得升值后所获得的利润出现显著的增长，因此会形成升值后集中进口、集中投放的局面。这两方面的效果综合到一起就会形成出口量和出口额的下降较为有限，而进口量和进口额的上升在短期内非常明显，长期内则保持持续而平稳的增长。这一过程如图 6 所示。

当政府管理下的汇率向下浮动时，同样由于其渐进性和可预期性，出口商在贬值发生

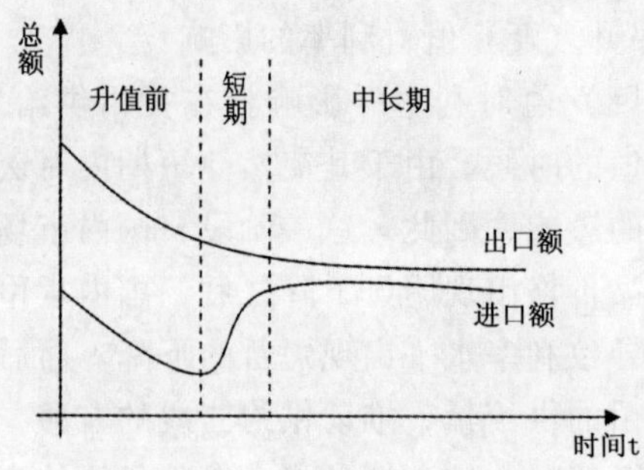

图 6 管理浮动下的升值对贸易的影响

前就通过适当地降低价格来争取更多的订单，相关的利润损失将通过贬值后的本币兑换量的增多而得到弥补，因此，出口额和出口量在贬值前后增加的不明显。而进口商则在贬值前增大订单的采购量，但在贬值初期，由于国内市场的价格黏性，其提前所做的大规模采购并不能采用集中投放的办法获得预期利润，而只能通过顺应市场需求变化的方法来进行顺价销售。因此，国内进口商品市场在贬值初期仍能保持较长一段时间的平稳，进口商原来预计的初期利润由于彼此间的市场博弈而未能有效实现，进口量和进口额在这一阶段却出现了明显的下降，直至国内市场进口商品价格上涨时，进口才逐步得以恢复。这一过程见图 7 所示。

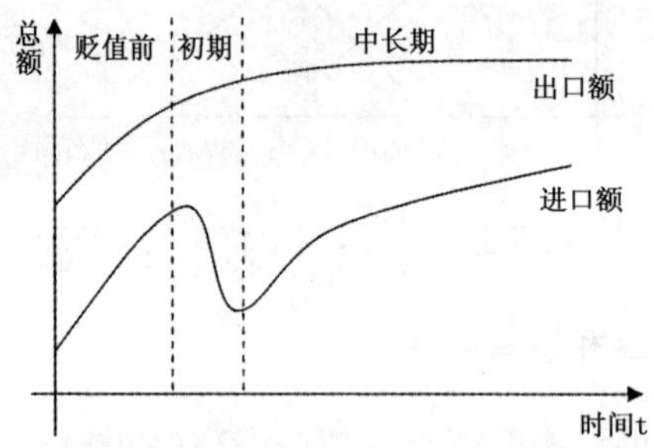

图 7 管理浮动下的贬值对贸易的影响

（二）有管理的浮动对投资的影响

1. 对引进外资的影响。在管理浮动下的货币出现变化的时候，跨国公司利用其科学的评估和调研手段以及敏锐的金融市场嗅觉可以掌握并预期到中国外汇市场的变化趋势，并将这种趋势列入项目的可行性报告予以考察。而同时由于汇率变化的渐进性，跨国公司对于项目的运作和管理可以在投资完成后再予以调整。由于中国吸引外资的主要因素是非货币化的，这种并不显著的影响对于中国的引资而言就更加微不足道，在货币币值变化前后，一般来说，中国的引进外资的情况能够维持一定程度的稳定。

2. 对中国对外直接投资的影响。对于这种影响的考察仍然重点考察真正市场主体行为的制造业国际直接投资的问题。由于管理浮动下汇率波动的渐进性和可预期性，在汇率升值的预期下，原来计划对外进行直接投资的企业将推后其投资规划，而在本币汇率升值后，形成一个对外直接投资的小高潮，然后在新的高位上走向平稳。而当货币预期贬值时，在贬值发生前有计划进行对外直接投资的企业会加速进行其计划，从而在贬值前形成投资的高潮。而在贬值发生后，会有一部分外汇现汇回流中国，以避免财务成本的高企；另一方面，由于其幅度有限，企业有时间采用其他更有效的投资方法来规避财务成本的压力。因此，在贬值的情况下，中国企业的海外投资会受到阻碍，但其下降并非是急剧的。管理浮动对中国对外直接投资的影响如图 8 所示。

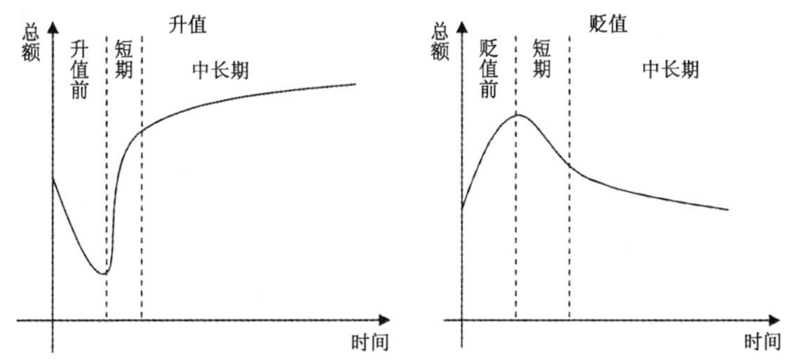

图 8　管理浮动对中国对外直接投资的影响

（三）有管理的浮动对货币供应量的影响

由于有管理浮动的渐进性与可预期性，在本币升值之前，货币市场已经作出了必要的反应和预期，出口商开始有计划的降低产量或者着力开发国内市场，有步骤的降低国内的商品存量；而进口商则开始有计划的减少升值前的进口量，将原来安排的进口予以延迟。于是汇率尚未升值的情况下，本国的货币市场对本币的需求已经开始下降，货币当局随之顺势减少了货币供应量，这种减少为未来货币供应量的下降准备了基础，也使其下降的幅度趋缓。而当汇率贬值的时候，在贬值之前，出口商开始降低售价，获得更多的订单，拉动顺差的上升，使本币的需求开始上升；而进口商则开始囤积商品，扩大商品的进口，以待贬值后获得市场的超额利润，这种行为也拉动了本币需求的上升。因此在贬值发生以前，货币的需求就开始了承接性上升，缓和了贬值发生后的货币需求上升的激烈程度，使得货币供应量的增加变得平缓。

（四）有管理的浮动对利率的影响

在有管理的浮动下汇率升值时，由于市场的预期和调整幅度的有限，市场的利率开始形成准备性上调，以适应汇率升值后的新的外汇市场和国内货币市场的联系。而在汇率贬值时，市场的利率转而开始适应性下调，以适应贬值后的新环境。但值得注意的是，由于汇率波动的边界是由政府确立的，当汇率波动到边界的时候，市场力量间的博弈会遭到来自政府的干预和阻力，转而外汇市场的博弈双方从市场主体之间转变为政府与市场主体之间。当双方在临界点进行角力的时候，政府可能根据自身的需要，而将市场利率向反方面转化，从而削弱了利率的适应性上调和下调，使得在政府放弃维护临界点后，利率形成一个大幅度的、显著的回归，给利率的调整带来如同政府主导下汇率升（贬）值一样的波动，见图 9。

四、制度变革下汇率政策措施作用的综合比较

将理论分析与中国的汇率调整措施相结合，可以得出如表 1 所示的中国汇率政策调整

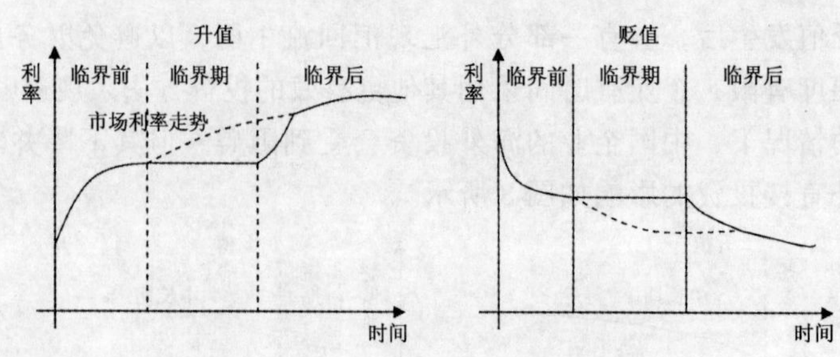

图 9　政府管理临界点的利率变动示意图

措施的综合影响。

表 1　　　　中国汇率政策直接调整措施的综合影响

项目	升值			贬值		
	理论效果	政府主导	管理浮动	理论效果	政府主导	管理浮动
出口贸易	出口额与出口量减少	先维持稳定，然后开始较大幅度的减少	在升值前即出现缓慢下降并保持趋势	出口额与出口量增加	先维持稳定，然后开始较大幅度的增加	贬值前开始缓慢增加，并长期保持趋势
进口贸易	进口额与进口量增加	先维持稳定然后开始较大幅度的增加	在升值前出现下降，后迅速增加，中期后保持平稳	进口量与进口额都将减少	先保持平稳，后出现急剧下降，再恢复性增长，但总量下降	贬值前出现大幅增加，贬值后显著下降，后恢复性增长
引进外资	影响不大	短期明显下降，中长期恢复性增长	影响不大，保持稳定	影响不大	短期保持稳定，中长期出现缓慢增长	影响不大，保持平稳
对外投资	形成鼓励扩大规模	初期保持稳定，后出现增长	升值前出现大幅下降，升值后迅速回升，长期保持平稳增长	形成阻碍减少投资	初期出现明显下降，后开始恢复性增长	贬值前出现大幅度增加，后急剧下降，长期保持平稳降幅
货币供应	减少货币供应量	初期保持平稳，后开始迅速减少	之前已出现下降，升值后下降继续，整体趋势平稳	增多货币供应量	初期保持稳定，后开始迅速增加	之前已出现增加，升值后增加持续，整体趋势平稳
利率变动	上升趋势	先保持稳定，后出现下降，然后长期回升，总体上升	开始前即出现上升，并保持趋势稳定	下降趋势	先保持稳定，后出现上升，然后长期回落，总体下降	开始前即出现下降，并保持趋势稳定

关于政府购买卫生服务改革的评析

财政部科研所　刘军民

当前，医改方案的大研讨仍未最终定论。随着争辩的深入，“政府主导论”与“市场主导论”的分歧也越来越明晰，但关于增加政府对卫生事业的投入却是基本共识，争议的焦点则主要集中在投入方式上，即应补供方还是补需方？持政府主导论者认为，“看病难、看病贵”根源在于国家对医院的直接投入不足、放权弃责条件下的（过度的）市场化机制，致使医疗机构采取自主化市场补偿机制带来看病贵，因此其建议的改革路径就是政府直接加大对公立医疗机构的投入，提高医务人员工资支付标准，并由其为全民直接提供基本医疗服务，通过政府足额的财政补偿，防止其趋利行为。坚持市场主导观点者认为，恰恰是因为医疗卫生领域没有充分地重视有效市场机制建设，医疗卫生服务的国有垄断加上僵化的行政价格控制，造成了低效率和非公平，依此逻辑，其药方就是：在卫生服务的生产提供层面加强市场竞争机制，并通过政府购买或建立代表需方的第三方购买，来实现卫生服务的效率与公平。

在这场医药卫生体制改革的大研讨中，应该说“政府购买服务”是一个被提及频率相当高的词。政府购买公共服务是指政府将原来由政府直接举办的、为社会发展和人民生活提供服务的事项交给有资质的市场组织或社会机构来完成，并根据其提供服务的数量和质量，按照一定的标准进行评估后支付费用，是一种“政府承担、定项委托、合同管理、评估兑现”的新型的公共服务提供方式。笔者认为购买服务不仅是一种投入方式的简单转变，更为深刻的内涵在于预示着改革将主要依循哪一条主导路线，即财政应主要投入需方还是投入供方，以何种方式投入？

一、"购买服务"理念的提出及国际实践

当前，世界范围内的医疗卫生保健服务公共支出管理改革正方兴未艾，改革的一个重要趋势就是将政府职能重新定位为决策者和监督者，以及在医疗卫生服务生产和提供过程中鼓励私人部门更多地参与，而卫生费用支付方式及管理形式从过去的等级性、高度综合的集权方式开始向基于服务购买和服务提供责任相分离的模式转变。一些发展中国家将这项内容作为政府卫生改革议程的核心环节，如哥伦比亚、匈牙利、伊朗、印度、肯尼亚、黎巴嫩、马来西亚、尼泊尔、巴西和俄罗斯等。很多发达国家也已经将这项改革提上了工作日程，如澳大利亚、加拿大、法国、瑞典、英国和美国（Alexander S. Preker，2006）。

世界卫生组织（WHO）在2000年的世界卫生报告——《改进卫生系统绩效》中，提出了将"战略性购买"作为主要的改革策略，并指出卫生服务应该从消极性购买，即简单的回顾性支付，转移到战略性购买模式。WHO认为，战略性购买是提高卫生系统绩效的一种积极方式。购买是指拥有财力资源的主体将之配置到服务提供方的一种机制（Perrot，2002）。购买通过筹集（pooling）资金并支付给卫生服务的提供方，以交换取得某一系列特定的或非特定的卫生服务的过程。购买既可能是一个被动的过程，也可以是一个战略性的计划行动。被动性购买是指遵循预先制定的预算方案来购买或者仅是简单地支付已产生的各种账单，也即事后埋单。战略性购买是指通过确定需要购买哪种服务、如何购买以及从何处购买来持续地寻找能够最大限度地发挥卫生系统功能的途径。这就意味着通过选择性签约及激励性方案来主动地选购服务，从而获取成本效益比最理想的卫生服务。

购买服务模式的引入是为了适应卫生服务系统的战略性挑战。世界多数国家的经验显示，推进政府卫生投入方式的根本转变，即由公共部门内被动性预算转变为面对公有和非公有服务提供方实施战略性购买，签订目标导向明确的服务购买合同，可以显著地改进卫生系统的效率，同时更好地实现患者尤其是贫困患者的利益。

近年来，欧洲一些国家在卫生服务领域已经逐步引入了某些形式上的购买模式，如瑞典、芬兰、西班牙和意大利等国家。在葡萄牙，从1998年起，每个地区的卫生主管部门都建立了负责与卫生服务提供者签订合约的特殊部门，2003年通过了建立新的公共信托医院的立法，进一步促进了卫生服务购买模式的迅速扩张。此外，智利、匈牙利、新西兰等许多国家也都尝试了将主动的、战略性购买机制引入到他们的公共卫生系统之中（Alexander S. Preker，2006）。

英国目前正在发展基于初级卫生保健的购买，并实施了一系列的改革，以促进购买责任向社区或初级卫生保健组织转移。20世纪90年代，以前一体化的英国国家卫生保健体系（NHS）也分离了购买者和提供者，NHS的地区医疗卫生局（DHAs）变成了服务购买者和支付者，而NHS的医院、全科医生（GP）则成为提供者。同时，全科医生又可成为基金持有者，作为注册病人的代表为其购买二级卫生保健服务。在1998年，大概有3500个这样持有基金的全科医生，并覆盖了60%以上的人口。从1997年开始，执政的新工党政府逐步废除了公共基金持有制度，并逐步建立了全国性的初级卫生保健信托制度（PCTs），在延续竞争性购买的同时着重加强供需协调合作，建立了基于结果付费（Payment by result）的服务委托框架（practice – based commissioning）。目前，所有的初级卫生保健医生都被划归到初级卫生保健信托机构，每个信托机构覆盖大约 17 万人。目前，大概有 180 个初级卫生保健信托机构，主要负责提供初级卫生保健服务和公共卫生服务，以及委托二级医疗保健服务。自 2004 年 4 月开始，他们的购买预算约占 NHS 预算的 75%。

二、政府购买卫生服务的理论内涵及意义

1. 购买服务是政府遵循市场的基本原则来有效满足社会公共需求的重要途径。卫生服务领域由于存在着较严重的信息不对称，同时又基于享受卫生保健是人的基本权利，单纯的市场资源配置机制失灵；但是，在卫生服务的微观生产领域也同样的存在政府失灵，而由政府从市场购买卫生服务则可以很好地避免市场和政府两种资源配置方式的缺陷，发挥两者相结合的优势。由于难以消除公共部门直接提供产品和服务过程中的低效率，从市场组织购买服务来向社会提供就成为政府履行公共职责的现实选择，这种选择除了能够提供公共部门难以生产、生产不好而又需要的服务外，还使得政府能够集中精力去关注那些市场失灵的领域，如卫生政策制定、组织并实施社会保障计划、市场监管等。从这个意义上来说，购买模式着手解决了过去卫生管理部门常常会遇到的一个难题——即如何将卫生服务预算计划与卫生资源的微观配置结合起来。

2. 政府购买服务意味着转变了一种投入思路，即政府支持卫生事业方式的根本性转变：从以往关注如何投入转向更多地关注结果，从基于预算分配转向基于产出购买。传统的供方投入方式下，资金在公共组织内部通过预算程序直接配置到卫生服务机构，采取的主要形式包括财政对医疗卫生机构的经费补助、设备和基建投入等，反映在预算科目上即为卫生事业费和卫生基建费。政府购买服务模式下，通过实现“政府提供”与“政府生产”相分离，政府角色主要定位为购买者和监管者。

根据公共经济学的基本理论，即便是对于纯公共产品，其提供和生产也是两个不同的概念，提供者和生产者可以是同一个单位或机构，亦可以分离。提供指的是谁为产品或服务付款，生产是指由谁来从事产品的具体生产。可见，提供不等于生产，提供主要是谁来购买并为之付费的问题，生产则是由谁来建造或制造的问题。即使是公共物品，生产者既可能是公共部门、也可能是私营部门，或者是社会非营利性机构。某种公共物品到底应由谁来生产，取决于谁在组织生产这种公共产品时更有效率。一项产品或服务究竟是应当通过组织内部来生产还是通过市场来购买，其理论基础是制度经济学的交易费用理论。从理论上分析，一项制度安排是否科学、合理，一个重要体现就是它能否防范信息不对称状态下参与主体的逆向选择和道德风险问题，或者是否有助于减少这种问题的发生。购买服务实质上是在公立和私营提供者之间引入竞争机制，利用市场机制促进卫生服务效率的提高。

3. 推进支出方式向购买服务模式转变，作用的基础在于重塑供方的激励机制，促使其行为模式的自主转变。经济激励与风险承担从正反两个方面影响消费者的选择和提供者的决策。每种付费机制都会对提供者产生不同的激励作用，并改变医疗服务系统中不同主体的经济风险。在购买服务模式下，卫生服务的提供与筹资、购买职能分离，实质上也是提供了一个新的风险治理框架。在这个框架中，疾病的经济风险从传统的预算直接投入方

式下的政府无限责任部分地转移到供方，以实现在供方、患者、（第三方的）付款方等利益相关者之间的风险合理配置与共担。政府购买卫生服务不仅是政府对卫生事业支持方式的一种转变，同时也意味着利益关系的重大调整，公立医院将不再是不承担疾病经济风险的事业单位，由此也将带来公立医院的组织形式和法人治理结构的变化。

三、政府购买服务支出方式的主要优点

与传统直接投入供方的预算支出方式相比，政府购买卫生服务支出方式具有以下一些显著的优点。

（一）有助于硬化供方预算约束，提高服务的技术效率

在以往政府卫生直接投入体制下，财政投入对供方的预算约束力实际上是软的，不仅财政卫生投入预算经常膨胀，而且医疗服务质量、态度、水平也常难以达到预期效果，投入产出效率低。反之，政府购买卫生服务则以选择性签约来对供方施以硬约束，通过科学、严格的评价机制和选购投票权，采用与绩效有关的支付方式，使政府可以从医疗卫生服务市场上，优中选优地购买到价廉物美的公共卫生和基本医疗服务。而从事“生产”卫生服务的供方单位，预先从政府那里获得资金投入和经费补助已经不可能了。投资于卫生服务产品的生产成本先要自己先行垫付，如果生产的卫生服务验收不合格，可能连本都会收不回来。这样，必将促进供方加强成本核算，主动地深化内部管理改革和成本挖潜，节约开支，进行合理的技术改造，并提高服务质量。绝大多数的经验表明，非政府生产者可以物美价廉地提供医疗卫生领域的大部分产品和服务，而政府通过合同、采购以及授权等一系列购买方式可做到兼顾公平和效率，这种做法要明显优于传统的被动式补贴。

（二）有助于卫生资源配置效率的提高，增进社会福利

从宏观来讲，购买服务能实现资源配置跨越部门界线，打破以往公立医疗卫生机构吃“皇粮”拿补助、衣食无忧的状态，促进各类提供者之间的合理竞争，将有限的卫生资源配置到更具成本效益的服务项目与干预措施上。例如，从财政卫生支出中把原来拨付给城市公立大医院的经费转移到用于为贫困人口购买基本医疗卫生服务，必将大大提高资源配置的边际效用，提高卫生资源配置的社会满意度，也即实现卫生资源的优化配置。

从微观来说，卫生服务购买模式下，政府不再参与卫生服务过程的具体管理和成本核定，有关医疗卫生服务的成本在供方体系预先内部化，至于这种成本能否得到补偿、多大程度上补偿甚至还能使供方获利，就主要取决于政府购买对服务适宜性、效果等方面的考核评价以及市场平均提供成本。因此，在这种模式下，必将有助于鼓励供方对卫生服务成本费用的控制、对预防保健的重视、对卫生服务技术效率的提高以及对卫生服务质量的改进，供方将自觉地摒弃以前的昂贵治疗方案，大处方和过度医疗也将不再有市场，从而从整体上推动社会资源配置宏观效率的提高，也即帕累托改进。

（三）有助于增强财政投入的主动性、针对性和预见性，提高卫生支出绩效

政府预算投入供方的主要形式是：支付（部分）工资和其他运营成本的一般性补贴、针对医院楼房等基本建设和设备投资的专项拨款。前一种形式的分配通常是以职工人数及其技术职称、退休人员数和病床数等作为标准，很少考虑具体的目标或绩效标准，而且在这种补助方式之下，财政往往处于被动地位，甚至有一些医疗机构通过虚拟职工人数来多

申报补贴；后一种主要以专项资金形式来申报，难以有客观的评选标准，往往随意性较大，造成“会哭的孩子多吃奶”，项目实施后监管不易，效果不高。

与传统的直接投入于公立医疗卫生机构相比，购买服务模式更多地体现了绩效预算的精神，体现的是一种融入了公众需求、竞争理念、契约理念、绩效评估为核心的目标型管理。这种管理模式的特点是：从注重过程控制转向注重结果管理，从重视财政资金预算分配和管理转向注重产出和结果，即重视公共服务的效率和质量。通过建立以产品和服务为导向的绩效预算有助于增强财政资金投入的主动性、针对性和可预见性，并提高资金使用的安全性、规范性和有效性。

（四）有助于克服财政资金短缺的问题，加快促进卫生事业发展

随着经济社会的发展收入水平的提高，人民群众对卫生保健、医疗服务的需求呈加速增长态势。居住环境的恶化、现代社会下人类生活方式的不健康趋向带来疾病谱向高端的升级变化，[①] 也加剧了社会对医疗卫生服务的需求。总体来说，卫生服务体系的投资需求量相当之巨。但是，当前我国财政经济实力还相当有限，有限的资金很难满足当前人民群众对卫生服务的需求。政府购买公共服务，不仅有利于提高财政资金的支出效率，也可以借以充分调动社会力量，引导更多的民间资本参与公共事业建设。通过政府购买服务的方式，调动社会资金投资于卫生服务建设，可以显著地节省财政对卫生基建、设备等大额的一次性投入，从而减轻财政压力，加速卫生事业发展步伐。

（五）有助于政府支出更多地让低收入人群受益

在预算直接投入方式下，绝大多数财政资金被用于医疗机构的改造和设备购置、人员工资等对供方的补助，而直接用于需方的补助却很少，这就意味着加大财政投入并不能使低收入群体直接从中受益，这种好处往往更多地被更具经济能力的富人获取。同时，医疗条件的改善往往增加了医疗成本，推高医疗服务的价格，也就抬高了患者获得医疗服务的门槛，降低了医疗服务对低收入群体的可及性、公平性。在政府购买服务的支出方式下，需方目标导向更为明确，政府可以通过购买政策，有选择性、有针对性地来为社会弱势群体和低收入人群的基本卫生服务需求埋单，从而促进实现社会公平、公正和利贫目标。

（六）有助于理顺政府卫生管理职能

在卫生系统中，筹资与服务提供功能的分离可以避免行政官僚体制模式所造成的管理僵化等缺陷，实现微观管理权的合理分散和决策权的移交，促使供方集中精力在购买条件下提供适合现实需求、有效率的卫生服务。政府以公共物品的购买者来体现其职能，从而摆脱直接生产的高成本低效率困境。作为购买者，政府可充分利用市场机制，并发挥其集团购买的强大的价格谈判优势，选择价格低、质量好的卫生服务提供给社会公众，从而有利于实现政府卫生行政部门“管办”职能的有效分离，避免“裁判员”和“运动员”角色混同的尴尬。

传统体制下，政府直接举办卫生事业，常常“费力又不讨好”，不仅要投入大量的人力、物力、财力，结果往往却是投入产出效率极低，有限的财政资金在层级制的官僚体系

① 目前中国人口的疾病谱已经发生深刻变化，改革开放初期排在我国居民疾病谱前位的基本上是传染病、营养不良性疾病、寄生虫病，而现在，排在疾病谱前位的变成了心脑血管疾病、恶性肿瘤和慢性疾病等。

中无谓耗损，还导致政府职能越位与缺位并存，机构重复建设，变成“养人、养机构”的一种制度漏斗。购买模式的引入解决了由于过去集权式的指令和监管体制而带来的行政管理体制僵化的问题。政府从直接生产公共服务领域退出，转而将精力集中于筹资和购买，可以为多元化主体参与卫生服务提供让出空间，有利于形成良好的竞争格局，竞争的良性机制又可促使生产服务的组织努力降低成本，并提高服务质量。

四、我国政府购买卫生服务的改革实践

在当前关于医药卫生体制改革的大研讨中，政府购买卫生服务的改革路线尤其得到财政部门的青睐，各级地方政府也在积极推动购买服务模式的试点。

2006年7月13日，财政部、国家发改委、卫生部发布的《关于城市社区卫生服务补助政策的意见》（财社［2006］61号）指出：“社区公共卫生服务由政府采取购买服务的方式，根据社区卫生机构服务人口数和提供的公共卫生服务项目、数量、质量以及单位（或综合）项目补助定额，在全面考核评价的基础上核定补助。”2007年3月，由财政部主办的“中国医疗卫生领域公共与私营部门合作论坛”在北京召开，也显示了财政部对推进购买服务模式改革的意愿。

目前，中国很多地方政府已经开始在社区卫生服务层面尝试通过公共购买的方式来为辖区居民提供公共卫生和基本医疗服务。在北京市，2005年年初，海淀区22家医疗机构与卫生局脱钩，划归“公共服务委员会”管辖。新成立的公共委，作为政府购买公共卫生服务的代表，采取合同外包、招投标、民办公助等形式，向医疗机构购买服务，以期在竞争压力下和资金支持下，提高卫生系统服务绩效。[①]

无锡市政府购买公共服务的探索走在了全国前头，无锡市2005年年初就大胆尝试了将属于公共卫生事项的结核病防治交给民营医院——安国医院打理，政府相关职能部门进行监督考核，并接受患者的严格评议，在此基础上向其拨付相关费用。2006年，无锡市政府又发布了《关于政府购买公共服务的指导意见（试行）》，确定了政府购买服务改革的11个试点项目。在购买方式上，市政设施养护、环卫清扫保洁等项目实行公开招标；水资源监测等项目实行定向购买。在资金支付上，实行国库集中支付，根据合同签订的价格预付一部分费用作为启动资金，然后根据项目实施的进度情况付款，付款最高不超过80%，余款根据评估结果支付。无锡市在购买方式、对供方的评估、资金安排、资金支付等方面积极探索，积累了一定的经验，甚至被总结为“无锡模式”。

山东省政府2007年7月出台了《政府购买城市社区公共卫生服务指导意见》的实施文件，核心就是改革政府投入模式，变“养人”为“养事”，社区医疗机构获取收入的多少，取决于干事的多少和服务的好坏。

五、影响购买服务绩效的一些现实制约因素

（一）供方市场的竞争格局将在极大程度上影响卫生服务购买的绩效

---

① 薛丽娟：“海淀区医改调查：政府花钱购买医疗公共服务”，《竞报》2005年8月9日，http://health.sohu.com/20050809/n240233222.shtml。

供方市场的垄断程度（供方的数量及其竞争格局）是影响购买绩效的基础性因素。购买服务支出方式产生绩效的重要基础在于正确的市场机制，必须要有足够多的服务提供方，必须是通过充分的市场竞争来形成价格基准，否则就不可能对供方形成足够的压力和动力促使其改进服务质量和技术效率，并在市场均衡的价格水平上提供服务。如果购买者（政府或医保机构）订立合同的供方只局限在较狭窄的范围内，不仅服务购买的有效性、经济性、适宜性很难保证，同时需方的选择自由也被减少了。因此，是否存在一个健康、规范的市场（竞争格局）就成为问题的关键。即便是在有足够多的供方主体的市场环境下，也要高度关注竞争秩序的问题，防止出现“医武（arm race in medical care）竞争”① 的现象？医疗服务由于其专业性强，很可能一定地域范围内某一家医院或医院集团取得医疗服务提供上的卖方市场支配权，使得医疗服务市场难以形成真正有效的市场竞争。现实中，医疗卫生服务的提供往往具有较明显的地域性，特别是对于群众需求频度较高的价廉、便捷的公共卫生和基本医疗服务，地域分割特征就更为明显。

（二）是否适合购买提供，需结合卫生服务产品的具体属性来考虑

并不是所有的卫生服务或干预措施都适合通过购买方式来支持。卫生服务购买与商品购买不一样，一般来说，服务项目的质量可监测性较弱、异质性强，同时供需双方对服务的成本和效果往往处于较严重的信息不对称地位。在这种情况下，购买合同的设计会是一个非常复杂的管理和技术难题。因此，对于那些特质各异、服务质量和数量较难监测且竞争性不强的医疗卫生服务项目，可能并不适合通过公共购买来提供。事实上，由于疾病的个体差异性强，很多医疗服务项目具有极大的异质性，很难标准化。特别是基于现实中合同的不完备性，政府管理不可能具体到单个服务项目的购买管理，如果是通过一揽子计划来为人群购买，则需要更复杂的合同设计技术，包括价格设定、质量技术标准、服务规范、意外情形、免责条款等等，这些非常细节的问题都可能使合同的订立过程繁不胜繁，最后难免可能流于形式。事实上，政府退出什么领域是一个需要仔细考虑的问题。哈特等人（Hart et al，1997）的理论研究表明：政府和市场的边界取决于产品的性质。私人部门有充分的激励降低生产成本，当产品的质量比较容易监测时，通过市场来组织生产就比较有效。但是，当产品的质量很难监测的时候，如果通过市场来组织生产，私营部门的生产者就可能会牺牲质量而降低成本，从而降低资源配置的宏观效率。这时，就应该选择由政府设立的公共部门或机构来提供这些产品。从以上意义来说，公共卫生中的健康教育、传染病预防控制等可能还有必要坚持“养人、养机构”的供方直接投入模式，但对于其中某些规范性强、标准化程度较高的卫生保健、预防免疫等，可以实施购买服务，在总的预算中进行项目单列。

（三）交易费用的变化也是购买服务模式需重点考量的因素

购买服务会不会导致额外的交易成本，这也是一个需要重点考虑的问题。与直接提供方式相比，购买方式下医疗服务活动的参与者由原来的供需双方变成了供方、需方和支付

---

① 医武竞争是一种非价格的竞争行为，由于医疗卫生领域的信息不对称，大多数患者对卫生服务的质量需求弹性是一条上升的曲线，供方通过超标准地配置各种硬件设施，提供最新的技术、过度的服务来诱导需求，医武竞争会显著推高不合理的医疗费用上涨。

方三方，形成了较复杂的委托代理或交易关系，合同成为协调各方利益的中心机制，但需要密切关注的是，这个模式可能产生昂贵的交易费用。计划机制尽管在效率激励方面的功能比较弱，但却是一种低交易费用的制度模式。相同质量和数量的卫生服务，是内部组织提供的费用低还是通过市场机制交换取得的费用低？这需要详细的计算分析，同时要区分不同服务种类来决定。

（四）现行体制下，供方激励响应机制的缺陷也将影响购买服务的绩效

实施战略购买改革后，对供方来说，意味着医疗卫生服务活动补偿机制的转变，从而将极大地改变目前供方的激励模式及行为策略。由此，需要考虑的问题就是：激励机制转变后，供方是否有足够的自主权和弹性机制来响应这些激励改变？事实上这对中国目前的公立卫生医疗体系而言，仍是一个相当大的问题。因为在现行体制下，我国公立医院还不具有真正意义上的独立自主经营的市场主体地位，其医疗服务的定价权、人事管理权等一系列的经营管理自主权都还没有放开。医院作为市场经营主体的法人地位还受到相当程度的制约。在此前提下，适应激励机制改变的供方服务提供行为及策略很难有效调整。

（五）购买服务可能容易失去对供方部门的控制，计划和协调将变得更为困难

特别是在出现公共卫生危机事件的时候，政府可能会发现通过指令性手段调动资源以应对危急事件将不再那么容易。

因此，尽管购买服务模式为解决政府支持卫生事业的诸多难题提供了一个有效方案，然而也并不能将其视为“万能钥匙”，不能期望它能破解卫生领域存在的一切痼疾，相反，如果不充分认清不同卫生服务项目的性质要求，不注意相关实施条件，购买服务甚至还可能引发新的问题。特别是不能单纯地为了购买而购买，否则就又容易陷入一种形式化的改革陷阱。

六、推行购买服务方式，还需重点解决一些基础性问题

（一）要重点解决好基础制度的健全问题

改政府对卫生直接预算投入方式为政府购买卫生服务，这一转变并非易事，购买服务涉及很多方面的具体问题，政府除了要有排除既得利益纷扰的改革决心外，还需做大量的基础性工作：选择购买代理主体，决定购买预算的优先序，以及如何在购买过程中反映需求方的真实需求与偏好？以什么为基础议定购买价格？如何向服务供方支付费用或价格？采取何种购买形式，是公开招标，还是协议购买或者是定向采购？这些问题都是非常重要和基础的，需要落实到具体的组织机构和相关制度、办法或操作规范，否则购买服务的落实就只能是一句空话。在购买过程中，政府既要避免陷入对卫生服务提供方的微观管理，同时又要确保所购买服务的质量、效果、技术的适宜性和先进性，这就需要切实推进政府卫生管理职责的转换，尤其应注意在购买卫生服务中的有关机构责任、操作规程及相关的制度建设，应积极构建投入与产出相结合、过程与结果相结合、效果与效率相结合的政府卫生服务购买预算制度。

（二）积极推进费用支付方式的创新

购买服务中的一个重要内容就是价格与支付方式的议定。这里面涉及两方面的关键内容：一是通过什么样的机制来确定价格、谁来主导价格形成；二是价格或者费用以何种方

式支付给提供方。价格与支付机制是决定激励效果的主要手段，不同的价格策略和支付机制将导致完全不同的供方激励效果。如果没有支付制度或支付方式的创新，不能有效改变供方原有受偿模式下的一些不合理的服务提供行为（如大处方、重复检查等），购买服务将又可能回到过去的老路上，还将为此额外增添一块交易费用。从某种意义来说，购买服务的投入方式改革的核心是通过价格与支付机制的创新来促成健康、有序的竞争格局，提高微观效率，更好地实现社会公益目标。

支付方式包括按服务项目付费（即报销式后付）、总额预付、分项定额付费、按人头预算等多种，各种支付机制对卫生系统多项功能目标上会产生不同的激励效果，包括正面的和负面的（见表 1）。一些在效率激励方面具有优势，如按服务项目付费、根据治疗效果付费，但却可能导致过度服务；另一些有助于成本费用的控制，如总额预算、按人头付费，但却可能有损于公平或不利于促进新技术、新方法的使用。具体来说，按服务项目付费（FFS）往往会刺激供方提供更多数量的服务，甚至过度服务、资源滥用，同时由于供方缺少必要的成本约束机制，又会导致宏观低效率；按人头付费（Capitation）则会刺激供方争取更多的患者，可以避免供方开大处方、不必要检查的现象，还能激励供方提供预防性医疗服务，[①] 但又可能造成供方相互推诿高风险患者的现象，同时供方还存在尽量减少服务的意愿，诱使医生通过非正式途径来获得补偿（如病人私下的暗中支付费用），另外，这种支付方式还不利于新的、先进的诊疗技术和手段的推广应用；总额预算会促使供方非常关注成本费用控制，但同样也会产生按人头付费下的各种弊端；分项预算（也称分项定额标准付费），有利于费用控制，但也会诱发供方分解住院以及过多使用目录外药品和多提供目录外项目服务等不规范行为；按诊断相关组付费（DRG）同样也会激励供方钻体制的空子，如拒绝“无利可图”的患者，将病例虚报为利润更高的病种（故意申报错误编码，也称“DRG 蠕变”）等。

表 1　　不同支付机制下的供方行为激励效果

激励机制＼供方行为	对预防健康的重视	服务提供	对合理期望的反应度*	成本控制
分项预算	+/-	--	+/-	+++
总额预算	++	--	+/-	+++
按人头付费	+++	--	++	+++
诊断相关组付费	+/-	++	++	++
按服务项目付费	+/-	+++	+++	---

注：+++ 强烈正效应；++ 一些正效应；+/- 很少或无影响；-- 一些负效应；--- 较强负效应。

*：respond to legitimate expectation

资料来源：World Health Report 2000《Health System：Improving the Performance》.

因此，采取什么样的购买支付方式，核心是要根据不同医疗卫生项目的性质而定。比

① 因为疾病预防能够避免发病后的治疗成本，或者防止病发后的恶化，因此对疾病的及早发现和治疗，可以有效降低总的医治成本，从而使供方获利。

如，对于预防保健等公共卫生服务，仍可采取按服务项目付费，因为这有助于激励这类成本效益显著的服务项目的提供；对于基本医疗服务，则可考虑采用按人头付费结合工资付费的混合方式。在更多的情况下，可能需要采取多种支付方式的有机组合。

应该认识到，每种支付制度都不可能尽善，除非有完备、精细化的数据和信息系统做支撑。同时也要看到，供方似乎也变得越来越“精明”，他们总能很快地适应各种支付改革的“激励”，对新的支付方式总能找到一些投机获利的途径。因此，医疗费用支付方式的改革不是一次性的，而是一个不断的、渐进的调整过程。

（三）建立科学的绩效考核和严格的监督制度

没有科学有效的绩效考核制度作为支撑，购买服务就可能成为无的放矢。绩效考核有两个方面：一是对服务提供方的绩效考核，即对供方所提供的医疗卫生服务进行质量、数量、成本、技术适宜性、诊疗规范遵从情况、效果等方面的考核；二是对采购执行主体（政府机构或者其代理机构）进行考核评价。另外，由于政府购买执行主体、目的、资金来源、采购权力具有公共性，因此，加强对公共资金购买卫生服务支出的管理和监督，规范政府机构及其代理人的服务采购行为，就显得十分必要。建立健全政府购买服务的监督机制，包括引入基于公开、公平规则和透明程序的现代监管制度，防止出现新的设租、寻租和腐败行为。

（四）推进综合改革，增强供方的自主权和激励响应能力

要有效发挥政府购买服务支出方式的优势，服务提供方必须要有充分的自主权，以响应新的激励导向，例如提高服务技能，优化职员结构，降低服务提供成本，实施有关机构和业务整合等等。目前我国公立供方在很多方面还受到很多限制，因此自主权的调整势在必行。有些调整可以在卫生系统内部进行。但另外一些调整则需要多个政府部门的配合，例如人事问题，包括医技人员的聘用、职称、工资等政策，以及社区医生、乡镇卫生院医生的养老等社会保障，都需要系统来解决，需要得到人事、编办、社保等相关职能部门的配合。

（五）关注解决技术层面的一些具体问题

首先，应尽量避免微观购买、小规模购买，因为这很容易陷入对卫生服务提供的微观管理，避免微观购买就意味着政府需要将工作的重点放在设计和实施有效的签约、预算和支付机制上，并设置有效的外部激励措施以及对卫生服务效果作出科学评价；其次，要通过合理的方法来确定卫生服务项目在购买预算上的优先次序，这就需要引入一些先进的预算方法和手段，如项目预算与边际分析（PBMA）；[①] 另外，还有必要注意的是，某些卫生干预（如预防保健）只有在一段签约期内才能显现效果，所以如果购买合同签约期限过短，将不会对供方提供预防干预措施产生多少激励，因为长期契约在鼓励专用性投资方面优于短期契约（Crawford，1998）。

---

① 项目预算框架的一个关键特征是以产出和目标为导向，而不是关注投入活动和服务本身，边际分析则指资源配置从一个项目转移到另一个项目上所带来的收益增加或者成本减少的情况。

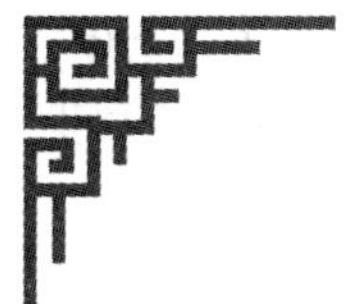

中国企业所得税税负归宿的一般均衡分析

财政部科研所　张　阳

一、引　言

在经济生活中存在这样一种现象，即纳税义务人并不是税收负担者，纳税人可以通过种种方式来转移税收负担。所谓税负转嫁就是纳税人不实际负担政府课于他们的税收，而通过购入或卖出产品价格的变动，将全部或部分税收转移给他人承担的过程。税负归宿是税收转嫁过程的终点，是指税收负担者无法将其负担再转嫁到其他人身上，而最后由自己来负担的状况。税负归宿理论描述了税收负担的最终分布，研究谁承担了税收的最终负担。

最简单的税负归宿分析方法是局部均衡分析方法。局部均衡分析表明税负归宿主要由个人或企业避税的难易程度来决定，这种难易程度以需求和供给的价格弹性来衡量。同时，这些因素也能确定税收的效率损失对个人和公司行为造成的扭曲。局部均衡分析可以阐明税负归宿研究的基本原则：竞争条件下的税收的经济归宿仅仅取决于市场情况，而与税收的法定归宿无关。局部均衡分析方法的局限性在于仅考虑税收对单一市场的影响，割裂了与其他市场的联系，而绝大多数税收对多个市场的行为发生重要作用。另外局部均衡分析只能确定税负在生产者与消费者之间的分布，而不能进一步说明是哪一种生产要素的所有者，或者哪一类消费者承担了税负。

一般均衡分析方法能有效克服局部均衡分析的局限，已成为当今税负归宿分析方法的主流。税负归宿的一般均衡分析是研究对一种商品或要素征税对全部商品和要素在各个市场的连锁反应和影响，再从这一系列连锁反应

中，分析整个税负的分配状况，尽可能全面地探求税收变化的各种效应。高培勇（2005）认为，之所以要对税负归宿问题作一般均衡分析，是因为现实经济生活中，各种商品和生产要素的价格、供给、需求等因素都是相互作用、相互影响的。若将税收归宿的考察仅局限于课税商品或生产要素的特定市场上，由此而得出的结论肯定是不完全的。比如，许多商品和生产要素存在着相互替代和相互补充的关系，当一种课税商品或生产要素的价格发生变动时，不仅该种商品或生产要素的供求关系要因此而发生变动，它的替代和互补商品或生产要素的供求关系及价格也要随之发生变动。不仅如此，这些替代和互补商品或生产要素的供求关系和价格的变动，还会进一步对它们各自的替代和互补商品或生产要素的供求关系和价格产生影响。这样，只要一种商品或生产要素的价格发生变动，就会在整个经济中引起一系列的一层层的连锁反应。为了使税收转嫁和归宿问题的分析更贴近现实，就要从因政府征税而引起的一系列的一层层的连锁反应中，探求整个税负的分配情况，即对税负归宿问题进行一般均衡分析。[①] Harberger，A.C（1962）建立了两部门一般模型分析公司所得税税负归宿。Atkinson 和 Stiglitz（1980）通过成本函数重新阐述了模型，并用几何图形进行了说明。Fullerton 和 Metcalf（2002）用两部门一般均衡模型分析多种税收关系。本文在上述模型基础上建立了局部要素税两部门一般均衡模型，对传统模型做了以下改进：

首先，剔除无关税种。Fullerton 和 Metcalf（2002）的两部门一般均衡模型中，存在多种税收关系。对两部门的产品分别征税，对两部门的两种要素分别征税，这样共有六个税种。然而其理论模型中绝大部分的税种是出于数学运算的目的而设立，没有实际经济含义。本文的两部门一般均衡模型只分析局部要素税，也就是对企业部门的资本要素征收的企业所得税。模型剔除了其他无关的干扰变量，集中阐述对企业部门的资本要素征税对所有产品和要素的影响，从而确定税收负担的最终分布。

其次，引入产品替代弹性。Harberger（1962）两部门一般模型为简化计算做了重要的假定，用某一部门产品需求量变化与两部门产品价格相对变化的比例来表示该部门产品的需求价格弹性，这种需求价格弹性的表达式是不准确的。而且 Harberger 模型在经验实证分析中简单地把两种产品的替代弹性看作 1，再以此推算产品的需求价格弹性。本文模型用产品需求替代弹性来反应两部门产品需求量的相对变化与两部门产品价格的相对变化之间的关系。并且本文在实证分析过程中是先测算出产品的需求价格弹性，再根据它计算产品的替代弹性，而不是对参数做粗略的估计。

最后，划分为直观的四方面。本模型把征税对整个经济的影响划分为四个方面来研究。第一，从供给角度通过生产函数反映产品供给和要素需求的关系。第二，从需求角度通过产品的需求替代弹性反映产品需求和价格的关系。第三，从要素供给角度通过市场出清条件反映生产要素供给的相对变化关系。第四，从投入产出相等角度通过要素总收益等于产品收益说明产品收益的变化与要素收入变化的关系。通过这四种角度，清楚地反映了对一部门的资本要素征税对整个经济的所有产品和要素的连锁反应和影响。

---

① 高培勇编著：《公共经济学》，中国人民大学出版社 2005 年版，第 242 页。

二、局部要素税两部门一般均衡模型

（一）模型构建

经济中有 X 和 Y 两种产品和分别生产这两种产品的 x 部门和 y 部门，生产 X 和 Y 都会用到两种生产要素劳动 L 和资本 K。要素 L 和 K 的价格分别为工资率 w 和租金率 r。整个经济中只存在一种税收，对 x 部门的资本所得征收从价税，税率为 t_{KX}，资本含税价格为 $r(1+t_{KX})$。

模型的假定条件为，两个部门的生产技术是规模报酬不变的。整个经济中可利用的资本和劳动总量固定。两种要素可以在两个部门间完全自由流动。厂商竞争追求最大利润，所有价格具有完全的弹性。所有消费者的偏好都相同，税收不会通过影响人们的收入用途而对分配产生影响。

1. 供给。两种产品的生产函数分别为：

$X = F(K_X, L_X)$

$Y = H(K_Y, L_Y)$

其中，K_X 和 L_X 分别表示 x 部门使用的资本要素和劳动要素，K_Y 和 L_Y 分别表示 y 部门使用的资本要素和劳动要素。将上两式求微分后再分别除以 X 和 Y 得到：

$$\hat{X} = \theta_{KX}\hat{K}_X + \theta_{LX}\hat{L}_X \tag{1}$$

$$\hat{Y} = \theta_{KY}\hat{K}_Y + \theta_{LY}\hat{L}_Y \tag{2}$$

其中，“^”表示成比例的变化，如 $\hat{X} = \frac{dX}{X}$。θ_{ij}表示 i 要素收入占 j 产品收入的份额，例如 $\theta_{KX} = \frac{r(1+t_{KX})K_X}{p_X X}$。并且有 $\theta_{KX} + \theta_{LX} = 1$，$\theta_{KY} + \theta_{LY} = 1$

定义 σ_X 和 σ_Y 分别为 X 产品和 Y 产品的资本 K 与劳动 L 之间的替代弹性，根据替代弹性定义 $\sigma = \frac{w/r}{K/L} \cdot \frac{d(K/L)}{d(w/r)}$，可推导出：

$$\hat{K}_X - \hat{L}_X = \sigma_X(\hat{w} - \hat{r} - \hat{t}_{KX}) \tag{3}$$

$$\hat{K}_Y - \hat{L}_Y = \sigma_Y(\hat{w} - \hat{r}) \tag{4}$$

其中，$\hat{t}_{KX} = dt_{KX}/(1+t_{KX})$

2. 需求。消费者对于产品 X 和 Y 之间的需求替代弹性 σ_D 可以表示：

$$\hat{X} - \hat{Y} = -\sigma_D(\hat{p}_X - \hat{p}_Y) \tag{5}$$

其中，$\hat{p}_X$ 表示 X 产品的价格，$\hat{p}_Y$ 表示 Y 产品的价格。

3. 市场出清条件。生产要素总供给固定并且充分运用，要素的市场出清条件为：

$K_X + K_Y = \bar{K}$

$L_X + L_Y = \bar{L}$

对上两式微分后，分别除以 $\bar{K}$ 和 $\bar{L}$ 得到：

$$\lambda_{KX}\hat{K}_X + \lambda_{KY}\hat{K}_Y = 0 \tag{6}$$

$$\lambda_{LX}\hat{L}_X + \lambda_{LY}\hat{L}_Y = 0 \tag{7}$$

其中，λ_{ij}表示生产 j 产品使用的 i 要素的比例，例如 $\lambda_{KX} = K_X/\bar{K}$。

4. 定价方程式。在完全竞争和规模报酬不变的条件下，投入产出相等意味着总产出等于所有投入要素的收入：

$$p_X X = wL_X + r(1 + t_{KX})K_X$$

$$p_Y Y = wL_Y + rK_Y$$

把上两式微分，再分别除以 $p_X X$ 和 $p_Y Y$，结合 $p_X F_K = r(1 + t_{KX})$，$p_Y H_K = r$，$p_X F_L = p_Y H_L = w$ 条件，其中的 F_K，H_K F_L，H_L 分别表示两部门生产的资本边际收益和劳动边际收益。在 $t_{KX} = 0$ 处可以得到：

$$\hat{p}_X + \hat{X} = \theta_{KX}(\hat{r} + \hat{t}_{KX} + \hat{K}_X) + \theta_{LX}(\hat{w} + \hat{L}_X) \tag{8}$$

$$\hat{p}_Y + \hat{Y} = \theta_{KY}(\hat{r} + \hat{K}_Y) + \theta_{LY}(\hat{w} + \hat{L}_Y) \tag{9}$$

（二）均衡状态

1. 模型求解。综上所述，模型中共有（1）—（9）9 个线性无关的方程，$\hat{w}, \hat{r}, \hat{p}_X, \hat{p}_Y, \hat{X}, \hat{Y}, \hat{K}_X, \hat{K}_Y, \hat{L}_X, \hat{L}_Y$ 10 个未知数。由于方程组在价格上是零阶齐次的，把所有价格水平增加相同的倍数对资源配置不会产生影响。因此，可以选择一种物品价格作为计价物，使它的价格变化固定为零，其他价格都以计价物单位来表示。这里确定劳动为计价物，$\hat{w} = 0$。现在有 9 个线性无关的方程，9 个未知数，方程组有惟一解。经过计算可以得到：

$$\hat{r}^* = \frac{\sigma_D\theta_{KX}(\lambda_{LX} - \lambda_{KX}) - \sigma_X(\theta_{KX}\lambda_{LX} + \theta_{LX}\lambda_{KX})}{\sigma_D(\theta_{LX} - \theta_{LY})(\lambda_{LX} - \lambda_{KX}) + \sigma_X(\theta_{KX}\lambda_{LX} + \theta_{LX}\lambda_{KX}) + \sigma_Y(\theta_{KY}\lambda_{LY} + \theta_{LY}\lambda_{KY})}\hat{t}_{KX} \tag{10}$$

2. 税负归宿。由于劳动为计价物，$\hat{r}$ 可理解为资本租金与工资比率的变动率。可以根据 $\hat{r}$ 的取值判断对 x 部门的资本要素课税后，资本要素和劳动要素各自承担了多少税负，也就确定了税负的最终分布。

如果 $\hat{r}^* = 0$，那么对 X 部门资本征税后，整个经济的租金与工资比率不变，资本与劳动要素将按照它们税前对国民收入的贡献比例承担税收负担。这时，资本已将一部分税负转移给了劳动。

如果 $\hat{r}^* < 0$，那么征税后，整个经济的租金与工资比率降低，资本承担税收负担的比例大于税前它对国民收入的贡献比例。

如果 $\hat{r}^* > 0$，那么征税后，整个经济的租金与工资比率升高，资本承担税收负担的比例小于税前它对国民收入的贡献比例。

对 x 部门资本征税后，总的税收收入为 $\hat{t}_{KX}K_X$，整个经济中资本收入变化为 $-\hat{r}(K_X + K_Y)$。当两者相等 $\hat{t}_{KX}K_X = -\hat{r}(K_X + K_Y)$ 时，资本承担所有税负。定义 $\hat{r}_0$ 为资本承担所有税负时的资本价格的变化率，$\hat{r}_0 = -\frac{K_X}{K_X + K_Y}\hat{t}_{KX}$。

3. 产出效应与替代效应。模型把对 x 部门资本课税后的影响划分为两种效应。第一，产出效应，等式（10）分子中第一项说明了这种效应。对 x 部门资本征税，X 价格趋于上升，需求量减少，资本和劳动从生产 X 的部门被释放出来，必须到生产 Y 的部门去找出路。如果 X 部门是劳动密集型的（$\lambda_{LX} > \lambda_{KX}$），那么，大量的劳动就必须被 Y 部门吸收，因而资本相对价格上升。反之，如果生产 X 的部门是资本密集型的（$\lambda_{LX} > \lambda_{KX}$），资本的相对价格就会下降。

第二，要素替代效应，等式（10）中分子的第二项说明了这种效用。征税后，X 部门的资本变得更为昂贵，这就会使制造商少使用资本，多使用劳动，资本的相对价格会因此下降。

三、经验实证分析

把我国整个经济中的生产部门划分为两大类：一类是企业所得税主要征收部门，也就是模型中的 x 部门；另一类是非企业所得税主要征收部门，也就是模型中的 y 部门。企业所得税相当于对 x 部门的资本征税。

（一）两部门划分

1. 行业要素收益和税负。2006 年《中国统计年鉴》中的“2000 年投入产出基本流量表”提供了 2000 年我国各行业的要素收益。2005 年我国劳动者报酬 81888.02 亿元，相对于 2000 年增长 1.64；2005 年我国营业盈余 58459.81 亿元，[①] 相对于 2000 年增长 4.06。按上述两比例计算 2005 年上述各行业的要素收益。结果见表 1。

表 1　　中国 2005 年生产部门情况表　　单位：亿元

序　号	行　　业	劳动者报酬	营业盈余
1	农　业	22052.07	3412.12
2	采掘业	2724.80	5607.73
3	食品制造业	2977.44	3772.82
4	纺织、缝纫及皮革产品制造业	3338.41	3014.10
5	其他制造业	1926.21	4396.07
6	电力及蒸汽、热水生产和供应业	1378.82	3245.59
7	炼焦煤气及石油加工	982.84	1886.74
8	化学工业	3307.20	3813.15
9	建筑材料及其他非金属矿物制品业	1595.59	774.08
10	金属产品制造业	2253.79	1626.87
11	机械设备制造业	7331.99	8629.06
12	建筑业	6406.29	4222.28
13	运输邮电业	3703.92	3481.24
14	商业饮食业	6588.80	3809.40
15	公用事业及居民服务业	3881.72	2475.63
16	金融保险业	2543.75	2960.64
17	其他服务业	8894.38	1332.28
	合　计	81888.02	58459.81

根据《中国税务年鉴 2006》中的“中国 2005 年税收收入分税种分产业收入情况表”和“中国 2005 年企业所得税分地区分行业收入情况表”，我国 2005 年各行业的企业所得

① 樊纲，认为统计年鉴中的“营业盈余较好地反映了资本收入情况”，“可以用营业盈余来近似表示全部资本的收益”；《中国财产性生产要素总量与结构的分析》，2002 年中国经济改革研究基金会重点课题。

税为，农业 2.64 亿元，采掘业 593.88 亿元，制造业 1413.7 亿元，电力蒸汽及水生产供应 407.7 亿元，建筑业 219.32 亿元，交通邮电业 180.17 亿元，批发零售业 896.88 亿元，金融业 468.43 亿元，信息、计算机服务、软件业 255 亿元，住宿和餐饮 29.26 亿元，文化体育娱乐 58.65 亿元，租赁和商业服务 159.64 亿元，房地产业 325.77 亿元，其他行业 329.21 亿元。

2. 企业所得税主要征收部门和非企业所得税主要征收部门。企业所得税相当于对资本要素征税，营业盈余反映了资本收益，相当于企业所得税税基。因此可以用每个行业企业所得税税负总额与营业盈余的比值来反映行业的企业所得税负担率。根据表 1 和各行业企业所得税税负计算各行业的企业所得税负担率：农业 0.077%，制造业 5.065%，交通运输邮政业 5.175%，建筑业 5.194%，采掘业 10.590%，电力蒸汽热水 12.562%，金融业 15.822%，公用事业服务业 25.437%，商业和饮食业 28.503%。其中“制造业”包括表 1 中的食品制造业、纺织缝纫及皮革产品制造业、其他制造业、焦炭煤气石油加工业、化学工业、建材与非金属矿物制品业、金属产品制造业、机械设备制造业。

将企业所得税税收负担率高于 10.590% 的行业定义为企业所得税主要征收部门，也就是 x 部门，包括：采掘业、电力煤气水生产供应业、金融业、商业、饮食、共用事业和服务业。将剩下的企业所得税税收负担率小于 5.194% 的行业定义为非企业所得税主要征收部门，也就是 y 部门，包括：农业、制造业、交通运输邮政业和建筑业。x 部门的平均企业所得税负担率为 18.138%，y 部门的平均企业所得税负担率为 4.653%，企业所得税主要征收部门的平均企业所得税负担率是非企业所得税主要征收部门的 4 倍左右。

把资本的计量单位设定为每单位资本价格为 1 元，那么根据表 1 的数据和两部门分类，$K_X = 19431.27$ 亿元，$K_Y = 18268.95$ 亿元。同样把劳动的计量单位设定为每单位劳动价格为 1 元，则 $L_X = 26012.27$ 亿元，$L_Y = 55875.75$ 亿元。

$$\lambda_{LX} = \frac{L_X}{L} = \frac{21365.81}{21365.81 + 45894.88} = 0.32$$

$$\theta_{LX} = \frac{wL_X}{p_X X} = \frac{1 \times 21365.81}{9095.62 + 21365.81} = 0.57$$，类似可以计算出表 2 的参数值。

表 2　　两部门的份额参数值

λ_{LX}	λ_{LY}	λ_{KX}	λ_{KY}	θ_{LX}	θ_{LY}	θ_{KX}	θ_{KY}
0.32	0.68	0.33	0.67	0.57	0.59	0.43	0.41

（二）要素替代弹性

把每个行业的生产函数定义为 CES 函数形式：

$$y = \gamma[\delta L^{-\rho} + (1-\delta)K^{-\rho}]^{-\frac{m}{\rho}}$$

其中，γ，$m > 0$，$0 < \delta < 1$，$\rho > -1$。γ 是效率参数，δ 是分布参数，m 是规模参数，ρ 是替代参数。$m = 1$ 是规模报酬不变，$m > 1$ 是规模报酬增加，$m < 1$ 是规模报酬减少。替代弹性 $\delta = \frac{1}{1+\rho}$。

按照 Kmenta（1967）介绍的方法把 CES 生产函数转化成线性方程。[①] 当 $\rho = 0$ 时，算出 CES 函数的 Taylor 级数的近似表达：

$$\ln y = \ln\gamma + m\delta\ln L + m(1-\delta)\ln K - \frac{1}{2}\rho\delta(1-\delta)(\ln K - \ln L)^2$$

根据上式建立回归方程：

$$\ln y = \varepsilon_0 + \varepsilon_1\ln L + \varepsilon_2\ln K + \varepsilon_3(\ln K - \ln L)^2 + u$$

其中，u 是扰动项。CES 函数的参数与线性回归方程系数的关系是：

$$\gamma = \exp(\varepsilon_0),\ m = \varepsilon_1 + \varepsilon_2,\ \delta = \frac{\varepsilon_1}{\varepsilon_1 + \varepsilon_2},\ \rho = -\frac{2\varepsilon_3(\varepsilon_1 + \varepsilon_2)^2}{\varepsilon_1\varepsilon_2}$$

郑玉歆和樊明太等（1999）利用上述方法根据 1995 年中国工业普查的数据估算了各生产部门的资本与劳动要素的替代弹性。其中衡量产出 y 的变量是含营业税的增加值。资本 K 是 1995 年价格调整的资本存量。资本序列是由 1977～1995 年度的资本存量记录构建起来的，对这些数据采用折旧方法并辅以相应年度的价格序列重新估算，劳动投入 L 用的是工人人数，他们运用这种方法的估算结果如表 3：[②]

表 3　　行业资本—劳动替代弹性

行　业	替代弹性	行　业	替代弹性	行　业	替代弹性	行　业	替代弹性
农业	0.5	家具业	1	机械制造业	1	商业	0.5
采煤业	0.77	造纸业	1	运输设备制造业	0.5	餐饮	0.5
石油开采业	1.79	电力蒸汽供暖	0.52	电气机械制造业	0.5	客运	0.5
天然气开采业	1.79	石油加工	1.59	电子	0.9	共用事业	0.5
金属矿开采业	0.62	炼焦	1.59	衡器制造业	0.9	文教科卫	0.5
其他金属矿业	0.8	化工	0.9	修理业	0.8	金融保险	0.5
食品加工业	0.8	建材	1	其他工业	0.8	行政	0.5
纺织业	1.07	金属冶炼	0.8	建筑	0.5		
缝纫业	0.8	金属品	1	货运	0.5		

根据表 3 数据，y 部门中农业替代弹性 0.5，制造业 0.5～1.59，交通运输邮政业 0.5，建筑业 0.5。制造业中替代弹性 0.5 的 2 个行业，0.8 的 7 个，0.9 的 2 个，1 的 5 个，大于 1 的 3 个。y 部门中影响比较大的是制造业，从制造业的替代弹性来看，y 部门资本—劳动替代弹性 σ_Y 约等于 1。x 部门中采掘业替代弹性 0.62～1.79，电力蒸汽热水 0.52，金融业 0.5，公用事业和服务业 0.5，商业和饮食业 0.5。x 部门影响比较大的是其中的第三产业，这些行业的资本—劳动替代弹性等于 0.5，x 部门资本—劳动替代弹性 σ_X 约等于 0.5。

（三）需求替代弹性

① Kmenta, J. 1967, On the Estimation of the CES Production Function, International Economic Review, 8, pp180－189.

② 郑玉歆和樊明太等：《中国 CGE 模型及政策分析》，社会科学文献出版社 1999 年版，第 71～76 页、第 148 页。

1. 线性支出系统

(1) 线性支出系统的形式。线性支出系统的基本假设是：

第一，某一时期人们对各种商品的需求量，仅取决于人们的收入和各种商品的价格。

第二，人们对各种商品的需求，分为基本需求和超出基本需求之外的需求两部分，基本需求与收入水平无关。

在预算约束 $V=\sum_{i=1}^{n}p_iq_i$ 下，使效用函数 $U=b_i\ln(q_i-q_i^0)$ 极大化，推导出下列需求方程组，也就是线性支出系统需求函数形式：

$$p_iq_i = p_iq_i^0 + b_i\left(V - \sum_{K=1}^{n}p_Kq_K^0\right) \qquad i,\ k = 1,2,\cdots,n \tag{11}$$

其中，p_i 表示第 i 种产品的价格；q_i 表示第 i 种产品的需求量；p_iq_i 表示对第 i 种产品的消费支出；$V=\sum_{i=1}^{n}p_iq_i$ 是总消费支出；$p_iq_i^0$ 表示对第 i 种产品的基本需求支出；$\sum_{K=1}^{n}p_Kq_K^0$ 表示对所有其他产品的基本需求支出。b_i 是边际预算比，表示超过基本需求的支出中用于购买第 i 种产品的百分比。b_i 满足 $0<b_i<1$，$\sum_{i=1}^{n}b_i=1$。模型中的 b_i 是待估计参数。

线性支出系统是一种时间序列模型，对参数的估计需要使用时间序列资料。由于我国时间序列资料不完备，样本点太少，本文用横截面资料对参数进行估计。

具体做法分为以下三步：

首先，设 $a_i = p_iq_i^0 - b_i\sum_{K=1}^{n}p_Kq_K^0$。把它带入到（11）中，模型转化为：

$$p_iq_i = a_i + b_iV \tag{12}$$

其次，估计对某一项产品的基本需求支出。从统计资料来看，不同层次收入水平的人对某些商品消费支出的差异性很小。根据统计资料和经验分析，确定某一项商品的基本需求，设第 j 项的基本需求支出为 $p_jq_j^0$。

最后，根据第一步，$a_i = p_iq_i^0 - b_i\sum_{K=1}^{n}p_Kq_K^0$，可变换成：

$$\sum_{K=1}^{n}p_Kq_K^0 = (p_jq_j^0 - a_j)/b_j \tag{13}$$

再把（13）代入到 $a_i = p_iq_i^0 - b_i\sum_{K=1}^{n}p_Kq_K^0$ 中，可以得到其他各产品的基本需求支出：

$$p_iq_i^0 = a_i + b_i(p_jq_j^0 - a_j)/b_j \tag{14}$$

(2) 需求价格弹性。根据线性支出模型，需求价格弹性可以记作：

$$\eta_i = \frac{\partial Q_i}{\partial p_i}\frac{p_i}{Q_i} = (1-b_i)\frac{p_iq_i^0}{V_i} - 1 \tag{15}$$

(3) 经验实证结果。“2005 年社会核算矩阵（SAM）”，提供了我国居民对各种产品的最终消费情况。数据如表 4 所示。其中“y 部门”数据是农业、制造业、交通运输业、邮电业和建筑业组成的非企业所得税主要征收部门的合计数。

利用按收入分组的横截面资料对（12）式进行回归分析，其中总消费支出 V 就是

“合计”列。结果如表 4 所示。

把城市最低收入组、农村最低收入组和农村低收入组对“共用事业和服务业”支出的平均数作为居民对“共用事业和服务业”基本需求支出的估计值：

$$p_j q_j^0 = 1050413.499$$

根据公式（14），对 y 部门产品的基本需求为：

$$p_Y q_Y^0 = a_Y + b_Y (p_j q_j^0 - a_j)/b_j$$

$$= 467825.4 + 0.745 \times \frac{1050413.499 - (-245763)}{0.119} = 8582543.816$$

表 4　　　2005 年居民消费情况表[①]　　　单位：万元

居民		y 部门	采掘业	电力蒸汽热水供应	金融保险业	公共事业和服务业	商业和饮食业	合计（V）
城市	最低	10679583.26	17034.24	434966.21	432746.23	1704814.01	1308874.99	14578018.94
	低	11036852.45	19997.98	419569.99	465145.93	1791897.58	1415202.72	15148666.64
	中低	23901587.06	46537.64	819201.93	1016227.39	4066149.56	3034532.46	32884236.05
	中	25482434.39	55028.02	821688.98	1111745.92	4332791.37	3304080.54	35107769.23
	中高	27466409.92	69049.27	812435.41	1212118.90	4997606.62	3555302.02	38112922.14
	高	14895369.62	41094.61	407137.33	672700.39	2754292.47	1973706.84	20744301.27
	最高	16605731.52	51976.44	398684.52	718609.15	3303025.59	2152652.41	23230679.63
农村	最低	9026583.76	24123.60	80519.75	156397.28	711584.32	593442.48	10592651.19
	低	8881524.51	23547.49	82509.13	152775.47	734842.17	614295.72	10489494.49
	中低	23976159.53	71957.48	242562.16	446535.62	2164125.62	1780611.54	28681951.95
	中	24105081.94	85412.91	267547.85	519957.59	2484130.89	2005615.78	29467746.97
	中高	30564243.60	128783.60	371199.08	811047.02	3683847.55	2912160.08	38471280.94
	高	22025014.74	114693.32	300375.04	638959.98	2830304.44	2194764.79	28104112.31
	最高	24290059.68	165300.00	388100.76	888930.33	3661205.07	2782169.52	32175765.36
a		467825.4	-14473.6	19728.9	-64932.1	-245763	-162386	467825.4
b		0.745 (21.271)	0.003122 (3.264)	0.01557 (2.775)	0.02838 (5.708)	0.119 (7.228)	0.08916 (9.549)	0.745 (21.271)
F 值		452.466	10.656	7.7	32.576	52.25	91.171	452.466
R^2		0.974	0.47	0.391	0.731	0.813	0.884	0.974

注：估计系数下面括弧中是 t 值。

再根据公式（15），y 部门产品的需求价格弹性为 $\eta_Y = (1 - b_Y)\frac{p_Y q_Y^0}{V_Y} - 1 = -0.89$。其中 V_Y 是各组居民对 y 部门产品消费的平均值 19495474 万元。

① 本表数据根据国务院发展研究中心的“2002 年中国社会核算矩阵（SAM）”计算。

如果把城市最低收入组、农村最低收入组和农村低收入组对“电力煤气水供给”支出的平均数作为居民对“电力蒸汽热水供应”基本需求支出的估计值：$p_j q_j^0 = 199331.69$。重复上述推导过程，那么最终计算结果 y 部门产品的需求价格弹性为 -0.88。因此这里对于基本支出需求的选择是很准确的。

2. 两种产品的需求替代弹性。Harberger，A.C（1957）推导出 Y 产品的需求价格弹性 η_Y、X 和 Y 产品之间的需求替代弹性 σ_D 有下列关系。①

$$\eta_Y = -\frac{P_X X}{P_X X + P_Y Y}\cdot\sigma_D \tag{16}$$

在两部门两种产品的模型中，如果已知一种产品的需求价格弹性，经常用上述公式来计算两种产品之间的需求替代弹性。例如，Harberger，A.C.（1962）② 以及 Shoven，John B.（1967）③ 等等。

根据投入产出相等条件，总产出等于所有投入要素的收入，对于 y 部门 $P_Y Y = wL_Y + rK_Y$。根据表 1 数据和两部门分类，y 部门产出 $P_Y Y$ 等于 y 部门资本要素收入 39028.54 亿元与劳动要素收入 55875.75 亿元之和，等于 94904.29 亿元。同样，x 部门产出 $P_X X$ 等于 x 部门资本要素收入 19431.27 亿元与劳动要素收入 26012.27 亿元之和，等于 45443.54 亿元。

根据（16 式），X 和 Y 产品之间替代弹性：$\sigma_D = -\frac{45443.54 + 94904.29}{45443.54}\times(-0.89) = 2.749$

（四）我国企业所得税税负归宿

1. 模拟分析结果。把所有参数值 K_X，L_X，K_Y 和 L_Y，表 2 中的份额参数和 $\sigma_X = 0.5$，$\sigma_Y = 1$，σ_D 代入到等式（10）可以得到：

$\hat{r}^* = -0.2757\hat{t}_{KX}$，$\hat{r}_0 = -0.3324\hat{t}_{KX}$，$\frac{\hat{r}^*}{\hat{r}_0} = 82.95\%$。$\frac{\hat{r}^*}{\hat{r}_0}$衡量了资本承担的企业所得税税负总额的比例。

$\hat{r}^* > \hat{r}_0$，说明对 x 部门资本征收企业所得税后，资本价格虽然下降，但没有下降到完全承担税负的程度。资本只承担了企业所得税税负总额的 82.95%，还有 17.05%转嫁给了劳动要素承担。

2. 敏感性分析。这里的敏感性分析是把参数值变化一定幅度后，观察最终结果的变化程度。如果最终结果的变化相对于参数的变化更大，那么参数的取值对最终结果的影响显著。如果最终结果的变化相对于参数的变化较小，那么参数的取值对最终结果的影响较小，最终结果相对于参数取值不敏感。

x 部门资本—劳动替代弹性 σ_X 有可能略大于 0.5，y 部门资本—劳动替代弹性 σ_Y 有可能略小于 1，考虑各参数值适当幅度的变化。在其他参数不变的情况下，σ_X 增加 20%，变

---

① 推导过程见 Harberger，1957，“Some Evidence on the International Price Mechanism”，*Journal of political Economy*，Vol.65（6），pp514.

② Harberger，Arnold C.，1962，“The Incidence of the Corporation Income Tax.” Journal of Political Economy Vol.70（3），pp 215 - 240.

③ Shoven，John B.，1976，“The Incidence and Efficiency Effects of Taxes on Income from Capital.” *Journal of Political Economy* Vol.84（6），pp1261 - 1283.

为0.6后，$\hat{r}^* = -0.3101\hat{t}_{KX}$，资本承担税负的比例$\frac{\hat{r}^*}{\hat{r}_0}$变为93.30%，比变化前增加了10.35%。$\sigma_Y$降低20%，变为0.8后，$\hat{r}^* = -0.3227\hat{t}_{KX}$，资本承担税负的比例变为97.09%，比变化前增加了14.14%。产品X和Y之间的需求替代弹性σ_D降低20%，为2.199时，$\hat{r}^* = -0.2717\hat{t}_{KX}$，资本承担税负的比例变为81.73%，变化很小。$\sigma_D$增加20%，为3.299时，$\hat{r}^* = -0.2798\hat{t}_{KX}$，资本承担税负的比例变为84.17%，变化很小。

σ_X和σ_Y的变化对结果产生一定影响，最终结果对σ_X和σ_Y的取值略微敏感。σ_D的变化对结果影响很小，最终结果对σ_D的取值不敏感。

四、结　论

我国针对资本收益征收企业所得税，资本要素并没有完全承担这项税收负担。在合理的参数条件下，资本要素只承担了税负总额的83%左右，其余17%左右的税负转嫁给劳动要素承担。产生这种现象的原因是，对资本要素征税后，如果主要由资本要素承担这项税负，那么资本价格相对下降；当资本要素的相对价格下降到一定程度时，资本完全承担税负；而我国的实际情况是，企业所得税主要征收部门与非企业所得税主要征收部门的资本密集度很接近（$\lambda_{LX}=0.32$，$\lambda_{KX}=0.33$），这使征税后没有相对大量的资本要素流动到非企业所得税主要征收部门，资本的相对价格也就没有下降到资本完全承担税负的程度。

生产要素替代弹性的变化对结果有一定影响，两种产品的生产要素替代弹性分别增加或减少20%，资本承担税负的比例变为93.3%和97.09%。产品的需求替代弹性的变化对结果的影响不明显，产品的需求替代弹性增加或减少20%，资本承担税负的比例基本不变。

研究资本所得税在不同要素所有者之间归宿的意义在于，资本要素大部分被高收入人持有，劳动要素大部分被低收入人持有，从这个角度来看对资本所得征收的企业所得税是累进的。然而通过本节的实证分析发现，对我国资本所得征收的税收中有一部分转嫁给劳动要素承担，这显示了我国资本税税制的不公平。

金融状况指数 FCI 与货币政策响应
——中国的实证

财政部科研所　封北麟

一、引言：文献回顾与研究背景

资产价格可以反映经济潜在因素的变化，它包含未来产出与通货膨胀的有用信息。为了探索资产价格在货币政策中的信息功能，Goodhart 和 Hofmann（2001）在货币状况指数 MCI（Monetary Condition Index）① 中引入房地产和股票价格构造了金融形势指数 FCI（Financial Condition Index），研究表明：FCI 指数对于 G7② 国家的 CPI 通胀率具有良好的预测效果。James H. Stock（2001）和 Michael F. Bryan 等（2002）的研究也表明：实物和金融资产在居民财富中的突出地位，使得资产价格对 G7 国家的实体经济具有显著的影响和预测性。这种现象不仅发生在发达国家，在快速发展的新兴市场国家也同样存在。Torsten Slok 和 Peter F. Christoffersen（2000）对六个转型国家③ 进行的研究表明：1994～1999 年，这些国家的资产价格（实际股票收益率、实际短期利率和实际汇率）对实体经济的变化具有显著的信号功能。Partha. Ray 和 Somnath. Chatterjee（2001）对印度以及 Ho Yeol Lim（2003）对韩国的研究得出了同样的结论。

① 短期利率与汇率的加权平均数（Eika，Ericsson，Nymoen，1996；Ericson，Jansen，Kerbeshian，Nymoen，1998）。

② 7 个工业化国家：美国、英国、加拿大、德国、法国、意大利和日本。

③ 捷克、俄罗斯、波兰、匈牙利、斯洛文尼亚和斯洛伐克。

尽管资产价格包含未来产出与通胀的有用信息，但是否应将资产价格纳入货币政策反应函数，仍处于争议之中。Bernanke 与 Gertler（1999）认为，由于无法区分资产价格变动来自于泡沫还是基础因素，货币政策作出积极反应的潜在成本会很大，有害于经济。然而，Cecchetti S G，H Genberg，J Lipsky and S – Wadhwani（2000）认为，以稳定物价为目标的货币政策，如果能对资产价格作出反应，将获得更好的政策绩效。Charles Bean（2003）认为，资产价格波动原因的多元化，并不是忽略资产价格的原因；考察资产价格波动的原因，并对此作出反应，优于完全忽视资产价格。Borio 和 Lowe（2002）指出，资产价格的繁荣与崩溃应被看作一个更为广泛的问题——高速债务积累和资本积累的表征。迅速增长的债务积累和资本积累一旦逆转，金融危机将成为必然的结果。因此，维护金融稳定的货币政策应当对引发债务和资本积累逆转的资产价格波动作出反应。基于上述理由，很多学者支持中央银行在货币政策中考虑资产价格因素。

资产价格对实体经济的影响和预测力，很大程度上依赖于各种资产在居民财富中所占的比例。在中国，随着金融结构的不断优化和资本市场的发展，无论是货币相关率（M2/GDP）还是金融相关率（FIR）都呈现良好的上升趋势，至 2003 年 3 季度已分别接近 2 和 3，趋近美国 20 世纪 80 年代的水平（姚耀军，2005）。根据国家统计局城市调查总队 2002 年 5 月至 7 月对 8 个省、直辖市的抽样调查表明：我国城市家庭财产构成中，家庭金融资产为 7.98 万元，占家庭财产的 34.9%；房产为 10.94 万元，占家庭财产的 47.9%。金融资产作为居民财产中最具生命力的一部分得到了快速增长：1990 年户均金融资产只有 0.79 万元，至 1996 年 6 月末，户均达到 3.1 万元，比 1990 年增长 2.9 倍，平均年递增 21.4%，至 2002 年 6 月末，户均金融资产达到 7.98 万元，比 1996 年增长 1.6 倍，平均年递增 17.3%[①]。相关实证研究也表明：房地产预期收益与通货膨胀率预期（王维安、贺聪，2005），股票价格与宏观经济变量（张卫国等，2002）存在长期均衡关系。因此，在我国，由资产价格构造的 FCI 指数完全可能包含未来产出与通货膨胀的有用信息，可以成为货币政策的重要参考指标。

目前，有关中国 FCI 指数研究的有美国高盛公司使用实际有效汇率指数、实际贷款利率和净货币供给增长（M2）按照 25%、46%和 29%的比例构造了中国的金融状况指数 FCI 以反映中国金融形势松紧程度。王玉宝（2005）按照 Goodhart 和 Hofmann（2001）定义的 FCI 指数对中国进行了经验估计，结论认为，包含实际短期利率、实际汇率、实际房地产价格和实际股权价格的 FCI 指数可以作为货币政策的辅助参照指标。

但是，迄今为止，将 FCI 指数纳入到泰勒规则中对中国进行的理论和经验研究尚属空白。国外的同类研究，有 A.Kontonikas，A. Montagnoli 和 O. Napolitano（2003，2004）对英国、美国、加拿大和欧盟的考察，结论认为，英国的利率政策考虑了资产价格膨胀（Assets Price Inflation）；纳入前瞻性泰勒规则的 FCI 指数具有显著的统计相关性，FCI 指数可以成为货币政策的重要短期指示器。国内近似的研究有：彭洁、刘卫江（2004）认为，我国未能运用货币政策抑制股市泡沫增长，容忍了股市泡沫。于长秋（2006）认为，从总体上看，中国的股票价格在 1995 年之后，具备一定的信息功能；股票价格与各层次货币

① 以上数据来源于中国广播网：http：//www.cnradio.com/home/column/sldzj/hhcj/200211070119.html.

供应量之间存在协整、因果关系。由此，货币当局应对股票价格波动作出反应。杨继红和王浣尘（2006）的实证研究指出：我国的货币政策未将股市泡沫纳入视野，中央银行对1996~2005年期间股市泡沫的急剧膨胀及随后的破裂，都采取了容忍和观望的态度。然而，上述研究仅仅讨论了股票价格，忽略了房地产等其他资产价格因素，既不能全面反映货币政策金融形势的松紧变化，也无法综合考察这些资产价格[①] 在货币政策反应函数中扮演的角色。

基于这一背景，本文在接下来的第二部分采用 VAR（Vector Autoregressive Model）方法构建了包括实际短期利率、实际有效汇率指数、实际房地产价格指数、实际股票价格指数收益率与实际货币供应量在内的金融状况指数 FCI，并在第三部分应用广义矩估计 GMM（Generalized Method of Moment）对纳入 FCI 指数的泰勒规则作出中国的经验分析。第四部分是研究结论与政策含义。

二、构建金融状况指数 FCI：基于 VAR 的经验分析

（一）FCI 指数的定义与估计方法

1. FCI 指数的定义。本部分的目标是构造中国货币政策金融形势的一个综合测度，以期反映金融整体形势的松紧状况。Goodhart 和 Hofmann（2001）定义的 FCI 指数包括实际房地产价格缺口、实际股票价格指数缺口、实际有效汇率指数缺口和实际短期利率缺口。缺口值等于实际值减去长期趋势或均衡值。考虑到中国货币政策长期以货币供应量作为中介目标和操作目标的实践特征，本文将货币供应量纳入 FCI 指数中，以反映货币因素对产出与通货膨胀的作用。定义 FCI 指数如下：

$$FCI_t = w_1 mgap_t + w_2 rhpgap_t + w_3 exgap_t + w_4 rsrgap_t + w_5 rspgap_t, \quad \sum_{i=1}^{5} w_i = 1 \tag{1}$$

（1）式中包括实际货币供应量缺口 $mgap_t$[②]、实际房地产价格指数缺口 $rhpgap_t$、实际有效汇率指数缺口 $exgap_t$、实际短期利率缺口 $rsrgap_t$ 和实际股权价格指数收益率缺口 $rspgap_t$[③]，w_i 为权重系数。

2. 长期趋势或均衡值的估计。（1）式中各变量的缺口值定义为实际值对其长期趋势或均衡值的偏离。因此，如何估计长期趋势或均衡值是一个重要的问题。沿用 Goodhart 和 Hofmann（2001）的方法，房产价格和汇率由于具有显著的趋势和均衡回复特征，采用线性趋势估计获得长期趋势值。实际股票价格指数收益率运用 HP（Hodrick—Prescott）滤波计算长期均衡值。考虑到我国有限的利率市场化，选用样本期内实际短期利率的算术平均

① 研究表明，单一资产价格序列对通货膨胀和产出的预测效果是不稳定的，综合的资产价格指数有助于改善预测效果（James H. Stock 和 Mark W. Watson，2000）。

② 实际货币供应量缺口值反映的是在货币市场出清和消除物价因素条件下，全社会实际货币供应总量对经济长期均衡发展所需要的潜在实际货币供应总量（代表长期趋势或均衡值）的偏离。

③ 采用 Christoffersen.Peter 和 Torsten.Slok（2000）的做法，本文没有直接使用价格指数的绝对数，而是使用现代证券市场研究更为普遍的对数回报率形式：$rsp_t = \ln(p_t/p_{t-1})$ 代表股票价格行为。因为尽管人们经常关注金融资产的价格，但价格是一个绝对数值，不能提供实际所关注的金融资产的业绩表现和投资机会等本质信息，人们更关心金融资产的价格变动或回报。

值作为短期利率的长期均衡值。货币供应量的长期趋势值也采用 HP 滤波求得，滤波后的缺口值具有平稳性。

3. 权重系数 w_i 的估计。沿用 Goodhart 和 Hofmann（2001）的方法，本文采用 VAR 脉冲响应估计 FCI 指数中各变量缺口值的权重系数 w_i 。计算公式如下：

$$w_i = |z_i| \Big/ \sum_{i=1}^{n} |z_i| \tag{2}$$

其中，w_i 是变量 i 的缺口值的权重系数，z_i 是变量 i 的缺口值的单位 Cholesky 新息（Innovation）冲击在随后 8 个季度内对 CPI 通货膨胀率的平均脉冲响应。

为了获得脉冲响应系数 z_i，本文建立一个包括 8 个变量的 VAR 模型：

$$Y_t = A_1 Y_{t-1} + A_2 Y_{t-2} + \cdots\cdots + A_k Y_{t-k} + \varepsilon_t \tag{3}$$

其中，Y_t 是 8 维内生变量列向量，A_k 为待估参数矩阵，ε_t 是随机扰动列向量，下标 k 代表滞后阶数。通过标准的 Cholesky 分解识别结构冲击。变量顺序为（dpo，mgap，outgap，ccpi，rhpgap，exgap，rsrgap，rspgap）。dpo 代表国际原油价格的季度变化，排在第一位是假定在我国，同期的国际原油价格变化主要受到自身冲击的影响，并同期影响系统中的其他变量。货币供应量 M2 对同期的其他变量产生影响，而不是相反，因此排在第二。实际产出缺口排在第三，通货膨胀率排在第四，产出缺口影响通货膨胀率。相对其他资产价格，房地产价格更具黏性，因此实际房地产价格指数缺口 rhpgap 排在第五。考虑到钉住汇率制下，汇率不对同期的短期利率作出反应。因此，将实际有效汇率缺口 exgap 放在实际短期利率缺口 rsrgap 之前。实际股票价格指数收益率缺口 rspgap 放在最后，因为它会对系统中同期的其他变量作出迅速反应，而不是相反。

（二）样本数据的选择与处理

本文运用 Eviews5.0 计量软件，选取季度数据进行经验分析。样本区间为 1995 年 1 季度至 2005 年 3 季度，共 43 个样本点。国际原油价格选择平均原油价格（Average crude price）。在获得各季度的同比 CPI 变动率和 2001 年各月以上月为 100 的环比消费者价格指数基础上，计算出 2000 = 100 的历年各季度的 CPI 数据，并在此基础上计算 4 季度（Four - quarter）通货膨胀率 $ccpi_t = \ln(CPI_t/CPI_{t-4})$。各变量的实际值等于相应的名义值除以同期的 CPI 得到。实际产出缺口值使用 HP 滤波获得。采用银行间 7 天同业拆借利率的季度加权平均数减去同期的 CPI 通胀率作为事后实际短期利率的代理指标。由于获取数据的限制，本文采用国房景气指数作为房地产价格的代理变量。国房景气指数是价格、资金和土地开发指数的加权平均，更能反映房地产行业的整体状况。人民币实际有效汇率指数（2000 = 100）采用间接标价法，指数上升代表人民币实际升值。股权价格指数选用上证综合指数，数据来源于上海证券交易所。实际股权价格指数收益率由名义指数收益率减去同期 CPI 通胀率得到。货币供应量采用广义货币供应量 M2 作为代理指标。消费者价格指数、GDP 和货币供应量均做季节调整。所有变量取自然对数值。汇率指数和原油价格来源于国际货币基金组织的《国际金融统计》在线版，其余变量来自《中国人民银行统计季报》（1996 ~ 2005 年）和《中国经济景气月报》（1999 ~ 2006 年）各期。

（三）经验估计

1. 单位根检验（如表 1）。由于 VAR 模型要求系统具有平稳性，如果系统中各变量是平稳的，可保证系统的平稳特征。通过扩展的迪基—富勒（Augment Dickey - Fuller）单位根检验，发现各变量数据均为平稳数据。

表1　　　　ADF单位根检验

变　量	T统计量	结　论	变　量	T统计量	结　论
outgap	-5.346927*	平　稳	exgap	-2.177711**	平　稳
ccpi	-4.188856**	平　稳	rsrgap	-3.942237*	平　稳
mgap	-1.907017***	平　稳	rspgap$_t$	-7.313596*	平　稳
rhpgap	-1.957621**	平　稳	dpo	-4.522762*	平　稳

注：*，**，***分别表示在1%、5%、10%显著水平下拒绝单位根假设。

2．滞后阶数k的选择。VAR滞后阶数k采用一般到特殊的选择策略。运用AIC信息规则（Akaike's Information Criterion）与SC信息规则（Schwarz Criterion）选择最优滞后阶数k。结果表明，按照AIC准则和SC准则，VAR模型都应选择最优滞后阶数k=3。进一步，VAR（3）模型特征多项式的逆根都在单位圆内，表明VAR（3）是结构稳定的。

3．CPI通胀率的脉冲响应函数分析（图1）。VAR模型的系数通常难以解释，而脉冲响应函数描述了在随机误差项上施加一个创新（Innovation）冲击对内生变量的当期和未来值的影响。因此，研究者通常运用脉冲响应来推断VAR的内涵。

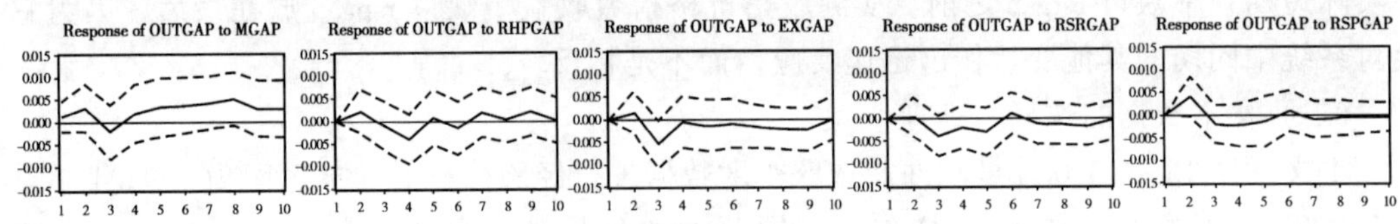

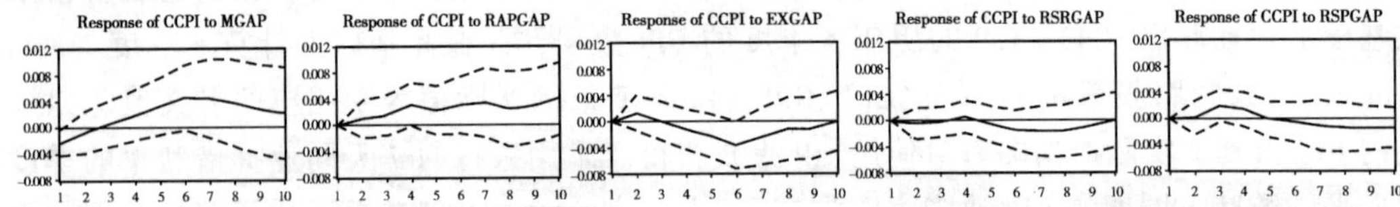

图1　实际产出缺口OUTGAP（上）和通货膨胀率CCPI（下）的脉冲响应

脉冲响应表明：（1）实际短期利率对产出缺口和通货膨胀率均有一定的冲击效应。实际短期利率缺口的单位Cholesky正向冲击导致产出缺口和通货膨胀率的下降。8个季度内通货膨胀率对利率的累积脉冲响应为-0.57%。（2）实际国房指数对产出缺口和通货膨胀具有显著的冲击效应。实际国房指数缺口的单位正向冲击对产出缺口冲击效应具有一定的波动性；对通货膨胀率的冲击效应则呈现快速上升的趋势，8个季度内的累积脉冲响应为1.68%。（3）实际有效汇率指数缺口的单位正向冲击（人民币实际升值冲击），导致产出缺口和通货膨胀率的下降。通货膨胀率在8个季度内的累积脉冲响应为-0.91%。（4）大量的实证研究表明，股权价格变化的冲击效应十分含混，对不同国家的同一变量有不同的效应。本文实证研究表明，我国股权价格指数收益率缺口对产出和通货膨胀率的冲击效应总体不显著，表明我国股市的财富效应和资产负债表效应不显著；通货膨胀率在 8 个季度内的累积脉冲响应为 0.036%。(5) 实际货币供应量缺口的单位正向冲击对产出缺口和 CPI 通胀率具有显著的正向影响；通货膨胀率在 8 个季度内的累积脉冲响应为 1.56%。(6) 整体上，各变量对通货膨胀率的影响显著地大于对产出缺口的影响。

4. 金融状况指数 FCI 的估计。现在可以在 VAR 脉冲响应的基础上推导 FCI 指数的权重系数。根据前文定义的权重系数计算公式，得到 FCI 指数如下：

$$FCI_t = 0.329mgap_t + 0.353rhpgap_t + 0.190exgap_t + 0.120rsrgap_t + 0.008rspgap_t \quad (4)$$

需要注意的是，在指数中，由于实际有效汇率和实际短期利率对 CPI 通胀率的脉冲响应平均为负，因此取各自的相反数以反映其对 CPI 通胀率在 8 个季度内的平均负向影响。

(四) 金融状况指数 FCI 与 CPI 通货膨胀率

1. 线形图形分析。图 2 给出了 FCI 指数与 CPI 通胀率的线形图比较。在图中，以零水平线代表零通货膨胀与金融形势松紧适度的均衡状态，零线以上代表通货膨胀与金融宽松，零线以下代表通货紧缩与金融紧缩。可以看到：

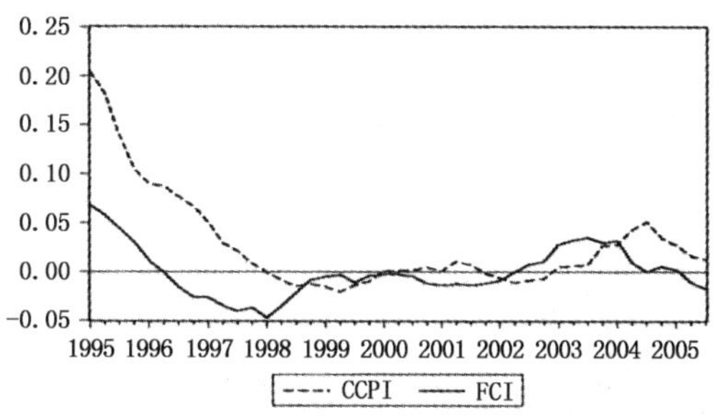

图 2 FCI 指数（实线）与通胀率 CCPI（虚线）的线形图形比较

(1) 从 1995 年 1 季度至 2005 年 2 季度，我国的金融形势大致可以划分为 4 个基本阶段。第一阶段，1996 年以前，FCI 指数位于零水平线上，向右下方倾斜：金融整体形势处于宽松阶段，但向趋紧的方向发展。这主要因为，在这一阶段，我国经济经历了邓小平南巡讲话后的急剧升温。货币与信贷快速增长，物价水平空前高涨。1994 年末，中央经济工作会议作出了货币政策"适度从紧"的指示，采取了紧缩信贷的政策和行政手段，金融状况自此由宽松向紧缩方向发展。第二阶段，1996 年初至 2002 年初，FCI 指数整体位于零水平线下，波动调整：金融整体形势处于紧缩阶段，但在不同的时期又有所不同。作为上一阶段"适度从紧"货币政策的延续，1996 年初至 1997 年底，金融整体形势处于逐年持续紧缩状态，至 1997 年底达到低谷。由于该时期发生亚洲金融危机，1998 年初，出口增长猛烈下滑、国内需求不足，为扩大内需，政府增加了货币供应，银行贷款增加，金融紧缩形势有所缓和。1998 年全年，金融形势由紧缩向宽松发展。1999 年初至 2002 年初，金融整体形势处于相对稳定时期，虽依然略紧，但与均衡水平较为接近，小幅波动。第三阶段，2002 年初至 2004 年底，FCI 指数再次位于零水平线上，经历一次小的高涨期：金融整体形势处于宽松阶段。2002 年初，在增加贷款降低不良债权率的思想和经济恢复的推动下，金融机构的贷款增速明显提高，投资急剧增加，特别是房地产投资，经济出现

“过热”局面。这一现象直接导致2002年初至2003年2季度金融宽松形势的持续高涨，此后在政府规范房地产信贷市场，加强对商业银行的窗口指导，提高金融机构存款准备金率等措施的影响下以及“非典”疫情的间接作用，金融宽松形势开始趋紧回落至均衡水平附近。第四阶段，2005年初至2005年2季度，FCI指数下滑至零水平线下，在前期政策的迟滞效应下，金融整体形势再度趋紧。通过上述描述可看到，整体上，FCI指数可以刻画由于货币政策变动和资产价格变化对金融形势的影响。

（2）在整个样本观察期内，FCI指数显著的先于CPI通胀率4~5个季度发生同趋势变化，这可能说明FCI指数与CPI通胀率具有较强的相关性，对通货膨胀率具有一定的预测性。

2. 跨期相关性分析（如图3）。为了验证FCI指数能够对未来的通货膨胀预期具有重要的预测功能，本文对FCI数据与样本内的CPI通货膨胀率进行了相关性检验。结果发现：两者具有显著的跨期动态相关性（Cross Correlogram），最大动态相关系数为0.5770。但是，随着FCI滞后期数的增加，两者的相关性下降，在滞后12期时接近零，即更远期的FCI对当前或未来CPI通胀率的预测力下降。Goodhart和Hofmann（2001）得到的G7工业国家的不包括货币供应量的FCI指数的动态相关系数平均为0.59，滞后3期。

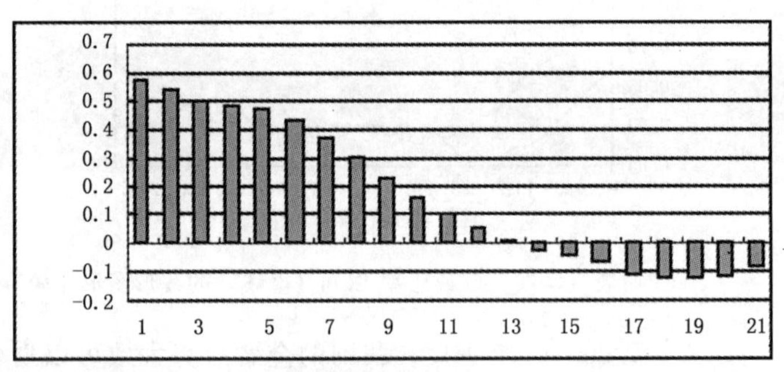

图3　跨期相关图

3. 格兰杰检验（如表3）。为了进一步验证结论，本文进行了Granger因果检验以作出进一步判断。结果表明：FCI指数显著的成为CPI通胀率的格兰杰成因；而且检验结果对滞后期数的选择不敏感，结论更为可靠。因此，在CPI通胀的预测中，加入FCI的滞后值可以显著改善对CPI通胀率的预测。

表3　　格兰杰检验

H_0：FCI不是通胀率CCPI的格兰杰成因

概　率	滞后期数
0.00078	2
0.00049	4
0.01093	6

综合上述分析，包含货币供应量的中国 FCI 指数对 CPI 通胀率具有明显的预测性，可以作为货币政策的重要参考指标。

三、FCI 指数与泰勒规则

正如前文所说，资产价格包含未来产出与通货膨胀的有用信息，存在理论支持中央银行将资产价格纳入到货币政策反应函数中。中央银行的利率安排通过影响企业和客户对资产未来收益现值的预期，从而改变他们的投资组合，引起资产价格波动和社会资金供求状况的变化。因此，中央银行很有可能在设定利率时对此有所考虑。本文构建的 FCI 指数作为货币供应量和各资产价格的综合测度，既反映了金融形势的松紧状况，也反映了总资产价格指数偏离均衡的状况[①]，对宏观经济基本面的变化具有良好的预测性，可以成为货币政策的重要参考指标。有鉴于此，本文尝试将 FCI 指数纳入到泰勒规则中，估计中国货币政策的反应函数。拓展泰勒规则如下：

$$i_t^* = i^* + \beta \cdot (\pi_t - \pi^*) + \lambda \cdot y_t + \varphi \cdot \chi_t \quad (5)$$

其中，i_t^* 表示 t 期目标名义利率；i^* 代表长期均衡名义利率；π_t 表示前 4 季度的平均通货膨胀率；π^* 表示目标通货膨胀率；y_t 是 t 期产出缺口；χ_t 代表同时期的 FCI 指数[②]，φ 为系数。

假定中央银行存在利率平滑行为：

$$i_t = (1-\rho) \cdot i_t^* + \rho \cdot i_{t-1} + \omega_t \quad (6)$$

令 $\alpha = i^* - \beta \cdot \pi^*$，将（5）代入方程（6）转化得到拓展的泰勒规则经验估计表达式：

$$i_t = (1-\rho) \cdot \alpha + (1-\rho) \cdot \beta \cdot \pi_t + (1-\rho) \cdot \gamma \cdot y_t + (1-\rho) \cdot \varphi \cdot \chi_t + \rho \cdot i_{t-1} + \psi_t \quad (7)$$

设 μ_t 是中央银行决定利率时的信息集合向量。沿用第二部分 VAR 模型中所使用的 CPI 通胀率、产出缺口、短期名义利率和 FCI 指数值，选用广义矩 GMM 估计（7）式中各变量系数值，并由此推算出参数值 $[\alpha, \beta, \gamma, \rho, \varphi]$。工具变量集合 μ_t 选择产出缺口、通货膨胀率、短期利率和实际 GDP 均衡增长率、实际货币供应量缺口以及 FCI 的滞后值。估计结果如表 4 所示：

表 4　(3.3) 式的 GMM 估计

c	π_t	y_t	i_{t-1}	χ_t	n	R^2
0.002903* (12.53089)	0.115198* (9.797312)	0.009022* (3.346719)	0.866025* (86.54270)	0.011461* (2.304050)	40	0.988859
α	β	γ	ρ	φ		J – static

① 本文构建的 FCI 指数，资产价格的比重接近 70%，均为各资产价格偏离均衡的缺口值，因而可以反映资产价格总水平偏离均衡的状况，即“泡沫”成分。“泡沫”定义为资产价格对其长期趋势或均衡值的偏离。其次，宽松的金融条件——以货币和信贷增长为基础的高速债务和资本积累是导致资产价格泡沫形成的重要原因，而资产价格泡沫，在资产负债表效应下，又会进一步刺激金融条件的放松；反之亦然。两者并行不悖，是金融不平衡的重要表现（Carsten Detken and Frank Smets，2004）。

② 考虑到资产价格通常难以预测，本文没有使用 FCI 指数的预期值。

续表

c	π_t	y_t	i_{t-1}	χ_t	n	R^2
0.021668	0.859847	0.067341	0.866025	0.085546		0.156812

注：①括号内为 t 统计值；

②*、**、*** 分别表示在 1%、5%和 10%的显著性水平下拒绝系数为零的原假设；

③R^2 代表经调整后的拟合优度；

④n 代表调整后的观测样本量；

⑤J－static 代表过度识别检验。

估计结果表明：(1) 变量 χ_t，即同期的 FCI 指数与短期名义利率具有显著的统计正相关性，说明中央银行在设定利率时隐含地考虑了金融市场和资产价格因素。系数值 φ 等于 0.085546，表明在产出缺口和通货膨胀率保持不变时，当金融整体形势高于其长期趋势或均衡水平 1%时，中央银行仅提高名义短期利率约 0.085546%，说明中央银行的利率政策尽管对金融形势过于宽松的状况作出了反应，但利率上升的幅度远远小于金融形势高于其长期趋势或均衡水平的幅度，不能抑制资产市场得到过度金融支持的状况，刺激了资产价格"泡沫"的形成。在资产负债表效应下，资产价格"泡沫"又进一步推动金融形势的放松；反之，则利率下调不足，不能起到恢复市场信心和抑制金融紧缩的作用；资产价格的暴涨暴跌与金融不平衡相互推动，不断累积。央行的利率调节对资本市场而言是一种不稳定的政策。(2) 通货膨胀缺口系数值 β 为 0.859847，表明当通货膨胀率上升（下降）1%时，名义短期利率提高（降低）0.859847%，显然名义短期利率对通货膨胀的反应也不足，实际利率与通货膨胀率反向变化，进一步刺激了物价水平的波动。因此，中央银行的利率政策对通货膨胀也是一种不稳定的政策。(3) 产出缺口的系数值 γ 为 0.067341，表明名义利率的调节幅度远远低于产出缺口的变化幅度，调整不足，利率政策不稳定。(4) 利率平滑系数 $\rho = 0.866025$，说明我国的利率政策存在显著的平滑行为。

四、结论与政策含义

上述实证分析表明：包括货币供应量的 FCI 指数对我国的 CPI 通货膨胀率具有良好的预测力，可以成为货币政策的短期指示器；短期利率与 CPI 通胀率、FCI 指数和产出缺口均存在正相关关系，并且利率与通货膨胀率的相关系数明显大于其与 FCI 指数和产出缺口的相关系数，说明中央银行更为关注物价水平的稳定，利率主要针对通胀率的实际变化和潜在趋势进行调节，这与我国货币政策的目标是一致的；但是利率调节对 CPI 通胀率、产出缺口及金融形势的松紧变化和资产价格波动均反应不足，特别是对金融条件的松紧变化和资产价格波动以及产出缺口变化的反应极小，反映了我国长期实行利率管制，货币政策以货币供应量为主要工具，较少考虑资本市场因素的现实特征。由于利率没有对过于宽松的金融形势以及与之相伴的资产价格膨胀作出积极充分的反应，在两者的相互推动下，刺激了私人部门的投机行为和金融不平衡的累积，直接造成我国近年 GDP 增长以投资需求为主，信贷快速扩张，部分行业出现固定资产投资过多、产能过剩的经济过热局面以及银行巨额的不良资产，成为经济不平稳发展的重要政策诱因。中国的利率政策是一种不稳定的货币政策。

随着弹性汇率制度的逐步建立和利率市场化改革的深入，资产价格在货币政策传导中将发挥更为重要的作用，央行货币政策的独立性也将日益增强，利率调节机制正在且必将成为中国货币政策的主要调节手段。因此，包含资产价格因素、反映金融形势变化的泰勒规则可以为中国未来的货币政策框架提供一个有益的参照尺度。如何有效地加大利率调节力度是目前改善货币政策操作应关注的问题。

中国财政分权和非税收入：基于省级财政数据①

财政部科研所　王志刚

一、引　言

分权是指有关公共职能的权威和责任从中央向地方政府或准独立的政府组织或私人部门转移。分权包括政治分权、行政分权，财政分权和市场分权。不同国家之间，国家内部、甚至部门之间，各种分权形式也不尽相同。财政分权要解决的主要问题是公共部门的纵向结构问题，即如何在不同层级政府间划分责任以及实现这些责任的财政手段。20世纪以来，财政分权开始成为普遍的现象。无论发达国家还是发展中国家，都开始致力于实施财政分权。据世界银行统计，截至1990年代中期，全世界人口超过500万的75个发展中国家中，有62个进行了程度不同的财政分权改革（世界银行，1997）。几乎所有国家都把加强地方政府力量，作为一项重要的发展政策。

在财政分权的国际背景下，伴随着中国经济的市场化改革，中国财政体制也在发生着深刻变化，财政分权和中国市场化改革互相推进，分权推动了地方的经济发展积极性，是中国经济取得高速增长的重要原因之一。1994年分税制改革以来，中央和省级政府之间形成了稳定的分权制度框架，最突出的表现是财政收入的层层上移和支出事权的层层下

① 本项目研究受国家自然科学基金委杰出青年基金项目资助（项目编号：70725006），感谢北京大学光华管理学院龚六堂教授、复旦大学经济学院张宴副教授的宝贵建议，本文已被《世界经济文汇》接受。

移，这无疑加剧了地方政府的财政困境。大部分国内外的研究者都认同这样的观点，中国的地方政府承担了过多的支出责任，同时却缺乏相应的收入保证。黄佩华（1998）的研究表明，地方政府承担了70%的支出责任，而收入却只有45%～50%左右。据财政部最近统计，2006年中国财政支出中，中央本级占中央和地方本级支出比例为22.98%[①]，而中央本级收入占中央和地方本级收入之和的54.07%；如果加上对地方的税收返还和转移支付，中央支出占中央和地方总支出比例为59.42%。加之目前中国正处于改革的攻坚阶段，诸多的不确定性也加大了地方政府的预期支出，而地方在参与财政政策制定中的弱势地位使得地方不得不想办法扩大自己所能支配的财政资源，非税收入无疑是一个较好的可支配财力来源。长期以来，政府非税收入作为一种财政收入资金，一直使用“预算外资金”的概念和口径，即采用预算外方式进行管理的财政资金。地方财政资源的紧张导致了地方预算外收入快速增长，从1982年到2005年，地方政府预算外收入从532.04亿元增加到5141.58亿元，年均增速为16.62%，高于同期GDP增速（10.36%）大约6个百分点。1994～2005年，全国非税收入[②]由1953.75亿元增长到8414.91亿元，年均增长14.2%，高于同期GDP增速（12.9）1.3个百分点。此外大多数研究者都认同这样的观点，那就是中国的非税收入占GDP的比例或说“费负”高于同类发展水平国家（高培勇[③]，2004；平新乔，2007），无疑这有碍于中国经济的长期增长。

Wildasin（1997）对政府间预算软约束问题进行了深入研究，发现地方政府要从中央政府获取最后担保（Bailout）的能力取决于该地方政府的规模大小，较大规模的地方政府经常存在预算软约束问题，有效的分权要求制度保障以最小化这些逆向激励效应，例如可以进行更加彻底的分权，减少中间环节，或是对大的地区拆分成若干个小政府，这些都会硬化地方预算约束。中国经济转轨中非税收入的膨胀属于明显的预算软约束现象，那么它究竟和财政分权有着什么样的关系，对于不同地区而言，财政分权能否硬化预算约束，这些都是我们要深入探讨的话题，理解这两者的关系，有助于我们加深对现有财政体制的认识，以及把握导致非税收入变化的制度机制，合理评价财政分权对地方收入结构的影响效应。

本文利用1997～2005年31个省市的面板数据进行研究发现：（1）如果不考虑地区差异。无论省级预算内收入分权或是省级预算内外收入分权，它都会降低非税收入比例。（2）一般预算支出分权则会减少非税收入比例，预算内外支出分权会增加非税收入比例，

---

① 数字来自财政部网站：http://www.mof.gov.cn/yusuansi/zhengwuxinxi/caizhengshuju/200809/P020080902561009672035.xls。

② 包括预算内外的非税收入，即预算内的8类非税收入和未纳入预算管理的预算外收入。2007年统计年鉴中不再公布预算外收支。

③ 在美国，政府收入中税收占93.8%，非税收入仅为6.1%，就是说美国人除了税之外很少负担别的，而税负就是实际的负担。欧洲国家税收收入普遍在80%以上，非税收入则是10%过一些。就是发展中国家的巴西，税收收入占比为79%，而非税收入为16%，智利，税收收入为80%，非税收入为19%。中国政府收入中税收收入和非税收入是什么比重呢？资料显示，20世纪八九十年代的十几年中，中国政府收入中，费收都远远大于税收。到本世纪初，税收收入占政府收入的比重为49.2%。也就是说，非税收入，即各种费收，仍占到政府收入的一半以上（以上数据引自高培勇主编《中国税费改革问题研究——财政部财政改革与发展重大问题研究课题丛书》一书，经济科学出版社2004年版）。

这从另个侧面反映了正是预算外支出这种预算软约束条件的存在弱化了财政分权所导致的预算硬约束效果。提高地方财政自有度，降低纵向不平衡程度都会降低非税收入，前者作用更为显著。(3) 如果考虑地区特点，那么收入分权会降低非税收入比例，不同地区的一般预算支出分权都会降低非税收入比例，而不同地区预算内外支出分权却会导致不同结果，它会增加中西部地区的非税收入比例，却减少东部地区的非税收入比例。

本文第二部分结合财政分权文献分析我国最近十多年来的政府间财政分权的实践以及非税收入变化。第三部分提出相应的理论假说。第四部分建立相应的非税收入比例决定的回归模型，利用 1997 ~ 2005 省级面板数据进行了分析，并且给出实证结果。第五部分是本文的结论。

二、分税制改革以来中国财政分权的理论和实践

(一) 财政分权的理论与实践

国外经济学文献表明信息和竞争优势是传统财政分权理论（Tiebout，1956；Oates，1972；Musgrave，1959；简称 TOM 模型）支持分权的主要理由，第一，在地方性公共品上，地方政府和居民比中央具有更多的关于当地偏好和条件的信息优势，他们能够作出更加符合帕累托效率的地方公共产品供给决策。第二，居民流动性和辖区间的相互竞争促使居民选择自己最佳的地方公共品—税收组合。以钱颖一，Roland，Weingast 为代表的第二代财政分权理论并不认同以往的仁慈政府假设，也就是说政府并不总是从居民福利最大化出发。他们研究假定，政府官员也是理性的，他们可能从政治决策中寻租。因此，有效的政府结构应实现对政府官员的激励与地方居民福利的相容，也就是“中性利维坦”。财政或税收竞争表明财政分权对于“利维坦”的有力约束：“用脚投票或居民流动性以寻求‘财政剩余’，这会对地方的税收权力施加部分或完全的外部财政约束” （Brennan 和 Buchanan，1980）。

袁飞、陶然、徐志刚、刘明兴（2007）一文中对财政分权的概念进行了区分，认为英文中的财政分权包括了收入权力下放和支出责任下放，严格意义上说只有政府收入（税收）才是一种“权力”，目前中国政府间财政体制是“一个财政责任下放程度很高，但地方收入比例（特别是预算内收入比例）相对较低，且基本没有或很少有正式税收权力的体制”。

姚洋和杨雷（2003）从制度层面探讨了财政分权和非正式财政收入的发展，① 认为不规范的财政分权和非正式财政收入相互作用，削弱了分权的实际效果。Shah，Thompson 和 Zou（2004）对发展中国家和新兴市场经济国家中的财政分权、公共服务提供、腐败、财政管理和经济增长的实证分析文章进行了综合归纳，认为尽管从理论上讲财政分权有助于提高公共服务效率和公平程度，但其现实后果要取决于现有制度安排（包括权力关系），以及创造适当的自下而上（bottom - to - up）的激励的具有连续性的分权政策。Bahl（1999）给出的 12 条财政分权实施原则就突出强调了“地方具有显著税收、与财政分权改革目标一致的转移支付体系设计、实行预算硬约束”等成功实施财政分权的必要前提，如

① 相对于“正式财政收入”即预算内收入而言的另外两种政府收入来源：预算外收入和体制外收入。

果没有这些相应的前提，贸然实施分权会带来地方政府恶性竞争、税收流失、宏观经济不稳定等一系列问题。Kim（2008）讨论了现实中的分权实践和理论的差异，指出财政分权的收益取决于政府间竞争，投票约束机制，以及对辖区居民的信息优势；相反，反对分权者认为分权有增加腐败的风险，以及地方政府的低下管理能力和政府间非生产性竞争所导致的层级协调成本增大，他认为分权并不一定会提升公共服务的效率，公共服务效率取决于人力资本质量和制度质量。

中国1994年的分税制改革改变了1980年代以来的"财政包干"体制，"财政包干"体制的弊病很多（周小川、杨之刚，1992；张馨，1993；贾康，1998），最主要的是它仍然没能跳出计划经济时代的行政分权框架，造成了中央和地方巨大的讨价还价成本，扭曲了地方政府行为。分税制改革从制度上明确了中央和地方的收入关系，结束了以往的讨价还价行为，初步建立起相对规范的转移支付制度。但是也遗留了不少问题，除了中央在税收立法和制定上拥有绝对权威外，在税收划分上将那些收入来源稳定、税源集中、增收潜力较大的税种，都列为中央固定收入或中央与地方共享收入，而留给地方的几乎都是收入来源不稳定、税源分散、征管难度大、征收成本高的中小税种。此外，铁道、银行、保险公司的营业税又归中央财政，部分第三产业的营业税有转换为增值税成为共享税种，以营业税以及地方企业所得税为主的地方税基本上没有太多收入。而有希望扩展地方税基的物业税等财产税尚未完善。因此，目前地方的固定收入还处于不稳定状态。此外，对于政府间支出责任的划分却没有实质性变化，因此在实行财政分权过程中忽视了地方政府自有资源以及管理能力等重要因素，这使得中国的财政分权有别于标准的分权理论，削弱了分权的实际收益。

如果地方政府和私人组织能有效得执行被下放的政府职能时，他们必须要有相对充足的收入，无论通过地方自己组织或是通过中央的转移，同时必须有支出的决策权。在许多发展中国家，地方政府或管理单位具有征税权，但是税基比较弱从而不得不依靠中央的补助，因而无法有效行使自己的权威。由于地方政府缺乏一般预算的自主权，但是对于非税收入却几乎有完全的预算自主权，使得他们有很强的动机将资金纳入预算外管理。1994年的《预算法》以及1995年的《预算法实施条例》基本不涉及收费、非税收入的管理内容，政府非税收入的征收和支出安排存在较大的随意性，对违规行为缺乏强有力的监督和约束。随着上级政府的支出事权下放，缺乏征税权和发现从上级政府获得的转移支付不可靠，地方开始积极寻求扩大预算外收入（黄佩华，1998；Fan，1998）。预算外资金或说非税收入赋予地方更大的实际自主权，为地方提供了相当的收入来源。图1给出了中国各省市人均一般预算收入的变异系数和总收入（包括一般预算的税收收入和非税收入）的变异系数差异变化：

图中表明：（1）无论哪一年，预算外收入都减少了地区间的财政收入差距，这表明预算外非税收入有利于减少地区间财力差距，弥补地方的财力缺口，不可否认其存在有一定的合理性。（2）1997～2001年期间，各省市之间的人均一般预算收入差距在扩大，人均总收入的差距也在扩大；2002年有一个明显的下降，之后都开始上升，2005年又开始下降。

（二）中国政府的非税收入

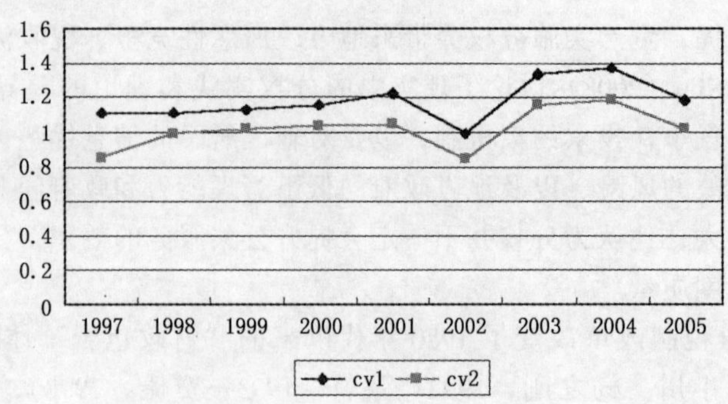

图 1　人均一般预算收入的变异系数（cv1）和人均总收入的变异系数（cv2）

1. 非税收入概念。国际货币基金组织出版的《2001 年政府财政统计手册》（GFS）给出了一个狭义的政府非税收入。它认为政府有四种主要收入来源：税收和政府单位实行的其他强制性转移、来自资产所有权的财产收入、出售商品和服务以及从其他单位得到的自愿转移。除税收外的其他非税收入包括社会保障缴款、赠与、财产收入、出售商品和服务以及其他杂项收入。其他非税收入包括罚金、罚款、罚没收入、来自司法过程的清算、除赠与以外的其他自愿转移等。罚款和罚没收入是指与违犯税收规定无关的罚没收入，而违反税收规定的罚没收入则划归税收收入。

长期以来，政府非税收入作为一种财政收入资金，一直使用“预算外资金”的概念和口径，即采用预算外方式进行管理的财政资金。直到 2001 年在《国务院办公厅转发财政部关于深化收支两条线改革进一步加强财政管理意见的通知》（国办发［2001］93 号）中才首次引入了非税收入的概念，自此，政府非税收入管理改革理论与实务的探索在全国卓有成效地开展起来。2004 年 7 月，财政部发出了《财政部关于加强政府非税收入管理的通知》（财综［2004］53 号）规定：“政府非税收入是指除税收以外，由各级政府、国家机关、事业单位、代行政府职能的社会团体及其他组织依法利用政府权力、政府信誉、国家资源、国有资产或提供特定公共服务、准公共服务取得并用于满足社会公共需要或准公共需要的财政资金，是政府财政收入的重要组成部分，是政府参与国民收入分配和再分配的一种形式。”

财政部在 2004 年颁发的《关于加强政府非税收入管理的通知》中给出了非税收入的范围包括“行政性事业收费、政府性基金、国有资源有偿使用收入、国有资产有偿使用收入、国有资本经营收益、彩票公益金、罚没收入、以政府名义接收的捐赠收入、主管部门集中收入以及政府财政资金产生的利息收入等。社保基金、住房公积金不纳入政府非税收入管理范围”。从管理范围看，中国的非税收入是一个狭义概念。

2. 和预算外资金以及税收收入的区别。预算外资金和预算内资金是从政府对收入的管理角度而言的分类。虽然有一部分非税收入纳入预算管理，但是目前非税收入主体依然在预算之外。目前，之所以提出“非税收入”来替代“预算外资金”概念，表面上看是收入分类和统计方法的变化，从制度层面看，则实现了“单位自行管理、自由支配”到纳入“财政专户管理”，直到最终实现全部纳入“综合预算管理”体系，这还可以为下一步制度外收入的预算管理奠定基础。

相对于税收收入而言,非税收入具有下面的一些特征:第一是灵活而富有弹性。非税收入的弹性体现在众多的收费项目上,有按照"谁受益谁付费"模式收取的行政事业性收费和使用费,其收费项目受国家宏观调控影响大;有为特定项目临时筹集的各种基金、附加及罚没收入等。例如河南省的"南水北调资金",山西的"煤炭可持续发展基金"等。这种弹性还体现在征收行为上面,开征与否与征多征少都取决于执收执罚单位。第二是收入不稳定,非税收入的灵活性以及征收对象的非普遍性决定了非税收入来源的不稳定性,易受宏观经济形势以及国家经济调控政策的影响,进而呈现出较大的波动。第三是收支间联系紧密。非税收入的征收对象具有特定性和具体性,一般来说,非税收入的使用往往和来源相联系,例如养路费用于公路建设和维护;罚没收入一般专门用于补偿和校正外部负效应等等。

3. 非税收入的相关理论研究。苑广睿（2007）给出了政府非税收入存在的前提条件：准公共品属性、受益公平原则、降低交易费用、自然垄断和外部性。此外，非税收入的存在也体现了公共财政的公共性要求，就非税收入中的国有资产（资源）受益[①] 部分而言，国有资产是属于全体公众的资产，真正的所有者应该是公众，它是国家凭借着公众赋予其所有权代表的身份，对国家所有的财产及各种自然资源使用形成的收入，这也是公共财政公共性的基本要求。

Auriol 和 Warlters（2004）对发展中国家税基进行了详细的理论和实证研究，结果发现财政状况不佳的政府更加强倾向于通过收取各种相关的市场费用而抬高正规部门的进入门槛，从而保持已有正规部门的高额垄断利润及相应的税收，它们追求税费收入最大化而非消费者福利最大化。大量国际经验也表明非税收入在政府收入体系中往往是辅助地位，越是基层的地方政府，其重要性越大。而在中国的落后地区，有的地方的非税收入甚至高于税收收入，缺乏法律规范的非税收入泛滥必将弱化中央宏观调控能力并扰乱经济秩序。

4. 非税收入分类。王小利（2005）认为，我国非税收入体系应该主要包括预算内非税收入、预算外非税收入和体制外非税收入。所谓预算内非税收入主要是指国家以行政管理者和资产所有者身份参与国民收入分配并取得的非税收入，这部分非税收入包括部分行政事业性经常性收入，国有资产出租、出让获得的资本性收入。预算外非税收入主要来源于行政事业性收费、税收附加、专用资金和专项收入。这些收入与预算内非税收入的性质相同，都是通过政府行为征收，具有部分强制性和无偿性等特征，属于政府财政性资金。制度外收入主要是指没有合法依据，通过乱收费、乱摊派等非法方式筹集资金。

综上所述，我们下面的分析将非税收入分为两部分，一类是纳入一般预算的预算内非税收入，包括国有资产经营收益、[②] 行政性收费收入、罚没收入、海域场地矿区使用费收入、专项收入和其他收入，另一类是预算外，也就是没有纳入预算的非税收入，[③] 包括政府性基金收入，乡镇自筹、统筹资金，国企和主管部门收入，其他收入。鉴于数据可得性，这里我们没有包括那些制度外收入。根据统计年鉴我们可以得到预算内外非税收入，

① 具体包括经营性国有资产收益、非经营性国有资产收益、国有资源性资产收益。

② 这里没有包括国有企业计划亏损补贴，我们将其视为政府支出的一部分。

③ 1993~1995 年和 1996 年预算外收入统计口径有所调整。从 1997 年起，预算外收入不包括纳入预算的政府性基金（收费）。从 2004 年起，预算外资金收入为财政预算外专户收入。

如表1所示。

表1　预算内外非税收入①　　单位：亿元

年　份	预算内	预算外	总非税收入	纳入预算的比例
1990	115.24	2708.64	2823.88	4.08
1991	159.31	3243.30	3402.61	4.68
1992	186.46	3854.92	4041.38	4.61
1993	93.65	1432.54	1526.19	6.14
1994	91.22	1862.53	1953.75	4.67
1995	204.16	2406.50	2610.66	7.82
1996	498.17	3893.34	4391.51	11.34
1997	417.10	2826.00	3243.10	12.86
1998	613.15	3082.29	3695.44	16.59
1999	761.50	3385.17	4146.67	18.36
2000	813.72	3826.43	4640.15	17.54
2001	1084.66	4300.00	5384.66	20.14
2002	1267.19	4479.00	5746.19	22.05
2003	1697.94	4566.80	6264.74	27.10
2004	2230.79	4699.18	6929.97	32.19
2005	2870.75	5544.16	8414.91	34.12

数据来源：《2006年统计年鉴》整理计算。

表1告诉我们尽管纳入预算的非税收入比例一直在上升，从1990年的4.08%上升到2005年的34.12%，但是纳入预算的非税收入只有1/3左右，还有2/3的非税收入没有纳入预算，如果加上一些制度外收入就更多。

三、理论假说

在一个规范的财政分权体系中，伴随着地方支出责任的下放，对其拥有的可支配财力也会有相应的提高以提供相应的公共品，地方的财力主要来源于税收、非税收入以及上级的转移支付。对于广大中西部地区来说，转移支付在其中发挥着重要的作用，但是中国目前的转移支付主要是以承认既得利益的税收返还为主，以均等化为特征的一般性转移支付尚缺乏科学的因素设计，所占份额还不多。此外，那些明确用途的专项转移支付分配的灵活性更强，还保留了一些讨价还价行为，造成了地方政府许多不规范行为。此外造成地方反对将预算收入纳入预算管理的一个因素是目前有关转移支付标准收支额的测算方法，如果纳入管理那么就会减少标准收支差额，并会减少对其的转移支付，所以地方没有积极性将其纳入预算管理。

一方面，经过中央政府统一立法的税种税目，在一些地方可能没有相应的税源，相

① 不包括社保基金收入。

反，有些地方具备一定税源后，中央立法往往又跟不上，在地方政府无权根据自身特有的税源开辟新税种的情况下，就变相地开征了各种名目的费和基金。此外，经济落后地区的资源禀赋不高，市场规模较小，税基薄弱，收入共享税又拿走了大头部分，这些都使得那些财政困难的省市更加依赖非税收入。与之对应的是，发达地区由于市场规模较大，税基宽广往往占有更多的税收收入和非税收入，而且分税制改革后的税收返还保证了发达地区的既得利益的延续。发达地区有更强的动机和实力来进行地方政府间以及国际税收竞争，尽量的“藏税于民”；另一方面，不规范的非税收入往往会加大企业的负担，损害投资环境；加之发达地区还有较强的社会监督力量和良好的政府治理结构，所以它会降低其非税收入比例。

因此，我们的第一个假说是非税收入和经济发展水平正相关，税收努力程度和经济发展水平呈负相关关系；落后地区的财政收入结构中更加依赖非税收入，这表现在落后地区较高的非税收入比例上，记为假说 1。

结合我们的财政分权理论，我们要验证的第二类假说：控制其他因素时，如果地方收入的自主权较多（收入分权程度指标或财政自给率），那么它对于非税收入的依赖程度就会较低。相比之下，如果地方承担的支出责任较多（支出分权指标），在缺乏相应的可用财力的条件下，它会加大对非税收入的依赖程度，记为假说 2。同时我们对不同地区分别进行分析，来观察分权对不同地区的收入结构影响是否一致，国际经验表明发达地区的分权效果好于落后地区，这一结论有待检验，记为假说 3。

四、实证分析

本文所有的财政统计数据来自于历年的《财政统计年鉴》，其他经济指标来自于历年的统计年鉴，GDP 指标是经过统计局普查数据修正后的最新数据，最后整理为 31 个省市自治区 1997～2005 年的面板数据库；之所以选择这段时期，主要原因是因为这段时期的非税收入口径较为稳定、全面，[①] 而且省市的数据最全。如无特别说明，下面的指标都是在这一样本内。

（一）实证模型

我们选取的面板回归模型如下：

$$Y_{it} = \beta X_{it} + \gamma Z_{it} + \xi_{it},\ \xi_{it} = \upsilon_i + \eta_t + \varepsilon_{it}$$

其中：Y_{it}表示被解释变量即对数非税收入比例的对数，用总非税收入占预算内外收入之和表示非税比例。υ_i 表示个体效应，η_t 表示时间效应，ε_{it}表示残差项。

Z_{it}表示财政分权的解释变量，财政分权常用的指标有支出和收入两大类，辅助指标有地方财政收入自有率和纵向不平衡指标。

X_{it}表示其他控制变量。为了控制其他的影响因素，确保财政分权和非税收入之间关系不会由于外部经济环境影响，我们选取了其他控制变量指标：

1. 对数人均 GDP 及其平方项。这可以反映地方的经济发展程度和市场交易规模，人

① 2006 年的财政指标中就不再公布预算外收支数据。

均 GDP 较高的地方，经济发展水平高，市场交易规模也较大，从而导致非税收入的规模也较大。但是随着经济发展水平提高以及预算管理制度的逐步规范，非税收入的比例会降低到一个合适的水平上。

2. 通货膨胀率。用居民消费价格指数（CPI）的增长率表示。

3. 行政支出比例。用行政管理费用与行政事业单位离退休费用占一般预算支出比例表示。

如果地方的财政供养人员相对较多，一般预算收入往往难以满足其需要，自然对于非税收入的压力较大。我们发现那些行政支出费用占财政支出比例较高的地方具有较多的财政供养人口，而经济相对发达地区的行政支出费用比例较低，1997～2005 年期间，行政费用支出（包括行政管理费和行政事业单位离退休费）占一般预算支出比例和对数人均 GDP 的相关系数为 -0.56，这从另一个侧面反映出发达地区主要的财政支出不再是以“养人”为主。

4. 国有企业利税总额占 GDP 比例。它表示该地区的国有化程度，其中地方国有企业利税总额。包括国有及国有控股企业利润总额，应交增值税和其他销售税金附加。国有经济所导致的预算软约束是转轨国家一个突出的经济现象（Kornai，Maskin，Roland，2003），它的财务困难往往会导致政府施以援手，从而扭曲了资源的有效配置。此外，国有企业的经营收益也是非税收入的重要来源之一，因此它会提高非税收入比例。

5. 一般预算收支盈余占调整后一般预算收入的比例。一般预算盈余率越高，表明一般预算收入超过支出比例较多或依赖其他转移或借款的资金量不大。它反映出地方财政收支概况，盈余比例越高，财政状况越好，就越不需要额外的财政资源。

此外，为了刻画财政分权实施对不同地区的相异后果，我们引入了财政分权和地区虚拟变量（东部为 1，中西部为 0）的交叉项，它表明不同地区对于分权的结果是不同的。

表 2　　主要变量的描述性统计

变　量	单位	观测值	均　值	标准偏差	最小值	最大值
非税收入比例	%	279	47.216	9.274	15.070	88.469
人均 GDP	元	279	10389.380	8633.487	2235.164	59711.540
通货膨胀率	%	279	0.941	1.948	3.600	6.000
国企利税比例	%	279	6.039	4.086	0.296	25.611
行政支出比例	%	279	14.129	3.679	4.212	24.924
一般预算盈余比例	%	279	39.780	16.848	95.311	9.903
省级预算内收入分成比例	%	279	57.995	68.070	17.370	402.913
省级调整后预算内收入分成比例	%	279	102.112	83.453	36.433	481.773
省级预算内外收入分成比例	%	279	67.728	68.410	18.189	385.118

续表

变　量	单位	观测值	均　值	标准偏差	最小值	最大值
省级预算内支出分成比例	%	279	95.280	76.668	34.937	466.611
省级调整后预算内支出分成比例	%	279	103.022	84.344	7.632	482.171
省级预算内外支出分成比例	%	279	97.055	72.436	38.590	441.011
纵向不平衡	%	274	59.950	22.033	110.618	136.992
财政收入自有度	%	279	42.608	14.202	4.746	77.044
净转移支付	亿元	274	200.540	282.922	276.108	4397.361

注：分权指标都是人均指标之比，剔除了人口规模效应。

数据来源：财政指标来自历年财政统计年鉴，GDP 数据来自《中国国内生产总值核算资料：1952～2004》，统计出版社 2007 年版。

（二）财政分权指标

如何选取合适的财政分权指标是一个存在诸多争议的话题，尽管从理论上有一些大的原则可以遵循，但是要分析现实的财政分权就必须结合分析对象的财政体制特征，不同的财政分权指标可能会导致分析结果出现非常大的差异。Lin 和 Liu（2000）采用了财政收入边际增量留成指标来刻画中国财政分权程度，该指标又利于刻画分权对地方的激励程度。Davoodi 和 Zou（1998）年分别从收入和支出的角度设计了财政分权指标，认为当政府间转移支付都是对应性转移支付或条件转移支付时，提出了来自其他政府的转移支付的收入指标能很好刻画与其财政收入能力相对应的地方财政权力配置。在同样条件下，支出指标包括来自于其他政府的转移支付安排的支出。他们还引入了财政独立性指标或自给程度指标，用地方自有收入占地方总收入的比重来刻画财政分权。Davoodi 和 Zou（1998）对 46 个国家分析中用地方政府支出与中央政府支出之比度量分权，各级支出都抠出了政府间转移支付。Zhang 和 Zou（1998）采用地方和中央预算内外支出之比刻度分权，也不包括转移支付。张晏和龚六堂（2004）系统分析了 5 大类 12 个财政分权指标，包括预算内本级收支、预算外本级收入和支出、预算内外本级收支、扣除净转移支付的财政支出分权指标，并结合中国现实的转移支付体系和预算外收支制度进行深入分析。

这里结合中国的财政体制现状和国外经济理论，我们给出下面的财政分权测度指标。

1. 预算内本级政府财政收入分权指标（FD_{rev}^{1}）：

FD_{rev}^{1} = 人均省级[①] 预算内收入（线上）/人均全国财政收入

和国际上常用的人均指标一致，我们这里选取了省级预算内收入去除以省年末总人口得到省级人均一般预算内收入指标，用全国财政收入（包含了中央和地方本级收入）去除以全国年末总人口得到全国人均预算收入指标。中国的一般预算有线上和线下调整后之

① 这里的省级更确切地说是地方本级包含了省本级、地市本级和县本级，也可以称为地方本级。

说，线上反映的是预算平衡调整前的地方本级一般预算收支，我们知道1995年的《预算法》不允许地方有赤字，因此地方对于一般预算收支要经过线下调整后的调整，使得一般预算收支达到平衡，而这些线下调整后项目反映了不同层级政府间的转移收支和债务收支，不是地方相对自主的资源。根据财政年鉴统计，其中一般预算收入的线下调整后项目主要包括：免抵未调库归还收入，[①] 中央补助收入（包含税收返还）即转移支付，国债转贷收入，国债转贷资金上年结余，上年结余收入，调入资金等；[②] 一般预算支出的线下调整后项目主要包括上解中央的转移支付，增设预算周转金，拨付国债转贷资金，国债转贷资金结余，调出资金，年终结余等。

2. 预算内外收入分权指标（FD^2_{rev}）。我们用省级一般预算内（线上）和预算外收入之和去除以省年末人口得到人均预算内外收入，用全国的预算内外收入（包括中央和地方）去除以全国年末总人口得到人均全国预算内外收入，这个财政分权指标能更好地反映地方可支配财政资源的配置情况。

3. 预算内省级政府财政支出分权指标（FD^1_{exp}）

FD^1_{exp} = 人均省级预算内支出／人均全国财政支出

和国际上常用的人均指标一致，我们这里选取了省级预算内支出（线上）去除以省年末总人口得到省级人均一般预算内支出指标，用全国财政支出（包含了中央和地方）去除以全国年末总人口得到全国人均支出指标。

4. 省级预算内外支出分权指标（FD^2_{exp}）。我们用省级一般预算内和预算外支出之和去除以省年末人口得到人均预算内外支出，用全国的预算内外支出（包括中央和地方）去除以全国年末总人口得到人均全国预算内外支出。

5. 其他辅助性指标。传统意义上的纵向财政平衡指的是在一个多层级政府体制下，每一个层级政府的支出都有足够独立的自主收入来源，如果每一层级的政府独立自主收入恰好可以满足其支出需要，那么就认为该国处于纵向财政平衡状态，反之不平衡。Huter（1996）给出了三类不同的测度指标，即 $CVI = 1 - G/E$，G 表示地方支出中来源于中央的部分，E 表示地方政府的总支出。我们这里参照了其中一种，纵向不平衡（vertical imbalance，VI）＝1－净转移支付/省级一般预算支出（线下调整后）。

Akai 和 Sakata（2002）引入财政依存度来刻画地方财政独立性，前面我们知道，线上是省级可自由支配的自有预算收入，线下调整后包括了其他政府间转移和债务收支，因此我们定义两类自有度指标，省级财政自有程度1（Auto1）＝省级一般预算收入（线上）／省级一般预算收入（线下调整后），省级财政自有度2（Auto2）＝（省级一般预算收入（线上）＋上年结余收入＋调入资金）/省级一般预算收入（线下），这更加符合中国的财政现实状况。

下面，我们对这些分权指标进行相关性分析，相关系数矩阵，[③] 如表3所示。

---

① 主要是增值税减免收入。

② 调入资金从其他资金渠道例如预算外收入和基金收入等的调入；有的线下还有对外和对内的直接借款，以及购买的有价证券等，这里不考虑这些。

③ 对称矩阵，因此只写下三角部分。

表 3　　各种分权指标的相关系数

	FD^1_{rev}	FD^2_{rev}	FD^1_{exp}	FD^2_{exp}	CVI	Auto1	Auto2
FD^1_{rev}	1						
FD^2_{rev}	0.9903	1					
FD^1_{exp}	0.846	0.8311	1				
FD^2_{exp}	0.8801	0.8803	0.9907	1			
CVI	0.4131	0.4465	0.1685	0.2343	1		
Auto1	0.5770	0.5986	0.1705	0.2510	0.6155	1	
Auto2	0.5128	0.5403	0.1129	0.1976	0.6147	0.9533	1

注：同表 2。

此外，我们分析经济发展水平和一般预算收入线下项目之间比例① 的相关性也会发现，经济发展水平高的地方对于国债资金的依赖程度越低，它们的其他收入来源很充裕。

表 4　　人均 GDP 和国债、转移收入

相关系数	对数人均 GDP
免低调库收入比例	0.475
中央对地方转移收入比例	0.037
国债收入② 比例	-0.149
上年结余收入比例	0.317
调入资金比例	0.084

数据来源：历年财政统计年鉴。

相关系数表明落后地区自有资金不足，中央转移支付的不足，其他渠道资金的匮乏，使得其对国债资金依赖程度也相对较高，也表明了其预算软约束的程度更高。

（三）实证分析结果

我们对前面第三部分提到的模型进行面板模型的估计，我们从收入、支出、纵向财政平衡和财政收入自有度三个方面来全面分析中国的财政分权对于非税收入的影响程度。表 5 给出了财政收入分权和非税收入比例的估计结果，表 6 给出了支出分权对非税收入的影响，表 7 给出了财政自有度和纵向财政不平衡对非税收入的影响。

1. 控制变量的估计结果。我们来看这些模型结果所共有的一些特点：第一，非税收入比例随着时间在逐步下降。这反映出财政部门所进行的“收支两条线”改革正向纵深推进，非税收入正稳步纳入财政预算管理体系。第二，非税收入比例和人均 GDP 呈现出一

① 用线下项目去除以一般预算平衡调整缺口（线下—线上）得到的比例。

② 包括国债转贷收入和上年国债转贷资金结余。

定的倒“U”型关系。尤其对于收入分权模型而言，这种倾向更加显著。这表明在经济发展初期，生产力比较落后，税源不足导致政府难以提供更多的公共品和准公共品，中国传统计划经济体制中形成的政府主导经济传统要求政府在经济发展中承担较大的责任，因此要为社会尽可能提供准公共产品用以弥补公共产品的不足，应对经济社会发展过程中出现的基础设施落后、社会保障不足、基本公共服务体系不健全等多方面问题，必然要走上多渠道筹集资金的道路，这样政府非税收入的扩张也就不可避免。政府职能范围的扩大会导致机构膨胀，突出表现在财政供养人员的数量增加上，这也是非税收入甚至体制外收入增长的直接成因。当经济发展到一定阶段后，财政已经有了相当的实力，非税收入只是起到一定的补充作用而已，它就会回到原来的辅助地位上。第三，通货膨胀率会提高非税收入比例，这一点是明显的，因为随着物价的上升，各种服务和商品的价格也随之上升。第四，大部分国企利税比例的提高会提高非税收入比例。因为那些国有经济较高的地方，财力往往不足，也就更加依赖于非税收入，而且国有企业的预算软约束问题也是导致非税收入增长的原因之一。第五，行政支出占财政支出比例越高，非税收入比例越高。这一点也不难理解，那些财政供养压力大的地方，超编的概率越大，其行政支出比例也越高，也就更加需要非税收入来弥补一般预算收支的缺口。第六，财政状况越好，一般预算盈余率越高，非税收入比例越低。

表 5　　　　收入分权和非税收入比例

	FD^1_{rev}		FD^2_{rev}	
财政分权	-0.004*	-0.004*	-0.003*	0.007*
	(-8.368)	(-3.788)	(-2.877)	(-3.55)
财政分权 x 地区		0.000		-0.001*
		(-0.214)		(-5.069)
对数人均 GDP	1.048**	1.046**	2.121*	2.402*
	(-2.501)	(-2.475)	(-3.136)	(-3.704)
对数人均 GDP 平方	-0.045**	-0.045**	-0.081**	-0.117*
	(-1.992)	(-1.98)	(-2.383)	(-3.706)
通货膨胀率	0.013*	0.013*	0.016*	0.014*
	(-2.61)	(-2.597)	(-2.997)	-2.862
行政支出比例	0.003	0.004	0.015**	0.016**
	(-0.754)	(-0.775)	(-2.27)	(-2.431)
国企利税占 GDP 比例	-0.001	0.000	0.004	0.005
	(-0.182)	(-0.161)	(-1.012)	(-1.592)
一般预算盈余比例	-0.001	-0.001	-0.005*	-0.007*
	(-1.297)	(-1.295)	(-3.334)	(-4.235)

续表

	FD^1_{rev}		FD^2_{rev}	
时间 1998 年	-0.075*	-0.075*	-0.139*	-0.080**
	(-2.619)	(-2.627)	(-3.655)	(-1.971)
时间 1999 年	-0.103*	-0.103*	-0.189*	-0.094***
	(-2.982)	(-2.989)	(-3.949)	(-1.723)
时间 2000 年	-0.161*	-0.162*	-0.304*	-0.164**
	(-5.244)	(-5.246)	(-5.391)	(-2.316)
时间 2001 年	-0.236*	-0.237*	-0.433*	-0.249*
	(-7.375)	(-7.373)	(-5.982)	(-2.657)
时间 2002 年	-0.253*	-0.254*	-0.504*	-0.276**
	(-5.972)	(-5.983)	(-5.317)	(-2.259)
时间 2003 年	-0.337*	-0.338*	-0.665*	-0.379**
	(-7.842)	(-7.844)	(-5.606)	(-2.484)
时间 2004 年	-0.438*	-0.438*	-0.843*	-0.484**
	(-8.554)	(-8.538)	(-5.601)	(-2.513)
时间 2005 年	-0.448*	-0.448*	-0.898*	-0.495**
	(-7.478)	(-7.419)	(-4.94)	(-2.15)
常数项	-1.594	-1.57	-8.479**	-8.700**
	(-0.814)	(0.793)	(-2.448)	(-2.483)
观测值个数	279	279	279	279
组个数	31	31	31	31
组内可决系数	0.6988	0.6925	0.6034	0.6513
组间可决系数	0.6044	0.8989	0.0173	0.3353
总可决系数	0.6248	0.8045	0.0284	0.3443
Hausman 检验零假设（随机效应模型）	$\chi^2(15) = 1.3$ 不拒绝	$\chi^2(16) = 6.22$ 不拒绝	$\chi^2(15) = 1$ 拒绝	$\chi^2(15) = 37.47$ 拒绝

注：为了克服异方差，所有模型中估计系数下面括号中为稳健（robust）的标准差。如果不拒绝 Hausman 零假设，就用 GLS 估计，否则用组间估计。

* 表示显著性水平为 0.1，** 表示显著性水平为 0.05，*** 表示显著性水平为 0.01。

表 6　　支出分权和非税比例

	FD^1_{exp}		FD^2_{exp}	
财政分权	-0.002**	-0.001	0.001	0.002**
	(-2.131)	(-0.589)	(-0.582)	(-2.130)
财政分权 x 地区		-0.003**		-0.002
		(-2.301)		(-1.567)
对数人均 GDP	1.750*	1.503**	1.424***	1.343***
	(-2.920)	(-2.196)	(-1.858)	(-1.850)
对数人均 GDP 平方	-0.053	-0.043	-0.049	-0.049
	(-1.498)	(-1.159)	(-1.18)	(-1.223)
通货膨胀率	0.014*	0.013**	0.014*	0.014*
	(-2.84)	(-2.578)	(-2.781)	(-2.797)
行政支出比例	0.004	0.01	0.018**	0.023*
	(-0.428)	(-1.122)	(-2.175)	(-2.875)
国企利税占 GDP 比例	0.003	0.004	0.003	0.004
	(-0.83)	(-1.063)	(-0.912)	(-1.151)
一般预算盈余比例	-0.011**	-0.011**	-0.011**	-0.011**
	(-2.533)	(-2.552)	(-2.365)	(-2.425)
时间 1998 年	-0.146*	-0.146*	-0.121*	-0.113*
	(-3.702)	(-3.79)	(-2.749)	(-2.637)
时间 1999 年	-0.212*	-0.208*	-0.161*	-0.148**
	(-3.966)	(-3.942)	(-2.683)	(-2.573)
时间 2000 年	-0.349*	-0.338*	-0.265*	-0.246*
	(-4.439)	(-4.238)	(-3.022)	(-2.971)
时间 2001 年	-0.483*	-0.475*	-0.399*	-0.382*
	(-4.571)	(-4.395)	(-3.441)	(-3.433)
时间 2002 年	-0.569*	-0.560*	-0.469*	-0.449*
	(-4.177)	(-3.992)	(-3.208)	(-3.161)
时间 2003 年	-0.748*	-0.724*	-0.623*	-0.592*
	(-4.273)	(-3.983)	(-3.327)	(-3.279)
时间 2004 年	-0.936*	-0.895*	-0.772*	-0.727*
	(-4.331)	(-3.957)	(-3.340)	(-3.295)

续表

	FD^1_{exp}		FD^2_{exp}	
时间 2005 年	-1.013*	-0.974*	-0.800*	-0.749*
	(-4.017)	(-3.681)	(-3.048)	(-2.952)
常数项	-7.432**	-6.136***	-5.406	-4.848
	(-2.490)	(-1.713)	(-1.444)	(-1.360)
观测值个数	279	279	279	279
组个数	31	31	31	31
组内可决系数	0.5604	0.5772	0.5393	0.5484
组间可决系数	0.1998	0.1180	0.4266	0.0118
总可决系数	0.0142	0.2015	0.0862	0.0111
Hausman 检验零假设（随机效应模型）	χ^2（15）=59.55 不拒绝	χ^2（16）=59.14 拒绝	χ^2（15）=46.21 拒绝	χ^2（16）=80.03 拒绝

注：同表 5。

表 7　　同时控制收入和支出分权对非税收入比例的影响

	第一类分权指标		第二类分权指标
收入分权	-0.004***	-0.004***	-0.003***
	(-8.368)	(-11.061)	(-7.281)
支出分权	0.000	0.000	0.001
	(-0.508)	(-0.677)	(-1.417)
对数人均 GDP	1.976***	1.075***	1.339***
	(-5.778)	(-3.534)	(-3.838)
对数人均 GDP 平方	-0.045***	-0.048***	-0.065***
	(-4.648)	(-2.907)	(-3.453)
通货膨胀率	0.013***	0.014***	0.017***
	(-2.639)	(-2.713)	(-2.811)
行政支出比例	0.017***	0.005	0.005
	(-2.982)	(-1.006)	(-0.981)
国企利税占 GDP 比例	0.003	0.000	-0.001
	(-1.168)	(-0.175)	(-0.464)

续表

	第一类分权指标		第二类分权指标
一般预算盈余比例	-0.001	-0.001	-0.002
	(-1.029)	(-0.700)	(-1.338)
时间 1998 年	-0.109***	-0.073**	-0.086**
	(-3.814)	(-2.476)	(-2.479)
时间 1999 年	-0.155***	-0.099***	-0.108***
	(-4.548)	(-3.016)	(-2.805)
时间 2000 年	-0.249***	-0.154***	-0.162***
	(-6.334)	(-4.907)	(-4.347)
时间 2001 年	-0.354***	-0.229***	-0.246***
	(-7.660)	(-6.998)	(-6.347)
时间 2002 年	-0.414***	-0.243***	-0.250***
	(-6.923)	(-5.775)	(-5.053)
时间 2003 年	-0.545***	-0.325***	-0.342***
	(-7.558)	(-7.596)	(-6.807)
时间 2004 年	-0.702***	-0.425***	-0.440***
	(-7.748)	(-8.942)	(-7.816)
时间 2005 年	-0.756***	-0.433***	-0.435***
	(-7.097)	(-8.043)	(-6.842)
常数项	-7.348***	-1.666	-2.727
	(-4.020)	(-1.150)	(-1.642)
观测值个数	279	279	279
组个数	31	31	31
组内可决系数	0.7176	0.6998	0.5836
组间可决系数	0.0723	0.5989	0.5176
总可决系数	0.2154	0.6221	0.5307
Hausman 检验零假设（随机效应模型）	固定效应	随机效应	$\chi^2(16) = 5.63$ 不拒绝

注：这里的转移支付按照一般预算收支差额计算。其余注释同表 5。

2. 分权变量的估计结果。

(1) 收入分权。第一，省级预算内收入分成 (FD_{rev}^{1}) 提高一个百分点，非税收入比例非常显著地减少0.4个百分点；省级预算内外总收入 (FD_{rev}^{2}) 提高一个百分点，非税收入会显著地降低0.3%，这些结果再次表明了提高地方收入分享的重要性，无论是预算内或是预算外收入。第二，如果加入地区特征，我们可以发现：省级预算内收入 (FD_{rev}^{1}) 分权对不同地区而言几乎是一样的，而且地区差异很小，也就是说无论发达地区或是落后地区，只要提高其省级收入比例，都会减少其非税收入比例。省级预算内外 (FD_{rev}^{2}) 分权对于不同地区的影响显著，东部地区会显著地减少非税收入比例，分权比例每提高一个百分点，非税收入比例会降低大约1%；中西部地区则会提高其非税收入比例大约为0.7%，表明了收入分权对于东部地区具有一定的预算硬约束效果。

(2) 支出分权。第一，省级支出 (FD_{exp}^{1}) 分权，会显著地降低地方的非税收入比例，省级支出每增加一个百分点，非税收入比例会显著降低0.4%，这表明支出分权会有预算硬约束效果。省级预算内外总支出 (FD_{exp}^{2}) 比例提高一个百分点，会显著增加大约0.1%的非税收入比例，第二，如果看地区差异，对于省级支出分权 (FD_{exp}^{1}) 而言，中西部地区支出增加也会使非税收入微弱地减少，但东部比中西部显著减少非税收入比例0.3%。对于省级预算内外总支出 (FD_{exp}^{2})，中西部每提高一个百分点，中西部的非税收入比例基本不变，而东部非税收入比例会显著减少0.2%，也就是说支出分权会硬化东部预算硬约束。

(3) 同时控制收入分权和支出分权。分权变量之外的控制变量估计结果和前面的模型相差不大，而收入分权的估计基本上不变，但是显著性水平却有了明显改善，从原来的10%提高到1%，而且我们发现如果两种分权同时出现，那么对于非税收入比例影响最显著的是收入分权而非支出分权。

(4) 其他分权指标结果。首先，我们来看纵向财政不平衡的后果。而纵向不平衡越高，也就是省级支出中来源于转移支付的比例越低，则会略微提高非税收入比例，但是效果并不显著，这表明加大转移支付对于非税收入有一定的作用，但是作用尚不显著，这取决于我们当前的转移支付结构，尽管总量不少，但是不合理的结构会减弱这种转移支付的效果。此外，地区差异表明，纵向不平衡的减少对于东部地区来说更有利于减少非税比例。

其次，我们来看财政自有度变化的后果。无论我们采用哪一类财政收入自有度指标，它都会显著降低非税收入在总收入中的比例；其中第一类收入自有度指标每增加1%，非税收入比例会减少1.1%～1.5%；第二类收入自有度指标每增加1%，非税收入比例会减少1.4%。如果考虑地区差异，我们发现提高财政收入自有度后，与中西部地区相比，东部的非税收入比例会显著减少更多；就第一类指标来说，东部比中西部显著减少0.6%～1.8%。

有关财政分权的实证结论表明收入或支出分权对于发达地区的非税收入减少更加有利，而对落后地区则相反，这是因为财政分权所导致的地方政府间的竞争变成了不对企业进行“国家掠夺”(过度收税或收费)的可信承诺(Qian，Weingast，1997)，这再次表明在财力有保证的较发达地方实施分权效果更好，这些地区的政府规模相对较小符合分权理论的预测。尽管在落后地区的支出分权中，也会减少非税收入比例，但是减少的比例极小而且不显著。

表 8　　　　财政自有度和纵向不平衡对非税收入影响

	模型 1 估计系数	模型 1.1 估计系数	模型 2.1 估计系数	模型 2.2 估计系数	模型 2.3 估计系数	模型 2.4 估计系数
纵向不平衡（自有度）	1.659×10^{-4}	0.006**	-0.015*	-0.011*	-0.001	-0.007*
	(-0.30)	(-2.573)	(-5.357)	(-3.034)	(-0.337)	(-3.173)
纵向不平衡（自有度）x 地区		-0.006*			-0.018*	-0.006*
		(-2.699)			(-5.883)	(-2.765)
对数人均 GDP	1.412***	2.059*	0.171	0.514	0.403	0.692
	(-1.821)	(-2.941)	(-0.262)	(-0.654)	(-0.760)	(-1.021)
对数人均 GDP 平方	-0.046	-0.085**	0.023	-0.026	-0.001	-0.027
	(-1.054)	(-2.269)	(-0.614)	(-0.549)	(-0.024)	(-0.665)
通货膨胀率	0.016*	0.014*	0.008	0.006	0.009***	0.007
	(-2.992)	(-2.622)	(-1.594)	(-1.165)	-1.953	(-1.497)
行政支出比例	0.018**	0.022*	0.018*	0.012**	0.010***	0.011***
	(-2.469)	(-3.064)	(-3.005)	(-2.054)	(-1.788)	(-1.868)
国企利税 GDP 比例	0.003	0.004	-0.003	-0.006***	0.000	-0.006***
	(-0.860)	(-1.01)	(-0.763)	(-1.759)	(-0.079)	(-1.709)
一般预算盈余比例	-0.012**	-0.013*	-0.003***	0.000	-0.002	0.000
	(-2.324)	(-2.703)	(-1.832)	(-0.058)	(-1.637)	(-0.180)
时间 1998 年	-0.111*	-0.090**	-0.092*	-0.059	-0.107*	-0.074**
	(-2.933)	(-2.479)	(-2.861)	(-1.612)	(-3.341)	(-1.991)
时间 1999 年	-0.161*	-0.133*	-0.193*	-0.118**	-0.144*	-0.130*
	(-3.38)	(-2.983)	(-4.681)	(-2.444)	(-3.689)	(-2.771)
时间 2000 年	-0.281*	-0.231*	-0.275*	-0.138*	-0.191*	-0.160*
	(-4.482)	(-4.417)	(-6.382)	(-2.805)	(-4.915)	(-3.288)
时间 2001 年	-0.418*	-0.348*	-0.403*	-0.205*	-0.263*	-0.232*
	(-4.793)	(-4.917)	(-7.360)	(-3.380)	(-5.422)	(-3.936)
时间 2002 年	-0.493*	-0.426*	-0.477*	-0.195**	-0.310*	-0.241*
	(-4.280)	(-4.421)	(-6.658)	(-2.556)	(-5.03)	(-3.162)
时间 2003 年	-0.654*	-0.572*	-0.596*	-0.253*	-0.412*	-0.321*
	(-4.502)	(-4.775)	(-7.089)	(-2.958)	(-6.098)	(-3.673)
时间 2004 年	-0.814*	-0.696*	-0.751*	-0.307*	-0.537*	-0.405*
	(-4.623)	(-4.863)	(-7.235)	(-3.059)	(-6.641)	(-3.824)
时间 2005 年	-0.844*	-0.727*	-0.793*	-0.285**	-0.554*	-0.402*
	(-4.257)	(-4.347)	(-6.599)	(-2.481)	(-5.844)	(-3.252)
常数项	-5.475	-8.493**	1.12	1.787	0.616	0.242
	(-1.538)	(-2.500)	(-0.368)	(-0.519)	(-0.239)	(-0.081)
观测值个数	274	274	274	274	279	279
组个数	31	31	31	31	31	31
组内可决系数	0.5403	0.5704	0.6704	0.6044	0.7240	0.6665
组间可决系数	0.4012	0.0061	0.3054	0.2080	0.1231	0.1524
总可决系数	0.0640	0.0741	0.0247	0.3069	0.1802	0.2615
Hausman 检验零假设（随机效应模型）	$\chi^2(15)$ = 172.8 拒绝	$\chi^2(16)$ = 116.4 拒绝	固定效应	随机效应	固定效应	随机效应

注：同上表；由于 Hausman 检验无法确定，所以对于财政自有度的模型分别用固定效应和随机效应模型进行估计。模型 1 选取了纵向财政不平衡指标，模型 2.1、模型 2.1 选取了财政自有程度 1 指标。

续表

	模型 3 估计系数	模型 3.1 估计系数	模型 3.1 估计系数
财政收入自有度	-0.014*	-0.002	-0.006**
	(-4.275)	(-0.929)	(-2.293)
财政收入自有度 x 地区		-0.016*	-0.004**
		(-5.475)	(-2.166)
对数人均 GDP	0.628	0.606	1.072
	(-0.935)	(-1.078)	(-1.511)
对数人均 GDP 平方	-0.003	-0.012	-0.051
	(-0.082)	(-0.414)	(-1.211)
通货膨胀率	0.009***	0.012**	0.009***
	(-1.826)	(-2.294)	(-1.708)
行政支出比例	0.007	0.009	0.006
	(-1.109)	(-1.574)	(-0.938)
国企利税占 GDP 比例	-0.002	0.000	-0.006
	(-0.458)	(-0.093)	(-1.642)
一般预算盈余比例	-0.002	-0.002	-0.001
	(-1.523)	(-1.521)	(-0.543)
时间 1998 年	-0.084**	-0.092*	-0.067***
	(-2.519)	(-2.716)	(-1.741)
时间 1999 年	-0.180*	-0.134*	-0.116**
	(-4.170)	(-3.290)	(-2.391)
时间 2000 年	-0.253*	-0.187*	-0.141*
	(-5.599)	(-4.532)	(-2.789)
时间 2001 年	-0.379*	-0.267*	-0.213*
	(-6.508)	(-5.356)	(-3.403)
时间 2002 年	-0.430*	-0.305*	-0.205**
	(-5.700)	(-4.785)	(-2.569)
时间 2003 年	-0.558*	-0.412*	-0.286*
	(-6.108)	(-5.662)	(-3.039)
时间 2004 年	-0.728*	-0.544*	-0.367*
	(-6.327)	(-6.137)	(-3.145)
时间 2005 年	-0.743*	-0.546*	-0.342**
	(-5.631)	(-5.156)	(-2.566)
常数项	-0.709	-0.186	-1.223
	(-0.223)	(-0.067)	(-0.386)
观测值个数	274	279	279
组个数	31	31	31
组内可决系数	0.6386	0.7004	0.6201
组间可决系数	0.4176	0.1037	0.1433
总可决系数	0.0654	0.1497	0.2443
Hausman 检验零假设 (随机效应模型)	$\chi^2(15) = 702.36$ 拒绝	固定效应	随机效应

注：模型 3 选取财政收入自有度 2 指标。

五、结　论

在中国财政问题研究中，财政分权一直是人们关注的焦点，许多研究者从财政分权的起因，财政分权的利弊得失，以及财政分权对经济增长、地区间税收竞争、政府规模、预算约束等诸多方面进行了大量的理论和实证分析。为什么中国地方政府的非税收入比例高于国外同级政府许多？为何中国经济转轨中会出现的非税收入的无序膨胀？不同地区的分权后果是否相同？对这些问题的思考使得我们将财政分权和非税收入联系起来，探讨分权改革对于非税收入的影响程度。

税收和非税收入都是政府公共收入的组成部分，合理的非税收入比例在一定程度上可以弥补地方财力的不足，为地方政府提供公共服务提供必要的物质保障，但是中国地方政府的非税收入与国际相比较来说属于较高水平，较高的非税收入比例后面隐含着许多现实的问题，本研究就是充分利用现有的财政数据资料，试图揭示那些影响非税收入比例变化的重要因素，以弥补中国经济学在这一领域研究的不足，我们研究的基本结论是：

(1) 分税制改革以来，随着政府预算管理体制改革，尤其是“收支两条线”改革的逐步推进，地方非税收入正逐步得以规范，在地方财政收入中的比例稳步下降，而且这是一种长期趋势。

(2) 在控制其他因素的条件下，非税收入比例和经济发展程度呈负相关，呈倒 U 型关系；和地方一般预算盈余呈负相关，与通货膨胀率呈正相关关系；此外，大部分结果支持国有化程度会提高非税收入比例。

(3) 财政分权从几个方面影响了非税收入比例。第一，无论是预算内还是预算内外总收入的分权都使得地方减少了对非税收入的依赖程度，与中西部地区而言，东部地区减少的更加显著且程度更高。第二，预算内支出分权会减少对非税收入的依赖程度，但是东部地区减少的更多，这似乎表明财政分权会硬化地方的预算约束；但是就预算内外总支出分权而言，它会提高非税收入比例，这是因为预算外支出许多需要非税收入作为资金来源。第三，同时控制支出分权和收入分权，结果变化不大，但是收入分权对非税收入比例影响更加显著。第四，提高地方财政收入自有度，减少纵向财政不平衡会减少非税收入比例。

(4) 在控制其他因素的条件下，我们发现地方行政管理支出比例过高，是导致地方非税收入比例过高的一个重要因素，这也表明非税收入在某种程度上是用于吃饭财政。

当然，如果还有其他一些重要因素会影响到非税收入比例，例如地方部门利益的分割，行政权力的分散，非税征管技术的不完善等方面，这需要进一步的研究。不过关于支出分权会硬化预算约束的含义需要进一步的深思和研究。

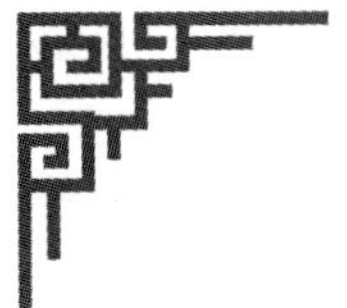

化解我国县乡政府债务的对策分析

财政部科研所　何利辉

县乡政府债务是指县、乡两级政府及所属行政事业单位向上级部门、金融机构等有关单位直接或间接借款最终由县乡政府承担直接或间接偿还责任的债务。关于县乡债务规模，主要是一些相关课题的研究人员对局部地区调查的推算。据2004年11月举行的“2004财税改革暨基层财政解困与财政体制创新高级研讨会”专家估计：我国县乡两级的债务已高达5000多亿元，而且每年还在递增。按照中国2000多个县，38000多个乡镇计算，意味着每个县均摊到了2.5亿元，平均每个乡镇负债1300多万元。[①] 早在2001年，北京大学平新乔教授将全国2000多个县政府1999年的财政赤字累加，算出全国县级财政亏空达2100亿元，而财政部确认，我国县乡政府直接显性债务是4000多亿元。在山东省2004年9月份对全省17个县市区所辖245个乡镇的调查统计来看，乡镇级负债总额47.35亿元，乡镇平均1932.7万元，债权与债务相抵后，乡镇平均净负债1359.4万元；安徽省人大常委会2003年上半年对全省50个县125个乡镇经过大范围的调查后初步统计，截至2003年底，该省县乡政府负债约313亿元，几乎所有的县乡都有负债，且债务逾期不能偿还现象突出。审计长李金华2003年向全国人大常委会报告2002年度中央预算执行和其他财政收支的审计情况中，指出审计署于2002年对中西部10个省、市的49个县（市）财政收支状况所进行的审计调查中发现，49个县（市）截至2001年底，累计债务达163亿元，相当于当年可用财力的2.1倍（李金华，

① 2004财税改革暨基层财政解困与财政体制创新高级研讨会，2004年11月。

2003)。来自国务院发展研究中心的一组调查数据显示，在他们调查的 3 个县 55 个乡镇中,所有县乡都存在负债现象(韩俊，2002)。

县乡政府债务问题反映在基层，原因是多方面的，已经累积成为影响农村经济可持续发展、国家财政安全和社会稳定的一个突出问题，妥善解决这一问题已成为摆在各级政府面前的重要任务。要从根本上解决这一问题，本人认为按照科学发展观的要求，从以下几方面去努力。

一、合理界定县乡政府债务规模

我国县乡政府债务的规模究竟有多大还没有一个统一的说法，债务构成的种类、原因和资金去向也都很复杂，而一些地方政府因为基础资料掌握不全，这给县乡债务的处置工作带来较大的困难。

政府债务负担的规模有其客观的数量界限，必须确定合理的债务规模，才能把政府债务负担限制在社会经济条件所允许的合理范围内，规避债务风险。县乡政府债务的数量界限必须从需求和供给两个角度考虑，由债务需求量和债务供给量的均衡点决定。

1. 县乡债务的需求量。从理论上说，当每年财政赤字全部用于支付政府债务利息，县乡政府继续举债已无利可图时，政府债务需求应达到极限。县乡政府债务的实际需求量大小则取决于经常性财政赤字和建设性财政赤字的大小，经常性财政赤字的需求是刚性的，有多少赤字就得以相应债务弥补以维持政府与社会生活的正常周转，而生产性的债务需求则是有弹性的，它的多少要看客观经济条件而定。

2. 县乡债务的供给量。政府债务的供给量取决于社会应债能力和政府偿债能力。而无论社会应债能力还是政府偿债能力，其最大值均取决于当年乡镇的 GDP 总量，社会应债能力的来源主要有：(1) 县乡居民的货币收入和购买力结余；(2) 县乡企事业单位预算外资金；(3) 金融机构的自有资金和部分储蓄存款余额。政府偿债能力就是当年县乡财政所能筹措的用于偿债的资金，其来源主要有：(1) 预算收入的划出部分；(2) 偿债基金积累的库存部分；(3) 通过举借新债用于归还旧债部分。无论哪种偿债资金最终都要落实到税费的增加上。

二、发展经济

县乡经济发展不平衡是一个国家走向现代化经济社会发展的客观过程，西方发达国家也有地域间的贫富差距，我国东、中、西部地区由于各种生产要素的不均衡和体制原因所造成的发展差距，也是市场经济发展的必然过程。地区之间发展的不平衡性是长期存在的，是相对比较而言的。目前在我国这种不平衡性表现尤为突出。解决这个问题要在坚持社会主义制度下，从促进生产力，完善生产关系入手。县乡政府应该尽快转变政府职能，调整地方经济结构，提高地方经济效益，建立科学的财政收入预测机制，为开辟地方新财源营造良好的环境。总的来说：首先是政府制定的各项优惠政策要落到实处；其次，要建立依法办事的机制，即一套高效、廉洁的服务机制；最后，是要营造良好的配套环境。

从发达地区的实践看，发展地方经济特别是县域经济首先要鼓励发展民营经济。首先要降低门槛，取消注册资本金限制，推行注册登记备案制，放手发展城市和农村个体工商户和私营企业；其次要放开领域，引导民营企业进入国有企业退出的行业和领域，允许民营企业投资小城镇的基础设施和公用事业，为民营经济提供更大的发展空间；再次要努力营造良好的发展环境。清理和废弃一切歧视和限制民营经济发展的规定，尽可能降低民营经济投资创业的成本。规范非公有制企业的税费管理，减轻企业负担。建立中小企业信用担保体系，拓宽民营经济的融资渠道，充分发挥民营企业在县域经济中的生力军作用。

此外，各地县乡政府应该充分利用当地自然资源和经济资源优势，大力发展特色经济，摆脱单纯卖原料或粗加工产品的局限，扶持高产、优质、高效农业的发展，大力发展农户产品，推进农业科技的应用和农业产业化发展，为财政增收奠定经济基础，在“做大蛋糕”的同时更要注意优化经济结构，提高经济效益。要树立“围绕财政抓经济，围绕水源抓调整，围绕效益抓发展”的决策观。利用资金、政策等直接和间接的方式支持企业技术改造，支持重点项目建设，支持高科技、高税率、高效益的产品和企业发展。做大、做强中小企业，特别是对于一些有发展前景的中小企业更要加强政策扶持，建立合理的财源增长梯队。

当前，在强调县级领导抓好地方经济建设时，有几个问题需要注意，防止走进误区：一是，不宜在行政区域内过多地强调第一、二、三产业的结构比例，以免再度出现小而全的经济结构和封闭式的“诸侯经济”，造成重复建设、恶性竞争，最终不利于经济社会的全面、协调和可持续发展。二是，在制定县级经济发展战略和产业规划时，不考虑本地实际、资源优势和各种生产要素的潜在优势，片面一律要以工业为主，要求各部门单位都要招商引资，分配任务。这样容易导致环境的破坏，影响可持续发展，也不利于县级领导集中精力解决县乡财政困难的突出问题。三是，县域经济发展不能搞县域行政割据。要注重考虑市场需求，市场作用和经济全球化大趋势，如果人为地割断市场联系，必然阻碍生产要素在更大区域内的自由流动，不利于资源优化配置和各县比较优势的发挥。

三、按照科学发展观的要求，完善公共财政制度

按照科学发展观的要求，实现城乡协调发展，一要打破城乡分割的二元经济结构，促进城乡经济社会一体化。根据当前城乡发展不平衡的状况，调整城乡发展政策，政府要在财政、金融、产业政策上更多考虑农村经济和社会发展需要，在农村公共产品供给的政策设计方面更多考虑未来城乡政策统一的需要。二是扩大公共财政在农村的覆盖面，加大公共财政对农村的投入力度，尤其是对农村义务教育的投入。目前地方财政特别是县乡财政中农村教育支出占有相当大的比重，中央财政和省级财政在落实“教育新增支出主要用于农村”政策的基础上，要调整现有教育支出结构，增加对农村义务教育的投入，例如，电视教学设备的配置、农村中小学危房改造、师资队伍培训和低收入家庭教育补助。三是完善农村土地制度，加快土地征用制度改革，并切实维护失地农民的利益。要为失地农民提供能够参加失业、医疗、养老保险的费用，解决农民的长期生活问题。四是加快县域经济的可持续发展，这是化解县乡债务、缓解县乡财政困难的有效途径。无论是从解决县乡财政困难，还是从保持国民经济可持续发展的意义上，都应将大力发展县域经济纳入国家中长期发展规划和制定重大经济发展政策的视野中来。

公共服务水平的差异，导致教育水平及人力资本积累水平、医疗水平和基础设施等社会事业发展的差异，也必将制约经济的发展，形成了经济发展水平和收入水平的差距。因此，必须以科学发展观和城乡地区统筹发展的要求为指导，遵循“公平”原则，实现地区间公共服务水平的均等化，促进社会公平和稳定，保证经济增长健康发展。在公平前提下实现效率，意味着提供公共物品职责在各级政府间要合理划分，同时通过收入划分与纵向调节，实现职责与财力的匹配，并保证地区间公共服务水平的大体相当，完善事权和财权划分体制。

（一）细化政府事权划分，完善转移支付制度

县乡财政要坚决从一般性竞争领域退出，财政支出必须以“市场失灵”和“公共产品和服务”为标准来界定。同时，要按照建立公共财政框架的基本要求，进一步明确省级以下各级政府的财政支出责任。省、市级政府应承担的财政支出，省、市级财政应积极筹措资金加以保障，不应以任何形式转嫁给县乡财政。省、市级政府委托县乡政府承办的事务，要足额安排对县乡财政的专项拨款，不留资金缺口，不应要求县乡财政安排配套资金。凡有利于基层政府职能完善和基层政权建设的事权应下放给基层政府。与此相适应，将适宜于乡镇征收和管理的税种划归乡镇，保证乡镇有自己的主体税种，确保乡镇财政收入稳定增长。同时按照“财权与事权相统一”的原则，把与乡镇事权相关的支农支出、农林水利、文教卫生、政府和其他支出全部下放给乡镇财政管理，从根本上摆脱乡镇吃县级财政“大锅饭”的状况。同时，中央和省一级财政要加大对县级政府的转移支付力度，尤其是要重点支持乡镇综合配套的实施，降低财政供养系数，做强、做大县级财政，提高县级财政实力，保证乡镇机构正常运转。

对各类工程款，尤其是拖欠农民工工资的工程款，在安排项目资金时重点给予倾斜。最后，完善转移支付制度。从财政体制的角度看，转移支付制度是解决基层政府财政困难和地区不均衡能够采取的最直接、最有效的手段。转移支付制度改革的基本目标是实现公共服务的均等化，形成稳定、可预期的地方政府资金来源。完善的转移支付制度首先需要中央政府确定公共服务均等化的标准，在此基础上明确划分中央与地方各级政府的职能范围，并确定相对稳定的分税体制。本人认为，专项拨款比例大、范围广，也是造成地方债务的一个主要因素，为有效化解这一问题，应尽量压缩专项拨款的规模，大幅度增加一般性转移支付，以一般性转移支付为主，专项补助为辅。这样做是因为一般性转移支付没有分地方政府规定资金使用的具体方向，是政府财力的一种补充，地方政府对这项资金有较大的支配权，主要目的是用来平衡地方预算，满足地区基本需求，因此一般性转移支付更能体现公平。

当前，尽管上述条件并不具备，不可能建立起全国统一的省对下的转移支付制度，但也应当通过制定政策进行指导，在合理确定转移支付的标准和规则、调整支出结构、健全资金管理等方面进行调整，以缩小城乡公共服务差距，实现基本公共服务均等化。

（二）适时披露政府债务情况，增加透明度

根据情况的不同，政府对其债务情况的披露可以采取以下三种形式：

1. 下级政府对上级政府的披露。要求下级政府提供其债务的各种情况，包括政府全部债务的具体项目、种类、期限以及资金数额等。上级政府需要制定相关的政策规定，对

政府债务的统计口径、报告的形式、报告的期限等都作出明确界定，将此作为领导决策的依据，强化财政部门在防范财政风险中的中心地位，并应将此列入政府对下级政府进行政绩考核的内容之一。

2. 对立法机关披露。财政部门在每年地方人代会开会之际，将政府债务情况作为财政报告的组成部分向人代会提交。这样做有利于将对政府债务的监督管理纳入法制化的轨道。也可考虑在年度预算报告的附件中提供政府债务的信息。

3. 采取适当形式向社会披露。这将有助于公众和市场监督政府的财政状况。投资者和信用评级机构，可以在进行信用分析和投资决策时，将政府的债务状况考虑在内，这样反过来会间接地促进政府采取谨慎的财政做法。

（三）建立健全债务管理和监控机制

社会主义公共财政并不简单排斥政府债务，关键是要科学负债、有效负债，坚决控制盲目无序的举债。因此，应努力建立健全债务管理和监控机制，努力控制新债增长。

1. 建立政府债务的偿债储备基金制度。政府可以根据直接显性债务和可以量化的或有负债的规模，建立一定的政府债务偿债储备基金，专用于政府债务的清偿。偿债基金的来源可包括：(1) 可参照总预备费的提取办法在财政预算中按一定比例提取；(2) 年度内尚未动用的总预备费；(3) 偿债储备基金的投资收益。偿债储备基金建立之后，为确保其保值增值，可以考虑进行资本运作，如投资于国债、基础产业发行的债券等。不过，在进行资本运作时，必须注意其安全性、收益性、流动性、谨慎性等原则。

2. 建立举债行为约束机制。要严格控制举债行为，必须承借的债务要程序规范、合法合规。要严格执行《担保法》，规范政府担保的规模和范围。乡镇政府不得直接办企业，也不得为企业接待提供担保和抵押。并要加强地方人大对政府预算的审查监督作用。只有建立健全了债务管理和监控机制，才能保证财政在稳健的环境下求得可持续发展。

（四）中央和省级财政应发挥主导作用

目前，无论是县级政府，还是乡镇政府都无法依靠自身财力解决自身所欠的债务问题，还必须依赖于中央财政和省级财政的转移支付。虽然，中央财政 2003 年实行了“两保两挂”和收入上台阶奖励办法，2004 年调整和完善了省以下分税制财政体制，2005 年实行了“三奖一补”政策，全年安排奖补资金规模达到 235 亿元，2008 年中央实施清理农村义务教育“普九”债务，与此同时，中央还完善一般性转移支付稳定增长的长效机制，2006 年中央财政用于对地方主要是西部地区的一般性转移支付资金，达到 1924 亿元，民族地区的转移支付达 210 亿元，全国财政困难县的总数已经由 2005 年初的 791 个大幅度减少到目前的 200 个左右。[①]

但是，中央和省级财政不能包揽一切，主要帮助解决以下债务：第一，因防范金融风险发生的债务（如兑付农村合作基金会等非正规金融机构股金等）；第二，因完成上级政府任务和达标升级活动产生的债务（“普九”和“两基”达标活动），县乡政府所从事的经济活动（办企业）所形成的债务可以采取停息挂账和资产剥离的方式由县乡政府自行逐步解决。其他形式的债务（招待费、车旅费等）也由县乡政府自己解决。中央政府文件明确

① 《中国财经报》2007 年 3 月 8 日。

规定，县乡政府债务问题，不可能全部由中央财政解决，中央政府也不会对今后产生的不良债务进行转移支付。

面对现有的县乡政府债务问题，本人认为，在中央和省级财政的关心，以及本级政府的努力和重视下，分阶段、分轻重缓急，是可以逐步解决的。但是，如果不尽快制定有效政策、采取有效措施，则可能导致新的不良债务产生。例如，农村义务教育面临电信化（宽带网络等）的压力，全面小康建设可能带来新一轮的升级达标活动等。因此，在目前情况下，防止新债务的产生，比化解旧债务更为重要。所以，各地县乡政府应坚持量入为出的原则，收多少钱办多少事，严格控制地方财政的增量债务，严格禁止高息借贷的行为，按照政企分开的原则，严格规范地方政府的行为，杜绝地方政府大规模举债的行为再次发生。

四、完善我国相关的管理机制

（一）转换机制，化解现有债务

由于县乡债务中有很大一部分是由政府从事公益事业包括基础设施建设造成的，有些基础设施建设可以通过打捆并包、转换经营机制来进行市场化配置，从而逐步实现财政在一些领域里退出，筹措部分资金还债；可以通过对企业进行改组改制、资产重组、债务置换等方式消化部分县乡债务；政府还可以通过出售政府股权、依法规范处置闲置资产、土地置换等方式来进行还债；对农村合作基金会进行清理整顿，其重点放在债权的清收和资产的处置上，尽最大努力回收债权和进行资产变现。

另外，从便于操作的角度，把地方政府债务分为政府间债务、对机构的债务和对个人的债务三类进行逐步化解。对于政府间债务的化解，有必要在重新界定政府间财权和事权的基础上清理债权、债务责任，进而确定地方政府债务核销范围和地方财政资金拨付分期调减幅度。要对经济相对落后地方的周转金欠款和国债项目配套资金借款酌情核销；对于地方政府对机构的债务化解，应在进一步细分负债类别的前提下采用不同的对策。对于政府担保的企业债务理应取消担保，地方政府直接介入竞争性领域而欠下的企业债务可通过地方办的企业逐步偿还，其形式可以多样化。建议比照国有企业解困的有关办法，对地方政府向银行、信用社贷款而形成的存量负债，可以采用本息分离，禁止将利息转为本金。对于地方政府因履行职能形成的对个人的负债应考虑申请上级政府的帮助。理清债务存量有个非常明显的优势，那就是可以防止地方政府在化解县乡债务的过程中，主观扩大本级债务的规模，以便在中央政府着手解决县乡债务时，获取自己的利益。

（二）树立科学的政绩观

我国当前财政运行中有两个最为引人注目的问题，一个是省与省之间财力差距不断扩大，另一个是县乡财政困难不断加剧，县乡债务负担沉重。部分县级政府认为，化解县乡债务会减少政府对经济建设的投入，延缓县域经济发展；或认为将来即使出现县乡债务风险，上级政府也会援助，因而对化解县乡债务不积极、不主动。其实，他们只看到问题的一个方面，而没有看到问题的另一个方面。如果县乡债务不能及时化解，进而积累成债务风险，不仅影响县域经济发展，影响社会主义新农村建设，甚至影响社会稳定。在这种情况下，谈何发展和稳定？

因此，建立科学的政绩评价机制，引导官员将可持续发展观切实落实到经济工作中，树立科学的政绩意识是非常重要的。在一些负债数额较大的地方政府，要把“负债发展是政绩”的观念，转变为“减债也是政绩”，将“减债”与“政绩”挂钩，使减债工作逐步取得实效。县乡政府之所以背负沉重债务，重要原因之一就是县乡政府大量投资高风险项目，而这种冒险的投资动机源于乡镇政府官员为迎合上级政府的各种达标升级考核，希望从自己控制的项目中索取“租金”，获得所谓的“政绩”，以此晋升官位或者保住职位，因此，有关政府部门应加快制定和建立一套适合我国国情的科学的政绩评价体系，逐步取消上级政府对下级政府的各种达标升级考核要求，引导官员将可持续发展观切实落实到经济工作中。因此，不仅县级政府，各级政府都应树立化解县乡债务既是政绩也是发展的观念。

（三）合理推进基层财政体制改革

按照公共财政理论，地方政府存在的合理性在于向当地居民提供地方性公共品，而财政正是地方政府提供地方性公共品的手段，如果说地方财政不能或者只有通过借债才能为当地居民提供地方性公共品，那么这地方政府就不具有其存在的合理性。我国乡镇财政中的多数是供养乡干部“吃饭”的财政，提供地方性公共品能力十分有限，乡镇财政严重的负债和财政支出的恶性循环都表明，只消耗财政收入而不提供公共服务。因此，对于提供财政收入来源的农民而言，它已经成为了一种额外负担。各种“三乱”收入激起了农民的强烈反感，乡镇财政在农村缺乏公共财政应有的权威等，都反映了乡镇财政存在的合理性严重缺失。要想有效化解我国县乡政府债务问题，目前理论界探讨较多的改革基层机构推行“省直管县”和“乡财县管”具有可行性。

1. 改革基层机构，减少财政供养人口。资料显示，县乡两级财政收入仅占全国财政总收入的21%，但这两级财政供养的人口却约占全国财政供养人员总数的71%。有限的财政收入与庞大的财政供养人口之间的矛盾，导致县乡一级政府的财政收入几乎完全用来“保工资、保运转”，是“以钱养人”，而不是“以钱养事”，造成政府提供公共服务的资金捉襟见肘，入不敷出，不得不依靠负债来为公共服务融资。因此，减轻地方政府债务负担、特别是县乡政府债务负担的一条途径便是精简机构，从而实现减少财政供养人口的目的。

相对于其他级别的地方政府而言，乡镇政府财源单一，财力可回旋的余地有限，而吃财政饭的人员众多，所以，精简机构的重点应是乡镇一级政权。如果没有乡镇机构的重构，即使实行“乡财县管”，而不实行乡镇体制与财政体制改革的联动，也只能是治标不治本，乡镇机构的资金需求依然巨大。重构乡镇机构，可以从外部与内部两个方面分别或同时进行。从外部方面，就是撤并乡镇，减少乡镇总量；从内部方面，就是通过撤销或合并的方式调整乡镇机构的内部构成。据民政部统计，2004 年全国乡镇总数 37334 个，其中镇 19883 个，比上年减少 343 个；乡 17451 个，比上年减少 613 个，全年撤并乡镇 956 个。[①]

2. 继续推行“乡财县管”体制。近年来，我国先后有 28 个省份推行了“乡财县管”

① 中国财经网，2005 年 3 月 12 日。

体制。可见，当前我国的乡镇政府债务问题在实质上不同于其他各级地方政府，它不仅仅是一个完善本级财政内部体制的问题，因此，撤销乡级财政，转化为县级政府的派出机构，是有效化解我国乡镇债务的一个思路。简单来说，这个思路，就是要改革行政管理体制，将乡政府逐步转化为县级政府的派出机构，从而最终形成由县政府统筹安排乡镇财力使用的格局。即可将现在的乡镇政府改为乡公所或办事处，其主要职责，在于提供县级政府委托的基层农村的公共管理事务，其他部门，如司法、农、林、水、土地、治安等均由县及相应部门派出；原乡政府的工作人员进行合理分流，原由乡级政府承担的事务全部由县级政府统一规划、统一安排，所需要经费由县级财政规划并由县政府各部门具体提供；负责提供地方性公共品职责的是县级政府各部门及其派出机构，而乡公所或办事处只负责从政治和政策上指导、监督和收集传达信息。

“乡财县管”改革将乡镇政府的“一级财政”弱化为“半级财政”，尽管名义上保留了乡政府对本级资金的所有权和使用权，但通过一系列财务统一管理措施，实际上大部分财权已上划到县，真正留给乡政府的“活钱”并不多。这种财政管理权限的上划，从短期来看，与农业税取消及乡级财政支出责任的减少相适应，同时也能在一定程度上实现对乡级政府行为的制约，堵住了乡级政府乱收费、乱支出、乱借债的口子。在这个意义上，“乡财县管”改革可以看作是通过弱化乡级财政，加强对乡级政府的监督，切实减轻农民负担的有效举措，为缓解县乡财政困难提供了体制和机制保障，另外，进一步调动了产粮大县生产粮食的积极性，维护了粮食安全，提高财政资金的使用效率和县乡政府行政能力。

当然，应当看到，“乡财县管”改革仅仅是县乡两级财政管理权限的改革，县乡两级的总财力并没有增加，通过加强对乡级财政支出的管理，能够相对减少行政成本和资金浪费，但如果没有转移支付等配套措施，“乡财县管”并不能从根本上缓解县乡财政的困难。而乡级政府财权的削弱和上划，尽管有利于加强对乡级政府行为的监督，但同时也使乡级政府基本丧失了为辖区内居民自主提供公共物品和服务的能力。在这个意义上，“乡财县管”改革仅仅是现阶段农业占主导地位的地区在转移支付等配套措施不到位的情况下，应对农业税取消和财政支出责任调整的一种尝试，各地区要根据自身情况，进行调整，不能盲目跟进。

3. 合理实施“省直管县”体制。“省直管县”是浙江省长期坚持的具有地方特色的财政体制，加上合理的约束与激励机制，如“两保两联”、“亿元县上台阶”、“四两拨千斤”等政策，使县级发展经济和社会事业的积极性和潜力被调动起来，县级财力也得以壮大，实现了县级财政“消赤保平促发展”，浙江财政走上了良性循环的轨道（阎坤，2004）。“省直管县”体制实际上是在现有的五级政府框架下，弱化了县级政府对地市级政府的行政隶属关系，使县级政府与地市级政府在财政级次上平级。

近年来，全国有18个省份相继推行了“省直管县”体制，显然，该体制的推行有利于实现合理的基本公共服务均等化，同时还有利于减少政府财政级次，并为最终的政府级次改革奠定基础。但是，“省直管县”体制在全国范围的推行仍需要注意以下几个问题，防止出现新的“一哄而上”的局面。

省直管县体制在浙江的成功，与浙江特殊的地理环境和经济发展状况等因素相关。对于那些管辖区域较大的省份而言，许多县政府在地理位置上距离省城较远，区域之间的情况也有很大差别。而且，这一体制要求省级财政及许多配套措施的支持，其中浙江实行的分税加增长分成的分税模式，和财政与地税合署办公的组织形式，是省直管县体制得以有效运行的重要保障。从全国范围看，大多数省份实行地税部门垂直到省管理的组织形式。这意味着其他省份在实施省直管县体制时，很可能需要对本省的财税体制和组织结构进行大的调整。同时，长期实行的市管县体制，尤其是依附于经济较为发达的中心城市的县域经济，与中心城市之间已经实现了某种程度的分工和协作关系，中心城市也为所属周边县的基础设施和经济协作网络投入了大量的资金。而实行“省直管县”后势必对中心城市的扩张造成负面影响。因此，“省直管县”体制在目前阶段可能更适用于中心城市数量较少的省份，而在全国范围的普遍推行还有待探讨。即使在总体上某些省份与浙江的情况类似，有利于推行省直管县体制，也应当为中心城市的发展预留空间。因此，该体制的推行，各省区应当根据自身的情况，慎重对待。

总之，县乡负债问题已成为中国经济改革中的一个难点和热点问题，需要在整个宏观体制背景下去分析。同时，由于中国特殊的国情，使解决这一问题又具有了长期性和复杂性，解决这一问题又并非财政部门一家所能。比如控制“吃皇粮”人口，我们采用“三奖一补”等办法会起到一定效果，但政府职能的缺位、越位和欠科学的政绩观等非财政因素，仍会导致“吃皇粮”人口失控，单靠财政部门显然无法解决这个问题，需要党委、政府和纪检监察、审计等强力部门的重视并采取果断措施，综合治理才是最终解决乡镇负债问题的关键。

我谈“创新”

入世后中国财政体制改革经验

财政部综合司　靳　俐

世界贸易组织是在市场经济规则下的一个多边贸易体制，既要改革和调整直接与进出口贸易相关的关税、出口退税以及财政补贴等财政政策，又要按照市场经济的要求，将市场经济的理念和行为规则渗透到财政运行和管理中，对财政体制、政策以及管理制度进行调整和完善。2001 年 12 月，中国正式加入世界贸易组织以来，为了严格履行入世承诺、积极承担成员义务、正确行使成员权利，结合社会主义市场经济发展需要，中国财政体制和管理制度不断调整和完善，加快公共财政建设步伐，较好地履行入世承诺、形成公平的经济环境、促进内外均衡发展，积累了较丰富的实践经验。

一、恪守入世承诺，提高对外贸易开放程度

降低并约束货物贸易进出口关税是开放市场、降低壁垒的核心内容，是中国承诺的重要内容，也是贯彻中国对外开放战略的重大步骤，加入世界贸易组织以来，财政体制和政策在这方面开展了大量工作。

（一）履行关税减让承诺

根据《中国加入议定书》承诺，2001 至 2006 年间，中国先后调整了共计 14000 多条税目的税率，范围涵盖了几乎所有进口产品，每个税目的税率平均下调 2 次。关税总水平以每年一个百分点的速度下降，从 2001 年的 15.3%降至 2006 年的 9.9%，降幅高达 35%；其中，农产品由 19.5%降到 15.1%，降幅超过 22.6%；非农产品（包括工业品和渔产品）由 12.8%降到 9%，降幅超过 29.7%。经过降税，关税税率形成了两头小、中间大的格局，税率在 5.1%～10%之间的税目比例约 45%，税率在 0～5%和在 10.1%～20%之间的税目比例约 25%，税率高于 20%的税目只占 6%左右；大体形成了资源性产品、零部件、制成品税率由低至高的合理结构。中国认真履行降税承诺，在国际社会树立了负责任大国的良好形象，显示了中国坚持改革开放的坚定决心，受到了国际社会的广泛赞誉。WTO 总干事拉米多次表示，中国履行关税减让承诺的工作无可挑剔。

（二）体制非歧视性原则

非歧视性原则要求平等对待存在竞争关系的有关各方，其宗旨是确保企业在经济活动中的自主权和平等地位。根据党中央国务院关于完善社会主义市场经济体制的战略部署，

我们先后3次对与世贸原则和有关协议不符的财税政策法规进行了全面清理，内容涉及进口税收、国内税收、收费、补贴、会计、外商投资、金融保险业和国有企业管理等8大类数百项政策法规，并在新拟定的财税政策中体现非歧视性原则。

（三）提高政策的透明度和可预见性

稳定、透明和可预见的涉外经济管理体系和法律法规，是完善涉外经济体制和形成对外开放制度保障的核心要求。世贸规则以通报通知、过渡性审议、贸易政策审议等机制监督成员政策的透明度。5年来我们及时公布并通过世贸秘书处通报了财税政策的变动，圆满完成了世贸成员对中国的5次过渡性审议和首次贸易政策审议。为保证2007年12月底前启动加入WTO《政府采购协议》（以下简称GPA）谈判，提交政府采购市场开放清单，目前组成由21个部委组成的GPA研究工作组，与美国举行了技术性磋商，举行了中欧首次政府采购对话。近年来，中国财税政策的透明度和可预见性显著提高。

二、完善财税政策，创造公平有序的市场环境

世贸规则中非歧视、开放市场、市场配置资源、减少贸易扭曲等原则，既是协调国际贸易关系的基本准则，也是市场经济运行的内在要求。入世以来，财政部门根据中国经济发展的客观实际，不断加快改革步伐，对现行制度进行了较为全面地调整，尽可能地为国内外企业创造公平有序的宏观经济环境。

（一）实行增值税转型试点

2004年对东北地区的制造装备制造业等八大行业实行增值税转型改革试点，允许纳入试点范围的企业新购进机器设备所含增值税税金在企业增值税额中抵扣；适当缩短了固定资产和无形资产的折旧或摊销年限；提高了内资企业工资税前扣除标准。在认真总结试点经验的基础上，深入研究在中部地区部分老工业基地城市以及在全国范围扩大增值税抵扣范围的实施方案，完善政策措施，为在全国范围内实施消费型增值税改革做好了准备工作。

（二）完善消费税制度

对消费税的应税品目进行有增有减的调整，新增加了高尔夫球及球具、高档手表等税目，并将原来的汽油、柴油两个税目和新增加的石脑油、溶剂油、润滑油、燃料油、航空煤油等油品作为成品油的子目；取消了护肤护发品税目，并将原属于护肤护发品征税范围的高档护肤类化妆品列入化妆品税目，调整后的消费税目由原来的11个增至14个。对白酒、小汽车、摩托车、汽车轮胎等原有税目的税率进行了有高有低的调整。

（三）调整个人所得税制度

2006年实施了新的个人所得税费用扣除标准，规范有关免税项目，将工薪所得费用扣除标准由800元/人·月提高至1600元/人·月；适当扩大自行申报面，明确了义务人的全额扣缴申报制度。对个人所得税的有关减免税项目进行了清理和规范，并在全国范围内将个体工商户业主、个人独资企业和合伙企业投资者本人的费用扣除标准统一确定为1600元/月·人。

（四）改革农村税费制度

先后在全国范围内取消了农业特产税和农业税，并颁布实施烟叶税条例。明显减轻了

农民负担，从制度上理顺了国家、集体和农民三者之间的分配关系，为形成统一的城乡税制、合理有序的财税环境创造了条件。

（五）改革车船税制度

改革车船税制度。将车船使用牌照税和车船使用税合并为车船税，并将车船税定性为财产税，统一适用于各类纳税人，适当提高了税额标准，调整了减免税范围。收到了拓宽税基、公平税负的良好效果。

三、调整财政体制，理顺的中央与地方财政关系

根据社会主义市场经济的客观要求，借鉴国际通行做法和经验，在保持财政体制基本稳定的前提下，进一步规范中央与地方的财政分配关系，有利于进一步消除地方保护主义、促进国内统一市场的形成、实现区域间统筹协调发展。

（一）实施所得税收入分享改革

除少数特殊行业或企业外，对其他企业所得税和个人所得税收入实行中央与地方按比例分享。

2002 年所得税收入中央分享 50%，地方分享 50%；2003 年以后中央分享 60%，地方分享 40%。中央对各地区按 2001 年所得税收入基数计算的净上划中央所得税部分予以返还，实施增量分成。中央财政因所得税分享改革增加的收入，按照公平、公正的原则，采用规范的方法进行分配，对地方主要是中西部地区实行转移支付。

（二）完善出口退税制度

为了进一步调整中央与地方的财政关系，推动对外贸易可持续增长、促进经济内外均衡发展，2004 年实施了出口退税机制改革。

按照“新账不欠，老账要还，完善机制，共同负担，推进改革，促进发展”的方针，适当调整出口退税率，对国家鼓励出口产品不降或少降，对一般性出口产品适当降低，对国家限制出口产品和一些资源性产品多降或取消退税，对一些高技术产品，适时提高出口退税率。中央财政加大对出口退税的支持力度。及时办理当年出口退（免）税任务，确保正常需要和“新账不欠”；并使用 2004 年的超收收入，利用中央库款余额，全部偿清了历年欠企业和地方的出口退税。建立中央和地方共同负担出口退税的新机制。出口退税与地方经济利益挂钩，强化了地方政府参与打击、防范骗取出口退税犯罪行为的责任，推进了外贸体制改革，促进了内外经济的健康均衡发展。2005 年进一步调整中央与地方的分担比例，在维持上年基数不变的基础上，对超基数部分中央、地方按照 92.5∶7.5 的比例分担；各地根据实际情况，自行制定省以下出口退税的分担办法；出口退税改由中央统一退库，地方负担部分年终专项上解。

四、改革财政管理制度，提高财政运行的规范性、安全性和有效性

近年来，财政部门重点推进以部门预算、国库管理、“收支两条线”管理和政府采购等制度改革为主要内容的预算管理制度改革，大力促进公共财政建设。

（一）实施预算管理制度改革

1. 改革预算编制制度。实行“一个部门一本预算”，按照基本支出和项目支出编制部

门预算；深化“收支两条线”管理改革，实行综合预算；规范预算编制程序，建立合理的预算编制流程；稳步推进绩效预算改革，使财政管理由“重分配”向“重管理”转变。目前，已初步建立起与公共财政体制相适应的新的财政预算编制和管理体系。

2. 大力推进政府收支分类改革。对政府收入进行统一分类，全面、规范、细致地反映政府各项收入；建立新的政府支出功能分类体系，更加清晰地反映政府各项职能活动；建立新型的支出经济分类体系，全面、规范、明细反映政府各项支出的具体用途。实现“体系完整、反映全面、分类明细、口径可比、便于操作”，以提高财政预算管理的透明度，实现财政预算管理的科学化和规范化。

3. 稳步推进部门预算支出绩效考评试点工作。按照积极稳妥、先易后难的原则，跟踪检查中央部门试点项目的绩效考评工作，不断总结经验、完善管理办法、扩大考评范围。逐步建立项目预算安排与执行效果有机联系的绩效考评体系，切实提高预算资金使用的有效性。

（二）改革国库管理制度

财政国库管理制度改革是中国预算管理制度改革的重要内容，改革的目标是建立以国库单一账户为基础、资金缴拨以国库集中收付为主要形式的现代国库管理制度。(1) 建立国库单一账户体系，规范银行账户管理，财政部门统一设立并管理国库单一账户体系。(2) 规范财政资金管理，所有财政资金纳入国库单一账户体系管理。(3) 规范财政资金的收付方式和程序，财政收入按照规定的收缴方式，通过国库单一账户体系直接缴入国库单一账户或财政专户，财政支出按照规定的支付方式，通过国库单一账户体系直达项目。(4) 建立财政国库管理信息系统和动态监控体系，全过程监控财政资金的支付活动。(5) 建立预算执行机构，加强全程监管，确保资金的安全高效运行。

（三）实施政府采购管理制度改革

改变政府购买传统的自由、分散、低效的采购方法，建立和完善政府采购的运行机制和保障体系，实行依法采购、规范采购、统一采购，充分发挥政府采购在财政支出管理和调节宏观经济中的积极作用。政府采购范围、规模进一步扩大，2006 年全国政府采购规模突破了 3500 亿元；政府采购法规制度体系日臻完善，管理职能与操作职能分离工作取得较大进展；继续推进管采分离工作，规范政府采购代理机制管理，使政府采购管理工作的规范化程度不断加深。

五、把握政策调整空间，统筹国内发展和对外开放

入世以来，中国在世贸体系的合理框架下，充分运用关税政策的合理空间，根据经济发展的现实要求，有针对性地完善税收和补贴政策，促进国内外的均衡发展。这成为入世后中国经济宏观调控的一个显著特点。

（一）适时调整进出口税收政策

近年来，先后调高了若干高能耗、高污染产品的出口关税；对部分纺织品相机加征或取消出口关税；对一些能源、资源性产品以及有利于企业自主创新和技术进步的产品调低进口关税以至免税；对为发展重大装备制造业而进口的部分关键配套部件和原材料，实行关税和进口环节增值税先征后返政策，并停止相应成套设备及整机进口的免税政策；修订

《国内投资项目进口不予免税的商品目录》，保护符合市场需求的国内产品生产；对配额外一定数量的棉花进口实行滑准税，兼顾相关行业利益等。

（二）改革和完善粮食补贴制度

围绕“三农”问题，创新财政支农资金使用方式，增加对“三农”的投入。从 2004 年起，改革粮食风险基金使用方式，将原来通过流通环节的间接补贴改为对种粮农民的直接补贴，同时实施良种和农机具购置补贴，以调动农民的种粮积极性，促进粮食流通体制改革，为提高财政支农资金的使用效益积累经验。从 2005 年起财政专门安排资金，实施以“三奖一补”为核心的措施，即对县乡政府增加财政收入和省市级政府增加对下转移支付给予奖励，对县乡政府精简机构和人员给予奖励，对以前缓解县乡财政困难工作做得好的地区给予补助。建立激励约束新机制，鼓励粮食生产。

（三）实施贸易救济措施

为维护公平贸易和正常市场竞争秩序，当倾销、补贴和过激增长等对成员国内产业造成损害时，世贸规则允许成员采取反倾销、反补贴和保障措施等贸易救济措施。5 年来，中国共实施救济措施 29 起，其中反倾销征税决定 28 起，保障措施加征关税决定 1 起，涉及化工原料、塑料橡胶、钢铁制品、纸制品、纺织原料、通信产品和农产品等。救济措施在制止不正当竞争行为、恢复公平竞争的市场环境、维护国内企业合法权利等方面作用显著。

加入世贸组织以来，为切实履行承诺和逐步实现权利，中国财政体制不断改革完善，为获得一个相对稳定的国际经济环境、扩大国际市场空间和增强经济发展活力作出了贡献。中国宏观经济发展态势良好，经济较快平稳发展，财政收入稳步提高，进出口贸易高速增长，人民生活进一步改善。总结入世以来的财经实践经验，我们清晰地领会到，恪守世贸组织各项协议，切实履行承诺，有利于对外开放长期战略的实施，有利于社会主义市场经济体制的完善；面对入世带来的挑战和问题，我们清醒地认识到，必须坚定不移地深入贯彻落实科学发展观，以发展的办法妥善解决在入世后过渡期所面临的问题，努力做好财税工作，为构建社会主义和谐社会作出贡献。

再论中央政府与地方政府事权和财权的划分

——交叉性公共产品提供的视角[①]

财政部条法司 依天骄

分税制改革完成以后，我国中央政府与地方政府事权和财权的不匹配问题一直没有得到彻底解决。中央政府和地方政府之间事权错位、地方政府之间事权相互错位，同时中央政府集中了绝大部分的财权，[②] 地方政府财政收入也层层上收，导致了基层政府缺乏足够的财政资金支撑，甚至依靠“借债”维持日常运作等异常现象屡见不鲜。我国财政、经济和法学界的学者很早就注意到了这些情况，纷纷撰文献计献策，希望尽快从根本上解决这些问题。笔者仅从交叉性公共产品提供的视角，再次探讨中央政府和地方政府事权和财权的划分问题，以期借助交叉性公共产品独有的特点，尝试为事权、财权的划分提供一些可行的思路。

一、问题的提出

1994年我国开始财政包干体制向分税制转变的改革后，学界关于这个问题的讨论亦由论证分税制的必要性转向寻找完善具体制度的主要途径。早期的研究成果主要集中于分税制下具体税

① 原文发表于中国（海南）改革发展研究院编：《中国公共服务体制：中央与地方》，中国经济出版社2006年版。

② 如无特别说明，本文所称的财权主要是指与税收收入有关的财政收入。

种在中央和地方之间的划分及比例安排上，随着研究的进一步深入和实践中若干问题的暴露，学界开始注意到，中央与地方事权和财权的不匹配导致的地方财政危机逐渐成为困扰财政体系建设的主要问题。近年来的研究表明，学界至少在以下几个方面达成了较一致的意见：第一，我国近年来的政府体制改革导致了若干事权从中央政府向地方政府的步步下移，而相对应的财权仍然集中于中央政府，这是导致地方政府事权与财权不相匹配的主要原因。[①] 第二，我国的国情和政治体制决定了中央集权为基础的财权分配体制不能完全借鉴国外经验而发生根本性转变，但随着事权的逐步下放，地方政府有限的财权必然难以匹配，所以中央适度地放权是完善当前体制的主要方向。第三，根据公共产品理论，中央和地方事权划分的主要依据在于公共产品的性质——属于全国性公共产品抑或地方性公共产品。

以上述共识为基础，各界学者纷纷提出了改变现有体制、解决现实问题的思路和方法：首先，明确中央政府和地方政府的事权划分，配以地方政府相应的财权；其次，适度允许地方政府公债的发行以缓解地方政府强大的财政压力；再次，加快转移支付法制化的进程，使其发挥更为透明、有效的作用。应该说，我国学者的整体研究思路是比较一致的，在对分税制和中央与地方的关系问题上的态度并未产生实质分歧。但是目前的研究视角倾向于整个制度的构建和走向，特别是一些研究宪政的专家把这个问题的讨论上升到了国家体制改革的高度后，宏观层面的研究应该已经比较全面，而具体制度上的讨论略显不足。本文选取交叉性公共产品的视角对中央与地方政府事权和财权的划分问题进行讨论，目的是弥补已有研究文献在该特定领域的不足。

二、交叉性公共产品的含义与相应事权、财权划分的特殊性

严格意义上讲，交叉性公共产品并非精确的经济学术语，笔者已掌握的资料范围内，对“交叉性公共产品”尚无权威、统一的定义。公共产品与服务，按照性质和受益范围的不同，可分为不同种类。一般情况下，根据研究和实际工作的需要，公共产品可以分为纯公共产品和准公共产品，全国性公共产品和地方性公共产品等不同类别。[②] 交叉性公共产品的含义及其特殊性决定了提供该类公共产品时，中央和地方政府的权利划分需要考虑多方面的因素，从这个角度出发，本文首先要明确交叉性公共产品的定位及其特性。

（一）交叉性公共产品的定位和特点

一般认为，具有显著的地域性，只有居住在特定区域的居民才能享受的公共产品属于地方性公共产品；国防、外交等全国性公共服务属于中央政府的责任，即为真正意义上的全国性公共产品。介于上述两种公共产品之间还存在着一个交叉地带——一些具有区域性外溢效应的公共产品或准公共产品，不能完全归为全国性公共产品或地方性公共产品，有学者将它们称为“区域性公共产品”或“交叉性公共产品”。笔者在本文中使用“交叉性

---

① 宏观经济研究院课题组：“公共服务供给中各级政府事权、财权划分问题研究”，《宏观经济研究》2005 年第 5 期，第 3 页。

② 国家发改委宏观经济研究院课题组：“我国公共服务供给中各级政府事权财权配置改革研究（主报告）”，《经济研究参考》2005 年第 25 期。

公共产品”这一概念，主要指以下几种情况：第一，具有一定的地域性，但可能产生一定范围内的区域性外溢效应的公共产品。这类公共产品典型的有跨行政区域的基本建设项目，如交通基础设施建设；有地域性特点但面临跨区域扩散风险的传染病控制等。第二，可以由中央政府提供，也可以由地方政府提供，亦可由中央和地方同时提供的公共产品，其地域性不甚明显。这类公共产品典型的有教育、医疗的提供等。

交叉性公共产品的特点在于无法适用单一标准确定负有提供服务责任的政府级别，不仅涉及中央和地方政府之间的权限划分问题，还涉及地方各级政府之间的权限划分。个别特殊情况下，随着项目的建设进度，该公共产品的外溢效应会发生扩散，从而牵涉更大范围内的地方政府。这就决定了中央和地方、地方与地方之间事权和财权的划分难以实现事前的明确，或者说，事前进行固定的权限划分不能解决交叉性公共产品提供中面临的问题。

（二）针对交叉性公共产品的事权划分的特殊性

我国目前尚无相关法律法规对中央和地方政府的事权划分予以明确，从现阶段中央和地方政府事权安排的现状来看，除了少数事权，如国防、外交等专属于中央政府外，地方政府拥有的事权几乎是中央政府拥有事权的翻版。

从前述交叉性公共产品的内涵出发，笔者把中央和地方政府事权的划分分为两种不同的情况进行讨论。首先，具有一定地域性，但可能产生一定范围内区域性外溢效应的公共产品。此类公共产品的范围一般不能通过事前立法或者行政机关内部权限划分的方式予以确定。以跨地域的基础建设项目为例，如跨省公路的建设和大型水电站的建设，前者可以较为明确的预期公路通过的省份及产生的经济效益可能辐射到的地域范围，后者则牵涉到电站所在水系及支流沿线的若干省份、电厂建成后可能供给的主要省份和电站建设对环境生态造成影响的省份等，后者的地域范围和影响面的确定相对较为困难。这就意味着此类公共产品提供者的确定不能一概而论。特别是当公共产品外溢效益扩散的情况下，如何处理事权在中央和地方、地方和地方之间的划分问题，显得尤为重要。

其次，第二类不具有特定地域性的交叉性公共产品，从各国立法例来看，由于政治体制的不同，同一类公共产品在不同国家采取了不同的处理方式。这就意味着此类公共产品的提供从理论和实践上都不具有惟一性。没有任何一种模式被认为是绝对正确或是具有绝对优势。以教育为例，许多学者直观认为“教育”问题是全民大事，理应归入中央政府的事权范围。而从国际经验来看，提供此类公共产品服务的并非是中央政府，而是地方政府，中央政府只是通过转移支付的方式实现各地方政府事权与财权上的平衡或者匹配。所以，此类公共产品的提供可以尝试通过事前立法或者行政机关内部权限划分的方式予以确定。

（三）针对交叉性公共产品的财权划分的特殊性

从总体上讲，我国现阶段中央和地方之间财权和事权不相匹配问题是公认的事实。1994 年分税制改革以后，经过多次个别税种的调整，中央和地方税收征收权限的划分已明确，但各级地方政府按照分税制的原则在本级和下级政府之间进行收入的划分，各省、地市独立进行，没有统一的规范，因而呈现出较大的差异性。但上级政府在划分收入时允许本级分享下级税收的做法十分普遍。[①] 学界对现有体制的批评应归结为两点，一是中央政府和地方政府事权和财权的不相匹配，总体上而言地方政府财权过小；二是各级地方政府在本级政府和下级政府之间财权划分的不规范，进一步导致县乡级政府事权与财权之间的不平衡。因此，笔者认为如果仅从权限划分来看，并不能得出我国的财权划分体制存在明显弊端的结论。或者说，把财权的划分问题独立于事权划分的讨论是不能真正从根本上解决问题的，而针对交叉性公共产品的财权划分面临更为严峻的挑战。

在制度设计上，笔者认为应在事权确定的基础上才能着手考虑财权的划分问题，所以针对交叉性公共产品财权划分的前提是事权划分的明晰。以上文对交叉性公共产品的事权划分的标准为前提，笔者认为具有一定地域性，但可能产生一定范围内区域性外溢效应的公共产品，中央和地方都要承担一定比例的责任，那么在这种情况下，无法通过普遍性的立法对财权划分进行预先设定。而另一类交叉性公共产品的提供，与事权划分相类似，事前的调整和确定并不存在障碍。可以说，后一种交叉性公共产品与全国性公共产品、地方性公共产品的提供面临同样的问题，新的制度设计应改变财权过于集中在中央、事权过于下放到地方的现状。

三、事权与财权划分国际经验的借鉴

事权与财权相结合原则一般被认为是财政收支划分法的基本原则之一，[②] 我国目前出现的财权和事权不相匹配的现状使得学者们纷纷把眼光转向国际，希望从其他国家的成熟经验中有所借鉴。鉴于改变事权划分的现状难度较大，而税收分割是财政分权中极为重要的一项，[③] 许多研究都集中于税权划分的改革上，且集中于税收征收权力的划分。有代表性的几个国家的基本情况如下：

1. 美国税收划分为联邦、州和地方政府三级管理，主要税法由国会制定，财政部颁布细则规定，由国内收入局解释执行。州政府也可以规定自己的税种、税率和征收办法。自 20 世纪 90 年代以来，税收收入划分总格局基本维持在联邦收入占全国六成弱，州和地方收入占四成强的比例上。[④] 即美国是以税率分享的形式在中央和地方之间对税收收入进行划分，同时三级政府分别有一定的主体税种保证为履行各自的职责奠定坚实的财政基础。[⑤]

2. 法国的税收实行中央、省、市镇三级管理体制，采取了划分税种的办法，划归中央的税收称为国税，包括个人所得税、公司所得税、增值税、消费税、关税等。地方税收包括直接税和间接税两类，直接税主要有房屋建筑地产税、非房屋建筑地产税、动产税、营业税等，间接税又分为强制性和非强制性间接税两种。在全部税收收入中，中央一般占税收总收入的 75% 左右。同时法国地方财政中有相当一部分来源于中央财政的专项补助，

---

① 参见宏观经济研究院课题组："公共服务供给中各级政府事权、财权划分问题研究"，《宏观经济研究》2005 年第 5 期，第 4 页。

② 刘剑文主编：《财税法学》，高等教育出版社 2004 年版，第 80 页。

③ 阎坤、王进杰："从财政分权理论看我国的税收分割"，《财经科学》2000 年第 5 期，第 78 页。

④ 参见齐守印、杨敏主编：《中外财政法律制度比较研究》，法律出版社 2006 年版，第 128 页。

⑤ 参见廖宇波："国外分税制比较及借鉴"，《江西科技师范学院学报》2006 年 4 月，第 17 页。

有数据表明1980年到1985年，地方财政收入中约40%来源于中央补助，最高年份达到了44%。

3. 日本税收实行中央、都道府县和市町村三级管理体制。全部57种税分别划归三级政府，其中属于中央政府的有31种，属于都道府县的有16种，属于市町村的有10种，这样，中央和地方的税收收入比重基本保持在三分之二到三分之一之间。日本中央政府掌握的全部税收收入的70%以上，而大部分支出却在地方，中央政府通过地方交付税、地方让与税和国库支出金三种形式对地方财力进行再分配。[①]

4. 德国税收实行联邦、州、市级三级政府管理体制。各项税收分为三级政府的共享税和各级政府的专享税。重要、大宗的税收，包括个人所得税、公司所得税、增值税、营业税由三级政府分享，统称为共享税，其余税收分别归各级政府专享。另外，各级政府还有一些非税收入作为补充。德国分税制的补充制度是政府间的转移支付制度，一方面通过对营业税在各州间进行调节分配，使财力雄厚的州向财力薄弱的州进行补偿性支付以及联邦为其提供追加性拨款；另一方面，州政府为乡镇提供补贴，缩小州内税收收入高低不等的乡镇之间的差别。[②]

从上面的简要介绍可以看到，不同的税收体制下，中央和地方拥有权限的大小不同，所占税收收入的比重也有所不同。仅从比例上看，中央政府集中了大部分税收收入的情况并不少见，地方政府“事多钱少”的情况也比较普遍，各国政府都针对自身问题设计了相应的解决方案。我国从财政包干体制向分级分税体制的改革已借鉴了这些国家的一些经验，所以从大方向上看，中央集中大部分财权、事权大多下放到地方政府的情况在其他国家也属正常现象，关键在于如何协调中央与地方的关系，实现事权与财权的相对匹配。

四、交叉性公共产品事权和财权划分的制度建议

在本文第二部分，笔者尝试对交叉性公共产品的范围进行了初步的界定，并指出那些具有一定地域性，但可能产生一定范围内的区域性外溢效应的公共产品的提供，可能面临一些不可预测的因素而使得事前的事权划分面临较大的困难，或者需要在该类公共服务的提供过程中适时作出相应的调整。针对交叉性公共产品的特殊性，下文将从制度完善的角度提出几条建议。

（一）事权划分透明公开与信息披露制度

政府的透明度问题是宪政学、行政管理学、经济学等一再强调的最为重要的现代执政理念之一。有学者认为只有提高政府透明度才是国民对政府施行有效制约的唯一且决定性的重要条件，才是改变包括政府和民众在内的国家“形态”的“突破口”。[③] 在我国强调管制型政府向公共服务型政府转变的改革进程中，政府的透明度问题也被提到了相当的高度。不同政府部门、各级政府之间权限、职责的划分即事权划分的透明度，就是体现政府

---

① 参见阎坤：“日、美、法分税制比较”，《日本学刊》1997年第1期。

② 参见熊钢：“德国分税制简介”，《安徽税务》1999年第8期，第27页。

③ ［日］鹤光太郎：《政府的透明度》，http://www.rieti.go.jp/users/tsuru-kotaro/cn/c030722.html，2003年7月22日。

透明度的直接表现。

提供交叉性公共产品时，中央政府和地方政府之间的事权划分必须实现高度的透明。一方面，此类公共产品面临的受益群体范围较大，仅次于全国性公共产品，同时也意味着可能产生的负面影响牵涉的范围也同样较大，如果事权划分不够清楚明晰，各级政府之间极易产生“争利避弊”的情况，极大降低执政效率；另一方面，此类公共产品的外溢效应可能有不同程度的扩散，事权划分的公开有利于让地方各级政府正确估计影响，适时争取属于本级政府辖区内的权益，或者通过及时与相关部门的协调避免负面效应的影响。

事权划分透明公开，主要是通过严格的信息披露制度来实现的。一部分交叉性公共产品的特点决定了可以通过立法的方式将事权划分的依据、标准等固定下来。但是对于那些具有特殊性单一性的交叉性公共产品的提供，均通过立法方式确定事权划分则成本过大，并且不利于适时的调整。事权的划分需要根据个案的具体情况来确定，此时，信息披露就显得尤为重要。信息披露的具体方式是将事权划分的依据、程序和调整方案刊登在具有全国性影响的报纸、政府网站上，并且在提供公共产品的主要行政区划内进行更为深入细致的披露。

（二）公众参与度的提高与听证制度

公众参与度的提高是公共服务型政府建立的内在要求，具体到交叉性公共产品的提供上，公众参与特定项目政府事权划分程序具有必要性和可能性。首先，公众参与具有必要性。由于交叉性公共产品跨地域外部效应的特性，真正受益于公共产品的主要是来自不同行政区域的普通公众，而非各级政府部门。对特定项目可能带来的负面效应有着切身体会的亦是普通公众，鼓励公众参与即为维护其权益的方式之一。其次，公众参与具有可能性。从表面上看，各级政府权限的划分是政府内部事务，普通公众没有权限也没有能力提出意见和建议。但近年来逐步完善的听证制度为普通公众提供了参与的途径和方式。虽然公众对各级政府权限的划分不具有最终的决定权，但是能够通过听证会上的畅所欲言，充分表达自己的意愿，使政府部门能够更为全面的衡量各方面利益，从而作出更为恰当的权限划分。

（三）财权和事权相匹配与中央财权的适当紧缩

针对财权与事权的匹配问题，许多学者提出了两种改革方案，一是不改变财权划分现状进行事权划分的改革，二是保留事权划分现状进行财权划分改革。笔者认为，从改革的必要性看，财权和事权的划分均有可改进之处；从难度上看，改变现有事权划分体制的难度大于财权划分体制的改变，所以笔者更倾向于明确中央和地方事权的划分，适当紧缩中央财权的改革方案。具体到交叉性公共产品的提供，在中央和地方各级政府的事权划分明确之后，中央一方面可以通过专项拨款的方式对特定项目予以支持，另一方面也可以通过转移支付弥补地方政府财政资金紧缺状况。

刍议我国政府非税收入预算管理方式

财政部国库司　徐永翥

政府非税收入是我国政府收入体系的重要组成部分，经济转轨时期，我国政府非税收入实行预算外管理的方式，有效地调动了地方和部门筹集收入的积极性，非税收入的存在有力地推动了我国经济社会的发展，但由于非税收入预算管理不规范，也推动了“乱收费、乱罚款、乱集资”等问题，给社会造成了沉重的经济负担，严重干扰了正常市场经济运行秩序。加强政府非税收入的预算管理，有助于促进非税收入的不断规范，建立符合市场经济体制的非税收入管理方式，具有重要的现实意义。

一、我国政府非税收入预算管理沿革

（一）第一阶段：预算内管理阶段（新中国成立初期～1953 年）

建国初期，我国实行高度集中的财政管理体制，国家财政统收统支。当时政府的非税收入项目很少，资金数额也不大，大部分非税收入项目放在预算内，由财政部门统一征收管理。只有少量的税收附加收入和少数的专项事业收入由于已经规定了专门的用途而作为预算外收入进行管理。对于行政机关和事业单位的零星收入，包括房租水电和处理公物收入通常按冲抵支出处理。某些有收入的事业单位，其收入要全部上缴财政，支出由预算安排。所以非税收入的管理十分简单，基本上是预算内管理。

（二）第二阶段：部门自行管理阶段（1953～1996 年）

1953 年，我国开始了有计划的经济建设。为适应新形势的需要，中央决定实行“统一领导、分级管理”的财政管理体制，适当扩大地方的机动财力，对企业实行经济核算制，设置企业奖励基金、福利基金和大修基金，开始形成了由企业管理的专项基金。同时，1953 年全国财政会议研究决定，从 1954 年起把工商税附加列入预算外，用于城市公用事业的维护；公路养路费、中小学杂费等事业收入，也作为预算外资金管理，各单位的零星杂项收入留给单位自收自支。

1986 年，国务院颁布的《关于加强预算外资金管理的通知》（国发［1986］44 号）中正式出现了预算外资金的概念，将预算外资金界定为由各地区、各部门和各单位依据国家有关规定，自行提取、自行使用的不纳入国家预算的资金，其性质则是国家为了刺激各个地方政府和部门发展经济、举办实业的积极性，而留给地方和部门的机动财力和财权。由此开始，我国政府明文将完整的财政资金切割为预算内、预算外两大块，并明确规定了预算外资金的所有权与使用权归属地方、部门和单位，形成了事实上的国家预算双轨制。

1993 年，由于企业会计制度和财务制度的改革，预算外资金管理范围也发生了相应变化，国有企业的预算外资金作为所有者权益体现，除上交国家税收外，这部分资金完全由企业决定其用途。因此，从 1993 年起，预算外资金的范围由原来的三部分变化为由地方财政部门的预算外资金和行政事业单位的预算外资金两部分组成。

这一阶段，政府非税收入预算管理的特点是，实行预算外管理，不作为财政性资金，不由财政部门进行管理，由部门和地方自行管理的“预算外”管理方式。

（三）第三阶段：财政专户管理阶段（1996～1999 年）

1996 年国务院发布了《关于加强预算外资金管理的决定》（国发［1996］29 号），重新界定了预算外资金的性质，预算外资金是国家机关、事业单位和社会团体为履行或代行政府职能，依据国家法律、法规和具有法律效力的规章而收取、提出和安排使用的未纳入预算管理的各种财政性资金。这一预算外资金的概念发生了重大转变，预算外资金的所有权、使用权不再是部门、单位，而是政府，预算外资金的性质是财政性资金，这是一个根本性的转变。同时要求预算外资金，必须统一纳入财政部门在银行开设的财政专户进行管理，预算外资金的预算管理方式的特点主要是实行财政专户存储，不进入国家金库，财政部门监督管理，但这种资金的预算分配使用权财政还无法完全控制，基本上要全额返还单位使用，我们将这一阶段政府非税收入预算管理的方式概括为财政专户管理。

（四）第四阶段：纳入预算管理阶段（1999 年至今）

1999 年，财政部等五部门联合下发《关于行政事业性收费和罚没收入实行“收支两条线”管理的若干规定》，将非税收入全部纳入财政专户管理、并逐步纳入预算管理为目标，政府非税收入逐渐向纳入预算内管理的方式深化。

实际上，在 1996 年国务院下发《关于加强预算外资金管理的决定》（国发［1996］29 号）时，就已规定从 1997 年 1 月 1 日起，将养路费等 13 项政府性基金以及地方财政部门按国家规定收取的各项税费附加纳入预算管理。

1999 年以后，非税收入纳入预算管理的步伐不断加快。从 2000 年 9 月 1 日起，财政部又将 51 项行政事业性收费和政府性基金纳入预算管理，涉及资金约 200 亿元，进一步缩小了预算外资金收入规模。

2001 年，国务院规定将公安部、最高人民法院、海关总署、工商总局、环保总局 5 个行政执法部门按规定收取的预算外资金收入全部纳入预算，实行收支脱钩；对国家质检总局等28个中央部门的预算外资金，收入缴入财政专户，实行收支脱钩管理，编制综合财政预算。

这一阶段非税收入预算管理的特征是将预算外管理的收入逐步纳入预算内管理，实行收支脱钩，因此我们将这一阶段概括为纳入预算管理阶段。

二、我国政府收费预算管理现状

目前我国非税收入的预算管理仍具有多种形式，从大的方面来看，可以分为预算内管理和预算外管理两种方式，另外还有部分收入在制度外管理。其中纳入预算管理的又分为三种情况，一般预算收入、专项收入、基金收入。

（一）预算外管理方式

政府非税收入实行预算外管理应该说是我国一个特殊的预算管理方式，我国预算外管理的概念在不同时期也有着不同的含义。1996年之前，预算外资金的概念实际上是不需要财政管理的资金。1996年以后，预算外资金成为由财政管理，但不纳入国家金库，实行在商业银行财政专户管理的一种特殊的资金预算管理方式，有人将其称为“第二预算”。

（二）制度外管理方式

制度外政府非税收入，也被称为“第三预算”，主要是将预算内管理作为“第一预算”，预算外管理作为“第二预算”而言的。制度外非税收入多是行政事业单位凭借手中的权力，通过自行设立收入名目、扩大征收范围、提高收缴标准等收取的，形式繁多，渠道混乱，大多属于隐蔽的政府部门行为，其具体规模也很难统计，属于一种非常不规范的资金管理形式。

（三）预算内管理方式

纳入财政预算管理的政府非税收入，具体来看，也存在多种预算管理方式。

1. 一般预算收入。一般预算是国家正常的预算收支，它分为预算收入和预算支出两部分。我国1994年颁布的《预算法》管理的就是一般预算。一般预算的主要特征是收入全部缴入国家金库存储，支出由财政从国家金库中拨付使用，一般预算收支报经本级人民代表大会批准，即具有法律效力，非经法定程序，不得擅自改变。一般预算收支情况向社会公开，相关数据可以查询。我国政府非税收入中实行一般预算管理的，主要包括纳入预算管理的行政事业性收费、罚没收入、国有资源（资产）有偿使用收入和专项收入等。政府非税收入纳入一般预算管理后，其收入与执收部门的支出通常不再挂钩，支出根据执收部门的需要通过预算进行核定。

2. 专项收入。专项收入是一般预算管理下的一个部分，但专项收入是一种特殊的一般预算收入管理方式。专项收入虽然名义上是一般预算收入，但其支出是与收入相挂钩的，专项收入只用于专项支出，不能用于其他一般性的预算支出。我国目前一般预算收入中的专项收入主要包括排污费收入、水资源费收入、教育费附加收入、矿产资源补偿费收入、探矿权采矿权使用费及价款收入、内河航道养护费收入、公路运输管理费收入、水路运输管理费收入、三峡库区移民专项收入等，这些收入都规定了专门的用途，分别用于排污费支出、水资源费支出、教育费附加支出、矿产资源补偿费支出、探矿权采矿权使用费及价款支出、内河航道养护费支出、公路运输管理费收入、水路运输管理费支出、三峡库区移民专项支出。可以看出，这些项目的收入和支出项目基本上都是直接以项目本身命名的，此类政府非税收入的使用被限定在专门的用途范围内。

3. 基金预算收入。基金预算是一种特殊的预算管理方式，实行基金预算的收入全额纳入预算管理，实行收支两条线，收入全额上缴国库，先收后支，专款专用；基金预算在预算上单独编列，即各级财政部门单独编列一张“政府性基金收支预算表”，将基金收入与基金支出按照一一对应的原则排列，不计入一般预算收入总计和一般预算支出总计；基金预算自求平衡，结余结转下年继续使用。

三、我国政府非税收入预算管理存在问题

（一）非税收入预算外管理带来严重的不良后果

部门管理的预算外资金管理的方式，是我国存在的一种非常独特的现象，其实质就是政府的预算并不是由财政部门统一管理的，各个部门都可以进行财政资金的分配，政府的预算管理职能被肢解成为多个部分，社会经济生活中存在多个预算分配主体。政府预算职能被肢解带来的直接后果就是政府无法控制政府收入。

1. 推动了非税收入规模的急剧扩大。非税收入实行预算外管理，资金的所有权属于各部门，各部门存在尽可能扩大自身掌握的资金规模的冲动。正是在这种冲动下，20 世纪 80 年代后，我国政府部门开始普遍采取非税收入的方式筹集收入，我国预算外资金的规模不断扩大，从 1980 年的 557.40 亿元，到 1990 年时就增加到了 2708.64 亿元，10 年间其规模扩大了近 4 倍，而同期预算内收入仅扩大了不到 2 倍，预算外资金的增长速度远远超过了预算内资金的增长速度，并在 1991 年超过了预算内收入的规模，其速度是惊人的。

2. 分散了国家财力。随着预算外资金日渐壮大，财政收入占国民生产总值的比重却不断下降，1994 年是财政收入占 GDP 比重甚至不到 10%。财政收入比重的降低，并非税制发生了重大变化，而是由于非税收入实行预算外管理这种不规范的方式不断侵蚀挤压的结果。很多地方和单位当时甚至提出了“先收费、再收税”的口号。财政收入比重降低影响了政府职能的正常履行，危害了整个社会经济的正常发展。在我国宏观税负水平不高的情况下，一方面企业及广大居民感到负担沉重，抱怨政府拿走了收入的大部分；另一方面，财政却越来越困难，收不抵支，赤字不断扩大。财力分散使得财政捉襟见肘，影响了基础产业、教育、科学等社会事业的正常发展。

3. 干扰了社会经济的正常运行。在预算职能遭到肢解的情况下，各部门拥有了收取非税收入的权力，在扩大自身资金规模的内在冲动下，政府部门不断扩大政府非税收入权力的使用，这也就是我国政府非税收入发展到后期乱收费问题异常严重的原因。政府无休止的乱收费，使得一些企业无法正常运行，老百姓也被各种集资摊派闹得苦不堪言，对社会经济的正常运转造成极大的破坏，一时间“三乱”到了“民怨沸腾”的程度。

4. 政府非税收入资金使用混乱。由于政府非税收入实行预算外管理，资金所有权属于部门和单位，部门和单位将政府非税收入不看做国家财政资金，而看做自有资金。在利益机制驱动下，部门和单位将非税收入筹集的资金，大量用于增加职工的福利。一些部门和单位甚至乱发钱物、补贴，超标购车、修建楼堂馆所，任意挥霍、贪污私分，并且形成一个恶性循环，反过来无休止地向企业索要钱物，索贿受贿，严重违法违纪，败坏了党和

政府的形象。

（二）基金预算有待规范

基金预算在我国也是一种特殊的预算形式，基金收入纳入预算管理，实行专款专用，改变了原先的预算外管理状况，使非税收入的资金管理得到了较大程度的规范。当前非税收入实行基金预算管理的仍然存在一些问题，主要有三方面：(1) 政府基金预算不接受人大审议，我国向人大报送的预算目前还只是一般预算收支部分，基金预算并不向人大报送，这样基金预算就脱离了人大的监督；(2) 预算单位在基金支出上的权力过大，基金收入虽然先缴入国库然后通过财政拨付，但是财政部门对基金使用上参与不多，主要是参考部门的意见决定，部门的决策权过大，曾有报道某个中央部门就曾挪用大量的基金修建办公楼；(3) 收支信息不公开。目前公布的财政统计年鉴的预算收入中并不包括基金收入，基金收支是单独列报的，并不对外公布，外界很难了解准确的基金收支情况，由于无法了解基金收支信息，外部也就很难对基金收支进行监督。

（三）收支脱钩无法真正实行

我国政府非税收入管理中，长期以来一直存在的执收部门为了部门的自身利益，依托部门行政权力，通过扩大收费范围、提高收费标准、搭车收费等方式，来增加非税收入，为了解决这一问题，我国采取了对政府非税收入实行收支脱钩的管理方式，希望以此切断政府非税收入与执收部门的直接利益关系，消除执收部门扩大非税收入征收的激励因素。但实际工作中，如果实行真正的收支脱钩管理，执收部门通常会转向另外一个极端，由于相关支出完全通过财政预算保障，执收部门则不再去努力执收，甚至出现应收不收的现象，从而造成政府非税收入大幅减少。但目前政府非税收入已成为了保障一些部门正常开支的资金来源，如果政府非税收入大幅减少，则会出现一般性的税收收入无法保障该部分支出的问题，增加新的财政支出负担。所以，实际工作中，虽然名义上将部门的非税收入纳入了预算内管理，支出通过预算安排，收支脱钩管理，但为了防止非税收入的减少，财政部门实际工作中往往仍采取“收支挂钩”的管理原则，即只有执收部门收取非税收入后，财政部门才会给执收部门拨付款项。收支脱钩管理目前作为“收支两条线”管理的最为重要的内容，但收支脱钩只是名义上的，实际管理中无法真正实行。

四、完善我国政府非税收入预算管理的思考

（一）建立完整的预算管理

完整性是预算管理的一个最基本要求，西方市场经济国家，政府收取的税收、收费、社会保险收入等，虽然可能各自存在不同的预算管理要求，但均要全部纳入预算管理。我国目前不但存在“预算外资金”这个“第二预算”，还在一定程度上存在“制度外收入”这个“第三预算”。即使是纳入预算管理的，也存在“一般预算”、“基金预算”两种，基金预算单独列支，其实际支配权仍由部门掌握，而且对外也并不公布“基金预算”的情况，基金预算成为一种预算内管理的“第二预算”，外部很难对这部分资金实施监督。我国目前完整意义上的预算，实际只是预算内管理的“一般预算收入”部分。根据预算的完整性要求，凡是政府部门取得的收入，必须纳入政府的预算管理。政府预算必须充分反映以政府为主体的资金收支活动的全貌，现行的预算外收入、制度外收入、包括基金收入，

都必须纳入政府的预算管理中，政府应向人大和社会公布全部的收支情况。

（二）研究实施分类管理

纳入预算管理，建立完整的预算，并不等于所有的政府资金都要遵循单一的使用原则。政府非税收入的取得，本身就是按照受益原则，带有有偿性的政府财政资金。与此相对应，从道理上讲，政府非税收入的使用，就应该是具有专门的用途，至少将其完全作为一般性预算收入，与某些特定公共产品提供无关的话，那么不但实际难以做到，而且说明这项非税收入本身就是不合理的，应该取消。美国在实行完整的预算管理的情况下，就根据收入来源分别设置了不同的基金，非税收入筹集的资金大多作为专项基金管理，实行专款专用。韩国和日本对政府非税收入采取事业特别会计、企业特别会计、政府基金等多种方式管理，但大多是专款专用。法国也是将政府非税收入作为国库专用收入管理，用于专款支出。政府非税收入实行专款专用，一是符合政府非税收入的筹集原则；二是能够建立政府非税收入筹集的激励机制。也许我们会产生这样的疑问，政府非税收入专款专用，那么不就又造成了乱收费了吗。实际上，乱收费问题本身是公众对政府监督和约束力“软”的体现，如果我们能够提高公众对政府机构的监督力量，那么乱收费的治理完全可以依靠公众对政府行为的监督来解决。通过收支脱钩来解决乱收费问题，从原理上来说就是混乱的，也起不到实际的效果。

（三）改进预算执行披露机制

政府的所有的预算都应该完整、详细地进行披露，尤其是政府非税收入，改进政府非税收入预算披露机制，提高非税收入预算透明度，具有重要的现实意义。首先，非税收入缴纳义务人具有知情权，非税收入本身就是按照受益原则来筹集的收入，缴纳义务人更有充足的理由来监督政府非税收入的使用情况，所有政府非税收入必须全面地向缴纳义务人披露。其次，非税收入预算的透明度，有助于规范非税收入管理。公众详细了解非税收入的预算管理情况后，就会增强对非税收入的监督，非常有助于促进非税收入的规范。最后，提高非税收入预算管理的透明度，提供完整、及时、详细的信息，有利于政府做出正确的决策，提高政府改进管理的驱动力，防范财政风险，建立高效的政府运行机制。

国际金融组织贷款资金与财政资金结合使用新模式研究

财政部国际司　姚里程　牟婷婷

20多年来，我国通过与世界银行、亚洲开发银行（以下简称“世行”、“亚行”）等国际金融组织开展贷款合作与知识合作，不仅扩大了我国经济建设所需的资金来源，而且引进了许多发展理念与先进管理经验。随着我国经济发展的“瓶颈”逐步转向农业、教育、卫生等社会发展领域，我们亟须调整与国际金融组织合作的思路，以科学发展观为指导，适应财政支出结构调整与公共财政体制改革的内在要求，积极探索新形势下更加有效地利用国际金融组织贷款的新模式。

一、中国与国际金融组织在社会发展领域合作的成就与问题

（一）国际金融组织贷款支持中国社发领域的总体情况

截至2007年年底，我国利用国际金融组织贷款与赠款累计约657.48亿美元。其中，农教卫等社会发展领域利用贷款比例占到30%左右（见图1）。20世纪90年代以来，随着我国城市化进程加速以及还款机制对社会发展领域项目的制约，以交通与城市建设为主的基础设施项目占到相当大的比例。“十五”期间，约有84.27%的世行贷款投向交通、城市建设、能源及环保领域，2007年全国新增国际金融组织贷款中，城建环保和交通项目贷款金额比例达到近90%。

从截止到2005年底我国利用国际金融组织贷款的590亿美元资金总量来看，其中，我国农

业领域利用世行、亚行贷款达78.76亿美元，项目涉及农业综合开发、农村金融、农村教育科研及农技推广、生态农业等领域；卫生领域利用世行贷款12.6亿美元，开展了3次大型卫生部门研究，利用亚行技术援助实施6个研究项目，项目涉及公共卫生、医疗保障制度改革、重大疾病控制以及卫生服务体系与管理制度改革等方面；教育领域利用世行贷款17.27亿美元，涉及基础教育、职业教育和高等教育等领域，利用亚行贷款的合作项目有两个，针对普及义务教育、少数民族教育以及行业管理和规划等领域。

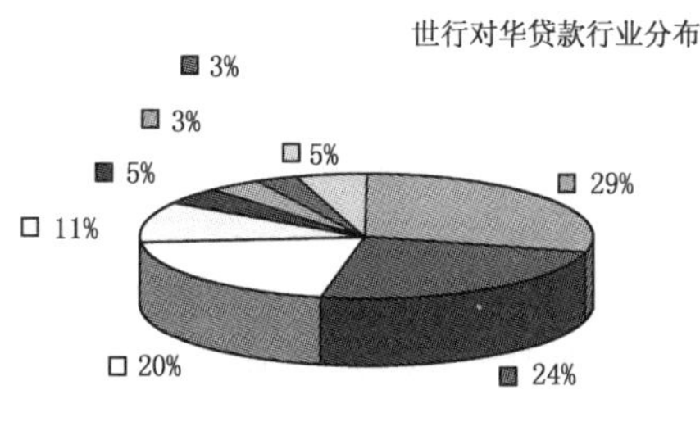

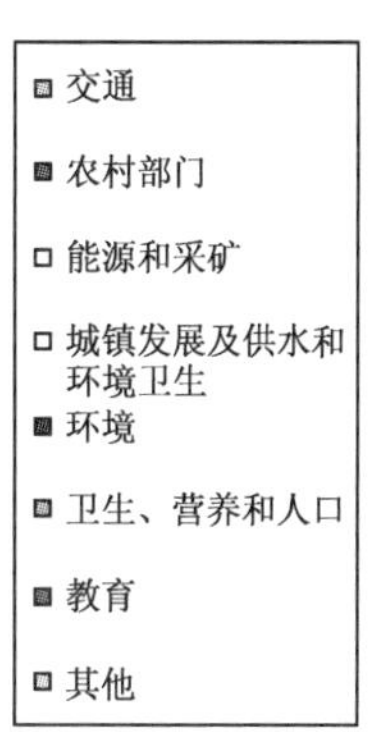

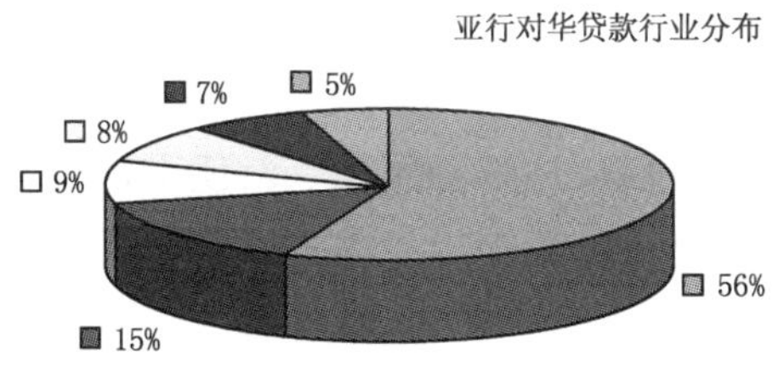

图1　世行、亚行对华贷款行业分布

（二）国际金融组织支持中国社发领域发展的主要成绩

总体来看，我国利用国际金融组织贷款的优势不限于资金本身，而是以贷款为载体，积极引进先进发展理念与管理经验，推动了社会发展领域的改革与发展。这突出表现在：

1. 在一定程度上弥补了财政资金结构性投入不足。仅从贷款总量上看，国际金融组织贷款只占中国资金流量很小的一部分，即使在90年代初期的贷款高峰期，世、亚行贷款每年合计约40亿美元，仅为同期外商直接投资的1/10。但国际金融组织贷款作为一种主权外债，是政府可以调控的，可以用于优化资金结构、缓解社会发展及公用事业领域财政资金投入不足，如自1982年以来，由农业部牵头实施的世行贷款项目投资额占该部门同期农业投入的25%左右；截至2003年，国家林业局使用世行贷款建设的造林面积已达390多万公顷，实现我国人工林造林目标的60%左右。

2. 成为先进管理经验与理念的来源，在改革与创新方面发挥了示范性作用。通过世行、亚行项目引入的先进理念以及"招标采购"、"工程监理制"、"参与式项目管理"等项目管理方法已被我有关部门借鉴和推广。具体表现为：在农业领域，引进了许多世界上先进的农业技术和管理方法，如世行华北平原农业综合开发项目中率先使用的"盐碱地综合治理技术"，"黄土高原项目"中实施的"双向水资源管理模式"已成为我国农业领域技术推广的典范；在卫生领域，引进了如区域卫生规划、特困医疗救助、社区卫生、医疗保险等先进理念与管理方法，许多已经被纳入了国家政策；在教育领域，促进了教育制度的体制创新和管理理念的变革，包括促进教育规划、学校布局的合理化和规模效益，以及引进审计跟踪制、财务报账制等科学管理制度。

3. 推动机构能力建设与人才培养。在国际金融组织贷款项目合作过程中，通过各种形式的培训、考察和交流，培养了一大批懂技术会管理的专业人才，其中一些已经成为各自领域的骨干，正在为我国农业、卫生、教育等事业的发展发挥着重要作用。

（三）问题与挑战

随着我国所处内外经济环境的变化和政策调整，国际金融组织对华贷款项目在社发领域也面临着一些问题和挑战。这突出表现为以下几对矛盾：

1. 中国经济社会发展阶段的新特点与国际金融组织贷款投入领域的不和谐。随着我国经济发展的瓶颈逐步从基础设施领域转向农教卫等社会发展薄弱领域，我国财政支持社会发展领域的力度不断加强。仅从2008年中央财政支出安排情况看，在教育、社会保障和就业支出、医疗卫生、环境保护以及农林水事务等方面支出将分别增长45.1%、24.2%、25.2%、31.4%与17.2%，但是同期来看国际金融组织农教卫等社发领域项目的比例却呈下降趋势。

2. 贷款资金偿还压力大与公共需求不足的不和谐。国际金融组织贷款以国家信用为担保。为保障还款，逐步建立起了预算扣款、"旧债不偿、新债不借"、还贷准备金等机制。预算扣款方式可以说是财政"被动买单"的做法，虽然在维护对外信誉和风险防范方面发挥了作用，但并不能解决债务拖欠的根本问题。与此同时，农村和贫困地区的重要公共产品仍存在需求得不到满足、提供体系还不完善等诸多问题。

造成以上问题的主要原因可以归纳为以下三点：

（1）现有的还款机制是制约国际金融组织社发项目的直接原因。目前，国际金融组织贷款采用的是"受益人还款"机制。这种机制虽然有助于增强项目单位和受益人对项目的责任感与自主意识，但在很大程度上制约了资金流向贫困地区及财务效益差但社会效益高的公共产品，使得社发领域项目配套资金不足、还款责任难落实现象突出。

（2）未按照公共财政原则统筹规划财力，与国内财政资金使用缺乏衔接是制约国际金融组织社发项目的根本原因。①国际金融组织贷款项目具有公共产品或准公共产品性质，对其进行细分是合理确定还款责任的基础。②缺乏与财政资金使用的有效整合，造成财政

“被动买单”现象突出。国际金融组织贷款作为一种主权外债，在一定程度上也可以看作借款国政府配置资源和宏观调控的手段，可以作为提高财政资金使用效益的有益补充。目前，由于国际金融组织贷款一直没有纳入我国预算管理，使得地方难以将财力整合起来应对迫切需要解决的问题，在借鉴国际经验改善公共投资配置效率和公平性上更是受到制约。

(3) 开辟双边援助作为“第三窗口”的方式难以持续，是制约国际金融组织社发项目的重要原因。从 1999 年世行停止对我国提供软贷款后，受到硬贷款利率较高的制约(2005 年 10 月世行浮动利率为 4.76%)，利用双边援助赠款软化世行、亚行硬贷款利率成为一种创新模式。但随着中国经济发展和国际地位的提高，像英国国际发展部（DFID）、加拿大国际发展署（CIDA）等双边援助机构正在制定逐步撤出中国的时间表，单纯依靠利用赠款软化硬贷款利率的方式难以持续。

二、新形势下推动国际金融组织贷款配合财政资金使用的指导思路、意义及内涵

（一）新形势下中国利用国际金融组织贷款思路的转变

随着我国经济实力不断增强与对外开放程度加深，国际金融组织贷款作为弥补我国建设资金不足的作用在逐渐减小。许多国际金融组织贷款的传统领域，比如港口、高速公路、污水处理，已经可以从国内渠道进行融资，国际金融组织贷款在这些领域的附加值越来越小，甚至还要警惕是否会对国内资金进入造成挤出。

与此同时，随着中国经济发展和体制改革的不断深入，社会发展方面的薄弱环节凸现，城乡差距、地区差距显著，广大农村地区、中西部地区的教育、卫生等社会基础设施严重缺失。近年来，党中央审时度势，提出了科学发展观和构建社会主义和谐社会的战略思想，进而要求进一步调整财政支出结构，加大公共财政支持我国经济社会发展领域的力度。在这种情况下，中国与国际金融组织的合作战略也需要进行相应调整，把与国际金融组织的合作纳入到中国整体发展和改革的战略框架中，将重点放在借助国际金融组织的比较优势和智力资源，服务于我国的体制改革和机制创新，支持我国经济社会发展的薄弱环节。将国际金融组织贷款与财政资金结合使用是贯彻落实这一思路的重要渠道。

（二）国际金融组织贷款配合财政资金使用的重要意义

将国际金融组织贷款与财政资金结合使用的优势在于：

1. 有助于弥补财政资金投入的结构性不足，推动制度创新。这里有两个层面的含义：一方面，虽然近几年财政不断加大投入和转移支付，但当前我国的教育、卫生等社会发展领域的投入依然存在较大缺口，并且在区域之间很不平衡。利用国际金融组织贷款，可以有重点、分领域地缩小差距，集中财力办大事。

另一方面，中国社会发展领域的薄弱不单纯是资金投入不足的问题，公共服务管理体制不完善在很大程度上制约了资金使用效益，导致公共品投入出现结构性不足。单纯依靠投入资金无法解决这些问题，需要在投入资金的同时推进改革。从以往利用国际金融组织贷款的经验来看，国际金融组织在提供贷款的同时，针对各个行业和领域进行深入分析和研究，借鉴国际经验并结合借款国的实际情况，提出有针对性的政策建议，帮助借款国设计适当的制度和机制，促进公共服务的有效提供。这种贷款和政策建议双管齐下的模式有

助于借款国进一步完善制度。

2. 有助于推动和完善我国公共财政体制改革。将国际金融组织贷款与财政资金结合使用实际上就是将国际金融组织的资金纳入我国公共财政体制改革的过程中，这样做的好处是：(1) 将国际组织的智力资源全过程地引入财政体制改革，有利于我们借鉴国际经验更加全面地设计各项改革制度，推动项目试点；(2) 目前，国际金融组织贷款属于预算之外的增量资源，可以尝试先在国际金融组织贷款上推进一些改革试点，然后视结果进行推广，这将有助于平稳推进财政体制改革；(3) 国际金融组织多年来倡导以结果为导向的项目设计体系和绩效评价体系，这对于提高财政资金使用效益有重要的借鉴意义。

3. 有助于减轻地方政府债务负担，统筹规划财力，保证地方财政可持续发展。国际金融组织在社会发展领域的原有项目模式，在一定程度上造成了各级政府财权和事权的不匹配，无法完全体现政府间公共资源分配的公平性。而且，许多应该由中央财政支持的公用事业，单纯依靠地方政府归还贷款，会加重地方政府的债务负担，不利于地方财政的可持续发展。

（三）国际金融组织贷款配合财政资金使用的内涵

推动国际金融组织贷款配合财政资金使用需要把握以下三方面内涵：(1) 要打破现有利用国际金融组织贷款的模式，根据社会发展项目的需要整合各种资金，并根据项目的性质安排还款；(2) 要改变过去财政资金被动配套的模式，将国际金融组织贷款视为财政资金的补充资金、改革的试验资金。再次，两种资金的结合要形成项目设计、项目实施、项目绩效评价以及项目推广的全过程结合，提高资金的使用效益和示范作用。

三、推动国际金融组织贷款配合财政资金使用的具体分析

根据贷款配合财政资金使用的层级、具体模式及领域不同，两种资金结合使用可以分为以下几种情况：在财政层级上，可以根据事权划分在中央或地方层面上配合财政专项资金；在具体模式上，可以选择进入预算统一操作、贴息、作为中央或地方的配套资金等方式；在贷款领域和项目管理上，可以结合不同模式发挥国际金融组织贷款管理规范的比较优势，提高社发领域公共投资体制的效率。

（一）公共产品、准公共产品——国际金融组织贷款的不同定位

国际金融组织贷款具有准财政资金的性质，需要投入的领域应该集中在公共产品与准公共产品范围内。在纯公共产品领域，如基础教育、公共卫生、基本医疗、农村基础设施建设、扶贫、环保等领域，国际金融组织贷款与财政资金结合使用的目的是引进国际先进的公共资金投资、监管、绩效评估的方式方法，为各级政府在纯公共领域中提高财政资金使用效益提供示范，最终达到提高政府资金使用效率的目的。在准公共财政领域，鉴于国际金融组织贷款具有开发性金融的性质，而且我国已经将体制创新提到改革日程上来，国际金融组织为商业性金融后期介入发挥“铺路搭桥”的作用显著。两者结合使用的重点在于通过设计较完善的利益与风险分担机制，把银行、企业等社会资本更有序的组织起来，逐步让市场发挥更大的作用。

（二）两种资金结合使用的具体模式

1. 统借统还，设立与国际金融组织贷款资金结合使用专项或与其他财政专项结合使

用。统借统还、进入预算的模式是较为规范和理想的一种模式，即将国际金融组织贷款资金全部纳入预算，作为借款国国家或地方预算资金进行统一分配和管理，最终由国家或地方财政统一安排还款。这种模式适于具有重大社会效益的纯公共产品或是具有示范作用与推广价值的公共产品或准公共产品。

这种模式优点在于：(1) 将内外两种资源纳入统一账户管理，有助于降低交易成本，发挥资金使用效益；(2) 有助于借鉴国际经验和先进理念推进改革，促进创新；(3) 有助于加强对财政资金使用的监督和评价。但这种方式涉及部门利益重新调整的范围较大，目前难以推广实施。

由于目前我国《预算法》还未将国际金融组织贷款纳入预算统一管理，变通的模式可以是设立单独的与国际金融组织贷款结合的财政专项或与其他财政专项相结合。与其他财政专项相结合使用存在的问题有：(1) 某些财政专项的具体管理办法不完全适用于两种资金结合使用的模式；(2) 在项目规划与管理过程中部门协调成本较高。关于设立单独的与国际金融组织贷款结合的财政专项模式，由于涉及部门较少，该模式在项目规划、资金管理等方面相对容易操作。农业开发办可以算是该模式的一个案例。

"九五"期间，由于单纯依靠中央财政投入难以满足农业综合开发的资金需求，国家农业综合开发办申请世行贷款用于建设加强灌溉农业二期项目，由中央财政负责统一还款。该项目覆盖了5省28个地市的131个县，项目建设内容为改造中低产田。在项目总投资中，世行贷款、地方财政配套资金以及自筹资金各占三分之一。通过财政资金与国际金融组织贷款结合的模式，该项目取得了较好的经济效益和社会效益，世行方面也将此项目评为"非常满意"项目。

2. 统借自还，中央财政贴息，项目方自还。这种方式是指将少量财政资金用于贴补国际金融组织贷款利息，由地方负责偿还本金。其优势除了可以实现统一管理、借鉴经验推进财政体制改革外，还可以将贴息作为一种政策工具，通过控制贴息水平，实现重点扶持、优化资金结构、推进改革等政策意图。但其局限性在于：(1) 涉及是通过单独为国际金融组织贷款设立的财政专项进行贴息，还是使用其他财政专项进行贴息的问题，后者对部门间利益协调提出要求；(2) 对于许多落后或贫困地区，贴息后仍然存在还款难的问题。这种模式要求项目具备一定的财务收益和偿债能力，为此适用于具有示范作用与推广价值的准公共产品。

目前，利用双边政府赠款用于软化国际金融组织贷款是中国社发项目的一种重要运作方式。截至目前，英国国际发展部（DFID）的赠款已经用于三个世行贷款项目的贴息(见表1)。但随着中国综合国力不断增强，目前双边赠款的支持力度在不断消减，财政资金和赠款共同支持和软化国际金融组织贷款是一种可以尝试的新模式。

表1　　使用英国国际发展部赠款实施贴息项目的情况　　单位：美元

年份	项目名称	世行贷款金额	赠款金额	贴息后利率
2002年	中国结核病控制项目	1.04亿	3740万	2%
2004年	西部地区基础教育	1亿	3400万	2%
2005年	第四期扶贫项目	1亿	3240万	2%

3. 统借自还，中央或地方财政配套，项目方自还。由中央提供部分财政专项资金作为配套或全部由地方提供配套资金的方式是目前中国利用国际金融组织贷款项目最常用的模式。对于社发领域的项目而言，尤其是贫困地区，提供配套资金和还款的压力仍然更大。该种模式对地方债务可持续性提出了一定的要求，适用于地方亟须发展的公共产品或具备一定财务效益和推广价值的准公共产品。

（三）两种资金结合使用的行业分析

1. 农业领域。公共财政重点支持的农业项目，特别是在中西部地区和贫困地区，由于项目社会效益高而财务效益差，比较适用统借统还的模式，具体包括改善农业生产条件、保护农村生态环境、农业综合配套体系建设、农村公共事业、扶贫开发以及农业科技教育等；在东部地区或较发达地区，可以采用财政贴息的方式支持农业综合开发等具有准公益性的农业项目，如农民培训项目。另外，此类项目也可以采取项目单位自还，中央财政或地方财政提供配套的方式。

2. 教育领域。基础教育领域，特别是我国中西部地区和农村地区的义务教育存在较大资金缺口，知识经验欠缺，通过利用国际金融组织贷款有助于提高财政资金的管理方法与效益。但由于该类项目财务效益较低，适于采取统借统还或财政提供绝大部分配套资金的方式。高等教育领域利用国际金融组织贷款的重点在于通过项目引进高等教育的融资与管理的国际经验，特别是着重支持地方性高等院校的健康发展。鉴于该领域准公共产品的性质，宜采取财政贴息或配套的方式，实行公共财政资助，合理引进私人投资，积极鼓励社会资本参与的分担机制。职业教育领域具有较强的潜在收益，可以考虑通过财政贴息或配套的方式，利用国际金融组织贷款完善机制，推动商业化运作的试点。

3. 卫生领域。目前，我国卫生领域面临的主要挑战表现在：国民健康保障制度严重不公平；重大公共卫生问题对经济社会发展造成制约以及卫生改革领域迫切需要体制创新和引进国际经验。为此，今后我国卫生领域利用国际金融组织贷款主要集中在卫生体制改革的试点项目、重大公共卫生干预示范项目以及卫生基础设施建设等项目。鉴于这些项目较高的社会效益与示范作用，宜采用统借统还或财政提供大部分配套资金的方式。

（四）国际金融组织贷款与财政资金结合使用需要注意的问题

1. 要注重建立示范性项目的成果推广机制。新时期利用国际金融组织贷款的根本是推动观念创新和体制创新。为此，需要系统总结过去一些示范性项目不能有效推广的经验教训，并在项目设计之初，把推广机制作为一项重要内容。

2. 要重视地方债务的可持续性，加强风险防范。从一定意义上说，举借外债体现的是“寅吃卯粮”的理念，在资金投入短缺和贷款效益的产出之间打了一个时间差。但是，由于中国地方政府在投资和促进当地经济发展方面固有的积极性，在推动国际金融组织贷款配合财政资金使用时，要重视以下两方面：（1）举债规模要以当地财政承受能力为前提，要重视对各级财政在配套资金和还款能力方面的评估；（2）要进一步完善还贷准备金、政府外债预警机制及外债贷款项目审批等制度，有效防范和化解财政风险。

3. 加强国际国内在项目审批、管理与评价等方面的协调。国际金融组织贷款自身有一套审批程序和项目管理方式，在配合财政资金使用时，还应结合中国实际情况进行调整和简化，从而保证国内外两套程序能够衔接好，降低交易成本，提高资金使用效益。

四、总结与建议

1. 随着中国经济社会的不断发展，中国与国际金融组织的合作战略应该根据中国的发展需要做出相应调整。中国在新形势下面临的机遇与挑战要求我们在科学发展观的指导下，结合国际金融组织的比较优势，更好地利用国际金融组织的各种资源，为中国的经济社会发展提供支持。国际金融组织贷款作为中国与其合作的主要载体，其使用范围扩大到社会发展领域，这将有助于弥补公共服务资金投入的结构性不足，促进教育、卫生领域的体制改革和公共财政制度改革，将会更好地体现国际金融组织贷款的附加值。

2. 传统的国际金融组织转贷模式在一定程度上束缚了其在教育、卫生等社会发展领域的使用。在社会发展领域利用国际金融组织贷款，需要改变传统的谁用款、谁受益、谁还款的模式，将财政资金和国际金融组织贷款有机地结合起来，根据项目的具体性质设计贷款资金的使用和偿还模式，这将有助于提高公共服务提供的有效性，推进公共服务管理体制改革和财政体制改革，减轻地方政府负担，体现公共资源分配的公平性。

3. 按照目前的研究分析，国际金融组织贷款配合财政资金使用有预算统一操作、贴息、作为中央或地方的配套资金等几种模式。建议财政部门和行业部门可以针对不同行业的具体情况和项目的特点，针对项目设计具体的结合机制，进行深入探讨和尝试。

XBRL：网络财务报告的技术革命

财政部会计司　杨海峰

当前，网络财务报告已经得到了日益广泛的应用，但是网上报告阅读者并没有享受到电子和网络技术带来的便捷。现行网络财务报告只不过是将印刷版本的财务报告格式转换成了可以在网上阅读的WEB版本而已（以PDF或HTML格式予以公布），并没有涉及利用信息技术对财务报告手段的改革。

由此提出的问题是，在当前的技术条件下我们有无可能提供一种更先进的网络财务报告？这种报告的格式和技术手段是怎样的？这个问题已经有了答案，一种基于新的编制网络财务报告的手段已经出现，它被命名为“eXtensible Business Reporting Language（简写为XBRL)”，即可扩展的商业报告语言，它是世界上第一种专门用于财务信息披露的计算机语言，以这种语言为基础编制的电子版本财务报告，对报告的编制者、阅读者以及信息的监管者，都带来了极大的便利。

一、XBRL产生的背景

从根本上讲，每种商业行为其实都是基于利润、现金流和偿债能力的数字游戏。在当今社会中，企业环境的日趋复杂，使记录游戏得分——编制财务报告就越来越具有挑战性。而与此同时，股东、债权人和众多的政府机构等利益相关者仍然希望凭借符合企业会计准则的财务报告，准确了解企业的经营状况。那么，管理层是否能够编制出一套真实反映企业财务状况、经营成果和现金流量的财务报告，取决于他们能否从企业交易和事项中取得及时、准确的数据，同时也取决于他们对会计准

则的遵循程度。

在企业数据流程的开始，通过记录交易和事项产生数据，交易数据通过手工或者自动记录到交易数据库中，而交易数据库中的数据都将输入企业财务数据库，数据在此被编制成各种账户、报表、档案以及法律记录等。会计数据库是大量内部和外部报告的基础。最重要的外部报告莫过于财务报告和纳税申报表，内部报表一般包括运营报告、管理报告和财务报表等。企业管理者通过分析管理报告和财务报表有助于改善企业经营，外部信息使用者通过分析外部报告来进行相关决策。图 1 反映了当前财务报告涉及的事项以及财务报告系统的数据流程。

在以上流程中，目前大部分已经能够通过电子化自动实现，但是对于企业管理层和信息使用者而言，在财务数据的电子化储存、交换、使用等方面仍然存在许多不便抑或挑战。

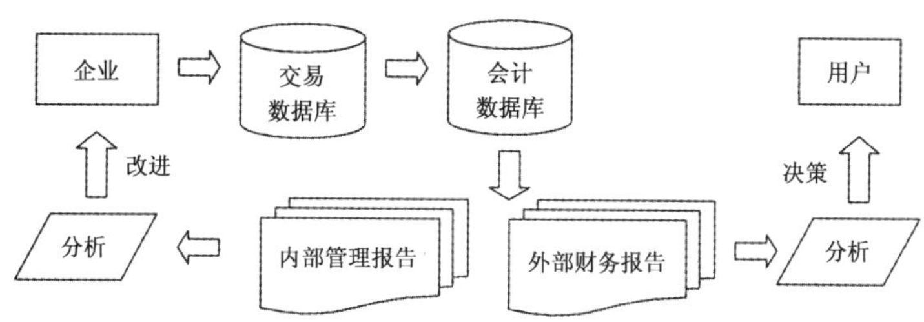

图 1　当前财务报告系统的数据流程图

一方面，表现在财务数据电子化记录上。虽然大部分的财务数据在目前已经实现了电子化记录，而且使用者已经感受到了电子记录相比较纸面记录的很多优势，如更少的操作时间、更少的错误和更低的成本。但是，电子记录同样伴随着困难和挑战。企业纸面文本的操作方式向电子数据交换操作方式转化的过程中面临的一个挑战就是目前并存多种电子文档交换标准，这使得好多系统之间的电子数据相互不兼容，因此，为了保证数据的兼容性，管理层不得不选择同一家厂商的产品。另一方面，表现在电子化财务数据交换方面。电子数据交换（EDI）是电子商务活动的主要方式，也是财务数据在不同主体之间传输和交换的主要方式。但如果一个企业使用某个 EDI 系统，它的管理层多面临的挑战是，与其他公司或者同一公司内部不同部门间数据的共享可能会受到阻碍，因为其他公司或者同一公司的不同部门使用的是基于他们自己标准的报告系统。另一个可能出现的问题是，由于可供选择的标准很多，当一个企业并购另一家企业时，很可能出现两家企业的系统采用的是完全不同互不兼容标准的情况，结果是企业内部每个报告部门都被迫用纸面文本的形式交换数据，而解决这种问题的办法只能是将一家公司的标准迁移到另一家公司使用的标准上。

作为 20 世纪最主要的信息技术之一，互联网改变了一切。随着电子商务、E-mail 在 Internet 的成功应用，超本文链接标记语言（HTML）这种用于构建静态网页的计算机语言成为事实上的标准。然而，当公司希望实时共享数据时，开发者往往需要另外寻找一种标准用以实现数据的交换。结果，好几种能够在互联网上整合数据库的计算机语言被开发出来了。其中，基于 HTML 开发出来的 XML（可扩展标记语言），正在 IT

领域迅速得到普及。因为 XML 能够与 Internet 兼容，得到了依赖电子商务或通过 Internet 进行交互的所有行业的支持，而且这一语言标准可以免费获得，不需要与特定的供应商绑定。

对 XML 的扩展和升级造就了 XBRL。把 XBRL 标准应用到财务报告上，就可以使单个文件用于所有报告环节，而不需要在不同系统之间传递那些由不同数据库生成的不同格式、不同精度的数据。与传统的财务报告方法比较，最明显的就是有一个集中的会计数据库来存储财务报告数据，而且数据流始终是双向并行的，而不是按某种顺序进行（如图 2）。

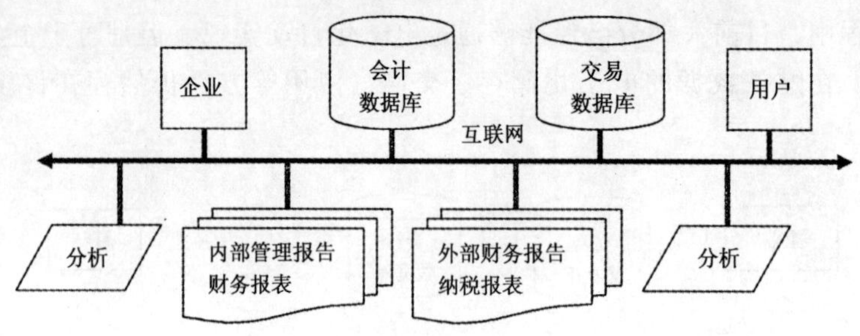

图 2　XBRL 标准对财务呈报流程的整合

二、XBRL 的技术原理与性能

（一）XBRL 的技术原理

基于 XML 的 XBRL 是一种标准化了的语言，用来编制和以各种格式公布财务报表，并且交流和分析财务信息，这种语言允许借助所有的软件格式和技术（包括互联网），自动交流和可靠获取财务信息。XBRL 之所以是一种使财务数据标准化的方法，主要在于这种语言的技术原理。按照 XBRL 技术规范（XBRL Specification 2.1）的描述，XBRL 的技术框架主要包括四个部分，即规范（Specifications）、分类（Taxonomy）、实例（Instance）和样式表（Style Sheets）。具体而言：

1. XBRL 规范（Specifications）。主要用于描述 XBRL 文件的结构，详细规定 XBRL 分类标准和 XBRL 实例文档的语法和语义。技术规范是体系的基础，包括 xbrl - instance.xsd 等五个文件组成，由 XBRL 国际组织制定。技术规范定义了在定义分类标准时所必须遵循的规则，如项目的定义方法、标签信息的定义方法、taxonomy.xsd 文件与其他 xml 文件关联的规则等等；

2. XBRL 分类标准（Taxonomy）。XBRL 为企业报告中的每个项目建立不同的标签，所有标签的统称为分类标准。分类标准定义了各项目的属性及其之间的关系等，相当于一个行业商业信息交换的“词典”。分类标准是在技术规范的基础上，结合各个国家、行业、企业的实际情况制定的。分类标准必须符合技术规范的规定。每个分类标准都包含一个模式文件和五个 xml 文件，其中： - taxonomy.xsd 是分类标准的核心，定义分类标准包含的项目及其类型信息，项目的其他信息在其他五个 xml 文件中定义； - definition.xml 定义从概念角度理解项目与项目之间的关系； - calculation.xml 定义从数据计算角度理解项目与项目之间的关系； - label.xml 定义项目的标签，该文件的信息确定了项目在财务报告中实际显示的名称；－presentation.xml 定义财务报告中统一父项目下所有子项目的显示顺序；－reference.xml 定义项目的参考信息，通过该文件，结合 definition.xml 文件的信息，可以准确理解项目的实际含义。

图 3 以元素“主营业务收入”为例，对其中的联系进行了说明。

3. XBRL 实例文档（Instance Documents）。实例文档是一个企业财务报告的实例文件，主要包含财务报告中的标签和数据。XBRL 根据财务报告中标签与会计业务数据的对应，利用应用程序自动从会计业务数据库中提取数据，生成实例文档。

4. 样式表（Style Sheets）。实例文档主要包含财务报告的基本数据，其格式不易直接阅读，必须按财务报告的发布格式进行编排，样式表用于定义财务报告发布时的显示项目和格式。

XBRL 技术框架中各文件的结构关系如图 4 所示。

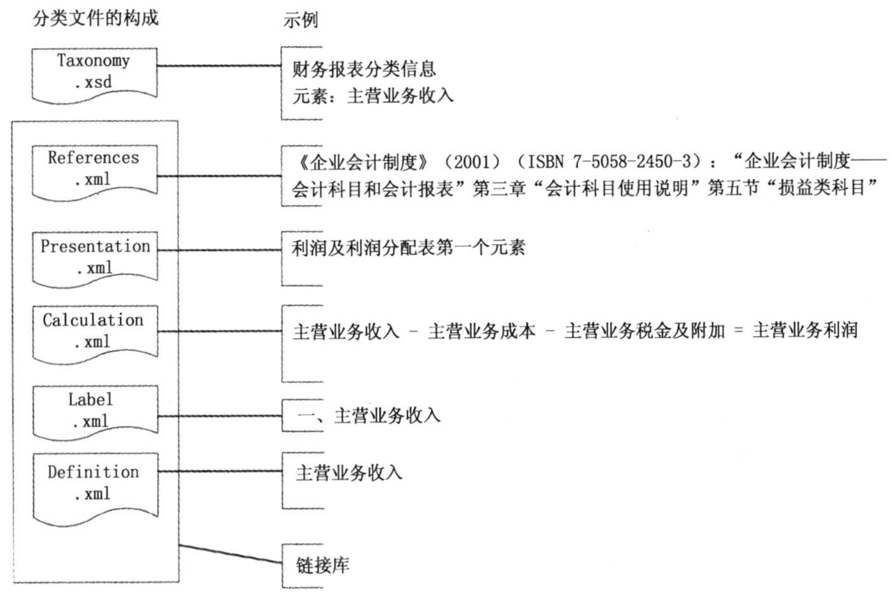

图 3　分类文件的构成

（二）XBRL 的技术性能与财务数据的标准化实现

作为一种以 XML 为基础发展起来的标记语言，XBRL 继承了 XML 所拥有的所有语言优势，其技术性能表现在四个方面：(1) 无许可证限制，XBRL 具有良好属性的开放式技术构架，它使任何财务信息供应链上的人都能免费、自由地在不同的软件平台上编制、获取、交换并分析财务信息。(2) 跨平台使用。由于 XML 文件可以跨平台使用，XBRL 就具有跨平台的优势。在不同的操作系统下，如 Windows（微软公司的“视窗”操作系统）、Unix（多用户的计算机操作系统）和 Linux（一种可免费使用的 Unix 操作系统）等，XBRL 文件无需修改就可以直接使用。在不同的应用软件中，即使所用的数据库不同，只要转换成 XBRL 格式，也可以实现数据的交换。因而，通过 XBRL 信息可以在不同的操作系统、数据库和应用软件之间进行传输和交换，XBRL 就成为一种互联网上企业报告的通用语

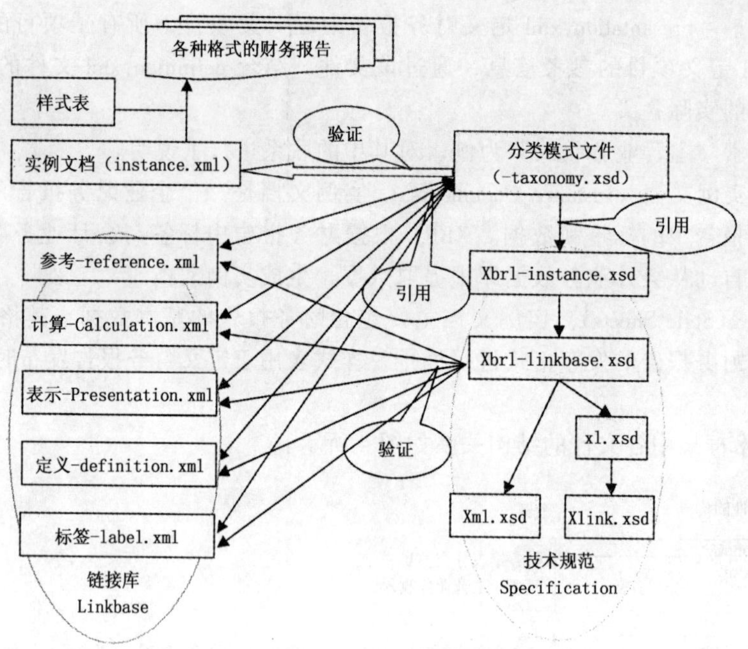

图 4　XBRL 技术框架文件结构关系图

言。(3) 多种格式的输出。对同一份 XBR 实例文档，采用不同的样式表，可以生成多种企业报告，所有报告的编制一次性完成，不仅降低了输入错误的风险，保证了数据的一致性，而且减少了重复输入，提高了报告的编制效率。对同一份企业报告，XBRL 也可以按多种格式输出，如在浏览器上显示、转换成不同的数据格式进行传输，或打印成纸质财务报告等。(4) 搜索快速、准确。采用 XBRL 的方式，统一了网上的数据定义和格式，无需以人工方式找出网上的数据资料后逐一进行比较，有利于网上搜寻引擎的自动搜寻和过滤工作。

总之，XBRL 的特点是根据财务信息披露规则，将财务报告内容分解成不同的数据元（date elements），再根据信息技术规则对数据元（date elements）赋予唯一的数据标记，从而形成标准化规范。以这种语言为基础，通过对网络财务报告信息的标准化处理，可以编制出比现行网络财务报告更加先进的报告，可以将网络财务报告中不能自动读取的信息转换为一种可以自动读取的信息，大大的方便信息使用者对信息批量需要和批量利用。

三、XBRL 对财务呈报的潜在影响

XBRL 是改进商业报告的一种计算机语言标准。作为一种标准的意义，可以类比条形码对商业经营模式的影响说起。在开发条形码之前，货主只有通过很少的方法来确定货架上商品的价格。他们把价格列示在一张牌子上，或把价格写在卡片上放在相应商品的货架旁，或者直接将标签贴在商品上。比起在货架上标价，在每样商品上贴标签已经是一大进步。因为消费者用不着记下每种商品的价格以确保收银员收款的准

确性。对收银员而言，商品贴上标签后，他们也无须再记住每种商品的价格或者随时在价目表上查找。随着条形码读取器使用及产品贴上与通用商品代码（UPC）相对应的条形码之后，摒弃手工计价就成为可能，也借此避免了一个主要的出错来源并加快了结账流程。另外，当与 EDI 以及数据库系统进行整合之后，条形码读取系统可以将商品价格自动输入收银机，从存货记录中减去该商品，记录交易的日期和时间，甚至向总部传送信息以要求更多的发货。有了标准的条形码系统，整个结账流程变得更加准确和高效，在大多数情况下还更加经济。

正如条形码和 UPC 改变了杂货店的经营模式一样，通过借助更及时、准确、高效和节省成本的报告，XBRL 有望通过提供更及时、准确、高效和经济的财务报告的方式改变整个会计行业。UPC 和条形码可以把百货商店的每一件商品都自动记录在收银机里，以 XBRL 格式储存的每一份财务数据不需要人工重新输入，只要所有的系统遵循统一的 XBRL 语言标准，系统间的数据交换就能保持一致。由于不用花费代价去将纸文本上的数据输入电脑，成本降低了，由于财务数据的即时交流，时间节省了。当然，由于采用 XBRL 为企业带来的巨大开支则会随着交易量的增加而逐渐被节约的成本所抵消。

因此，XBRL 作为满足商务数据交换需求，基于网络时代先进技术的一种语言标准，对财务呈报流程必将产生革命性的影响。

（一）XBRL 对财务信息生成和使用的影响

一方面，借助兼容 XBRL 的财务会计软件，财务数据和商业报告的提供者将能够自动化实现数据搜集整理的过程，例如，不同公司的不同会计系统中的数据将能够自动汇集而生成无格式的 XBRL 实例文档，通过唯一的实例文档，就能很容易生成包含不同子集数据的不同类报告。如，一个公司的财务部门可以快速可靠地产生内部管理报告、对外公布的财务报表、税务报表和其他调整报表以及给债权人的信贷报告等。使用了 XBRL，不仅可以自动化处理数据、节省时间，而且软件还可以自动检查核对数据的准确性。

另一方面，在 XBRL 条件下，监管者、中介机构或其他财务信息使用者在个性化输出或阅读财务报告的同时，可以自动处理电子化的数据，而不受财务信息披露格式的影响。比如，投资者在证监会网站上可以随心所欲地检索、分析和评价多家公司同一类的信息，而无须重新输入、单独查找、手工分析。这样，不仅节省了处理时间、削减整理和重新输入信息的成本，而且使而人的精力将转向更高、更有价值的工作，如分析、评价和决策等。债权人可以节省成本，快速处理与贷款人的交易；监管者和政府部门将比以前更加有效和实务地集合、验证和评价数据。图 5 反映了这一过程。

（二）XBRL 对财务信息供应链的影响

XBRL 的使用并不能强制财务报告的标准化，而相反，这个语言非常灵活，以期支持当前财务报告的各个方面。基于 XBRL 的标准将深入到经济交易事项、账簿系统、财务报告、审计计划、税务报表、调整事项、分析决策等各个过程（如图 6 所示），信息传输和利用的每一环节将变的自由和便利，真正意义上的电子信息交换将成为可能。

因此，XBRL 将彻底整合财务会计信息的供应链。与此同时，财务呈报链条上的利益相关者，如会计师、审计师、财务分析师、投资者、债权人、财务信息公司、监管者、中

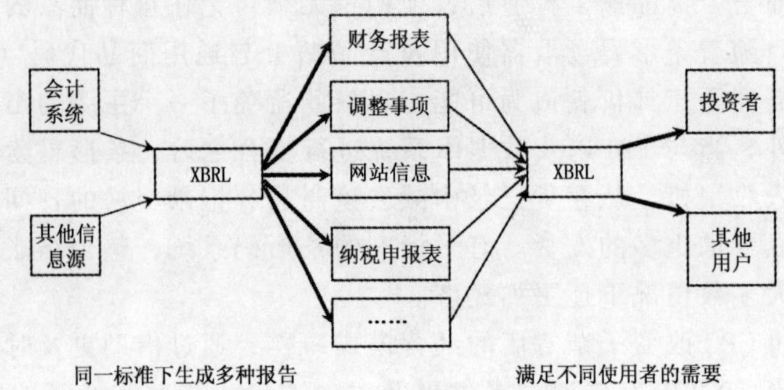

图 5　XBRL 对财务信息供求的影响

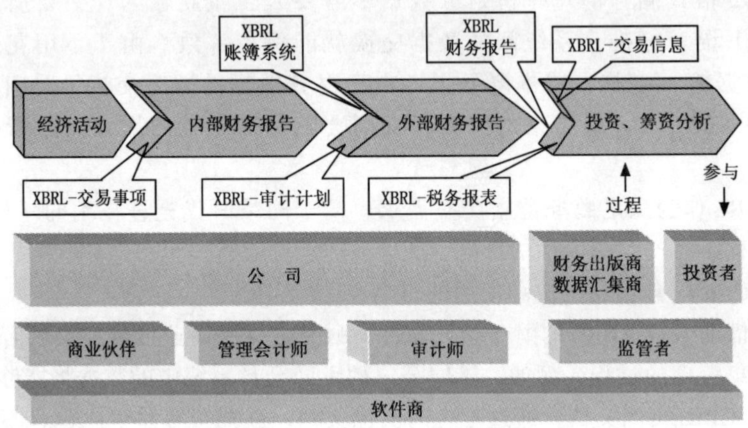

图 6　XBRL 在财务信息供应链的应用

介机构和政府部分等，都将充分享受到电子化信息标准带来的利益。

我国农业保险现状浅析

国家农业综合开发办公室　白忠涛

2004年12月31日新华社全文播发《中共中央国务院关于进一步加强农村工作提高农业综合生产能力若干政策的意见》，这是我国改革开放以后关于“三农”问题的第七个“一号文件”。详细解读这份文件我们会发现，继2004年《中共中央国务院关于促进农民增加收入若干政策意见》中所指出的“加快建立政策性农业保险制度，选择部分产品和部分地区率先试点，有条件的地方可对参加种养业保险的农户给予一定的保费补贴”之后，中央一号文件在第七次求解“三农”问题中再次提到了“扩大农业政策性保险的试点范围，鼓励商业性保险机构开展农业保险业务”。由此可见，我国政府已经充分认识到建立健全完善的农业保险体系对解决“三农”问题的重大意义，并且正在逐步采取有效措施积极推动政策性农业保险的开展。那么，农业保险与解决“三农”问题之间有着什么样的关系，农业保险在我国的实际情况又是怎样，作为解决“三农”问题出路之一的农业保险今后又将如何发展呢？

一、农业保险是解决“三农”问题的重要支撑和保障

我国是一个农村人口占总人口85%的农业大国，“无农不稳”形象地说明了农业在我国国民经济中的重要地位，同时我国也是世界上农业自然灾害最为严重的国家之一，仍存在着“多年致富抵不过一次天灾”的现象。以山西省晋中市为例，仅2004年该市就有榆次区、榆社县、昔阳县先后受到各种自然灾害的影响。其中榆次区因受冰雹、风灾、涝灾、旱灾及虫灾等自然灾害的影响，受灾面积达33.2万

亩，成灾面积达 30.5 万亩，粮食产量减少 3240 万公斤，经济作物减产 4150 万公斤，受灾人数达到 1.073 万人，全区直接经济损失达 3123 万元；榆社县在 2004 年 8 月遭受特大洪灾，农田受灾面积 34089.6 亩，成灾面积 29785.5 亩，绝收面积达 8631 亩，共造成直接经济损失 7854.39 万元；昔阳县孔氏乡、东冶头镇 41 个行政村 8 月 10 日遭受暴雨袭击，农作物受灾面积 13600 多亩，成灾面积 9400 亩，绝收面积 4300 亩。各种自然灾害给当地农民群众生产生活造成极大威胁，形成脱贫—受灾—返贫的恶性循环。为避免此类情况发生，非常重要的一条途径就是建立健全农业保险制度，构建农业保险体系，充分发挥农业保险在农业生产和农村经济中所起到的稳定器和助推器作用。

农业保险是现代市场经济国家扶持农业发展的通行做法，是一个国家或地区增强农业防范和抵御风险能力、提高可持续发展水平、增强涉农企业和产品国际竞争力的有效手段。完善的农业保险制度对促进经济的协调健康发展和确保国家粮食安全具有重要的战略意义和现实意义，我国农业和农村经济的发展，迫切需要农业保险的支持和保护。

（一）发展农业保险可以更加直接有效地帮助落实好“三农”政策

作为农业生产经营活动真正主体的农民，在充分享有利益的同时，也承担了越来越大的生产经营风险，客观上需要一种新的风险转移机制和处理方式，以确保生产经营的正常进行、家庭生活的安全稳定。发展农业保险，成为多数农民现实有效的规避风险途径。通过建立完善的农业保险制度，发挥保险业风险管理职能，将过去农民的自担风险变为向保险公司转嫁风险，变政府对农业灾害损失的事后救济为事前防范与灾后经济补偿，使政府和广大农民以较少投入获取较高保障，更好地体现党和政府对“三农”的支持政策。

（二）发展农业保险可以稳定农业生产，发展农村经济，提高农业国际竞争力

农业保险的保障功能，可以使农民在灾害之年减产不减收，确保农民收入的增加和农村经济的持续健康发展。健全的农业保险体系能够调动农民生产积极性，鼓励农业投入，消除农民增加农业投入的后顾之忧，有利于农业生产的稳定，也是服务于国家粮食安全战略的需要。通过发展农业保险保护和支持农业，将有力地促进我国农产品国际竞争力的提高。

（三）发展农业保险可以促进我国财政收入的长远持续稳定增长

农业保险的开展需要政府给予一定的财政补贴，但从长远角度看，农业的稳定发展，将有利于保障和促进涉农产业的发展，鼓励农业方面的高科技投入和开发，进一步提高农业的科技含量和经营效益，加大农业增加值，从而增加税基，稳定税源，从总体上必将促进财政收入的增加，进而促进整个国民经济的协调健康发展。

二、当前我国农业保险现状分析

我国自 1982 年开办农业保险以来，农业保险在中国已经度过了 23 个春秋，但并没有一如人们期望的那样走上起步、发展、壮大的路子，农业保险的参与率过低，同时对于农业保险的供给也处于急剧萎缩态势（见图 1），20 多年来农业险保费收入 83 亿元，赔款支出 70 亿元。以 2002 年为例，该年农业保险总收入 4.8 亿元，占保险业总收入的 0.16% 左右，全国 2.3 亿农户，户均不足 2 元，与 2000 年相比下降幅度非常大。与此同时，农业保险的险种也在不断减少，由最多时的 60 个，下降到目前的 30 个，中国的农业保险已经

陷入了“农民保不起，保险公司赔不起”的尴尬境地。是什么原因导致了这种局面的出现呢？

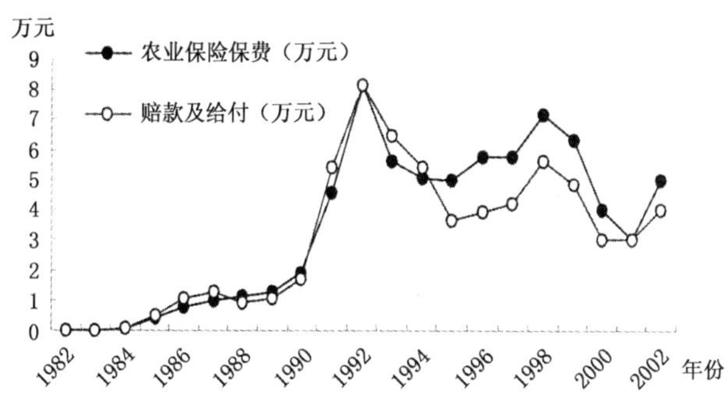

图1　1982~2002年中国农业保险保费收入与赔付

资料来源：《中国统计年鉴》1982~2004年。

（一）农业保险的高费用、高费率与农民购买力较低的矛盾

由于农业生产具有自然再生产和经济再生产交织、自然灾害频繁和范围广泛等特点，其风险损失率较高，加之农户的分散，业务开展不便，成本很高，使得农业保险比起其他财产保险（例如家庭财产保险、企业财产保险）价格高出许多。数据表明，农作物保险的费率一般在2%~15%之间，比之家庭财产、企业财产的损失率（1‰左右）高出十几倍到几十倍。而农业保险面对的是收入较低的投保人，特别是我国中部和西部地区的主要从事小规模种植业的农户，一般来讲大多缺乏为其农牧业生产项目投保的支付能力，要让他们自愿购买农业保险几乎是不可能的。当然，收入较低并不是农业保险参与率不高的惟一原因。即使农民收入较高的国家，如果按照农作物的损失率厘定保险费率，农民对农业保险的自愿投保积极性也都不高，所以美国、加拿大、日本等农业保险比较发达的国家，政府都给予较多的保费补贴。

（二）农业和农业保险的较低预期收入与发展农业保险的政策目标的矛盾

在我国比较发达的东部地区或中西部的城市郊区，农户的收入相对较高，但这些地区在自愿投保的条件下，农户很少有投保的意愿。广东地区调查数据显示，当地的保险公司出于支持农业和农村发展的目的，积极开发农业保险险种，地方政府为了振兴当地农业，有的还补贴部分保费。但是对于从事大田作物的农户来说，农业的预期收益相对于其从事乡镇企业或外出打工的收入来说，实在是微不足道，而农业保险的补偿水平一般不会超过当地前几年平均产量的70%。当对农民对农作物收成本身都没有兴趣，对投保农业保险缺乏热情也就不难理解了。

（三）农业保险利益的外在性与保险双方长远利益的矛盾

理论分析表明，农业保险的利益从长远来讲是外在的。因为农业保险能为农业提供风险保障，使其解除后顾之忧，这就会形成一种为了增加农业产量，即使在风险较高的地区农民也会因保险的存在而不主动回避农业风险的局面。从福利经济学角度进行分析，在其他条件不变的条件下，农产品供给的增加必然引起价格下跌，从而使农产品消费者的福利增加，而生产者剩余在一定时期内虽然会因产量的增长而增加，但从长期来看会减少。由

此可以得出一个结论，购买农业保险农民并不得益，换言之农业保险的最终受益者是农产品消费者。这实际上是在商业性农业经营的制度下，农业保险不能成立的经济学原因。

（四）在较大范围分散农业风险的需要与农业保险业务范围狭小的矛盾

保险的数理原理就是概率论中的大数法则，只有大量风险单位投保，才可能分散风险。农业保险的风险单位比较大，大多数农业灾害例如水灾、旱灾，一个风险单位有时就包括数县以至几省，要在空间上分散风险，就必须在较大地域甚至全国建立这种保险制度。台湾逢甲大学著名保险学教授方明川先生，曾经否定了台湾建立政策性农业保险制度的一个议案，其主要理由就是台湾地域狭小，就一个风险单位，一次台风全岛都会受灾，在这样一个风险单位里，承保的农户越多，风险越集中，保险的分散风险的机制完全不能发挥。这也正是我国有的地方仅仅一乡一村或一县进行农业保险业务，以致赔付率极高的主要原因。

（五）农业保险的政策性质与商业保险公司经营目标的矛盾

从世界上不同国家所建立的农业保险制度来看，都是将农业保险作为政府的经济政策来推行的，尽管这种政策目标有差别。对发达国家来说，农业保险是其社会福利政策的组成部分，通过农业保险及其进一步发展出来的农户收入保险，来减少农户收入的波动；对发展中国家来说，则是要通过农业保险，使农业生产在遭受自然灾害后能迅速恢复再生产，保障农业的持续和稳定增长，为市场提供充足的农产品。在农业保险风险高费率高、农业生产和农业保险的预期收益不高、农户收入相对低以及农业保险的投保人较少具有现代风险管理观念的条件下，上述政策目标与商业性保险公司经营性质的尖锐冲突就不可避免，农业保险的商业性经营自然是不可能成功的。

三、建立政策性农业保险是解决“三农”问题新思路的体现

随着我国国民经济的迅猛发展，“三农”问题渐渐凸现并已成为我国经济社会向更高层次发展的一个“瓶颈”，引起了党和政府高度重视。近几年来，国家出台了一系列措施以求提高农民收入、调整农业产业结构、缩小城乡差距，取得了一些成绩，但如何能从根本上解决三农问题，保障农业经济持续发展和农村社会稳定，使我国实现整个国民经济的协调健康发展以及国家的安定团结、长治久安，仍然是我国政府面临的一个关键课题。

近年来求解“三农”问题的实践告诉我们，仅仅依靠国家财政支持和减免税收等措施以期彻底解决“三农”问题是不现实的。“三农”问题由来已久，已经不是单纯的和一般的经济与财政问题，其解决也将是一个长期的过程，不会也不可能一蹴而就。党和政府清醒地认识到了这一点，党的十六届三中全会《决定》提出：“要探索建立政策性农业保险制度”；2004 年的中央 1 号文件《中共中央国务院关于促进农民增加收入若干政策意见》更是明确指出：“加快建立政策性农业保险制度，选择部分产品和部分地区率先试点，有条件的地方可对参加种养业保险的农户给予一定的保费补贴。”作为 2005 年 1 号文件的《中共中央国务院关于进一步加强农村工作提高农业综合生产能力若干政策的意见》再次提出“扩大农业政策性保险的试点范围,鼓励商业性保险机构开展农业保险业务”。可以看出，建立政策性农业保险已经成为我国政府“跳出三农来解决三农”新思路的一个体现。

实践表明，目前对于农业保险的多数险种来说，纯商业化经营的路是走不通的。由于

农业的高风险性和农户对农业保险的低有效需求，对于多数农业保险险种来说并不存在一个完全的农业保险市场。它表现在，一方面农户的有效需求不足以支持一个商业化的农业保险市场；另一方面农业保险的低收益、甚至负收益无法维持商业保险公司对农业保险的供给。总之，想仅仅通过商业保险来实现支持和保护农业的政策目标看来是不可能实现的，必须另辟蹊径，重塑符合中国国情的农业保险新制度。这种新制度包含的内容之一，就是政府量入为出，对农业保险的某些险种提供一定的经济支持，同时辅以法律支持和行政支持，使农业保险的某些险种成为一个比较完全的市场，将农业保险变成为支持和保护农业的政策工具之一。

2004 年 12 月 30 日，吉林安华农业保险公司开业的日子。这是继 2004 年 3 月份上海市安信农业保险公司成立之后我国又一家专业农业保险公司。两公司一家地处农业多种经营发达的鱼米之乡长三角，一家地处田野广袤的东北粮仓松嫩平原，不仅所在地区的农业形态各具特色，经营模式也不尽相同，一南一北花开两色，正切中了保监会“因地制宜，建立多层次体系、多渠道支持、多主体经营的政策性农业保险制度”这一命题，体现了各政府部门之间协调一致，大力落实 2004 年中央 1 号文件精神，同时也标志着我国在政策性农业保险开展方面已经迈出了第一步。

四、建立政策性农业保险的几个建议

自古以来，中国农民靠天吃饭，承受着自然与市场的“双重风险”，农业发展必须系上农业保险这根“保险带”，才会科学、健康地加速前进。而且我国已经加入了世界贸易组织，政府支持农业发展显然不能仅仅利用“黄箱政策”直接对农业投入要素、农产品出口等进行补贴，应该充分利用“绿箱政策”，其中包括运用农业保险的方式对农业提供财政支持和保护，在世贸组织相关规则所提供的政策空间内、在我国几十年经营农业保险的基础上借鉴其他国家成功的实践，从“政府财政经受得了，保险机构承受得了，广大农民接受得了”三方面考虑，逐步建立政策性农业保险制度，为农业和农村的持续稳定发展提供一种符合现代风险管理理念和方式的补偿机制，保障和促进农业经济的发展，是当前开展农业保险的可行之路。

建立农业风险管理制度，我们着力于解决当前农业保险所面临问题的同时，必须从我国现阶段的国情出发，决不能照抄照搬外国的任何现成模式。基于此，建议如下：

（一）经营模式

1. 政府主办、政府组织经营的模式。由于政策性农业保险有较强的公共利益取向性、我国农业生产中自然灾害的高发性、大型自然灾害的巨额赔付负担和实行强制保险的要求，在我国农业保险的起步阶段，一般商业性农业保险公司较难进行大规模的运作，有必要建立政府出资、直接经营的政策性农业保险公司，作为现阶段政策性农业保险体系的核心机构，承担主要的政策性农业保险业务，保证国家农业保险政策得以贯彻落实。

成立专业的中国农业保险公司是一项政府、保险业、保险公司和农民四方受益的举措，对政府来说，农业救灾的压力可以减轻，农业生产风险在全国的分散可以保持地方农业和整个经济的稳定；对于保险业来说，农村这块潜力巨大的市场尚未开发，由专业的农业保险公司在政策的扶持下着力开拓农村市场，对保险业的持续发展十分有利；其他的商业性保险公司可以选择进入农村市场，与农业保险公司合作或竞争，也可以选择暂时不进入农村市场，等农业保险公司在农村“垦荒”完毕的一个恰当时机，以较小的成本进入农村市场；对于农民来说，他们本身就是农业保险风险分散机制的最大受益者。

2. 政府主导下的商业保险公司经营的模式。我国商业保险公司经营农业保险已有不短的历史，美国近10年农作物保险制度改革的成功经验也表明，由商业保险公司在政府政策性保险经营的框架下来经营农业保险也并不是一条无效之途。

政府主导下的商业保险公司经营的模式，就是在我国政府统一制定的政策性经营的总体框架下，由各商业性保险公司自愿申请经营农业保险和再保险。由政府通过以下政策手段支持商业性保险公司和互助合作型农业保险机构经营农业保险业务，为农民提供多种类型的农业保险服务：

(1) 给参保农户以一定比例的保费补贴。由于国家政策性农业保险公司与其他商业性农业保险和互助合作型农业保险机构在保费价格上存在差距，为使农民保费负担公平化，提高农民参保的积极性，及支持非政府农业保险机构开展农业保险业务，应给予一定比例的保费补贴。

(2) 向非政府农业保险机构提供再保险服务。农业保险的风险性较强，非政府农业保险机构往往由于力量薄弱，应建立农业保险的再保险机制，由国家政策性农业保险公司提供再保险服务，为非政府农业保险机构分担风险。

(3) 对农业保险机构实行税收优惠。为体现国家对农业保险的支持和鼓励，减轻农业保险机构的负担，可以实行特别的税收优惠制度，如对种植业保险和养殖业保险业务减免营业税；对农业保险经营主体在一定期间内适当减免所得税，以利于经营主体增加准备金积累，降低保险费率，提高农民保险费的支付能力。

（二）运作方式

政策性农业保险业务的开展应该实行法定保险和自愿保险相结合。根据政府对农业和农村发展的经济和社会目标，对有关国计民生和经济社会发展目标的实现有重要意义的少数几种农林牧渔产品的生产实行法定保险，其他农产品的生产实行自愿保险。将农业保险和农业信贷结合起来，凡有农业生产借贷的农业保险标的，即使自愿保险项目也应依法强制投保，政府至少对法定保险险种提供保费补贴。此外，农业保险的受益者不仅仅是农民，还包括农产品的消费者、以农产品为工业原料的工业生产者、政府、乃至国民经济的各个部门。因此，在现阶段农产品加工部门和农产品消费者以及整个社会都应通过一定的渠道共同分担部分保险费。

（三）法律保障

随着农业和整个国民经济的发展，我国农业保险的发展亟须健全的法律体系予以保障。用法规形式明确农业保险的政策性属性，政府的管理职能和支持方式，经营主体应该享受的具体优惠政策，保险双方权利义务，业务经营范围，业务运作（包括保险金额确定、费率形成机制、赔偿办法、会计核算制度、精算制度），财政补贴险种、补贴标准及计算方法，农业再保险办法等，形成发展政策性农业保险完备的法律、制度保证。农业保险法规的制定，有利于规范农业保险市场和体制，能够避免政府支持农业保险的随意性，或因财政困难而忽视对农业保险的支持，保证农业保险体系的顺利建成。

政府采购领域预防和治理商业贿赂行为的调研报告

驻部监察局　王奇璋

从1996年至今，我国政府采购制度改革已经走过了十年的历程。十年来，政府采购制度改革从试点初创到全面实施，不断发展壮大，采购规模由改革初期的十几亿元增长到2005年的2927亿元。在改革取得显著成效的同时，政府采购相关人员因商业贿赂问题受到惩处的案例时有发生，并且近年来有蔓延趋势，政府采购"阳光工程"，正面临着商业贿赂行为的侵蚀。研究分析政府采购领域商业贿赂行为的易发环节、形成原因、特点危害，有针对性地提出预防和治理的措施建议，对进一步落实中央关于治理商业贿赂专项工作的部署和要求，充分发挥政府采购制度在经济建设和社会事业发展、实现"十一五规划"目标、促进自主创新能力提高以及从源头上防治腐败等方面的作用，具有重要的现实意义。

一、政府采购领域易发商业贿赂行为的主要环节和特点

政府采购领域商业贿赂易发环节基本涵盖了政府采购行为的全过程：（1）采购项目委托环节。采购代理机构为追求自身利益，采取迎合或满足采购人不合理要求的手段，以招揽采购代理业务。（2）采购文件编制环节。采购人或采购代理机构在确定采购需求时设置歧视性条款或隐蔽性条款，将政府采购项目化整为零，分段肢解，为行贿供应商"量身定做"。(3) 采购信息公开环节。采购人和采购代理机构不

公开或部分公开应公开的采购信息，人为制造信息不对称，为行贿供应商提供中标环境，破坏公开、公正、公平原则。(4) 采购评审环节。采购人、采购代理机构在抽取专家时以不规范手段选择性地抽取专家，或将评审专家名单在评标前泄露给其他采购当事人；采购人代表或采购代理机构工作人员以倾向性意见误导专家评审工作；评审标准不公开或评分因素权重具有明显倾向性，评审专家违反评审规则进行评审，以确保有关供应商中标或成交。(5) 确认中标环节。通过贿赂等不正当交易手段，使采购活动不按法定程序确定中标或成交供应商，以达到违规中标或成交的目的。(6) 合同签订环节。采购人与供应商签订偏离和降低招标文件和投标文件规定的合同。(7) 履行合同和验收环节。采购人因中意的供应商未中标，而提出苛刻条件拒收中标供应商提供的商品，从而达到取消中标供应商资格的目的；采购人与中标供应商串通一气，验收环节马虎潦草，以劣充优，以次充好；采购人在采购商品验收合格后故意拖延付款，以获取供应商好处。(8) 采购方式审批环节。政府采购监管部门通过采购方式审批满足采购人或供应商的不正当要求。(9) 代理机构准入和投诉处理环节。政府采购监管部门不按照有关规定办理相关事宜，甚至滥用行政审批职权。

综上所述，政府采购领域商业贿赂行为主要有以下三个特点：

1. 贿赂动机的趋利性。政府采购活动中行贿人对贿赂行为的成本与收益预期明确，主要表现为两种形式：一是“投机型”，为一个中标项目进行贿赂，打一枪换一个地方；二是“铺路型”，提前进行“感情投资”，为今后中标创造条件。这类贿赂产生于无形，极易被忽略且难以查证，是当前政府采购领域商业贿赂中常见的不易防范的问题。

2. 贿赂形式的多样性。同其他领域一样，回扣、佣金仍然是政府采购领域商业贿赂的主要形式。近年来，商业贿赂的形式花样翻新，归纳起来有以下几种：一是假借促销费、宣传费、赞助费、科研费、劳务费、咨询费、佣金、赞助会议和展览活动等名义以财物进行贿赂，或为对方提供通讯交通工具、购置装修住房、报销各种费用等；二是为相关人员或其亲属提供各种名义的高消费接待、旅游观光、考察学习等；三是为相关人员及其亲属提供明显可盈利的商业交易机会，如业务项目、股权期权、物资批件及合同等；四是带有行业特色的其他形式，如采购代理机构向采购人返还招标代理费、集中采购机构向供应商违规收取入场交易费、采购会员费等。

3. 贿赂手段的隐蔽性。行贿者与受贿者往往采用“一对一”的单线联系的方式，互有暗示，心照不宣，“三人不谈事，两人不签字”，送钱给现金，送物带发票或直接送购物券，具有较强的隐蔽性。

二、政府采购领域商业贿赂产生的主要原因及危害

政府采购领域商业贿赂的产生，具有广泛的社会、制度和体制、机制等方面的深层原因，主要有以下几点：

1. 供求失衡，市场交易行为扭曲。一方面，改革开放和社会主义市场经济的发展，带来了物质商品的极大丰富，市场已由计划经济时期的卖方市场转变为买方市场，巨大的供求失衡给供应商带来了前所未有的压力。另一方面，我国市场经济体系发育还不成熟，仍然存在大量行政干预经济的现象，加上现行企业内部会计制度不健全，以及由此引发的

账目管理混乱、现金交易大量发生等问题，客观上给行贿者创造了商业贿赂的机会。

2. 改革不到位，制度、机制尚不健全。“管采分离”，是政府采购制度的一项重要内容，尽管省级部门全部实现了“管采分离”，但部分省以下地区“管采不分”的现象依然存在，“分设不分家”（分设了采购监管部门和采购执行部门，但同属一个行政部门），“裁判员”、“运动员”一肩挑，难以形成有效的监督制约机制。此外，我国政府采购制度体系还不完善，对一些容易产生问题的环节缺乏有效的可操作的管理办法，不能对采购全过程和当事人实施有效监督管理，采购人在操作中存在较大的自由裁量权，客观上为商业贿赂提供了空间。

3. 监督处罚力度薄弱，违法成本低。目前监督处罚较弱的问题在查处商业贿赂案件上表现为“三难”：一是政策界定难。目前涉及商业贿赂的政策法规除《刑法》外，仅有《反不正当竞争法》和国家工商管理总局《关于禁止商业贿赂行为的暂行规定》，这些政策法规非常原则，标准比较笼统，在实际工作中，仍较难界定正常商业交往、不正当交易等问题之间的界限。二是调查取证难。商业贿赂一般都是个人行为，对尚未涉及犯罪的商业贿赂案件，或在移送司法机关前的案件排查阶段，政府采购监管部门是否具有调查取证权，特别是对供应商的调查取证、证据保全等问题，现有的政府采购法律法规没有明确规定。再加上目前各部门对政府采购领域商业贿赂多头监管又相互脱节，也影响了商业贿赂案件的查处力度。三是处罚落实难。我国现行法律法规对商业贿赂违法主体范围界定过窄，一些与违法经营者有关的董事、经理、控股人、代理人、雇员等共同违法主体无法受到应有的惩处。违法的低成本，在一定程度上助长了商业贿赂之风。

4. 潜规则盛行，滋生了“利益共同体”。追逐利益的最大化，是政府采购活动中经营者的最终目标。在利益追逐过程中，行贿者与政府采购相关人结成了“利益共同体”。除损害了国家和社会公众的利益外，从某种意义上说，商业贿赂却带来了供应商、采购人、采购代理机构和采购监管部门中某些人员的“共赢”。这种“利益共同体”，为商业贿赂提供了可乘之机。

从以上原因可以看出，政府采购领域商业贿赂的危害性主要表现在以下四个方面：(1) 破坏了公平竞争秩序，妨碍了质量、价格、技术、服务等效能竞争手段作用的发挥，使市场竞争变成贿赂、人情和关系网的恶性博弈，为假冒伪劣商品的泛滥提供了条件，严重影响了社会资源的合理配置和生产技术、服务水平的提高以及产业结构的升级，社会主义市场经济难以健康发展。(2) 妨碍了政令畅通，诱发地方保护主义和部门保护主义，影响全局经济的协调发展，不利于社会主义和谐社会的建设。(3) 造成了国家财政资金使用效益低下，企业税利大量流失，政府公共支出职能被削弱。(4) 导致了行政对市场的不当干预，不但影响了市场机制和经济的有效运行，扰乱了投资环境，而且严重败坏了社会道德和行业风气，破坏了政府采购的形象，甚至损害党和国家的形象和威望。

三、预防和治理政府采购领域商业贿赂的对策与建议

政府采购是政府施政行为的体现，有效开展政府采购领域预防和治理商业贿赂工作，对于提高政府采购工作的质量和效率，保障和促进国家大政方针的落实，有着十分重要的意义。

（一）规范运作，建立完善政府采购运行机制

加强制度建设，建立相互制衡机制。在外部制衡方面，进一步建立和完善以政府采购法为核心的规章制度体系，从机制上管好事、管好人，实现依法行政、依法采购。特别是要加强管理运行机制的建设，明确地（市）和县级政府采购机构设置要求，切实做到“管采分离”，真正解决管理上“缺位”和执行上“越位”的问题，确保政府采购的公开、公平和公正，防止分散腐败演变成集中腐败。在内部制衡方面，集中采购机构、采购社会代理机构的内部机构和岗位设置要体现权力制衡的基本要求，建立健全内部控制制度和重大问题集体审议制度，防止权力过分集中。尤其是要加强立项环节的管理，实行管理者、组织者、使用者相分离；严格履行程序，在采购环节上坚持组织者、定标者、使用者相分离；坚持从严要求，在验收环节上保证组织者、验收者、付款者相分离。

规范政府采购运行程序，建立标准化政府采购市场。逐步完善政府采购预算编制、采购项目立项、采购方式申报审批、资金结算、合同备案、投诉处理等工作程序，建立项目立项监督、采购行为约束、采购资金结算“三环节一主线”的监督制约机制。要建立健全政府采购评审规则，完善专家库制度和抽取使用管理；资金拨付中，要实行集中支付和按进度拨款，加强采购结束后的采购项目绩效审计。

（二）强化监督检查，建立健全政府采购监督体系

政府采购制度是对政府采购行为的规范化、具体化、制度化和法制化。从本质上讲，政府采购制度本身就是政府对其购买性支出实施监控的一种有效形式，但政府采购行为在运行过程中容易发生偏差，因此，必须加强对政府采购行为的监督，建立多层次的监督体系和渠道：

1. 加强财政监督。财政部门作为政府采购的主管部门，要根据政府采购政策、原则、采购预算和计划、采购反馈信息等加强对政府采购全过程的监督。其中，要侧重于对采购计划的执行、采购资金的使用、采购方式的运用、采购过程及行为进行监督；将各部门政府采购带来的新增资产和原有的旧资产全部纳入资产信息库进行管理，当采购人在申请购买新资产代替旧资产时，预算管理部门就可以根据信息库里的信息加强对政府采购预算的审批和立项的审核，这样不但使财政部门能够全面掌握国有资产的情况，防止国有资产的流失、闲置和浪费，还能有效引导各单位本着从实际工作的需要出发及适度编制政府采购预算，有效解决盲目采购，有助于从源头上防治政府采购中的奢侈浪费问题。

2. 完善法律监督。完善和配套的政府采购法律体系是政府采购制度的法律保障和行为依据，也是从政府采购制度运行的外部，以高于内部监督机制的形式对政府采购全过程进行监督。法律监督机制可以大大提高政府采购规则的权威性，有效遏制和预防潜在的违规行为。要以《刑法》、《政府采购法》、《招投标法》、《合同法》、《反不正当竞争法》为基础，研究建立政府采购领域反商业贿赂法律法规体系，明确界定商业贿赂行为，规范政府采购当事人的商业交易行为，使政府采购活动有章可循、有法可依、违法可究。

3. 重视专业监督部门的监督。纪检、监察、审计、技术监督等专业部门的外部监督是保证政府采购制度改革健康发展不可缺少的手段，政府和财政部门要充分发挥这些职能部门的监督职能，形成相互协调配合的监督合力。同时，还要注意发挥招投标代理机构、会计师事务所、审计师事务所、资产评估机构等社会中介组织的作用，加强对政府采购效

益的评估和跟踪检查，促进政府采购行为的规范和采购质量的提高。

4. 接受社会监督。采取有效措施，提高政府采购的透明度，凡是能公开的信息，如招标信息、采购法规、评标办法等内容及时通过媒体向社会公开；要逐步建立政府采购廉政监督员制度，从社会各界聘请部分人员参与政府采购监督活动；建立不良记录“黑名单”制度，并向社会曝光，予以严肃处理，以保证政府采购工作规范进行，促进反腐倡廉。

（三）推进改革创新，解决防治商业贿赂长效化问题

1. 进一步深化财政管理制度改革。要把治理商业贿赂工作与深化财政管理体制改革结合起来，在政府采购预算和计划编制方面，继续深化预算编制制度改革，强化部门预算特别是政府采购预算的编制与执行管理，完善政府采购预算和政府采购资金支付管理办法，确保政府采购项目支出严格按照政策制度规定和采购计划批复的内容、标准、方式执行，从源头上规范支出行为；强化政府采购资金管理，完善政府采购资金专户管理制度，规范对采购单位申请拨付采购资金的审核，确保政府采购资金使用的安全和规范。

2. 建立政府采购信用体系。诚实信用是发展市场经济的内在要求，也是深化政府采购制度的必然选择。要坚持诚实信用的原则，依靠全社会建立广泛的信用评价体系，审核参加政府采购活动的供应商（包括企业及其委托代理人）在信用档案中有无不良记录，建立信用考核信息反馈制度，将供应商在政府采购活动中的信用表现纳入全社会信用评价指标。对于严重的违规违纪行为，记入不良记录档案，对于屡屡失信违规的单位，列入“黑名单”，实行市场禁入；对于连续良好执行政府采购合同的供应商，在以后的政府采购中优先考虑。

3. 积极推进电子化政府采购制度建设。经验表明，在公共资源配置过程中，仅仅依靠道德自律或互相监督，无法从根本上解决腐败问题。因此，需要创新政府采购方式，建立电子化政府采购平台，逐步实现网上受理政府采购方式审批、评审专家抽取和考核、政府采购代理资格审批和供应商资信管理等功能，通过网络采购公开竞价、自动报价和竞标，形成高度透明的采购行为自动监督机制，降低合谋腐败的概率。如吉林省长春市建立了评审专家自动抽取系统和语音自动通知系统，由采购人、供应商现场随机抽取评审专家并进行语音自动通知，对本年度连续抽取使用三次的专家，系统自动予以屏蔽，切断了供应商贿赂专家的渠道；在评标区设置视频监控系统、通讯设备屏蔽系统、会务沟通系统、通话变声系统，以及独立评审室等措施，保证了评标现场的公正；现场公布评审结果后，未中标的供应商可以通过会务系统，在双方不见面的情况下，就自己未中标的原因和招投标的程序咨询评委会，有利于供应商了解自身不足和消除猜疑。通过以上措施，长春市政府集中采购取得了三年“零投诉”的良好成效。网络采购带来的廉洁，有助于提高公众对采购机构及有关方面的信任程度，有助于推进电子政务建设，提高政府管理效率，提升政府形象和促进政府机构改革。

（四）坚持充分竞争，进一步发挥市场机制的作用

市场机制在资源配置中起基础性作用，要提高市场机制在配置资源中的效率，其中一个重要的前提条件就是实施充分竞争。政府采购作为实现公共资金资源有效利用的一个重要制度手段，很大程度上同样受到市场机制的影响。政府采购的政策制定与监管部门要切

实转变思想观念，在政策和制度安排中，充分发挥市场在配置政府采购资源中的基础性作用，凡市场能解决的问题，尽量通过市场解决，通过减少行政对市场的干预，尽可能压缩“权力寻租”的空间。通过充分竞争，一方面，可以真正发挥价格、质量、技术、服务等效能竞争手段的作用，实现政府采购的经济性。另一方面，加快培育我国企业在政府采购领域的国际竞争力。应当认识到，我国政府承诺最迟 2007 年底前启动 WTO《政府采购协议》的谈判工作，从总的发展趋势看，开放政府采购市场是迟早的事。因此，重视发挥市场机制的作用，鼓励、支持所有有意于参加政府采购市场的企业依法开展充分竞争，不断培育和规范我国的政府采购市场，有利于提高我国企业的全球竞争意识和综合实力，在今后世界范围内的政府采购市场竞争中取得主动。

（五）加大宣传培训和处罚力度，为政府采购发展创造良好的外部环境

加大宣传培训工作的力度，提高相关人员业务能力和法纪意识。通过加强宣传培训，提高政府采购监管部门和采购人依法行政、依法采购意识，引导供应商树立诚实守信、公平竞争和遵纪守法意识；对于采购代理机构的人员和评标专家，不仅要要求他们学习政府采购相关规章制度，提高业务能力，还应加强对他们的管理和考核，要求持证上岗。通过持续加大宣传培训工作力度，打造一支高素质的政府采购队伍，进而在全社会形成一种自觉学法、用法、守法和执法的良好氛围。

采取多种措施，严厉打击商业贿赂行为。充分调动广大群众参与治理商业贿赂的积极性，以信息网络技术为依托，畅通信访举报渠道，建立有奖举报、保护举报人等制度，形成有效的激励机制，提高群众参与反腐败工作的积极性、主动性，使治理政府采购领域商业贿赂工作成为全社会共同参与的自觉行动。充分运用法律、行政、经济、纪律等各种手段，加大对商业贿赂的查处力度。同时，通过案件的查处，及时发现体制、机制、制度和管理方面存在的漏洞和薄弱环节，探索加强防范的途径和办法，把查办案件成果转化为治本资源，充分发挥案件查办工作的后续效应。

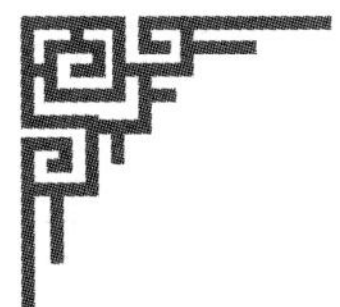

我国银行监管成本的量化研究

财政部科研所　孟　艳

一、关注和度量银行监管成本的必要性

资源稀缺性是经济学的基本命题，研究银行监管问题也要考虑该命题的约束。为了实现银行监管的目标，政府、银行、公众都要付出努力，耗费许多经济资源，产生巨额成本支出，这些成本支出应遵循成本与收益相配比的原则。在监管目标实现程度相同的情况下，成本越小的监管方案越是优选，其有效性越高。不仅从合理配置资源这一宏观层面需要研究银行监管成本，随着监管机构日益庞大，监管行为对银行业产生的影响日益明显，从微观主体层面，如何度量监管成本也愈发受到关注。

首先，银行监管作为一项公共政策，财政支出是监管成本的重要组成部分，而财政支出主要源自税收，纳税人是此类监管成本的最终承担者，按照公共选择学派理论，政府官员也具有经济人特征，政府与纳税人之间存在委托—代理关系，为了全面考核代理人绩效，需要对政府履行受托责任的成本进行核算，从而对其行为形成约束力。其次，银行监管作为一项政府权力，存在被用于寻租、设租的可能，监管腐败所产生的沉没成本构成了对公众利益的侵害，需要监测并尽可能消除此类成本。再次，为满足监管要求，被监管银行要付出一定的服从成本，例如，2003年汇丰银行董事会主席庞·约翰在年度股东大会上公开指出：该银行在全球范围内为尽到监管义务、满足监管要求共花费了4亿美元，占到了税前利润的3%。同时，监管不当还会造成效率损失，降低生产者福利，当这种效率损失大到一定程度还可能引发银行危机。不仅如此，过多限制性的监管措施还会制约银行为消

费者提供低廉和多样化的服务和产品。从促进银行业发展和维护消费者利益的角度来看，也有必要研究监管成本，促进监管成本与监管收益相匹配。

20世纪80年代以后，发达国家监管当局开始把成本分析纳入监管实践，在这方面，英国金融服务局走在前列。自1997年成立以来，英国金融服务局一直致力于对施加给金融服务业的所有规则和指导措施进行成本—收益分析，以确保这些规则和指导措施给被监管银行带来的负担和限制（即被监管银行承担的成本）与它们从中获得的收益成比例。在金融全球化的环境中，银行业面临的国内外竞争日益激烈，为了维护公众利益、增强本国银行竞争力，各国对监管效率日益重视，关注和度量银行监管成本正成为各国趋势性的做法。

二、银行监管成本的分类与内涵

从既有的理论研究和各国监管实践看，监管成本的划分标准和统计口径并没有一个统一的标准，这与监管成本的多样性、大量监管成本难以分割、无法或难以观察的特征有关。笔者认为，参考英国金融服务局对监管成本的划分方法，并结合我国银行监管实践，可从直接成本、间接成本和扭曲成本三个方面考察银行监管成本。直接成本和间接成本是分别由监管者和被监管者所承担的显性成本；而扭曲成本是监管行为带来的一种额外成本或机会成本，一般具有隐性特征，三类成本的具体内涵如下：

（一）直接成本

直接成本是由政府或监管当局所耗费的各种经济资源，这类成本主要用于制定监管规则以及实施监管、设立监管机构、救助问题银行等方面，具体包括立法成本、执法成本和处理问题机构的成本。

1. 立法成本是指为建立对银行监管的法律基础设施而必须付出的成本，主要包括制定、颁布和修改各项法律法规而付出的成本。

2. 执法成本是指监管机构开展监管执法所耗费的人力、物力和财力，包括建立监管组织体系的各项行政开支、各种现场及非现场检查费用等。监管机构资金来源可以分为政府预算拨款和被监管银行缴纳的监管费用两种渠道。

3. 处理问题机构的成本是指银行出现危机或严重性问题时，政府、中央银行和存款保险机构为救助或处理问题机构所需付出的成本。这种成本虽不是经常性的，但是，一旦发生通常数额巨大，而且研究表明发展中国家为解决问题银行付出的成本往往高于发达国家。据前世界银行首席经济学家约瑟夫·斯蒂格里茨估计，1997年金融危机过后，亚洲约有1万亿美元的收入化为乌有。亚洲危机国家用于补充银行资本金的成本则占到了相关国家GDP的10%～60%。在建立了存款保险制度的国家，存款保险机构可以负担一定份额的处理问题机构成本，但这种市场化的解决方案也只局限于处理个别问题机构，一旦发生系统性银行危机，税收往往成为最终的解决方案，由纳税人来负担此成本；在中央银行独立性较差的情况下，通过增发货币征收通货膨胀税也是常见的解决途径，其成本则由全体国民支付。在没有存款保险制度的情况下，该项成本就只有依赖于后两种途径解决。

（二）间接成本

间接成本是指被监管银行从事或执行监管机构要求的活动所引起的成本，包括在执行人员费用及其培训费用、提供报表和报告、提供检查场地、聘请律师、满足监管制度要求等方面支付的成本。英国金融服务局把间接成本区分为总间接成本和增量间接成本，增量间接成本是总间接成本的一部分，是总间接成本超过企业在正常经营活动过程中应发生的成本的那部分，这些成本在没有监管的情况下不会发生。这种区分实际上涉及政府外部监管与银行内部控制一致性的问题，当监管要求与银行内部控制要求一致时，增量间接成本负担最小。

（三）扭曲成本

尽管监管的目的是为了消除或减轻市场失灵，但是，必须认识到监管本身也会带来各种扭曲行为：监管可能会改变市场的性质；可能会阻止企业进入或利用市场；可能会创造出没有监管时不存在的市场，例如，人们普遍认为欧洲美元市场的产生和发展与美国对银行业过度监管有关。这些行为对银行所提供产品和服务的性质和可获性都会产生明显的影响，会降低整个社会的福利水平，在评价监管成本时必须考虑这些扭曲行为带来的额外成本，即扭曲成本。

扭曲成本一般具有隐性特征，短期内难以观察和衡量，此类成本主要包括生产者福利损失、消费者福利损失、道德风险、监管腐败及反腐败成本等多方面，具体内涵如下：

1. 生产者福利损失，是指银行执行监管规定所造成的经营效率损失，例如，利率限制、分业限制导致银行资产不能配置到最有效率的使用方式上；监管对金融创新的抑制会限制新产品开发和银行获利机会等。

2. 消费者福利损失，是指监管法律限制会抑制银行竞争和创新行为，从而可能降低银行提供产品和服务的质量、减少其数量和多样性，引起消费者所能享受到的总福利损失。

3. 道德风险。监管安排，特别是金融安全网可能会改变投资者、存款人和经营者等多方的行为，或者有意去冒更大的风险以谋取厚利，或者虽无意主动冒险但却疏于防范，使损失发生的可能性更大，增加银行体系的风险，降低整个社会的福利水平。

4. 监管腐败与反腐败成本。监管是一种垄断性的强制权力，监管者可能会滥用这种权力用于谋取自身私利，这种腐败行为属于社会的沉没成本，会导致社会财富的浪费和社会福利的净损失。根据谢平和陆磊（2005）的研究，监管者的腐败行为可分为两类：一是通过抽租进行的贪赃而不枉法的行为；二是通过收取贿赂而进行的贪赃枉法行为，即保护违规机构以换取个人好处。而为了防止监管腐败，又会带来反腐败成本，包括事前防范成本、事中监督、制约成本和事后处理成本。

三、银行监管成本的量化方法

（一）关于银行监管成本的研究进展情况

由于大量监管成本不易分割、不易观察、不易量化，计算银行监管成本，特别是计算间接成本和扭曲成本存在诸多困难，因此，有关量化银行监管成本的研究成果较少，而且相当零散，较有借鉴意义的是一些有关比例关系的研究成果：

在间接成本绝对额的研究方面，Elliehausen（1998）在综述银行监管间接成本研究成果时指出：大多数的案例研究和调查表明，总间接成本大约占到银行非利息经营费用的

13%，这大约相当于银行净收入的50%。关于增量间接成本的调查和案例很少，但据估计，增量间接成本一般低于总间接成本的一半，大约占银行非利息费用的1%～6%之间。

在间接成本相对额的研究方面，许多文献研究了直接成本和间接成本之间的关系。Lomax（1987）的研究表明，英国执行1986年《金融服务法案》的直接成本是20亿英镑，间接成本是80亿英镑，最先提出了直接成本和间接成本的经验比例是1:4，这一经验比例随即被广泛引用。Franks、Schaefer和Staunton（1998）为这一经验比例提供了一些证据，他们估算了英国、美国和法国三国证券交易和投资管理监管的直接成本和间接成本，发现两者的关系基本上遵循1:4的经验比例。①

在扭曲成本方面，量化研究成果甚少，Douglas D. Evanoff（1998）计算了银行业管制给美国银行业带来的效率损失，结论是，因投入扭曲造成的成本占总成本的不到1%。他认为，20世纪70年代以前，资源配置不当引起的效率损失是显著的，但是从80年代中期放松管制以后，这一损失就几乎不存在了。

（二）量化银行监管成本的指标体系设计

针对监管成本的研究现状，我们认为可以通过分析一些具体的指标来量化银行监管成本。根据前述监管成本的分类状况，这套指标体系可包括直接成本、间接成本和扭曲成本三类一级指标。其中，直接成本指标主要包括三个二级指标：即，立法成本、执法成本和处理问题机构成本指标；间接成本指标又分为总间接成本和增量间接成本两个二级指标；扭曲成本指标主要包括生产者福利损失、消费者福利损失、道德风险、监管腐败及反腐败成本等多个二级指标（如表1）。

表1　　衡量银行监管成本的简要指标体系

	一级指标	二级指标
1	直接成本	立法成本；执法成本；处理问题机构成本
2	间接成本	总间接成本；增量间接成本
3	扭曲成本	生产者福利损失；消费者福利损失；道德风险；监管腐败及反腐败成本

四、对我国银行监管成本的估算与分析

笔者所设计的上述指标体系，有些成本指标便于量化，有些成本指标则难以观测或量化，所以，在运用该指标体系分析我国银行监管成本时，对易于量化的成本将采取直接汇总计算的方式，对不易量化的成本将采取估算和具体案例的方式。

（一）直接成本状况

随着我国监管规范化和监管制度变革速度加快，立法成本会呈现逐步上升的趋势，但是难以获取立法成本的各种数据，在此仅对执法成本和处理问题金融机构的成本进行统计分析。

① 直接成本与间接成本的这一经验比例未包括处理问题机构的成本。

1. 执法成本。为了履行现场检查、非现场检查等各项监管职能，监管当局每年都会花费大量的人力、物力和财力。以人民银行履行现场检查职能为例：2000年，中国人民银行派出检查组2.6万个，累计工作量155.9万人次，对金融机构的资产质量和盈亏真实性等情况进行现场检查。

按照刘明志（2003）的估算，1994～1997年我国监管当局用于银行监管的直接支出大约在18亿～24亿元之间。1998年以后由于亚洲金融危机的发生，我国开始强化监管，监管费用明显上升，1999～2001年，中央银行每年总费用大约是200亿元左右，其中大约有1/3用于监管，也就是说，我国监管当局每年的支出大约在70亿元左右，当然这不包括处理问题金融机构的成本。

2003年银监会成立，银监会成立机构的投入，有些是从央行分出一部分资产，但绝大部分是新增加投入，据估计仅其开办费用至少在100亿元以上。在成立以后，作为事业单位，可获得部分拨款，其差额部分通过向监管对象收费来解决，监管收费构成是银监会主要的资金来源。从2004年起银监会对被纳入监管范围的各类银行业金融机构收取机构监管费和业务监管费。机构监管费标准为被监管机构实收资本的0.08%，业务监管费标准按被监管机构的资产规模不同，从0.01%～0.02%不等，按照目前的收费水平，银监会每年大约收取50亿元左右的监管费用。

根据以上数据粗略估算，1994～2006年，执法成本情况见表2，除了2003年数据加入银监会开办费用外，2002～2006年数据仍然沿用1998～2001年数据，银监会成立以后，出台了一系列规章制度来强化监管，监管工作更加专业化；而且银行监管和货币政策职能由不同机构执行，两者之间进行协调的成本增加，所以，银监会成立以后，实际执法成本可能会高于70亿元，但由于缺乏准确数据，故只能沿用以前年度数据进行估算。

表2　　1994～2006年我国银行监管的执法成本估计数　　单位：亿元

年　份	1994	1995	1996	1997	1998	1999	2000	2001	2002	2003	2004	2005	2006	合　计
执法成本	18	20	22	24	70	70	70	70	70	170	70	70	70	814

2. 处理问题银行的成本。迄今为止，我国没有设置存款保险制度，处理问题银行往往由财政资金或中央银行再贷款来买单。我国对问题存款类金融机构的处理主要集中在1998年以后，从1998年至今，为处理问题金融机构，化解风险以保持银行业稳定，所支付的成本主要表现为五种情况：

（1）为解决被撤销信托公司、城乡信用社等金融机构支付个人合法债务和外债的资金缺口，部分省（市、自治区）以地方财政作担保，向央行申请再贷款。

（2）启动农信社改革，央行发行专项票据用于置换农信社不良贷款。

（3）地方政府为化解城市商业银行风险投入资金。

（4）人民银行对农发行再贷款，已形成挂账的部分。

（5）财政部和央行为国有银行注资、剥离不良贷款、股改、上市提供了巨额财务支持和资金投入。

以上五种情况支付的成本详见表3，把表中已经发生的1～17项合计，可得出1997年以来处理问题银行的成本大约是 43240.5 亿元；如果加上即将发生的第 18 项，为处理问题银行投入的成本将高达 51740.5 亿元，而这些成本仅仅是不完全统计资料的累加。

表 3　　我国处理问题存款类金融机构的成本（不完全统计）

编号	时　间	金额（亿元）	具体用途
1	1997～2001 年	1411	以再贷款方式解决被撤销信托公司，城乡信用社等支付个人合法债务和外债的资金缺口
2	1998 年	2700	财政部发行特别国债补充四大国有银行的资本金
3	1999 年	13939	由四大资产管理公司收购四大银行和国开行不良资产
4	2003 年 12 月	3725	汇金公司以 450 亿美元外汇储备注资中行和建行，折合人民币约 3725 亿元
5	2003～2005 年	1378	以专项央行票据置换农信社不良贷款
6	2004 年 6 月	1659	中行和建行向信达资产管理公司出售 2787 亿元的可疑类不良贷款，交通银行向信达资产管理公司出售 530.2 亿元不良贷款，合计 3317 多亿元，按照半价向三家银行支付的金额
7	2004 年	1795	中行股改核销资产损失 1795 亿元
8	2004 年	1075.5	建行股改核销资产损失 1075.5 亿元
9	截至 2004 年 6 月底	6500	人民银行对农发行再贷款 6500 亿元，已形成挂账，贷款本息很难收回
10	2004 年	233	地方政府为化解城市商业银行风险投入资金 233 亿元
11	2005 年	2460	工行 2460 亿元损失类不良贷款被等值剥离给华融资产管理公司，政府负担 100%
12	2005 年 1～3 月	36	允许交通银行将超过 110 亿元的累积亏损抵扣未来盈利，使其减税近 36 亿元
13	2005 年 4 月 18 日	2500	汇金公司以 150 亿美元外汇储备注资工行，财政部以等值人民币资金注入，折合人民币约 2500 亿元
14	2005 年 6 月	216	给予建行共计 654.99 亿元的税前抵减额度，这项优惠政策使其少缴企业所得税 216 亿元
15	2005 年 6 月 25 日	3213	人民银行、财政部、银监会共同组织了工行分散在全国的 4590 亿元可疑类贷款拍卖招标活动，回收率 30%，央行负担 70%，即 3213 亿元
16	2006 年 1 月	200	中行在股改过程中发生并经确认的资产评估净增值，不再征收企业所得税。具体数额未公布，依照建行标准，估算为 200 亿元
17	2006 年 8 月	200	工行获得股改的税收减免措施，包括减免资产增值税以及折旧可以获得税前扣除。具体数额未公布，依照建行标准，估算为 200 亿元

续表

编号	时　间	金额（亿元）	具体用途
小计	1997～2006年	43240.5亿元	
18	近期年度	8500	农行如果要完成股改和上市，预计可能需要注资7000亿～10000亿元，取均值8500亿元
合　计		51740.5亿元	

资料来源：《中国金融年鉴》、《货币政策执行报告》、银监会网站、国家税务总局网站，以及李利明："金融稳定成本3.24万亿元"，《经济观察报》2005年11月14日；高伟："当前我国金融风险的总体评估"，《金融时报》2005年1月11日等文章。

（二）间接成本状况

对间接成本的计算，刘明志通过比较1994～1998年与1988～1993年中国工商银行和中国银行非利息支出的情况，发现两行非利息支出与总资产之比平均上升了0.5%～0.6%，而且通过回归分析证明这种变化不是经济周期变化引起的，而是人民银行正式执行监管职能所带来的。① 据此推算，1994年以来，商业银行负担的监管成本大约为其总资产的0.5%～0.6%。如果按照0.5%比例来计算银行承担的间接成本，大致情况应如表4所示。

表4　　按照总资产0.5%标准计算1994～2006年银行业间接成本　　单位：亿元

年　度	1994	1995	1996	1997	1998	1999	2000
资产总额	47958.9	59699.4	74448.7	91774.2	106411.9	119872.0	135434.0
间接成本	239.8	298.5	372.2	458.9	532.1	599.4	677.2
年　度	2001	2002	2003	2004	2005	2006	合　计
资产总额	147826.8	215329.4	254413.1	300489.0	355282.4	439499.7	2348439.5
间接成本	739.1	1076.6	1272.1	1502.4	1776.4	2197.5	11742.2

资料来源：《中国金融年鉴》历年各期、银监会网站。

如果按照前述直接成本与间接成本1:4的经验比例进行测算，1994年以来支付的间接成本如表5所示。

表5　　按照1:4经验比例计算的1994～2006年银行业间接成本　　单位：亿元

年　度	1994	1995	1996	1997	1998	1999	2000	2001	2002	2003	2004	2005	2006	合　计
间接成本	72	80	88	96	280	280	280	280	280	280	280	280	280	2856

资料来源：根据表2计算而得，计算2003年数据时扣除了银监会开办费用。

比较表4与表5可发现，采用刘明志提供的方法计算出来的间接成本远远大于采用1:4的经验比例计算所得的间接成本。可能的解释有：一是非利息支出的增加可能还存在

① 参见刘明志：《银行管制的收益与成本》，中国金融出版社2003年版，第79～83页。

履行监管义务、经济周期变化等以外的原因，刘明志提供的方法可能会高估间接成本；再者以个别银行非利息支出的变化来推算整个存款类银行的间接成本可能不准确；二是1:4也仅仅是一个经验比例，运用它来估算间接成本也是相当粗略的。但是，难以获得间接成本的准确数据，只能进行次优选择。笔者对以上几项监管成本的计算都是不完全统计，所以，继续遵循低估的原则，选择第二种方法计算出来的间接成本即 2856 亿元计入总监管成本。

（三）扭曲成本状况

在我国银行监管实践中，生产者福利损失、消费者福利损失、道德风险、监管腐败及反腐败成本等各种扭曲成本都不同程度存在着，特别是在以限制竞争措施为主、全额隐性存款保险等监管制度安排下，这些问题会更加严重，但扭曲成本一般带有隐性特征，非常难以量化。其中，有些成本可以通过一些具体的指标间接反映，例如，从效率指标，包括银行业的资产收益率指标、成本收入比等，可以看出生产者所面临的一些福利损失；从消费者利益保护指标（可通过消费者获取金融服务的便利度、多样化程度、成本支付水平进行测度）可看出消费者遭受的一些福利损失，但是，由于还存在导致生产者福利损失和消费者福利损失的许多非监管因素，因此，这些成本不易分割，不容易准确量化。在诸多扭曲成本中，监管腐败及反腐败成本是比较容易观测的一类，监管腐败可以通过监管当局涉及的违规案件进行反映，而反腐败成本可以通过查处这些案件的相关机构，例如，审计、公安、检察、司法等部门所支付的成本进行量化。

（四）量化成本汇总与评价

把上述可量化的三项指标，即执法成本、处理问题金融机构成本和间接成本指标汇总计算，可以得出 1994～2006 年我国银行监管的成本至少在 46910.5 亿元以上[①]，年度均值为 3608.5 亿元，如果把可预见的处理问题金融机构的成本也计入，那么，我国可量化银行监管的成本将达到 55410.5 亿元，其中，处理问题金融机构的成本又占到 90%以上。需要注意，可量化成本仅仅是总监管成本的一部分，其他不可量化的成本都不同程度的存在着。

按照国际货币基金组织的统计，世界范围内的银行危机或严重的银行业问题的发生频率大约为 2.6 年 1 次；按照黄海洲（2003）的估计，为挽救银行的财政支出或金融危机造成的 GDP 损失大约是 8%，并且新兴市场国家的比例应该更高。按上述数据简单估算，我国银行业的危机成本大约每年为 GDP 的 3%左右。因此，我国每年银行业的危机成本的理论值大约在 3000 亿元左右。以此推算，现实中，高额监管成本的支付已超过或接近银行危机的成本，仅仅从这一角度来看，过高的监管成本表明监管的有效性确实存在一些问题，我国银行监管有效性的程度有待继续提高。

① 814 + 2856 + 43240.5 = 46910.5

中国古代政府间财政关系的初期演化：基于集权—分权视角

财政部科研所　史　卫

一、秦汉集权财政体制的解体

秦始皇统一中国，第一次在中国建立了统一的专制集权财政体制。但是，秦很快就灭亡了，真正再次重新在中国建立起统一的专制集权财政体制的是汉武帝。秦灭亡的原因很多人都归罪为其繁重的赋役负担。秦赋役负担过重，但与列国相比，并非最重的，而秦律天下同一，六国故地人民负担并不重于秦地。但集权财政体制却使这个负担迅速加剧放大。古代交通不便，无论税收的集中，还是人民服劳役，成本都很大。据孙子估计，战国时期，运输成本约有20倍（《孙子兵法·作战篇》）。秦代统一后，运输的距离突然加大，主父偃估算从山东沿海运输粮食到河套地区，运输损失将近200倍（《史记·平津侯主父偃列传》）。另一个是秦统一前各国税制基本因地制宜，而秦制的一统，也给各地人民带来了很大不便。

转运之苦，税制划一对地方的制约，几乎贯穿整个帝国时代，成为2000年财政体制的“集权—分权”怪圈中一股重要的理性行政考量因素。在古代中国，集权体制为常态模式，分权为变态模式。集权体制内总存在分权的诉求，分权总是不断向集权过渡。

汉统一之初，惩秦之弊，并没有马上重建集权体制，而是在一定程度上实行了分权体制。如在吴地，“益铸钱，煮海水为盐。以故无赋，国用富饶”（《史记·吴王濞列传》）。齐地“因齐故俗”（《史记·曹相国世家》），采用齐国旧制，通工商之业，便鱼盐之利。汉初经过70年休养生息，郡国“自拊循其民”的磨合，到汉武帝时，才重新建立起统一的集权财政体制，也可以说中国传统财政体制的常态模式基本定型于此时。

主管国家财政的大司农在全国各郡县分建仓库，设仓长管理。由大司农负责转输调拨，一部分转运边地备战，一部分入上林，供中央使用，一部分留在地方以备凶灾。调度有严格的程式，大司农的调度要以皇帝的命令行事。这种蓄积型的集权模式，中央是通过严格控制地方仓库来实现集权的目的。在地方的仓库，所属权和调拨权都属于中央财政，不能认为是地方财政。

东汉末年，黄巾起义，在镇压起义的过程中，豪强并起，州郡纷纷扩张势力，同东汉王朝保持若即若离的关系。集权财政体制在一次次动荡中，渐次瓦解。在新体系建立的过程中，国家必须要面对的是地方财政扩张的现实，一方面是重新建立集权，一方面在集权的同时，给予适度的分权。由于政治环境、经济环境的不同，在当时的中国南北分别实行了不同形式的财政分权。

二、南朝的税收分权制

东汉末年，天下三分，孙坚、孙权兄弟割据江东，西晋短期统一，南北再度分裂，东晋、宋、齐、梁、陈先后划江而治，史称“六朝”。

孙策于兴平二年（公元195年）率淮泗兵南渡，进取江东，先后攻占会稽、吴郡、丹阳、豫章、庐陵、庐江六郡，砥定业基。孙策诛江东英豪，转攻山寇，以霹雳手段从事新政权的初建工作，但激起反抗，转瞬被刺身亡。于是继承者孙权改弦更张，有了包容有了妥协有了让步。于是有“赐田复客”、“食奉邑”、“世袭领兵”制，多方面分割共享财源。西晋短期统一，还没有完全整合江南，就北方沦陷，东晋王朝等于是依附江南以求生存，于是有了更多的让步。在政府间财政关系方面，就表现为某种形式的税收分权制，也就是中央在保障原有正税之外，赋予地方自行争收其他地方税的权利。

中央税主要是田租、户调，以及市税等。地方税除了供应地方官员俸禄的“禄米”、“禄绢”之征外，还有各种工商杂税和传屯邸冶专利收入等。虽然在中央税和地方税中都有商税，但是商税不是共享税，中央是统一征收的市税，地方是在此外征收的其他名目的商税或附加税。所谓“市税繁苦”（《宋书》卷三《武帝纪》）、“市税重滥”（《南齐书·豫章文献王传》）。

中央税有统一的制度和固定的数额。为了保证中央税收，刘宋政府开始在各地方设台传，派出台传御史控制。州郡台传各有仓库，储备国家税收收入部分。并设豫章仓、钓矶仓、钱塘仓等大贮备处，以供储备和在州郡间调度平衡（《隋书·食货志》）。

地方税由地方自行开征，并无一定之规。其约束机制有二：一是中央政府的监督约束；二是地方长官个人道德的约束。中央政府的约束力主要看当时中央力量的强弱，六朝朝代更迭频繁，一般每个朝代初建时比较强势，然后逐步转弱。如刘宋初建，就曾诏：“州郡县屯池塞，诸非军国所资，利入守宰者，令一切除之。”（《宋书·武帝纪》）南齐时也曾经下诏：“守宰相承，有何供调，尚书精加洗核，务令优衷。事在可通，随宜开许，损公侵民，一皆止却，明立定格，班下四方，永为恒制。”（《南齐书·豫章文献王传》）梁建立后，也曾经想进行清理，曾经下诏："凡远近分置、内外条流、四方所立屯、传、邸、冶，市埭、桁渡，津税、田园，新旧守宰，游军戍逻，有不便于民者，尚书州郡各速条上，当随言除省，以舒民患。"（《梁书·武帝纪下》）这种约束力在当时实在很有限，以致诏书频下，有令难止。二是地方长官的自我道德约束，遇到几个好官，会采取一些减免地方税的措施，减轻人民负担。如南齐萧嶷出任荆州刺史，"以市税重滥，更定槁格，以税还民。禁诸市调及苗籍"（《南齐书·豫章文献王传》）。零陵郡，除中央税之外，地方杂税有四千石，范云到任后，"止其半"（《南史·范云传》）史载梁武帝选官"务选廉平，皆召见御前，亲勖政道"（《资治通鉴·梁纪》）。但因为约束监督力量有限，遇到贪官也会无限加税，于是各种名目的税层出不穷。梁竟陵太守鱼弘曾宣称："我为郡，所谓四尽：水中鱼鳖尽，山中麞鹿尽，田中米谷尽，村里百姓尽。"（《梁书·鱼弘传》）埭税，又叫牛埭税，原是为了借牛力牵船。都是为了方便商旅，收取一定维持费用，后来竟演变为税。为了征收更多的税，地方更是广设桁渡，仅建康就有 24 处（《建康实录·晋烈宗孝武皇帝》）。繁重的地方税不仅加重了人民的负担，也严重影响了人民的生活。

地方长官在深挖地方税源的时候，也有地方间互相争夺边界地带税源和侵占中央税的情况出现。梁武帝曾经多次下诏赦免，"凡失散官物，不问多少，并从原宥"，"侵割耗散官物，无问多少，亦悉原除"。"凡主守割盗，耗散官物……皆悉从恩。"（《梁书·武帝纪下》）从这也可知道地方长官侵占中央税收入的情形在当时的严重程度。

由于缺乏必要的制约，地方长官滥用征税权，必然导致地方财政收入大于国家财政收入。中央政府于是采取让地方长官"献奉"的方式来分享地方财源。一般节庆或有大事，则要求地方"各献金帛等物，以助国用"。在当时地方长官离任还有所谓"送故费"，这个费用特别巨大，一般都是数百万，几至地方"府库为之空虚"（《宋书·长沙景王刘道怜传》）。中央也采用"贡献"的方式，让他们吐出一些。崔慧景每次离任，"辄倾资献奉，动数百万"（《南齐书·崔慧景传》）。这种"献奉"是强制性的，宋孝武帝时，"刺史二千石罢任还都，必限使献奉"（《南史·垣护之传》）。"（献奉）多者便云称职，所供微少，言为弱惰。"（《魏书·岛夷萧衍传》）有些官员吝于"献奉"的，竟遭诛杀（《南齐书·曹流传》）。

在税收分权制实行后，地方建设费用，如教育办学、水利兴修、救济流民基本都由地方负责支出。有些时候，地方长官可向中央政府提请资助，也可以由国库调拨一部分，然后地方再配套一部分经费。支出内容和数额并无具体制度规定，多由地方长官自行决定。如东晋时荆州水灾，刺史殷仲堪动用地方财力救助，以致本州仓廪空竭（《晋书·桓玄传》）。梁时有北徐州刺史萧暎"常载粟帛游于境内，遇有贫者，即以振焉"（《南史·梁宗室下》）。再如东晋时规定，地方每千户就得建一小学。庾亮任职武昌，从地方经费中拨付兴办了，但他离职后，继任者不再拨款，学校也就只能废弃（《宋书·礼志一》）。

在没有良好的监督机制和健全的地方治理的条件下，地方财权过大容易造成地方政府滥用职权，进而产生大量腐败。江南地方"会土带海傍湖，良畴亦数十万顷，膏腴上地，亩直一金，鄠、杜之间，不能比也。荆城跨南楚之富，扬部有全吴之沃，鱼盐杞梓之利，充仞八方，丝绵布帛之饶，覆衣天下"（《宋书·孔季恭等传》）。最后每代都只能弄得财力虚竭而亡，其财政制度也只能备受后人批评。

三、北朝的三分制

当时战乱主要集中在北方，经济破坏特别严重，史称“百姓流亡，中原萧条，千里无烟”（《晋书·慕容皝载记》）。中间虽有所恢复，但马上又为新的战乱所破坏，到北魏统一北方时，政府所能依靠的还主要是田赋，主要征收粮食绢帛等实物，北魏人甄琛曾言：“今伪弊相承，仍崇关廛之税；大魏恢博，唯受谷帛之输。”（《魏书·甄琛传》）虽然对南朝制度多所模仿，但他不可能实行像南朝那样的税收分权制。他在中央地方间实行的是一种统收分成制。就是统一征收田赋后，再在中央和地方间按照一定比率进行分配。

《魏书·食货志》记载献文帝时：遂因民贫富，为租输三等九品之制。千里内纳粟，千里外纳米。上三品户入京师，中三品入他州要仓，下三品入本州。其分配不是按特定比例进行分配，而是按照户等进行分配。当时人民按照财产的多少分为三等九品。用户等作为分配比率，主要是从运输角度考虑，让不同户等承担不同距离的运费，也是利用税收杠杆调剂贫富的措施。这个分配比率因各地情况不同，可能各有差异。《张丘建算经》中有二则算题反映了当时的户等纳绢的差别，应该是中央拿大头，地方拿小头（见表1）。

表1　《张丘建算经》所反映的北魏户等比率

<table>
<tr><th>户等</th><th>户数</th><th>每户纳绢（匹）</th><th>每品总计（匹）</th><th>每等总计（匹）</th><th>每等所占比率（%）</th></tr>
<tr><td>上上</td><td>39</td><td>5</td><td>195</td><td rowspan="3">523.8</td><td rowspan="3">47</td></tr>
<tr><td>上中</td><td>24</td><td>4.2</td><td>100.8</td></tr>
<tr><td>上下</td><td>57</td><td>4</td><td>228</td></tr>
<tr><td>中上</td><td>31</td><td>3.2</td><td>99.2</td><td rowspan="3">427.8</td><td rowspan="3">39</td></tr>
<tr><td>中中</td><td>78</td><td>3</td><td>234</td></tr>
<tr><td>中下</td><td>43</td><td>2.2</td><td>94.6</td></tr>
<tr><td>下上</td><td>25</td><td>2</td><td>50</td><td rowspan="3">154.2</td><td rowspan="3">14</td></tr>
<tr><td>下中</td><td>76</td><td>1.2</td><td>91.2</td></tr>
<tr><td>下下</td><td>13</td><td>1</td><td>13</td></tr>
</table>

这一分配计划在后来的赋税改革中还能得到体现，孝文帝班禄诏规定在正调之外“又入帛一匹二丈，委之州库，以供调外之费用”（《魏书·食货志》），后来调外之费又增至3匹。在太和八年（484）形成中央经费、地方调外及百官俸禄。日本学者渡边信一郎曾经对北魏后期中央地方经费的划分作了测算，见表2。

北魏虽然有了地方财政的划分，但是使用却还在中央控制下，有着严格的使用程序。具体的程序是地方官员提出建议，由度支郎中首先做可行性分析及补充意见，再由度支尚书提出意见和执行方案，接下来是由录尚书事和尚书仆射研究通过，上报皇帝批准执行。执行的效果最后由御史来审核。“一年之后，须知赢费，岁遣御史校其虚实，脱有乖越，别更裁量”（《魏书·食货志》）。一项财政政策从提议，到审议，到计划执行细节，到审批下达执行命令，最后审核效果的全过程都有一定程序。我们试着将财务行政程序表达如图

1 所示。

表 2　　北魏时期的经费结构与分配率

时期＼费用	中央公调费	地方调外费	百官俸禄费	保险经费
太和 8 年（484）以前	2	1		
太和 8 年（484）以后	3	2	3	
太和 10 年（486）以后	5	2	3	
太和 12 年（488）以后	39	20	30	11

地方申报程序：

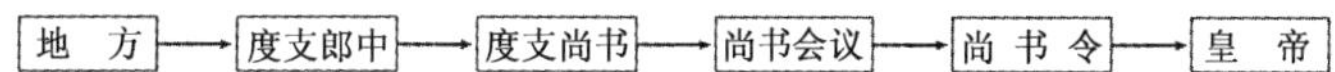

政令下达执行程序：

诸卿运行程序：

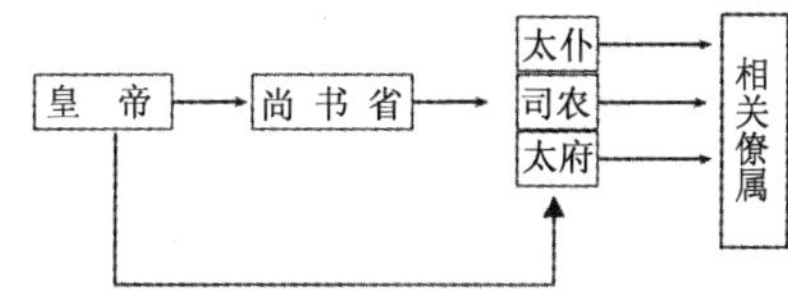

图 1　北魏时期的财务行政程序

北齐时对北魏的三分制又有了继承和发展。《隋书·食货志》记载：“垦租皆依贫富为三枭。其赋税常调，则少者直出上户，中者及中户，多者及下户。上枭输远处，中枭输次远，下枭输当州仓。三年一校焉。租入台者，五百里内输粟，五百里外输米。入州镇者，输粟。人欲输钱者，准上绢收钱。诸州郡皆别置富人仓。初立之日，准所领中下户口数，得支一年之粮，逐当州谷价贱时，斟量割当年义租充入。谷贵，下价粜之；贱则还用所粜之物，依价粜贮。”这里的“富人仓”设置如前表所列的保险经费的设置，是为了预防灾害而特别设置，这在小农社会意义特别重要。

四、隋唐以后的走向

自汉末动乱开始，分裂和动荡，传统的常态财政体制不断发生扭曲、变态。但是，另一方面，集权财政体制的传统一缕不绝，依然悄悄积累着进步。各种制度在冲突中进行着新的整合，北朝军功贵族支持的强大皇权，逐渐扭转了财政分权的颓势，以更强大的集权模式重新出现在隋代中国。孕生于关中的税收制度，再一次向东方、向南国推广。各地的税赋再一次日夜不息的向关中运输（《隋书·食货志》），动员全国的巨大工程再一次全面启动。于是有了隋暴富之谜，秦帝国速亡的命运也再一次降临到短命的隋王朝身上。如汉一样，唐帝国接起来重建统一集权财政体制的历史重担。

唐朝建立后，又继承北朝税收三分之法，给予地方一定分权。唐前期史料有限，幸有许福谦先生在吐鲁番文书中找到两件收支法律文书，进行了阙字填补、考证的工作，日本学者大津透等又结合大谷文书，恢复了《仪凤三年度支奏抄、四年金部旨符》，把当时租庸调三分制清晰的展示在我们面前。我们来看一下留支部分："诸州庸调，折纳粟米者，若当州官须官物给用。约准一年须数，先以庸物支留，然后折米粟。无米粟处，任取部[内]所堪久贮之物。……若府杂用不足，请府司准一年应须用数，量留诸州折租[布]充，讫申所司……各依常限，贮……"

《唐处分庸调及折估等事残文书》也有"量留庸调……"字样。当时的支留都是按照预算"量留"的。在遇到特殊情况，如唐玄宗时，河北诸州"历年不稔……今者风雨咸若"，于是唐玄宗命令"宜委州县长官勘责，灼然不能支济者，税租且于本州纳"（《册府元龟·帝王部·恤下》）。

《通典·赋税下》存录了天宝中度支的税物调度计划，陈明光先生整理列表，如表3。

表3　　天宝中度支调度计划示意表

岁入		调度计划	
项目	总量	数量（与折纳）	储运地点与用途
粟	2500余万（石）	300万（折充绢布）	添入两京库
		300万（回充米豆）	并入京仓，供尚食、官厨等料
		400万（江淮回造米）	转入京，充官禄及诸司粮料
		500万	留当州，充官禄、递粮
		1000万	诸道军粮及储备当州仓
布绢绵	2700余万（端、匹、屯）	1300万	入西京
		100万	入东京
		1300万	诸道兵赐及和籴，并远小州便充官料、邮驿等费

租庸调制瓦解后，在实行两税法后，三分财政体制还继续延续。《全唐文》载元稹《钱货议状》："自国家制两税以来，天下之财限为三品，一曰上供，二曰留使，三曰留州。"前后的继承性也是很明显的，唐宪宗时的宰相裴洎在议论建中初年两税三分制时，说："先是，天下百姓输赋于州府：一曰上供，二曰送使，三曰留州……"

唐代三分比率和北朝不同，是按照对中央地方支出所需进行分配。户部司根据计账折算来年收入，金部司根据各地上报都账核实所需支出，度支司综合收支数据编制预算。地方所需支出包括官员工资（官禄、料钱、衣粮食等）、行政费用、公共建设费用、交通运输费用、宗教费用、礼仪费用等。从上列天宝中度支税务调度计划表可知粟岁入2500余万石，上供1000万石，占40%，留州500万石，占20%，送使及留州储备1000万石，占40%；布绢绵2700余万，上供1400余万，占52%，送使留州合计1300余万，占48%。《通典·赋税下》记载建中初年两税，收钱3000余万贯，上供950余万贯，占32%，送使留州2050万贯，占68%；收米麦1600万石，上供200万石，占13%，送使留州1400万石，占87%。

由于后期改制，经费定额使用，地方财政常有结余，中央政府一方面以进奉、宣索等名目要求上缴，一方面加强对地方支出项目的管理。在管理上，一方面将原来由国家财政支出的部分，如赈贷等下放地方财政，一方面严格对结余部分使用的控制并引导其使用方向，如要求代贫穷户纳税、防备水旱以利培养民力，发展地方经济。对酒宴馈赠等支出严格限制，规定使用条件。

以上就中国古代地方第一次财政分权实践的材料进行了初步清理。秦帝国建立了第一个专制集权体制，以500万人口，不仅成功动员起100多万的军队，而且能自如的提供后勤保障。1975年在湖北省云梦县一段铁路旁的一个古墓里出土了秦的大量行政法律文书，我们知道这不是侥幸，而是制度创造的奇迹。但是当秦始皇消灭六国，把这一体制向全国推广时，他却失败了。汉帝国经过70年的休养生息和磨合，再次在中国建立起集权财政体制，但让人惊异的是，生机勃勃的帝国却失去了应有活力，国家所有的经济活力都收缩到几个中心城市，节流成了以后财政工作的主要话题，开源无力的无奈一直伴随着帝国体制崩解。随之而来的战乱和分裂，财权不得不下移，却意外带了西北边陲的振兴、江南的第一次开发……各个地方政府都在自己的领地内重建集权财政体制的努力，对以前放开的财权渐次收拢，但是也不得不在现实的情况下对地方作出若干分权，于是有了北朝的三分制和南朝的税收分权制。无论三分制还是税收分权制，都是皇权振兴的结果，其主要目的是向地方收财权，保障中央的财权。我们看到南朝税收分权制失控的种种乱相，看到地方拥有税收开征权后空前膨胀的贪欲的同时，更应该看到这些地方官的任免权还是在皇帝手上，当他们不愿意把搜刮来的钱财以献奉的名义与皇帝分享的时候，诛杀族灭只在转瞬之间。更可怕的是出现了这样一个利益共同体，忘乎所以的一起搜刮百姓。皇帝还直接任命自己的亲戚为地方官，以更好的保障对地方财政的控制和分享。北朝出现的三分财政体制，在集权体制下适度分权，虽然中央地方之间争利、地方与地方之间争利的斗争贯彻始终，但竟能前后维持近450年。其后，当中唐把地方财权赋予节度使的时候，新的一轮“分权—集权”的斗争已经开始。

我国税收管理信息化建设回顾、反思与展望

财政部科研所　梁　季

我国税收管理信息化走过了20多年不平凡的发展道路，取得了巨大成就，但也存在诸多问题。本文试图以新的视角对我国税收管理信息化建设历程及特点作一简要回顾和总结。然后，剖析税收管理与税收管理信息化之间的关系。最后，对我国税收管理信息化的可持续发展问题提出几点探索性建议。

一、我国税收管理信息化建设历程及特点

（一）税收管理信息化建设遵循点、线、面原则，由内向外展开

我国税收管理信息化始建于20世纪80年代，起步较晚，但发展很快。其发展大致经历了三个阶段：局部手工模拟阶段、全面应用阶段和纵深发展阶段。下表从税收管理信息化概念演变视角，归纳其各阶段的主要特征（见表1）。

税收管理信息化概念的演变过程，也是人们信息化观念逐渐转变和信息化实践不断深入的过程。税收管理信息化意识经历了“抵触→可有可无→接受→必不可少”的几个过程。信息化实践沿着“摸着石头过河→积累经验→形成初步轮廓→系统构建信息化体系→将信息化建设融入税收管理→实现管理创新、变革税收征管流程”这一轨迹，逐步得到发展。

我国税收管理信息化建设遵循“点、线、面”原则，从内向外展开。首先是从内部管理业务会统报表核算这一业务点嵌入原

来人工系统，所采用的技术也仅为计算机，然后延伸至整个税收征管流程，技术手段扩展为计算机与税务机关内部局域网的结合；接着，业务范围从征管向纳税服务的整个业务面扩展，从文书处理自动化向行政管理信息化蔓延，建成覆盖全部税务机关的税务专网，形成以点穿线，以线带面税收管理信息化建设格局。

信息系统应用经历了“嵌入原来人工系统→局部应用→内部集成→再造税收管理业务流程等”阶段。

信息技术对税收管理的作用，已经从当初的独立于管理过程之外的“支持”作用，发展到融入管理过程的“参与”作用。

表1　　我国税收管理信息化建设发展历程

概　　念	时　　间	业务范围	技术应用	标志性系统/工程	关键词
征管电算化	1983 ~ 1992	税收会统核算	数据库	GPRS①	会统、电算化
税收电子化	1992 ~ 2000	基本征管业务	数据库、局域网	征管信息系统、CTAIS、金税一期	征管、电子化
税收信息化	2001 ~ 2004	征管业务、行政管理、纳税服务	数据仓库、局域网、广域网	CTAIS二期“金税”二期	管理、服务、数据、信息化
税收管理信息化	2005至今	税收决策、监控	数据仓库、项目管理	税收辅助决策“金税”三期	数据、集中、集成、整合

注：①GPRS系统是早期在税务内部使用的一个会统核算软件，功能简单，但很实用。

（二）技术推动和需求拉动共同推动税收管理信息化建设向前发展

与其他领域的管理信息化类似，税收管理信息化的建设和发展也是技术推动和需求拉动共同作用的结果。

20世纪80年代末至90年代初，正是信息技术在各个管理领域小试牛刀之时。税收管理领域成为软硬件厂商关注的焦点，加之软硬件新技术层出不穷，信息产品销售商与系统开发商积极为产品寻找应用市场，从而促进了税收管理信息化的建设。

税收管理信息化建设之初，也是我国向市场经济转轨之始。作为经济体制改革重要环节的税制改革，经历了第一、二步利改税与1994年的全面改革，最终形成目前的税制体系。新的经济环境和税制体系，给税收管理带来了许多困难，也提出了更高的要求。首先，纳税人的情况发生了变化。从纳税人的数量来看，改革开放以来，纳税人数量急剧增加，因此管理工作量也骤然加大；从纳税人的结构来看，其经济成分呈现多元化趋势，非国有、非集体经济成分迅速增长，税源情况更加分散、复杂，监控难度加大；市场经济下，纳税人经营方式也发生了重大变化，价格形成机制更加多样，从而增加了征管难度。第二，税收征管模式发生重大转变，从税务人员进厂收税发展为纳税人自行上门申报。税收管理业务范围更加宽泛（不仅要管理，还要服务），征管工作量大大增加。第三，随着税收在经济生活中的作用日益增强，对税收统计、会计工作的要求也日渐提高。以上诸多原因，使得原来的管理方法和手段无法适应新的形势，因而迫切需要采用新的技术手段来提高税收管理的效率及效能。

正是在技术发展迅速和征管需求迫切的大背景下，税收管理信息化应运而生。

可以说，技术推动与需求拉动共同促进了税收管理信息化的发展，但二者的作用因时期不同而有所差异。

在初期，技术推动是税收管理信息化发展的主要动力。这是因为，新环境对税收管理要求是渐次提高的，在此在要求未达到质变之前，受惯性思维的影响，人们更倾向于通过对原有方式、方法进行改进，来应对这种变化。而软硬件技术的快速发展，要求厂商要迅速为这些技术寻找新市场。于是，在大部分地区税务管理人员尚未做好充分准备的情况下，信息技术已进入税收管理领域。从某种程度上说，在税收管理信息化建设初期，许多地方使用信息化手段管理税收业务或者是迫于上级主管部门的“强制”，或者是“随大流”，大多数税务部门工作人员尤其是各级领导，远远未意识到信息技术的重要性。

随着税收管理信息化的发展，需求拉动的作用凸显。这是因为，建设初期，尽管大部分地区可能是被迫在局部业务环节进行信息化建设，但信息化给税收管理工作带来的好处却是巨大的、实实在在的。于是，各地税务机关开始尝试在更多业务范围内使用信息技术，因而对信息技术的需求大大增加。到一定阶段，信息技术就成为必需的管理手段。最典型的案例是金税工程。不夸张地说，金税工程是1994年税制改革成功的必要条件，称其为增值税的“生命线”毫不过分。当然，不论是需求拉动还是技术推动，都随着税收管理信息化的发展而增强，只是在这两种力量的对比中，需求拉动的作用增强的更快、更明显。

综上所述，技术推动是税收管理信息化始建的主要动力。随着建设的不断推进，二者力量都在增强，但需求拉动成为推进发展的主要动力。图1和图2可以形象地描述二者对税收管理信息化的作用及力量对比。

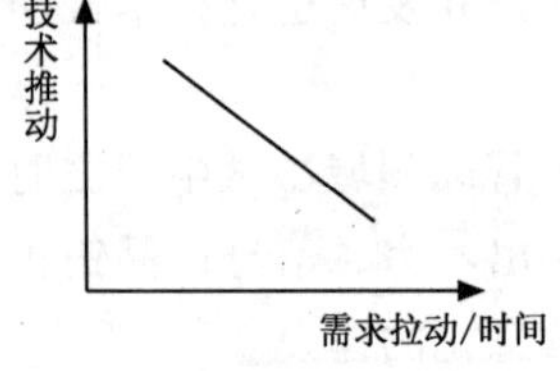

图1 技术推动与需求拉动的对比关系(相对关系)

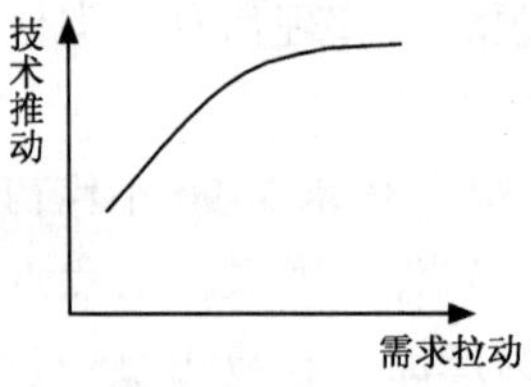

图2 技术推动与需求拉动对信息化作用

（三）业务与技术结合的紧密程度决定税收管理信息化建设成败

税收管理信息化的成功失败曲线可以用图3表示。在信息化初期，信息化应用成功比例较高，到了信息化应用快速发展阶段，开始出现成功少失败多的情况，但是到了成熟阶段，成功比例又开始增加。

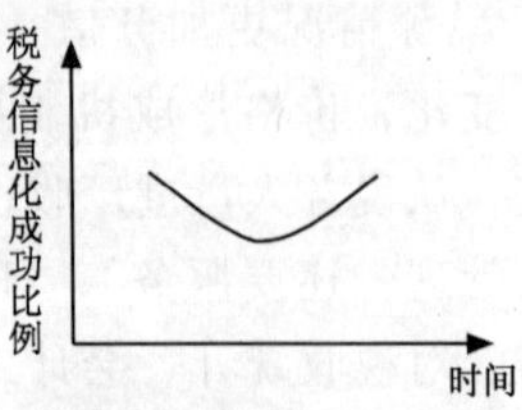

图3 税收管理信息化应用成败趋势图

信息技术在税收管理领域应用成功与否的关键在于技术与业务结合的紧密程度。在税收管理信息化初期，在技术推动力作用下，应用主要集中在个别业务环节，即计算机系统是嵌入原来人工系统的，这些业务程式化强，易与原系统合拍，对技术与业务结合紧密程度要求不高，因此其效果明显，成功的可能性也大。但进入信息化快速发展阶段，信息化需求逐渐增强，信息技术应用也从某个业务环节向某些业务环节扩展，而业务人员尚未意识到技术与业务紧密结合的重要性，也没有能力对信息化提出明确要求。同时，技术人员对税收管理信息化认识不足，低估其建设复杂性。在需求拉动增加，业务要求趋于复杂，而技术与业务结合不够紧密的情况下，必然出现信息化应用不尽如人意比例增加的现象。税收管理信息化建设进入成熟阶段后，尽管需求仍强势增长，而业务人员对信息化的认识趋于理性，意识到应该且有能力与技术人员进行有效沟通，这样，技术与业务紧密结合，从而使信息化成功的可能性大大提高。

二、反思与展望

在多年的实践中，税收管理信息化建设被赋予了极高的地位。各级税务部门的税收管理信息化都是“一把手”工程，投入了大量的人力、物力。在各级税务部门大搞税收管理信息化建设的今天，我们是否应冷静思考，为什么要进行税收管理信息化建设，它在税收工作中究竟处于何种地位？因此，有必要给税收管理信息化一个准确的定位，以促使其健康发展。

（一）税收管理与税收管理信息化的关系：目的与手段

税收政策是经济政策重要的组成部分，而税收管理则为税收政策的有效实施提供保障。所以，税收政策要围绕和服务于经济全局，而税收管理则要保证税收政策的落实。

税收管理的目标是促进纳税人依法纳税，税收管理信息化的目标是提高税收管理的效率与效力，是实现税收管理目标的一种路径选择。因此说，税收管理是目的，信息化是手段。提高税收管理水平是税收管理信息化工作的出发点和落脚点。

从税收管理信息化的组成要素税收、管理、信息、技术来看，核心要素是税收，管理是税收的保障，信息和技术是管理的手段。换句话说，技术是为采集、存储、开发信息服务的，信息是为提高管理水平服务的。因此说，技术的先进与否不是目标，信息的有效采集、存储也不是最终目的，深度开发、利用信息为税收管理服务才是终极目标。

所以，在税收管理信息化建设中，既要反对“技术无用论”，更要反对“唯信息论”和“唯技术论”。

诚然，信息化不是提高税收管理水平的唯一路径选择，但就现阶段来说，信息化是我国提高税收管理水平的最优路径。没有信息技术的支撑，许多税收管理工作寸步难行。典型实例是增值税专用发票的交叉稽核工作，全国每月要使用1000万张发票，其稽核工作量之巨大，是人工所无能为力的。可以说，税收管理信息化为我国税制改革立下汗马功劳，无可替代。

无论税收管理信息化程度如何高，税收管理信息化的地位（手段）和依据（税法及税收管理业务）都不会改变。信息采集、存储等不是目的，有效利用信息为税收管理、税收执法服务才是根本之根本，因此防止将税收管理异化为纯粹的信息处理工作。

信息技术毕竟只是一种工具，如果没有人的参与是无法发挥其潜力的，更谈不上解决税收管理中的所有问题。因此，过分专注于技术（T），而忽视信息（I）和业务（B），忽视技术与业务的结合，忽视信息化建设中人与组织的决定性影响是极不可取的。

（二）税收管理信息化的可持续发展

在给予税收管理信息化准确定位后，自然会联想到未来税收管理信息化如何发展的问题，即可持续发展问题。结合目前税收管理信息化建设中存在的问题，本文提出以下几点探索性建议。

1. 设置专职信息主管，建立完善管理制度。多年来，税收管理信息化建设一直是"一把手"工程，即各级税务部门都是由"一把手"主抓税收管理信息化工作。这足以显示税务系统从上到下对信息化建设的重视，的确取得了显著效果。但这毕竟是一种"人治"。对信息化重要性程度认识因人而异，这就导致税收管理信息化建设在不同时期、不同地区的非均衡发展。这不仅给信息化建设量化考核带来了诸多困难，对"一把手"也有失公平。因此，亟须设置专职信息主管，统筹把握、规划税收管理信息化建设全局。同时加强税收管理信息化制度建设，将税收管理信息化建设制度化，形成税收管理信息化可持续发展的保障机制。

2. 正确处理人、业务、技术的关系。税收管理信息化可持续发展的关键在人，人在其发展中处于核心地位。尤其是随着信息化向大范围、高层次与深层次的发展，信息化管理对象也从数据向信息和知识转化。信息由人赋予针对性和目的性，知识凝结了人的智慧，从而人的因素也越来越多，人的因素愈发重要。

业务是信息化建设的依据，技术促进业务变革。业务与技术的有机结合，才能使信息化具有长久生命力。我们反对削足适履，使税收管理过程迁就信息系统的某些既定运用方式，但反过来也不赞成使计算机等信息工具与系统百分之百地按照原来的人工操作与管理方式工作。这样既不能发挥信息技术的优势，也无法促进管理创新。

3. 消除观念和沟通上的"鸿沟"。业务与技术结合的紧密程度决定税收管理信息化建设成败。观念是否一致和沟通是否有效则是业务与技术能否紧密结合的关键。所以，需要消除观念上和沟通上的鸿沟，为税收管理信息化持续发展提供保障。

首先，消除观念上的鸿沟。观念上的鸿沟首先表现在开发商和使用者之间的观念鸿沟。从开发商方面来看，提供一套性能优异、技术先进的信息系统是其首要目标。而对于使用者来说，最先考虑和要求的，是最为适用、最能满足税收管理要求的系统。观念上的鸿沟还表现在税务机关内部，上下级之间、技术人员与业务人员之间。上下级部门职能不同，对税收管理信息化的期望也有所差异，从而造成认识上的差异。观念上的鸿沟最终导致行为及沟通上的鸿沟，从而影响税收管理信息化的可持续发展。

其次，消除沟通上的鸿沟。沟通上的鸿沟主要表现开发商与使用者之间以及技术人员与业务人员之间。由于相互之间的专业背景不同，所用的名词语汇以及表达习惯不同，造成了沟通上的困难。沟通上鸿沟可以通过协调、培训等方式予以消除。

4. 用信息生态学的观点来统筹规划税收管理信息化工作。信息生态学从更宽泛的角度研究信息化，其最大特点是摒弃了原来以技术为重心的信息化视角转向以人为中心这一更开阔的角度来研究信息化问题，不仅关注技术本身，更关注信息与人的关系，关注人对信息的支配权以及信息化环境等问题。

随着税收管理信息化建设向纵深发展，影响其可持续发展的因素愈加复杂。税收管理信息化建设既受到税收业务与信息技术的影响，又受到人员素质影响，还受到国家信息化发展等外部环境影响。

未来税收管理信息化建设要面对信息环境、组织环境和外环境。信息环境存在于组织环境中，而组织环境又要受到外环境的影响，因此要正确处理彼此的关系，以保证税收管理信息化建设健康、持续发展。

我国地方国库现金管理若干重大问题辨析

财政部科研所　马洪范

一、问题的提出

2006年6月，财政部与中国人民银行联合印发了《中央国库现金管理暂行办法》（财库［2006］37号），其中规定以商业银行定期存款、买回国债、国债回购和逆回购等方式，对财政部在中央总金库的活期存款进行管理与运作，在确保中央财政国库支付需要前提下实现国库现金余额最小化和投资收益最大化。同时，也明确规定在国库现金管理初期，主要实施商业银行定期存款和买回国债两种操作方式。这一办法的出台，标志着经过酝酿多年的国库现金管理正式进入实质性的操作阶段。

然而，上述办法只适用于中央政府的国库现金管理。对于省、市、县等地方政府而言，是否开展以及如何开展国库现金管理，仍然是一个悬而未决的问题。但是，近些年来，关于地方政府尽早开展国库现金管理的呼声却是越来越强烈。毋庸置疑，伴随着我国快速强劲的经济增长以及国库集中收付制度等支出改革的全面推进，地方财政收入在实现大幅增长的同时，日益集中到财政部门管理下的国库单一账户中来，国库现金盈余成为国库账户中资金运行的常态，且依然在以较快的速度继续向上攀升。即使在经济比较落后的西部省份，其国库现金月终余额的最低值也要几十亿元人民币，而有些东部发达省份的国库现金月终余额则高达上千亿元人民币，甚至东部地区的有些县市级政府的国库现金月终余额也已高达几十亿元人民币。如何管理与运作好这部分国

库现金，已成为各级地方政府普遍关注的一个重大课题。

在我国各级地方政府及其财政、央行国库部门中，许多人都认为：在国库现金持续盈余的条件下，适当抽出一定规模的库底资金，再合理安排财政收支进度，基本不会影响全年的支出拨付进度，如果将抽出的这部分国库现金存入商业银行进行协议存款或定期存款，那将意味着地方政府可以增加数目相当可观的财政性利息收入。当前，这一观点已成为尽早允许地方政府开展国库现金管理的最重要的理由之一。诚然，这一要求并没有错，国库现金管理可以增加地方财政利息收入的理论假设也非常正确。但是，这绝对不是地方政府开展国库现金管理的充分必要条件，而单单一条“国库现金管理可以增加地方财政利息收入”的理论假设也仅仅只是国库现金管理体系中的“冰山一角”，距离全面、准确、科学地理解国库现金管理的本质与内涵尚有相当大的差距。

从根本上讲，我国地方政府最终必然要开展国库现金管理的，只不过要实现这一目标，我们还有很长很长的路要走。当前问题的关键是如何走好而避免走错路、走弯路，这就需要我们在科学的理论指导下、在客观的国际经验借鉴基础上，对地方国库现金管理若干重大问题进行准确的判断与定位。

二、国库现金管理不等同于商业银行存款获益

不可否认，节约资金或投资获益确实是国库现金管理兴起的最初原动力之一，而将国库现金盈余存入商业银行获益也已成为当今世界国库现金管理的两大操作模式之一。然而，地方国库现金管理绝对不能简单地等同于将国库现金盈余存入商业银行获益。美国的历史对我们认识这一问题极具启发意义。

国库制度主要有两种类型：一是委托国库制，政府委托中央银行或商业银行代理国库业务；二是独立国库制，政府特设专门机构办理政府预算收支的保管、出纳等工作。在美国，1791～1840 年间，实行委托商业银行代理国库制；1840～1914 年间，实行独立国库制；1914 年至今，实行委托联邦储备银行代理国库制。由于商业银行代理国库制及独立国库制都存在其自身所固有的不可克服的缺陷，1913 年《联邦储备法》授权联邦储备体系代理财政筹集、保存、转移、支付，并代理政府债券发行等。

此后，联邦储备体系为政府开立存款账户，不允许政府及其公共机构在它们自己的账户中存放资金（极少数特殊情况除外）。从结构上看，政府财政账户分为两类：一类是设立在纽约储备银行下的余额账户，一类是设立在超过 10000 家的存款机构下的税收与贷款账户，即财政部通常将其存款余额的一部分存放在联储，其余资金则存入 10000 多家商业银行的税收和贷款账户中。直到今天，美国政府资金的存放依然维持着这一格局。

然而，美国政府之所以将其大部分财政存款分散存放在数目庞大的商业银行的专门账户之中，其本意并非是获取利息收入，而是为了避免把全部政府收入和支出都由联邦储备体系存入和提取所带来的对金融市场的扰动，避免财政资金在联邦储备体系中的非常规波动可能带来的对于货币政策的冲击与影响。事实上，在相当长的一段历史时期，存放于商业银行的美国政府资金并不计付利息，银行也不需为政府垫付资金，代理银行为政府收支提供免费服务。

但是，随着政府职能拓展与财政支出规模的扩大，在代理业务量与资金量陡增的同

时，国库代理银行的积极性却悄悄下降。我国经济学家马寅初先生早在1948年就曾指出："委托代理制下，银行对于公款有保管之义务，而无利用之权力，人力财力两皆浪费，手续繁冗，无利可图。"[①] 国库代理银行的积极性必然不高。事实上，某些储备银行代理国库的业务量完全比得上甚至超过其为自己所做的工作。

在国库代理银行的积极性不断下降的背景下，"财政存款计息、银行服务收费"制度应运而生了。这一制度并不否定委托国库制度，而是在委托国库制的框架下修改与调整了财政委托中央银行或商业银行代理国库的具体内容，即在保证安全、便捷地实现政府收入收缴与支出拨付功能的前提下，中央银行或商业银行可以充分、自由地运用政府存款，而政府需要向代理银行提供的服务支付费用。对此，马寅初先生在1948年也曾评论说："银行收受（政府公款）之后，归银行自由运用，政府可收利息，于委托者与代理者均有裨益。"[②] 这时，美国尚无国库现金管理这一概念，当然也谈不上实施真正的国库现金管理活动了，但政府财政与国库代理银行之间的关系的市场化程度有了很大的提升。

从20世纪60年代末开始，现金管理的重要性首先被私有部门所认识，货币的时间价值与现金的机会成本等理念逐渐得到认可与应用。20世纪70年代中后期，企业现金管理对政府预算管理产生了一定影响。直到1981年，美国才开始学习企业现金管理的做法来管理政府现金，意味着国库现金管理在美国的正式兴起。随后，将国库现金盈余以最佳方式存入商业银行以获取最大收益，成为美国联邦国库现金管理模式的最大特征。20多年来，已为联邦政府节约了数十亿美元的财政资金。

可是，美国随后的国库现金管理发展史表明，将国库现金盈余存入商业银行获益，绝不是国库现金管理活动中的全部，国库现金管理呈现出更广、更深的内涵。1982年，美国国会通过了《促进支付法案》，要求联邦机构准时支付，拖延支付要向支付对象支付利息，提前支付要向支付对象计提折扣。1984年，通过了《消减赤字法案》，授权财政部负责资金收缴和存款管理，要求政府机构使用电子转账方式、锁箱法、自动退款机制，改善与加速资金入库速度。1990年，通过了《现金管理促进法案》，其目的在于通过缩短资金划转时间确保管理效率、及时满足政府机构的资金需要。1996年，通过了《债务收缴改良法案》，要求联邦机构除极个别情况外，必须通过电子化资金划转方式实现支付，以达到消减成本、消除纸质文件和票据、加速资金流转、加强内部控制、科学预测现金流动等目的。

综上所述，国库现金管理绝不能等同于盈余资金存入商业银行获益，其更本质的内涵在于：它是政府预算执行阶段的重要管理活动。它通过统筹考虑国库资金的收缴与支拨、运用与筹措，使无息或低息的国库现金维持在最低水平，借以实现政府借款成本最小化与现金盈余的投资收益最大化；它通过加快资金收缴入库速度，准确及时地拨付资金，可以提高国库资金效益，优化政府财务状况；它通过准确记录政府收支、科学预测国库现金流入与流出、编制详细可行的季度与月度用款计划，阻止计划外借债，帮助确认年度内预算调整行为，提高了财政对国库收支的控制能力。总之，国库现金管理贯穿预算执行阶段的

① 马寅初著：《财政学与中国财政理论与现实》，商务印书馆1948年版，2001年重印，第100页。

② 马寅初著：《财政学与中国财政理论与现实》，商务印书馆1948年版，2001年重印，第101页。

全过程，是预算编制完成后确保国库资金安全、规范与有效的一项重要的技术性工具。

从更广的世界范围来看，国库现金管理也不是与生俱来的，更不是可以简单地等同于商业银行存款获益，它的产生与发展建立在一系列现实基础之上。其中，最重要的莫过于以下四个要件：(1) 先进的政府理财观念，即是否认可财政资金的时间价值与机会成本；(2) 严格的预算编审管理，即是否能对财政收支运行实施具有硬约束力的、高效的计划控制；(3) 成熟的金融市场，即是否具备财政资金投融资的客观场所；(4) 发达的信息技术，即是否能够采取先进的技术手段搜集、整理与分析各类财政收支信息，并在此基础上及时作出正确的决策。认识到这一点，对于我国各级政府高效地开展国库现金管理，具有重要的理论价值与现实意义。

三、地方国库现金管理绝不能以投资之名行投机之实

国库现金管理之所以能在世界范围内迅速兴起与发展，追根究底还是因为不少国家的政府预算都面临着许多压力，而通过开展国库现金管理，则可以达到减少闲置资金，充分保证资金的流动性，改善政府现金流入与流出，获取现金投资收益等目的。然而，这些目的却不能自我实现，需要由政府财务管理者通过主观努力并采取合适的方式方法才能成为现实。在此过程中，谁都难以保证不会出现适得其反的结果。

橘县是美国加利福尼亚州的一个美丽富饶、瓜果飘香的县，因其盛产柑橘而得名。1994 年的一天，县政府突然宣布损失近 20 亿美元，被迫申请破产保护。这就是闻名国际金融界的橘县财政破产案。橘县曾经作为一个精明的投资者而备受瞩目，与其他地方政府相比，它赚得了近两倍的回报率，以至于其他的 180 个地方政府都将资金委托橘县现金管理官员进行操作，期望获得更积极的投资收益。那么，这一次，橘县在什么地方犯了错误呢？根本原因就在于该县财政官员 Robert Citron 通过债券回购交易筹集 195 亿美元资金，其中 115 亿美元投资于长期国债和政府机构债券，80 亿美元投资于反向浮动利率期票，但由于短期利率大幅上升，最终造成巨额亏损。

事实上，由于当时经济状况不佳，美国很多地方政府都不能及时足额地支付教育经费、医疗费用、警察和其他公共服务费用。所谓金融专家就鼓励地方官员去从事投机，用投机赚钱作为地方的附加收入来源。这种主意，必然会带来灾害，橘县只不过是最严重的一个地方而已，其他的地方政府也曾因投机遭受了不小损失，甚至接近破产，而这些损失最后还得由砍掉公共服务费和基础设施维修费来弥补。

在此之前，地方国库现金管理遭受损失的事例也不少见。《华尔街期刊》1992 年 1 月 22 日曾报道了这样一个案例：加利福尼亚州的一个小城镇将其现金管理投资活动承包给了斯蒂芬·瓦莫的私人公司，因为斯蒂芬·瓦莫擅长国库券交易，而且承诺至少要比临近城镇多赚两个百分点。然而，斯蒂芬·瓦莫的公司事实上却是一个典型的欺诈组织。不久后，斯蒂芬·瓦莫在其新港海滨别墅被捕，并被指控犯有 30 条罪状，经查有 14 个城镇和超过 1.13 亿美元的投资资金卷入本案，不少基层政府最终成为欺诈的受害者。

在瑞典，早在 1989 年，斯德哥尔摩市政府由于投资失误，也曾造成几亿瑞典克朗的损失，引起瑞典政府的高度重视，加快改革完善了有关监管制度。自此以后，再也没有发生过大的事件。与瑞典相比，美国地方政府之所以屡屡出现失误而得不到解决，与美国独

特的崇尚自由的文化传统有着密不可分的原因，一定程度上延缓了问题的解决。但问题最终还是解决了，而且是通过法律一劳永逸地得到了解决。

从深层次上来思考，上述事实向我们提出了地方国库现金管理中最为关键的一个问题，即如何避免以投资之名而行投机之实，换句话说，在获取收益的同时要将风险降低到最低，这在客观上需要建立完善的国库现金管理体系。

从国外实践来看，为有效管理国库现金，发达国家也普遍建立了较为完善的、覆盖全国范围的国库现金管理体系。主要有：(1) 将政府现金余额集中于国库单一账户；(2) 准确、科学地进行预算收支预测，如果预测不准确，就有可能发生从货币市场借入资金来支持现金需求，这个成本也是相当大的；(3) 设立国库现金的专门管理机构，或独立设置，或在财政部门内部，或委托央行或商业银行代理；(4) 建立科学严格的预算编制与审核管理制度，为高效的预算执行提供必要的前提条件；(5) 修订与制定相关法律、法规和管理办法，对国库现金管理活动的具体内容作出明确规范；(6) 在中央政府层次上，还需合理划分财政、央行在国库现金管理中的责权利，确保财政、货币政策的协调执行。

从理论上讲，上述体系框架对中央与地方国库现金管理活动都适用。然而，地方国库现金管理毕竟与中央国库现金管理存在着很大的不同。从基础上看，中央财政所面对的收入与支出规模相对较大且集中度较高，而地方财政所面对的收入与支出则更加直接和细致；从目标上看，中央政府实施国库现金管理一般都要将成本效益目标和政策目标结合起来，受双重目标要求的约束，而地方政府在货币市场和资本市场中更像一个企业，往往只追求单一的成本效益目标。从工具上看，中央国库现金管理中对金融工具的使用有更多限制，多使用简便易操作的金融工具，而地方国库现金管理中可使用的金融工具却非常丰富。从风险上看，中央国库现金管理面临的更多的是政策风险，即现金管理政策与财政政策、债务政策及货币政策之间的协调，而地方国库现金管理面临的更多的则是资金风险，即遭受资金损失的程度。

根据上述分析，地方国库现金管理的制度设计有其特殊性，重点应放在现金管理的具体操作规范上，尤其是现金余额投资规范上，主要体现在投资方向约束、投资比例约束、投资工具约束、投资代理人约束等方面。具体而言，所谓投资方向约束是对可能开展的短期投资、固定收益投资、不动产、公司股票以及其他资产投资等方向做出的具体规定；所谓投资比例约束，是指对不同投资项目在总投资额度中所占比重的具体规定；所谓投资工具约束，是指对不同投资工具如中央政府债券、地方政府债券、国外政府债券、储蓄单据及银行兑票、公司债券、回购协议、货币基金等在品种及额度或比例上做出的具体规定；所谓投资代理人约束，是对投资操作行为及其过程作出的具体规定。在这些问题上，国外发达国家的城市现金管理可以为我们提供充分而翔实的案例与借鉴。

四、是集权还是分权要依国情而定

在既定法律与制度框架下，地方政府如何开展国库现金管理还需处理一个更为根本的问题，即地方国库现金管理的决策与操作是集权还是分权，是由地方政府自主做出，还是由中央政府或相对高层级的政府做出。纵观国外实践，大致可分为分权型与集权型两种类型。

所谓分权型，是指中央和地方政府各自负责自己的国库现金管理，中央政府对本级国库收支进行合理统筹安排和投融资，地方政府自主管理本级的国库现金。比如，在美国，各州政府的现金管理与联邦政府的现金管理有很大不同，各州政府可以采取商业银行存款、货币市场运作等多种方式进行现金管理；在英国，地方政府可以自由地投资盈余现金，还可以获取来自中央政府的长期借款；在澳大利亚，财务管理办公室（AOFM）负责管理中央政府的现金管理，州政府作为独立的实体，拥有自己的财源以及相应的责任，而且还可以获得中央政府的转移支付资金，各州政府的国库现金管理由国库公司负责。

所谓集权型，是指国库现金管理的权限集中到中央政府，地方政府不能根据自身情况进行国库现金管理。比如，在法国，国库现金管理不仅包括中央政府的国库现金，而且包括地方政府的国库现金，决策权完全在财政部，即财政部通过在中央银行设立的国库单一账户控制中央政府和地方政府的收入收缴和支出支付，地方政府要将其盈余资金存放在中央银行的政府账户中①，并且不计息，但可以向中央银行自由借款。实践中，回购协议和借出现金是法国国库现金管理的主要的做法。在德国，联邦政府和地方政府都设立了现金管理办公室，但是，每个营业日终了，各州现金管理办公室的资金余额都要汇到联邦账户，各州现金管理办公室所需支付的款项也要从联邦现金管理办公室调拨，而当联邦现金管理办公室资金有盈余时，盈余资金即转到财政部在联邦银行支付系统开立的账户中，在隔夜市场上进行投资。这样做，可以有效使用资金，并且对全国各地国库收支有个全面系统的了解，便于货币政策的实施和制定。

一个国家的国库现金管理在纵向上的权力分割到底是集权还是分权并无一定之规。联邦制国家的国库现金管理既有分权型，也有集权型；单一制国家的国库现金管理也是既有集权型，也有分权型。但是，归根结底，是集权还是分权，只有一个原则，即要依自身的国情而定，适合自己的才是最好的。换句话说，分权型与集权型相比孰劣孰优，不能一概而论。但总体上说，分权型具有有利于发挥地方政府的积极性、节约交易成本的优势，而具有抗风险能力差、投机冲动强、监督管理薄弱等不足；集权型则具有便于风险控制和风险管理、便于宏观调控、便于公共政策的协调与实施等优势，但也具有交易成本高昂、对地方政府难以形成合理的激励约束机制等劣势。各国对这两种相对立的类型的取舍及运用，完全取决于自身的具体情况。当然，在实际运用过程中，可以采取两种类型在某种程度上的结合体，更有利于调适不同地区、不同情况下的具体需要。

据国际货币基金组织的一份工作报告② 显示，一个国家的国库现金管理纵向上的权力分割需要放在更为广阔的视野下进行决策与选择。Eivind Tandberg 在这份工作报告中比较了发展中国家、转型经济国家、发达经济国家三种类型共七个国家（美国、法国、挪威、保加利亚、俄罗斯、巴西、南非）的国库体系及其集中化程度，为我们总结出一些颇有价值的规律性认识。(1) 国库现金管理是整个国库体系中的重要一环，一国国库体系的集中化程度很大程度上决定了国库现金管理的集中化程度；(2) 不同国家的国库体系在不

① 法国地方政府每日现金预测大致在 -30 亿至 30 亿欧元之间波动，由地方政府和其他公共机构完成交易而产生的出入中央银行账户中的资金，几乎是中央政府部门资金量的两倍。

② Eivind Tandberg, Treasury System Design: A Value Chain Approach, IMF Working Paper（WP/05/153)。

同环节上的表现各有差异，比如，与发达国家相比，发展中国家的政府财务管理能力较弱、转型经济国家的国库控制和财务纪律较差，这在很大程度上决定了中央政府适合在何种层次上、多大程度上对国库体系进行分权；(3) 发展中国家和转型经济国家一般采取高度集中化的国库体系，而发达国家国库体系的集中化程度很低。

法国作为发达国家实行了高度集中、严格管理和控制的国库体系，主要源于其政治传统，而非管理混乱风险所致。据悉，法国目前正在扩大对预算单位职责授权的分权改革。由于很少有发展中国家有能力对所有的付款承诺进行事前、事后的有效控制，很少有能力建立跨政府范围的财务管理信息系统，国库管理的基础设施也往往不能确保收入立即划入国库单一账户，这就意味着国库现金管理不能在更深层次上实行分权；相反，在美国等发达国家，已经基本解决了发展中国家和转型经济国家正在面临的宏观与微观控制问题，事前控制已被强大的事后会计责任所取代，而各级地方政府乃至预算单位都拥有足够的财务管理能力和发达的财务服务市场，这就决定了可以在更多层次上、更大程度上进行分权。对我们这样一个发展中国家而言，承认这一点则意味着我国地方国库现金管理还是要走适度集权的道路。

五、当前我国地方国库现金管理面临六大难题

在我们给我国地方国库现金管理制度和体制设计下最后结论之前，还需要更为细致、深入地分析我国地方国库现金管理可能的外在及内在的条件约束。粗略地看，当前我国地方国库现金管理还面临着六大难题。

1. 中央与地方以及地方各层级之间的财政体制划分不清。尽管 1994 年分税制改革以及随后的小范围调整，使得中央政府与地方政府之间的收支划分基本清晰，但也不能忽视现行分税制运行中存在的一些不足。由于上级政府掌握“游戏规则”的制定权，在支出责任和财权的划分上具有相对优势，还可采取权力、激励、代替决策等方式，将本应由本级负担的费用强制下级负担；迫于上级政府不断传递的财政支出压力，下级政府总是试图凭借熟悉当地社会经济各项事务的绝对信息优势，采取侵占上级收入、向上转移支出及逃避实际支出责任等途径，倒逼上级财政负担支出。上下级政府间的这种博弈，从根本上有悖于分税制的原意，而作为分税制的重要内容之一的政府间转移支付制度也远未实现科学化、规范化，结果必然导致各级政府的收入支出互厘不清，无法在各政府层级之间清晰地界定本级政府所属的收入现金流量，也就无法清晰地切分由国库现金管理所带来的收益和利益，从根本上不利于建立完善的国库现金管理体系。

2. 我国政府预算约束与控制力度薄弱，预算编制与执行的不合理因素影响国库现金管理的前瞻性。20 世纪 90 年代中后期，我国拉开了预算管理制度改革的帷幕。“改进预算编制方法、提高预算执行水平、加强支出控制、提高资金效益”，成为我国预算管理制度改革的主要方向。部门预算、国库集中收付制度、政府采购制度、“收支两条线”管理、政府收支分类科目设置、预算会计制度、“金财工程”建设等各项改革相继推开，并在诸

多方面取得了显著成效，但依然存在不少问题。[①] 主要表现：预算编制时间短、视野窄、不细化，没有编制3~5年的滚动预算；预算收支中长期、短期预测机制尚在建立与完善之中；预算编制方法还存在一定缺点；预算编制程序尚需改进；预算执行中调整行为随意性大；大量的资金支出缺口与大量资金结余同时存在。这些问题凸显出我国政府预算管理与执行效率以及财政资金调度能力亟待提高。从理论上看，产生这一问题的矛盾根源并非局限于预算编制与执行环节，预算管理理念乃至公共财政体系上的不健全，都有不可推卸的责任。

3. 我国政府尤其是地方政府的收入规范度有待提高，预算外资金尚需纳入国库管理，地方政府债务问题也需进一步理顺。经过多年来的努力，我国收入管理的规范程度得到了很大程度的提高。但由于多方面因素的影响，大量的预算外资金依然游离于国库管理之外，收支管理粗放，监督机制软化，既扭曲了财政收支分配结构，分散了国家财力，又使国库现金残缺不全，无法全面、准确、完整地反映国库收支情况，因此从长远和全局来看，不将预算外资金纳入国库管理，就谈不上真正意义上的国库现金管理，也必然会偏离国库资金保值增值的目标。除税收和非税收入外，地方政府债务也给地方国库现金管理带来很大的麻烦。虽然我国法律禁止地方政府借债，但地方政府早就以各种名义、想尽千方百计、通过多种途径筹集资金，形成种类繁多的地方政府债券替代品，[②] 不仅形成了政府的实际债务，而且债务收入的现金流量也未纳入政府财政的管理，更未纳入国库管理。

4. 我国地方政府具有较强的投机冲动，易于发生借现金管理之名行投机或实业投资之实的问题。改革开放前，我国政府管辖范围之广，几乎到了无所不包的地步。1978年后，数次政府机构改革将全能型政府逐步改造为经济建设型政府，走改革开放之路，促经济增长与发展，成为各级政府的第一要务。改革进行到今天，发展不仅成为地方政府的政治任务，而且也具有现实的经济动力，地方各级政府已经日益成为相对独立的利益主体，加之上级政府也正在赋予下级政府更多的自主权，基层政府也越来越接近于有职、有责、有权的公共体。当前问题的关键不在于地方政府有多大的自身利益，有多大的投机冲动，而在于如何使得地方利益及其冲动在一个合理、合规、合法的框架下运行，而这一框架恰恰是我们当前最为缺乏的，这也就难以保证不会出现类似美国橘县破产案之类的结果。

5. 我国地方政府风险管理与控制能力不强。风险管理与控制是国库现金管理的一个

---

① 2006年春，媒体披露了天津海事法院的程伟案件。程伟系天津海事法院一名普通的财务人员，在长达十多年的时间里，挪用财政经费1000多万元，挪用法院执行款9000多万元，累计金额上亿元。案发后，更是牵连出若干参与违法犯法的银行职员、接受贿赂而徇私枉法的司法人员。其涉案金额之大，案件性质之恶劣，堪称1949年以来公检法司法系统内部经济犯罪第一案。程伟案件的发生，绝不是偶然的，它表明我国加强政府预算及国库管理、推进相关制度改革的任务仍很艰巨。

② 我国改革开放早期的城市基础设施特许权授予中，有相当数量的项目是以合同形式，保证外商获得某一固定的投资回报率，把回报率的预期值变成由政府保证的固定收益，这实际上就是债券；20世纪80年代重新兴起的信托机构在高峰时期多达上千家，大部分是地方政府的债务融资渠道；1998年后，国家开发银行开始实现从政策性金融向开发性金融的过渡，以地方政府为贷款对象、以地方土地收益或税收收入为担保“打捆项目”贷款走向大江南北；各商业银行或是以“委托贷款”名义，为地方城建集团等国有企业筹资上项目，或是以土地收益、税收收入为质押，向地方政府提供建设资金。上述行为，无不形成对地方政府债券的替代。实践表明，上述种种途径形成的地方债券替代，既取得了斐然成绩，也积累下诸多问题。

重要内容，尤其是在现金投资活动中，风险的高低与收益是成正比的。尽管我们可以从法律和制度的层面上规定地方政府可以开展或不可以开展的国库现金管理活动，然而在现实中，却不能保证不会发生违反法律法规或突破法律边界的行为，尤其是在国库现金管理的初期，往往更容易发生投资失败而蒙受巨额损失。从另一个角度看，我国的实际情况也不允许地方国库现金管理活动中出现大的风险，一方面我国资金短缺现象依旧突出，另一方面地方财政尤其是县乡财政困境尚未从根本上得到缓解。而要做到不出现失误，只有防患于未然，从根本制度上有效规避风险。

6. 我国地方政府开展国库现金管理的基础设施还非常薄弱。我国国库改革在过去几年建立国库单一账户制度基础上，在很多方面取得了很大的进步，但整体的基础设施和人力资源状况依然不容乐观。国库单一账户体系尚未在全国建立起来，越是到基层政府，这一现象越是突出；与发达国家的金融市场相比，我国的货币市场成熟度仍需大力提高；政府财政管理信息系统、现代化银行支付系统、电子化的结算和拍卖系统建设、抵押品管理、机构建设、专业人员配备及其能力建设等，都还需要经过相当长一段时期的努力才能逐步发展。

六、我国地方国库现金管理三个层次上的选择

建立一套科学、合理、完善的、适用于全国各级政府的国库现金管理制度与机制，是一项非常复杂的系统性工程，也是一个相对较为长期的改革任务，需要分步骤、有计划地去实现。具体而言，需坚持以下四项原则：（1）选择适合我国国情的管理制度与体制模式，科学界定现金管理的具体目标与主要职能；（2）确定最优的改革路径、重点及先后顺序，先易后难、由点及面、由表及里地逐步推进与完善；（3）先立法或先立规、后改革或试点，确保依法开展各项国库现金管理活动；（4）整体推进各项配套改革，提高各级政府部门及预算单位的财务管理水平。

在上述原则指导下，我国地方政府开展国库现金管理需要在三个层次上进行抉择。

（一）操作层面上的选择，主要是允许并尝试建立地方国库现金管理的投融资策略

1. 逐步使地方国库现金投资实现收益高、风险低的投资组合。对此，高风险的投资工具，如股票、期货等严加禁止使用；政府债券投资，包括购买中央政府的国库券等在资产组合中的比例应当有一个明确的、合适的比例限制；部分国库现金余额可以在商业银行以定期存款或协议存款的方式进行投资，但所有的定期存款或协议存款都必须有100%的抵押品。

2. 使地方政府融资活动透明化、规范化、公开化。参照国际上对政府债务的管理规范，严格约束地方政府的融资规模与风险水平；对地方政府的融资方式、用途做出明确规定，按照短期融资与中长期融资的不同要求来分别实现；改革政府会计核算制度、预算报告制度，对地方政府的融资活动进行及时公开的信息披露。

3. 地方政府国库现金投融资决策、操作权应适当向上集中。目前，我国尚不具备赋予各级地方政府国库现金自主管理权力所要求的客观条件。在地方国库现金管理的初期，适合由财政部集中通盘考虑并运作全国各级国库的库存现金，或由省级财政部门集中通盘考虑本省各级国库的库存现金。这样做，要优于各地自行运作，有利于财政政策、债券政

策及货币政策之间的协调和配合，有利于增强国库现金管理的透明度、公共性和可控制性。

（二）体制层面上的选择，主要是逐步建立责权利相统一的政府理财机制

1. 纵向上进一步完善各级政府责权利相统一的理财机制。从纵向上看，我国政府体系分为多个层级。目前，我国各级政府的资金持有关系尚未有效规范，不规范占有或使用资金的情况还很普遍，这就需要按照责权利相统一的原则，从体制上将资金关系彻底划清，属于中央的资金要及时缴入中央国库单一账户，属于地方的资金也要及时缴入地方政府国库单一账户。除此之外的中央与地方之间、地方各级政府之间的资金往来都应视作借贷关系，需要按照有偿的方式正确处理双方关系，切实保障各自的利益。

2. 横向上进一步完善政府预算管理制度的各项规范，实现财政、央行、商业银行以及各部门各预算单位之间的利益协调与整合以及各利益相关者的共同治理。从横向上看，国库资金的有效运作需要财政部门、央行、商业银行以及各部门各预算单位的共同努力。在国库现金管理中，处于不同管理环节的部门或机构，有着其相应的责任、权利与利益，哪个环节出现问题，都有可能带来系统性的失败。从委托代理角度看，委托方具有决策优势或权力优势，而代理方具有信息优势，双方始终处于不停的博弈之中。博弈本身并不可怕，可怕的是扭曲的或恶性的博弈行为，所以为形成良性的博弈格局，客观上需要各相关利益者的动机或偏好的充分表达，需要决策者与管理者之间建立良好的信息结构与传导机制，需要进行集体的公共选择。只有这样，才有可能避免最坏结果的发生。基于此，各相关部门应从手段创新和业务模式再造上提高工作效率，加快信息化建设步伐，实现国库收支全过程信息共享。

（三）制度层面上的选择，主要是建立与完善国库管理体系的法律与制度框架

1. 继续完善代理国库制度与国库单一账户体系。当前，我国现行的国库制度是双重代理制度，按照中央银行的机构设置，在设置中央银行分支机构的地方由中央银行代理国库，没有设置中央银行分支机构的地方由商业银行代理国库。在此制度下，就央行国库而言，其人员编制少，受重视程度低；就代理国库商业银行而言，既没有国库人员编制，也不是商业银行的主要业务。显然，由此带来诸多弊端与不足。这就需要继续完善代理国库制度与国库单一账户体系。

(1) 建立健全国库单一账户体系，包括国库总账户、财政账户、部门或预算单位账户等三个不同层级的账户，充分发挥国库单一账户所具有的反映财政资源分配与再分配、实施财政控制、进行会计核算等多项功能。但国库单一账户并非实质意义上的现金存款账户，所以国库现金既可以存放于中央银行国库账户中，也可以存放于商业银行专门的国库账户中。

(2) 完善代理国库制度。一般而言，国库业务中的国库单一账户开设与维护、资金存放、资金清算等业务适合由中央银行代理，收入收缴、支出拨付等业务可以由商业银行代理。在健全的国库单一账户体系下，可以由某些商业银行代理税费收缴（Collector Bank），于规定时间将应缴库款划转至央行国库账户或存款银行国库账户；由某些商业银行代理现金存放（Retainer Bank），在具备相应抵押品的情况下持有与运用部分国库现金。

(3) 强化国库监督控制机制。国库收支监督控制机制是保障国库资金安全的重要依

托，其中包括财政部门对中央银行与代理商业银行的监督控制，中央银行对代理商行的监督控制。在国库现金管理开展以后，央行需设立专门机构监控商业银行用于存放国库资金所需的抵押品，财政部门依据抵押品的情况对国库盈余资金的分配与投资作出具体决策。此外，还有国家权力机关对国库收支的监督，这属于最高层次上的监督控制。

2. 在科学确定国库最佳现金持有量的基础上，不断改善国库现金流入与流出。统筹运用科学的计量方法、历史数据的经验分析、未来收支的准确预测等方法，在国库收支运动中确定国库最佳现金持有量，确保各支出机构及时获取实施其预算所需的资金、最大限度地减少预算执行中的调整行为。同时，采用先进的制度与技术尽可能地加速资金入库、延缓资金出库，降低资金成本、提高资金效益。该缴库的资金及时入库，该拨的款及时、足额地下拨，该退、该补的资金尽快退补到位，减少隐性财政赤字数额，减轻国库收支对银行信贷收支运行的干扰。

3. 在预算编制、金融管理等多个层面，由相关部门或机构进行配套改革。主要有：大力推行预算管理制度改革，包括部门预算、国库集中收付、政府采购与收支两条线管理等改革，强化资金控制，提高资金效益，并将分散存放的财政资金尽早集中于国库单一账户中来；推进预算会计制度改革，逐步引入权责发生制预算会计，充分反映政府营运与投资的成本，及时确认与计量负债，确保财务合规性、公共资源的使用效率与财政的可持续性；建立一个发达、成熟的货币市场，增强市场流动性、培育市场参与者、丰富交易品种，为财政部高效管理国库现金提供良好的市场环境；建立政府财政管理信息系统和现代化银行支付系统，设计与建设国库现金管理操作系统，为国库收支的高效运作提供坚实的技术支撑；修订与制定相关法律、法规和管理办法，实现依法行政与依法理财。

公共收入制度改革30年：回顾与评析

财政部科研所　刘　薇

1978年党的十一届三中全会的召开标志着中国从此进入了改革开放和社会主义现代化建设的历史新时期，经过近30年的探索，中国已经初步建立社会主义市场经济体制，与之相关的制度建设和环境基础仍在不断地完善。作为经济体制的一个重要组成部分，财政体制尤其是公共收入制度也经历了一系列重大的改革与调整。回顾历史可以看出，中国的改革不是一蹴而就的，从国家完全控制资源生产和分配的计划体制，转向以市场配置资源为基础，确立个人和企业市场主体地位的市场化改革，是一个不断调整和艰难探索的过程。在机制和制度的创新中，财政改革首当其冲，成为经济体制改革重要突破口。而公共收入制度的变化调整又是财政体制改革的重中之重。对公共收入的历史回顾，有助于我们对经济转轨时期的财政体制改革和收入体系变化有一个全面、深刻的认识，结合转轨时期政府职能转变的要求，为下一步的公共收入制度改革目标明晰路径。

一、改革开放以来我国公共收入制度变革回顾

公共收入是公共部门为满足社会共同需要，运用各种手段（如政治手段、经济手段）而筹集的收入。公共收入包括税收收入和非税收入，税收收入是公共收入的主体。作为税收重要补充的非税收入是公共收入的重要组成部分。此外，政府债务收入也同样是公共收入的一个重要来源。我国公债的功能发挥也从20世纪90年代以前的弥补预算缺口发展到现在成为社会公众投

资的重要场所之一。公债的发行也日益成为财政货币政策协调的重要基点[①]。

1978 年以前的 30 年，中国财政是与高度集中的计划经济体制相适应的，典型的“统收统支”财政体制演变到 1960 年之后相对分级的“总额分成、一年一定”体制，可支配财力仍主要集中在中央；支出基本上是按照行政隶属关系划分，即属于哪一级的企业、事业和行政单位，由哪一级负责。地方政府的重大基本建设投资和灾荒救济等项目支出，由中央专项拨款，实行集中管理。在这种体制下，地方政府财政缺乏自主权，财政能力水平非常低，地方政府普遍缺乏积极性，阻碍了地区经济的发展和居民福利水平的改善，致使我们不得不以“放权让利”的形式来启动改革。

1978 年以来，我国的公共收入制度是随着经济体制改革和财政体制改革的深化逐步向着适应市场经济的方向变化。迄今为止，中国财政体制改革可以划分为三个阶段[②]：一是党的十一届三中全会以后建立财政放权让利、“分灶吃饭”的包干体制；二是 20 世纪 90 年代前期构建中央与地方之间以划分税种为基础的适应社会主义市场经济体制的分级财政体制框架；三是 1998 年以后实施的以建立公共财政框架为取向的改革。

（一）放权让利阶段我国公共收入制度特征及其变化

放权让利式的改革首先是从财政领域来突破的。这直接影响了公共收入制度的调整。当时的放权让利主要体现在横向的向政府各职能部门放权和纵向的向地方政府放权和向企业的让利，特别是财权向政府各部门的分散，事实上导致多个“财政部”出现。现在看来，向政府各个部门“放权”虽然在当时起到了积极的作用，但弊端也很大，向部门的放权直接导致了政府财权的分散，预算外资金无序膨胀，管理混乱。时至今日，很多财政性资金仍没有进入预算内管理，阻碍了公共财政体制下统一预算的建立。从 1980 年开始，我国对财政管理体制进行了多次变革，从“分灶吃饭”体制到多种形式的财政包干体制，但就公共收入而言，其实质还是“分灶吃饭”。

“放权让利”改革通过扩大企业财务自主权，建立、健全税收体系来逐步规范政府收入渠道，以便逐步培育市场和完善市场。但是，在中国市场不断发育和壮大的同时，过度放权让利致使财政收入的“两个比重”逐步走低，削弱了财政（尤其是中央财政）的调控能力，而且，存在于各部门和地方政府的预算外资金严重肢解了财政职能作用，同时“行政性分权”之下企业并不能够得到公平竞争环境而真正搞活，这些问题直接引出了 1994 年的“分税制”财政体制改革的必要性。

（二）20 世纪 90 年代中期分税制改革阶段的公共收入制度变化

1992 年党的十四大明确了社会主义市场经济改革目标，公共收入的改革进入制度创新阶段。1993 年和 1994 年，我国先后进行了企业财务会计制度和税收制度的重大改革。这为进一步规范国家和企业、各级政府之间的关系奠定了基础。

1994 年的分税制改革是遵循市场经济要求从“行政性分权”转为“经济性分权”的过程。这次改革的关键内容是构建分税分级财政体制来正确处理政府与企业、中央与地方两大基本经济关系，为适应市场经济客观要求，实现财政职能的转轨奠定基础。

① 受篇幅所限，本文对我国公债的产生与发展未作详细论述。

② 项怀诚主编，贾康、赵全厚编著：《中国财政通史·当代卷》，中国财政经济出版社 2006 年版，第 107 页。

分税制通过对税种和税收管理权限的划分来确立政府间财力分配关系。经过这次税收制度重大改革之后，我国基本上形成了以流转税和所得税为主体、其他税种相互配合的多环节、多层次调节的复合税制。在税制改革的基础上，中央和地方、地方各级政府之间也逐步建立了较为规范的分税制财政管理体制。结合分税制财政体制改革，国家预算管理也进行了调整，建立了复式预算体系，将经常性财政收支和建设性资金收支，将公共预算收支和国有资产经营预算收支逐步划分开来，增强了预算管理的公开性和透明度，也有利于实施有效的监督。

在分税制逐步规范税收收入的同时，政府也加快了非税收入的管理。重点是加快清理整顿规范预算外资金的步伐。针对预算外资金存在的问题，1996年国务院重新界定了预算外资金的性质和范围，明确其性质属于财政性资金，所有权属于政府而不是部门和机构；其次，清理并限制了设立收费项目的权力，规定只有中央政府才能够设立“基金”，只有中央和省级政府才能够收费。同时要求预算外资金，必须统一纳入财政部门在银行开设的财政专户进行管理。1999年以后，非税收入纳入预算管理的步伐不断加快。2000年开始的部门预算改革，一个重要方面就是将预算外收入纳入到预算管理中来。2001年，国务院专门下发文件，加强了对预算外收入的监管，将5个中央部门的预算外收入完全纳入预算管理，同时对28个中央部门的预算外收入实行收支脱钩管理，编制综合财政预算，并在2003年将这项改革拓展到了所有的中央部门。这样，预算外收入规模得到有效控制，但其占预算内收入规模仍旧维持在20%以上。

（三）1998年以来建立公共财政框架下的公共收入变化

建立公共财政是我国财政改革的目标和方向。1998年以来在公共收入整体规模和结构发生变化的同时，公共收入在各级政府间的分配关系也日益受到关注，尤其是伴随着中央提出科学发展观以及公共服务均等化的目标，财政支出结构的一系列科学调整，使各级政府间公共收入分配不合理问题凸现。尤其是我国地方各级政府非税收入不规范问题在一定程度上制约了公共财政改革的进程。矛盾的根源要追溯到1994年分税制改革，中央与地方收入划分不合理所累积的后果，尽管有转移支付能一定程度上缓解地方政府的支出压力，但目前转移支付制度的不完善以及基层政府公共支出压力的不断增加，必然使得各级政府千方百计增加自身收入，比如一些地方政府的扭曲式“土地财政”、制度外和预算外收入无序扩张等。

政府各项公共收入的不规范必将影响到政府可支配财力，尤其对国家财政部门来讲，大量政府性收入分散在地方政府预算外或者在政府各职能部门，事实上肢解了政府财政职能，随着科学发展观和构建和谐社会的战略目标的提出，政府职能的转变，要求更加关注公共服务的供给和更加关注社会事业的发展，比如，“三农问题”、公共服务均等化问题，这些问题有效解决的前提是，中央财政部门能够有效统筹管理政府的全部收入，因此，公共财政体制建设步伐势必要加快，其中公共收入规范化改革是关键。

二、对我国公共收入制度变革的评析与展望

（一）1978年以来公共收入制度变革评析

在放权让利阶段，横向和纵向的放权让利，虽然调动了各个主体的积极性，但是却导

致了财政“两个比重”过低的局面，中央财政满足不了自身的需求，甚至向地方借款度日；特别是对部门的横向放权导致了政府收支权力长期分散和混乱，表现为不仅收入形式复杂化（既有预算内收入，也有预算外收入，还有制度外收入等各种形式的收入），而且收入管理非常不规范；支出也同样存在问题，政府各部门或财政过多地介入经济活动造成经济效率的低下。今天来看，财力的分散和混乱，不仅削弱了政府集中财力满足社会公共需要的能力，而且一定程度上制约了市场规范化的进程。

1994年分税制改革是一次重大的财税体制改革，初步确立了适应市场经济发展的分级分税财政体制，但是这次改革仅仅是把分税制基本框架建立起来，很不彻底，是在维护地方既得利益基础上的增量改革。为了保持地方的既得利益对原包干体制下的分配格局暂时不作变动，原体制下中央对地方的补助继续按规定补助。原体制下地方上解收入仍按不同体制类型执行。这种“双轨”运行的体制大大影响了中央与地方财政关系的规范，随着经济和社会的发展，弊端不断显现出来。另外，省以下财政体制改革很不规范，五花八门，至今仍是一个亟待解决的重大课题。

1998年以来随着执政理念的转变和公共财政的需要，政府愈来愈重视公共收入的规范化。公共收入呈现出较快的增长势头，财政收入的增速快于同期GDP的增速，2003～2006年国家财政收入年均增长达到19.5%。快速增长的财政收入虽然保障了为适应公共财政的公共支出的财力要求，但是，从公共收入增长结构和趋势来看，存在很多问题应当引起我们的重视。1998年以来我们实现财政经济增长的代价太高：一是资源利用长期是廉价的，甚至是无偿的，没有反映资源本来的、真正意义的成本和价值。二是环境成本实际上是廉价甚至是无价的，政府管理和许多企业的生产并没有充分考虑环境成本问题，比如，现在收取的排污费只是象征性的，而且征收率很低。三是劳动力成本是低价的。以前劳动力成本低是比较优势，现在看来也是有很多后患的。一段时期以来的贸易顺差、流动性过剩、贸易摩擦、投资增长过快等诸多问题也与我们的经济发展方式有关。

由于经济决定财政，虽然当前国民经济继续保持平稳快速增长，但经济增长由偏快转向过热的趋势还没有得到缓解，经济结构调整仍显滞后，经济运行中不稳定、不协调、不健康、不可持续的因素还在逐步积累，潜在的风险依然较大，财政收入保持较快增长的持续性不稳固。面对落实科学发展观、逐步解决“民生”问题还需要大量财政资金保障，因此我们要加快财政体制改革，建立稳定规范的公共收入制度。

（二）公共收入变革与渐进式市场化改革关系评述

笔者认为，改革开放以来我国公共收入的变革基本遵循这样一个脉络：由于改革起始于传统的、高度集中的计划经济体制，并以市场经济为目标，势必需要一个恰当的切入口来打破旧的体制，所以，以财政放权让利为突破口，适当放松政府管制来启动整个经济改革，在当时是一个比较适宜的选择。横向与纵向的放权让利虽然扩大了地方政府配置资源的权力、刺激了企业的积极性，扩大了各部门的经济管理权，但是由于与之相配套的监督机制的缺乏，这一改革也扰乱了财政收入和分配秩序，分散了财权，而财权分割是后来非税收入扩张的根源之一。政府收入本应是集中性的收入，但却由于财权的分割而使财政性资金被分散到各部门、单位自收自支。这促使了各级政府干预市场的行为不断加重。使得政府与市场界限更加不清晰，实际上阻碍了市场经济体制的建立。因此中央不得不针对

“两个比重”过低，经济运行“一放就乱，一统就死”的痼疾，采取与市场经济相适应的分税制改革。分税制改革的成功，一方面解决了政府收入问题，尤其是中央政府收入问题，并且初步规范了中央与地方的收入分配秩序；另一方面，税收制度的改革大大改善了政府与企业的关系，从制度上强化企业作为市场主体的地位，这有力地推进了市场经济体制的建立。当然，分税制改革也是不彻底的，在市场经济体制深化改革的过程中缺陷不断暴露出来。但是，在我们还不具备成熟市场经济的基础环境和必要条件的时候，尤其是要从计划经济体制里成功地走出来，一个渐进的改革道路不啻为一种次优的选择。

规范化的公共收入体系强调不仅要把所有政府性收入纳入预算内统一管理，而且财政部门应当有能力按照决策者的意图统筹安排和管理全部的公共收入，以确保公共支出目标的实现、规范各级政府的行为以及宏观调控的顺利进行。

（三）实现科学发展的制度要求：构建合理、规范的公共收入制度

适应科学发展的规范的公共收入体系应当是通过合理确定公共收入的规模、规范公共收入方式、优化公共收入结构形成科学合理的税收和非税收的比例，采取经济、法律、行政等手段强化对税收和非税收入的管理和监督，理顺政府间收入分配秩序，并通过综合预算改革将所有公共收入纳入国家预算内统一管理，使财政部门能够真正统筹管理公共收入，实现经济与社会协调发展的目标。

下一阶段我们应当着重从以下几方面推进公共收入制度改革。第一，统一公共收入口径，明确公共支出范围，以提高财政保障能力为基准，合理确定公共收入规模；第二，深化税制改革，规范非税收入，科学确定税收与非税收的比例，优化公共收入结构。合理规范的公共收入结构是公共收入体系规范的关键环节。公共收入结构规范的核心，是各种公共收入比重的规范化，即，以税收收入为主，以非税收入为补充，公债的发行规模控制在合理的范围内；第三，深化政府间财政收入分配体制改革，确保服务型政府职能的转变，将各级政府行为纳入科学发展的轨道。建立有利于科学发展的公共收入体系，在政府间收入划分上，首先要强调对一些界限模糊的事权和政府间共有事权的划分，如基础教育、公共卫生、社会保障等；其次，创造条件使地方逐步扩大地方税收选择权和调整权，建立比较科学、合理的地方税收体系；最后，完善政府间转移支付制度，促进地区间基本公共服务能力均等化。

公司内部治理机制对公司财务困境的影响

财政部科研所　何　平

一、理论分析

公司内部治理机制主要包括董事会、监事会和管理者激励，我们将从这三个方面来分析公司内部治理机制对公司财务困境的影响。

（一）董事会对公司财务困境的影响

学者们一般从董事会规模、董事会内部构成、董事长与总经理的两职设置状态和董事会会议次数这几个方面来考察董事会对公司业绩的影响。

1. 董事会规模对公司财务困境的影响。在对总经理的监督方面，董事会规模过小时，董事会容易被总经理操纵。但是，董事会规模过大时，由于董事们“搭便车”心理，董事会同样容易被总经理所控制（Jensen，1993）。因此，从对总经理的监督有效性角度来考虑，董事会的规模不易过大或过小，应该保持适中的水平。

在公司决策制定方面，小规模董事会由于董事人数少，沟通相对顺畅，容易协调，因此，小规模董事会的优点在于便于快速决策。而小规模董事会的缺点也就是大规模董事会的优点在于，大规模的董事会由于董事人数多，因此汇集了各方面的人才，这不但可以使公司在决策时考虑更全面，还可以让公司在对外沟通方面多了很多渠道（Changanti、Mahajan、Sharma，1998）。但是，大规模董事会又存在着董事人数多，协调沟通费时费力的问题。所以，大规模和小规模的董事会在公司决策方面各有利弊。

因此，综合董事会规模对董事会决策和对管理者监督两方面治理作用的影响，我们认为董事

会规模既不易过大也不宜过小，应该保持适中水平。Lipton 和 Lorsch（1992）的研究认为，当董事会的规模超过 10 人时，因协调和沟通所带来的损失会超过因人数增加所带来的收益，董事会因而变得缺乏效率，并且也容易为公司总经理所控制。因此，通常情况下，董事会的规模应在 10 人以内，7～9 人是理想的规模。

2. 董事会内部构成对公司财务困境的影响。董事一般分为内部董事和外部董事。就内部董事而言，在对公司总经理的监督方面，因为内部董事是总经理的下属或自己就是总经理，所以内部董事的监督作用大打折扣。党内部董事是总经理的下属时，由于担心总经理解雇自己而不敢在董事会上提出自己的监督意见（Weisbach，1988）。当内部董事本身就是总经理时，由于经理和股东目标的不一致，内部董事不但不会自己监督自己，有时反而会更加纵容自己，肆无忌惮地为自己谋取利益，给企业带来不利影响。在公司决策制定方面，内部董事由于是本公司的管理人员，他们更了解公司，有信息优势。因此，他们在制定决策时，能够选择更适合公司自身发展的决策。但是，正如上面分析的那样，内部董事在决策时，也有可能为了自己的利益损害公司利益。比如进行在职消费、提高工资、为了扩大公司规模盲目投资等。

外部董事主要是指独立董事，在对公司总经理的监督方面，独立董事不在公司任职，能够对经理层进行更有效的监督，并客观评价经理层的业绩。在公司决策制定方面，独立董事多为财务、市场方面的专家，具备决策所需要的专业知识，有利于提高董事会决策的合理性（Pfeffer，1973；Daily、Dalton，1993）。另外，独立董事不拥有或拥有很少量的公司股份，不在公司任职。所以，他们不代表特定群体的利益，不会出现内部董事为了自身利益侵害上市公司利益的行为。因此，独立董事公正性较强。

3. 董事长与总经理的两职设置状态对公司财务困境的影响。许多上市公司存在董事长与总经理两职合一即董事长兼任总经理的现象。两职合一从董事会发挥对总经理监督的治理作用角度讲，一方面两职合一降低了对总经理的监督成本；另一方面由于总经理就是董事长，董事会的其他成员有可能迫于董事长的压力而不敢发表监督意见，因此，董事会对总经理的监督作用也可能因董事长与总经理的两职合一而被大大削弱。在制定公司决策方面，两职合一减少了董事会与总经理的意见冲突，因而减少了因沟通障碍带来的效率损失（Anderson、Anthony，1986）。另外，董事长与总经理两职合一减少了董事会与总经理沟通的信息损失，有利于董事会的决议得到更好的贯彻。

4. 董事会会议次数对公司财务困境的影响。董事实施对公司的监督、讨论公司的战略决策是通过召开董事会来进行的。因此，频繁召开董事会被认为是董事们积极工作的表现，董事会会议次数的增加被认为能够提高董事会对公司的监督、加强董事会对上市公司的治理，从而提高公司的业绩水平（Lipton、Lorsch，1992）。但是，我们认为董事会会议次数的增加能够加强对公司的治理，但是并不能说明公司董事会会议次数越多，公司的业绩就越好。因为，生产经营状况出现异常变化的公司也会增加董事会的开会次数。因此，高频率的董事会会议次数反应的是两种不同的信号：一种是董事工作积极企业具有好的公司治理结构，并且企业也将具有好的业绩；另一种是公司已经陷入某种困境，董事会增加开会次数来解决公司面临的困境，此时董事会会议的高频率代表的是绩差企业（Vafeas，1999；沈艺峰、张俊生，2002）。由于高频率的董事会会议代表的是两种不同的信号，这使我们不能单独从董事会的会议次数来判断公司的业绩状况。并且，现实的情况也是正常公司董事会会议次数相差不多，而高频率的董事会会议更多的是为了解决公司的某种困境的。

（二）监事会对公司财务困境的影响

从对监事会的职权规定上看，监事会似乎具有监督上市公司董事、经理的一些权利。但是，我国的现实情况却并非如此。由于董事和监事都是由股东大会选举产生的（部分监事由职工代表选举产生），监事会不具备直接任免董事的权利，只能在董事、经理的行为损害公司利益时要求其纠正。另外，对于董事会和经理的决策，监事会也无权参与和否决。因此，监事会的这种监督权力对董事会、经理只能是一种软约束，无法起到有效的监督作用。监事会不能有效发挥作用的另一个原因是，我国上市公司不但设立了监事会还建立了独立董事制度，李曜（2002）比较系统地总结了现有的独立董事和监事会的作用，通过比较发现这两种治理机制在功能上有很多相似之处。这种权利的相似性使很多公司的监事会存在“搭便车”的现象。因此，监事会对董事会的软约束和监事会与独立董事的权力交叉这两个问题是监事会治理无效的主要原因。

（三）管理者激励对公司财务困境的影响

广义的管理者激励机制包括薪酬、声誉等，而狭义的管理者激励机制主要是指管理者薪酬机制。本文的管理者激励指的就是狭义的管理者激励。管理者的薪酬激励机制分为短期薪酬激励和长期薪酬激励。短期薪酬激励主要是指基本薪酬、年度奖金和津贴，长期薪酬激励主要是指股权激励。管理者激励是减少委托代理成本的有效措施。增加管理者的短期薪酬激励能够驱动管理者努力工作（Hermalin、Weisbach，1998）。增加管理者的长期薪酬激励能够使管理者的利益与股东利益相一致，这样就能够有效地减少管理者的在职消费，消除管理者盲目投资滥用现金流的行为（Jensen，1976）。因此，对管理者实行激励是公司治理的有效手段。

目前，在我国上市公司中，董事长和总经理的薪酬形式比较单调，主要是货币收入，股权激励尚处于试点阶段。绝大多数的薪酬形式为工资加奖金。因此，在我国，长期薪酬激励的效果有可能不很显著。

二、现状分析

对于有关公司内部治理情况，我们只能取得 2001 年以后的数据，另外我们的研究期间是公司被 ST 的前三年，因此，我们只考察了 2004 年、2005 年和 2006 年被 ST 的公司的内部治理情况（共计 89 家）。为了通过比较发现问题，我们还对应每一个 ST 公司，按资产规模相近、行业相同的原则，选择一个非 ST 公司作为配对样本。

（一）董事会

1. 董事会规模。财务困境公司的董事会规模与财务正常公司的董事会规模相比，财务正常公司的董事会规模要略大。但是，两类公司董事会规模的均值相等性检验结果（见表 1）表明，两类公司董事会规模相等的原假设不能被拒绝。这表明虽然财务正常公司比财务困境公司的董事会规模大，但是这种差异并不显著。

2. 独立董事个数。2001 年 8 月，中国证监会发布了《关于在上市公司建立独立董事制度的指导意见》，要求各境内外上市公司在2002年6月30日前，上市公司董事会成员中应当至少包括2名独立董事；在2003年6月30日前，上市公司董事会成员中应当至少包括1/3独立董事。由统计结果（见表1）可知，财务正常公司独立董事人数略高于财务困境公司，但是两者的差异并不显著。独立董事人数占董事总人数的比例同样是财务正常公司略高于财务困境公司，但也同样两者的差异并不显著。另外，我们还发现，不论是财务困境公司还是财务正常公司独立董事的比例都没有全部达到《意见》的要求，两类公司中都有个别公司独立董事的人数没有达到标准。

表1　　描述性统计结果及检验

指标 \ 项目	董事会规模		独立董事个数		独立董事比例	
	困境公司	配对公司	困境公司	配对公司	困境公司	配对公司
Mean	9.367	9.756	2.552	2.806	0.278	0.287
Median	9	9	3	3	0.333	0.333
Maximum	15	17	5	6	0.500	0.444
Minimum	5	5	0	0	0	0
Std. Dev.	2.143	2.46	0.942	1.048	0.098	0.096
Jarque - Bera （P值）	5.376 (0.068)	6.696 (0.065)	6.632 (0.036)	7.262 (0.026)	15.601 (0.000)	8.164 (0.017)
t - test （P值）	1.131 (0.259)					
Mann - Whitney （P值）			1.029 (0.303)		0.452 (0.652)	

3. 董事会领导结构。董事长与总经理两职合一的财务困境公司有6家，财务正常公司有14家（见表2）。财务正常公司多于财务困境公司，这似乎和许多学者的两职合一对公司业绩有负向影响的假设并不相符，但是这种差别不是很显著，因而不能支持我们得出相反的结论。副董事长、董事兼任总经理的财务困境公司有64家，财务正常公司有62家。可以看出，无论是财务困境公司还是财务正常公司，董事会大多属于副董事长、董事兼任总经理的领导结构。这样的领导结构既避免了董事长与总经理两职合一造成的董事会对管理者的监督失控，又降低了董事会与管理层信息沟通的效率损失。因此，这种董事会领导结构被大多数公司所青睐。

表2　　董事会领导结构

类别 \ 项目	董事长与总经理两职合一	副董事长、董事兼任总经理	董事与总经理完全分离
困境公司	6	64	19
正常公司	14	62	13

4. 年度内董事会会议次数。从表3中可见，财务困境公司在公司被ST的前三年中，

每年召开的董事会会议次数都多于同年的财务正常公司，并且时间越接近公司被ST的年份，财务困境公司年度内召开的董事会会议次数也越多，与财务正常公司年度内召开的董事会会议次数的差距也越大。在财务困境的前一年（t-1），财务困境公司与财务正常公司年度内董事会会议次数的差距通过了显著性检验，说明在公司财务困境的前一年，财务困境公司董事会会议次数显著多于同年的财务正常公司年度董事会会议次数。另外，我们还对财务困境样本公司在t-3、t-2、t-1三年内年度董事会会议次数进行了纵向比较，以t-3年的年度董事会会议次数为标准，将t-2、t-1年的年度董事会会议次数与之对比，结果表明财务困境公司t-2年与t-3年的年度董事会会议次数没有显著差异，而t-1年与t-3年的年度董事会会议次数有显著差异。这说明，随着公司财务困境程度的加深，董事会对公司经营情况的关注加强。这一实证检验结果支持董事会会议是"灭火器"的观点，即高频率的董事会会议是为了解决公司财务困境的。

表3　　年度董事会会议次数描述性统计分析结果及检验

年度 指标	财务困境前三年（t-3）		财务困境前二年（t-2）		财务困境前一年（t-1）	
	困境公司	配对公司	困境公司	配对公司	困境公司	配对公司
Mean	7.521	6.917	8.854	7.521	9.021	7.383
Median	7	7	8	7	8	7
Maximum	15	15	23	14	24	15
Minimum	2	2	2	4	4	4
Std. Dev.	2.798	2.981	4.238	2.202	4.003	2.336
Jarque-Bera （P值）	1.396 （0.498）	8.009 （0.018）	19.483 （0.000）	4.546 （0.103）	37.382 （0.000）	26.107 （0.000）
Mann-Whitney （P值）	1.248 （0.212）		1.438 （0.150）		2.223 （0.026）**	

注：t年代表公司被ST的当年，t-3、t-2、t-1分别代表公司被ST的前三年、前两年、前一年。
***、**、*分别表示在1%，5%，10%水平上显著（下同）。

（二）监事会

1. 监事会人数。根据我国上市公司监事会人数的描述性统计分析结果（见表4），财务困境公司与财务正常公司监事会规模相似。这种高度的相似性，由两类公司监事会人数分布情况表（见表5）可以进一步得到证实。从监事会人数分布情况表中可以看出，不论是财务困境公司还是财务正常公司，监事会人数是3人和5人的公司数占到了该类公司的80%以上，这表明大多数公司的监事会是为了达到有关规定的要求设立的，并没有根据企业的规模等实际情况进行相应的调整。由此可见，我国监事会真正起到的监督作用可能不大，对于上市公司来说监事会只是形式上的制度安排。

2. 年度监事会会议次数。我们考察了公司在财务困境发生前三年年度监事会会议次数情况。由表6中可以看出，财务困境公司与财务正常公司年度监事会会议次数在t-3、t-2、t-1年都相差不大。并且，年度监事会会议次数并没有因企业财务状况的逐步恶化而有所增加，反而呈现出略有下降的趋势。因此，监事会不但没有在公司的日常经营中起到应有的监控作用，在公司出现财务危机的时候也没有发挥类似董事会在公司财务困境时的“灭火器”作用。

表 4　　监事会人数描述性统计分析结果及检验

类别＼指标	Mean	Median	Maximum	Minimum	Std. Dev.	Jarque - Bera (P)	Mann - Whitney (P)
困境公司	4.256	5	7	3	1.137	2.908 (0.234)	0.198 (0.843)
配对公司	4.311	5	9	3	1.458	16.306 (0.000)	

表 5　　监事会人数分布情况表（比例）

类别＼人数	3	4	5	6	7	9	合　计
困境公司	46.66	2.22	38.88	2.22	7.78	2.22	100
配对公司	40.00	4.44	50.00	1.12	4.44	0.00	100

表 6　　年度监事会会议次数描述性统计分析结果及检验

指标＼年度	财务困境前三年 (t-3)		财务困境前二年 (t-2)		财务困境前一年 (t-1)	
	困境公司	配对公司	困境公司	配对公司	困境公司	配对公司
Mean	3.771	3.729	3.438	3.750	3.383	3.149
Median	4	4	3	4	3	3
Maximum	8	7	7	10	8	7
Minimum	0	0	0	1	1	1
Std. Dev.	1.627	1.349	1.597	1.756	1.540	1.474
Jarque - Bera (P 值)	3.684 (0.158)	0.141 (0.932)	0.230 (0.892)	17.642 (0.000)	12.690 (0.002)	2.931 (0.231)
t - test (P 值)	0.137 (0.892)					
Mann - Whitney (P 值)			0.643 (0.520)		0.599 (0.549)	

（三）管理者激励

对管理者激励指标的描述性统计分析结果见表 7。从表 7 中可以看出，金额最高的前三名董事的报酬总额、金额最高的前三名高级管理人员（不包括董事、监事）的报酬总额、领取报酬的董事个数这几个指标在财务困境公司和财务正常公司中的差异比较显著，反映了管理者短期薪酬激励机制有一定的治理效果。董事会持股比例、董事长持股比例、高管人员（不包括董事、监事）持股总数比例这几个指标在财务困境公司和财务正常公司中的差异不显著。反映了管理者长期激励指标在两类公司中的差别不大。但是这种结果并不代表管理者长期激励对公司治理没有作用，因为，在我国，现阶段上市公司管理者持股普遍很低，无论财务困境公司还是财务正常公司，几乎所有公司管理者持股都相差不多。

另外，财务困境公司和财务正常公司独立董事年津贴都在三万多元，反映了我国独立董事津贴比较低的现状，结合独立董事津贴在财务困境公司和财务正常公司中差异不显著的结果，说明了我国公司独立董事制度的建立更多的是为了达到有关规定的要求，很少有上市公司为了完善公司治理重金聘请有能力的独立董事。因此，在我国，独立董事可能并没有发挥其应有的监督作用。

表 7　　管理者激励描述性统计分析结果及检验

指　标	类　别	Mean	Median	Maximum	Minimum	Mann - Whitney (P 值)
金额最高的前三名董事的报酬总额（元）	困境公司	299145.50	210000.00	1888078.00	43200.00	2.21 (0.03)**
	配对公司	425684.30	286900.00	5014108.00	29000.00	
董事会持股比例	困境公司	0.00	0.00	0.00	0.00	1.212 (0.226)
	配对公司	0.00	0.00	0.02	0.00	
董事长持股比例	困境公司	0.00	0.00	0.00	0.00	0.418 (0.68)
	配对公司	0.00	0.00	0.00	0.00	
独立董事津贴（元）	困境公司	33771.43	30000.00	120000.00	7200.00	0.312 (0.76)
	配对公司	35438.25	30000.00	100000.00	5000.00	
持有本公司股份的董事个数	困境公司	2.222	2	10	0	1.710 (0.09)*
	配对公司	1.856	1	8.	0	
领取报酬的董事个数	困境公司	4.697	4	12	0	2.380 (0.02)**
	配对公司	3.920	4	9	0	
金额最高的前三名高级管理人员（不包括董事、监事）的报酬总额	困境公司	301220.00	200000.00	1888078.00	21600.00	3.510 (0.00)***
	配对公司	491667.30	353850.00	4884703.00	26000.00	
高管人员持股总数比例（不包括董事、监事）	困境公司	2.02E - 05	0.00	0.000548	0.00	1.642 (0.11)
	配对公司	5.78E - 05	0.00	0.001543	0.00	

三、公司内部治理机制对财务困境影响的实证检验

前面我们采用描述性统计分析的方法考察了各公司内部治理变量在财务困境公司和财务正常公司中的差异，下面我们将运用模型来进一步检验公司内部治理机制对财务困境的影响。根据前面的分析，我们发现有一些公司内部治理变量在财务困境公司和财务正常公司中的差异不显著，为了减少干扰，我们将不对全部公司内部治理变量进行检验，而是从中挑选出一部分变量来考察其对财务困境的影响。我们挑选变量依据两个原则：(1) 以前学者认为对公司治理有显著影响的变量，如董事会规模；(2) 在前面的描述性统计分析中财务困境公司和财务正常公司均值差异比较显著的变量，如金额最高的前三名董事的报酬

总额。最后我们挑选出的变量是：金额最高的前三名董事的报酬总额、领取报酬的董事个数、持有本公司股份的董事个数、董事会规模、金额最高的前三名高管（除董事、监事）的报酬总额、高管人员（除董事、监事）数量、高管人员总报酬、高管人员持股总数比例（见表8）。

表8　　变量符号

变量	符号
金额最高的前三名董事的报酬总额	x_1
领取报酬的董事个数	x_2
董事会规模	x_3
持有本公司股份的董事个数	x_4
金额最高的前三名高管（除董事、监事）的报酬总额	x_5
高管人员（除董事、监事）数量	x_6
高管人员总报酬	x_7
高管人员持股总数比例	x_8

根据以前学者的研究和我们的分析，公司内部治理变量之间存在一定的相关性，因此，不能直接采用回归模型来检验所有公司内部治理变量对财务困境的影响。但如果单独分析每个变量对财务困境的影响，这种分析又可能是孤立的，不是综合的。而如果为了避免相关性减少某些变量这样又会损失很多信息，容易产生错误的结论。因此，我们考虑采用主成分回归的方法来解决变量之间相关性的问题。我们的具体做法是：首先采用主成分分析的方法，将所有变量所包含的信息通过几个主成分来表示出来；然后，根据累计贡献率大于80%的原则，挑选出前几个主成分来代替原来的所有变量；接着，根据各主成分与各变量的相关系数来确定这几个主成分所代表的含义；最后，将这几个主成分作为代表影响公司财务困境的公司内部治理变量，并用回归分析的方法来考察它们对公司财务困境的影响。

（一）主成分提取

我们首先将这八个变量标准化，然后进行主成分分析，得到的主成分特征值和贡献率见表9。我们根据累计贡献率大于80%的原则，选取前四个主成分来代替原来的八个变量。这四个主成分包含了原来变量84.654%的信息。

表9　　主成分特征值与贡献率

主成分	特征值	贡献率	累计贡献率
1	2.911	36.388	36.388
2	1.711	21.384	57.772
3	1.118	13.970	71.742
4	1.033	12.912	84.654

续表

主成分	特征值	贡献率	累计贡献率
5	0.785	9.808	94.462
6	0.296	3.697	98.159
7	8.829E－02	1.104	99.263
8	5.898E－02	0.737	100.000

表10　　因子载荷矩阵

主成分 / 变量	F_1	F_2	F_3	F_4
x_1	0.954	－0.187	9.640E－02	4.661E－02
x_2	6.586E－02	0.410	0.674	0.109
x_3	0.287	0.866	－0.127	－7.310E－02
x_4	－0.101	0.234	0.337	0.781
x_5	0.948	－0.217	－1.265E－02	1.844E－02
x_6	0.305	0.798	－0.344	－0.117
x_7	0.954	－0.114	7.406E－02	4.981E－02
x_8	3.063E－02	－8.423E－02	－0.433	0.622

注：F_1、F_2、F_3、F_4 分别代表第一、第二、第三、第四主成分；x_1 ~ x_8 是经过标准化后的值。

根据因子载荷矩阵（见表10），我们对这四个主成分的经济意义进行了解释。

1. 主成分 F_1 中，x_1、x_5 和 x_7 的载荷量远大于其他公司内部治理变量的因子载荷量。其中 x_1 代表金额最高的前三名董事的报酬总额，x_5 代表金额最高的前三名高管（除董事、监事）的报酬总额，x_7 代表高管人员总报酬。所以，主成分 F_1 主要是由反映管理层薪酬的变量来构成的，它代表的是公司内部治理中的管理者薪酬。

2. 主成分 F_2 中，x_3、x_6 的载荷量远大于其他公司内部治理变量的因子载荷量。其中 x_3 代表董事会规模，x_6 代表高管人员（除董事、监事）数量。因此，主成分 F_2 主要是由反映公司管理层规模的变量来构成的，它代表的是公司的管理层规模。

3. 主成分 F_3 中，x_2 的载荷量远大于其他公司内部治理变量的因子载荷量。并且 x_2 代表领取报酬的董事个数，而领取报酬的董事一般均为公司的内部董事，领取报酬的董事个数多表明公司的内部董事多。因此，主成分 F_3 代表的是内部董事的人数。

4. 主成分 F_4 中，x_4、x_8 的载荷量远大于其他公司内部治理变量的因子载荷量。其中 x_4 代表持有本公司股份的董事个数，x_8 代表高管人员持股总数比例。因此，主成分 F_4 主要是由代表公司管理层持股的变量构成的，它代表的是公司管理者持股情况。

明确了各主成分的经济含义后，我们接着通过因子得分系数矩阵来确定各主成分的线性表达式（式1）。并通过该表达式来计算每个样本公司的各主成分值。

$$
\begin{cases}
F_1 = 0.328x_1 + 0.023x_2 + 0.098x_3 - 0.035x_4 + 0.326x_5 + 0.105x_6 + 0.327x_7 + 0.011x_8 \\
F_2 = -0.109x_1 + 0.240x_2 + 0.506x_3 + 0.137x_4 - 0.127x_5 + 0.466x_6 - 0.067x_7 - 0.049x_8 \\
F_3 = 0.086x_1 + 0.603x_2 - 0.114x_3 + 0.301x_4 - 0.011x_5 - 0.308x_6 + 0.066x_7 - 0.166x_8 \\
F_4 = 0.045x_1 + 0.105x_2 - 0.071x_3 + 0.756x_4 + 0.018x_5 - 0.113x_6 + 0.048x_7 + 0.602x_8
\end{cases}
\tag{1}
$$

（二）Logit 回归

我们将得到的分别代表管理者薪酬、管理层规模、内部董事人数和管理者持股情况的主成分 F_1、F_2、F_3、F_4 作为解释变量来考察它们对公司财务困境的影响。建立了 Logit 回归模型如下：

1. 模型一：

$$P(Y_i = 1) = \frac{1}{1 + \exp^{(-Z_i)}}$$

$$Z_i = \alpha + \beta_1 F_{1i} + \beta_2 F_{2i} + \beta_3 F_{3i} + \beta_4 F_{4i} + \varepsilon_i$$

随后，我们又在模型中加入两个控制变量，得到模型二。

2. 模型二：

$$P(Y_i = 1) = \frac{1}{1 + \exp^{(-Z_i)}}$$

$$Z_i = \alpha + \beta_1 F_{1i} + \beta_2 F_{2i} + \beta_3 F_{3i} + \beta_4 F_{4i} + \gamma_1 k1_i + \gamma_2 k2_i + \varepsilon_i$$

其中，k1 代表固定资产周转率，k2 代表总资产净利润率。

由模型的回归结果（见表 11）可以看出，不论是否加入控制变量，代表管理者薪酬的主成分 F_1 对公司财务困境的影响均为负，并且 F_1 的系数都显著不为 0。这表明短期薪酬激励对公司业绩有比较明显的作用，会降低公司发生财务困境的可能性。代表管理层规模的主成分 F_2 在两个模型中的系数都为负但都不显著，这说明公司管理层规模与公司财务困境的相关性不强。代表内部董事人数的主成分 F_3 在两个模型中的系数都为正，并且在回归模型中的系数也都比较显著，这表明内部董事越多公司越容易发生财务困境。在前面我们的分析中提到了内部董事多会出现内部人控制，不利于对总经理的监督等情况，在此，我们证实了内部董事人数与公司财务困境正相关的结论。代表管理者持股情况的主成分 F_4 在两个模型中的系数都为负担都不显著。这说明管理者持股的增加能够对管理者产生激励作用从而降低公司发生财务困境的可能性，但是，由于现阶段我国上市公司管理者持股比例还很低，这种管理者持股给公司带来的好处还不明显。

表 11　　　　模　型　结　果

变　　量	模型八	模型九
常数	0.090 (0.516)	0.577 (2.159)**
F_1	-0.641 (-2.202)**	-0.391 (-1.961)**
F_2	-0.043 (-0.231)	-0.099 (-0.520)

续表

变　量	模型八	模型九
F_3	0.648 (2.741)***	0.704 (2.870)***
F_4	−0.163 (−0.788)	−0.154 (−0.717)
k1 （固定资产周转率）		−0.034 (−1.966)**
k2 （总资产净利润率）		−16.845 (−2.347)**
R^2	0.184	0.227

注：***、**、*分别表示在1%，5%，10%水平上显著（下同）。

四、结论和建议

通过本文研究，我们发现公司治理不完善是公司发生财务困境的原因。因此，我们期望通过完善上市公司的内部治理机制来达到减少公司发生财务困境的目的。我们认为公司治理中有一些方面需要有所改善。为此，我们提出两点建议：第一，要加强董事会的公司治理作用，明确独立董事和监事的职权划分。我国上市公司目前的现状是，独立董事和监事基本上都形同虚设，两者功能上的交叉，不但没有起到应有的监督作用，还浪费了资源，增加了成本。第二，要加强管理者激励机制的建设。实证研究表明，管理者激励对公司治理作用比较显著，能够降低公司发生财务困境的可能性。我国目前管理者股权激励还处于起步阶段，因此，要加快股权激励建设的前进步伐。

内生货币体系下的中国资本市场波动研究

财政部科研所　李　全

在宏观经济中，资本市场的作用已不可或缺，同时，离开内生的货币供给和宏观经济运行状况，资本市场难以维系其二级市场的价格，而中国的资本市场受政策影响的权重颇大，其波动就越发不规则，国内资本市场的走势就是一个恰当的例证。当然，就长期而言，“资本市场是宏观经济的晴雨表”是一个趋势，我们试图分析宏观经济与资本市场内部的运行规律及互动，进而为资本市场的良性发展提供一定的理论依据。

一、经济总量与资本市场[①] 走势的互动

金融资产的价格取决于流入资本市场的货币供应量，其中，一部分来源于家庭在储蓄和消费之外购买金融资产的货币量，另一部分来源于企业，即企业利润和贷款中在投入实物投资和必要的现金储备之外投资于资本市场的货币量。

根据上市公司财务报表的显示，其所投资金的融资来源是从资本市场筹集的资金和银行贷款，在资本市场上发行股票所筹资金 E1 全部构成上市公司净资产，即上市公司的资本金或资本存量。银行贷款 D 全部构成上市公司负债，则上市公司总资产

① 在这里，为了将分析简化，我们假设所有的企业都是上市公司，而上市公司的自有资金是通过资本市场筹集的，而且，在我国，由于资本市场中中长期借贷市场尚不成规模，所以，我们讨论资本市场时主要集中在对股票市场的研究方面，所指资本市场也以股票市场为主。因此，我们可以假定所有企业的资金都是通过股票市场筹集的。

为 E1 + D，资产负债率为 D/(E1 + D)，当销售收入扣除贷款本息、工资、股息红利后，剩余部分构成利润并作为资本存量沉淀下来。于是股票价格指数决定于家庭和企业的总储蓄中用于在股市中炒股的资金量 E2（二级市场资金量）或说取决于总储蓄中分入资本市场的货币量以及这个货币量在 E1 和 E2 之间的划分比例。当资本市场处于稳定状态或说股指不涨不跌处于原始均衡状态时，上市公司资本存量的价值就是其市场价值。这样，就要求总储蓄中投入资本市场资金量的比例保持稳定，而且投入资本市场的资金量在一、二级市场中的分配亦保持一稳定比例。这时上市公司的净资产值就与其股价一致起来。但是，资本市场是一个买卖“预期”的市场，在这里交易的不仅仅是上市公司的资产现值，还要附加上投资者对这部分资产升值或跌值的预期，股指就由此两个比例来决定了①。反映在宏观经济中，规模不断扩大的资本市场与 GDP 的相关越来越高（如图 1、图 2），我们可以清楚地看到，资本市场作为宏观经济的一部分，已经从量的积累变为对宏观经济质的影响。

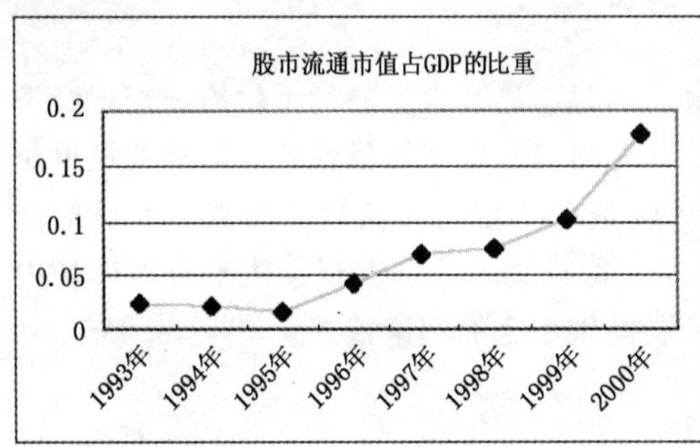

图 1　中国证券市场股票流通市值/GDP

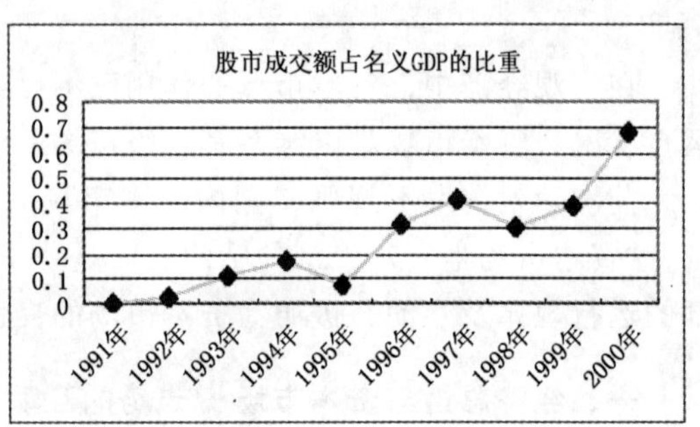

图 2　中国大陆股市成交额/GDP

二、货币内生的假设前提

关于内生货币供给理论，早在 19 世纪就有争论，最早的有银行主义学派中的图克和威尔逊等人、马克思、凯恩斯、熊彼特等。图克说：“物价不决定于为银行券所标示的货币量，亦不决定于流通媒介总体的数量；相反，流通媒介的数量却为物价的结果。”② 他又进一步阐述：“银行券的数量，乃需要的结果，而非其原因。”③富拉顿也认为通货数量变动不是物价变动的原因，而是其结果。在此基础上，图克论述了单纯发放银行券是无用的，从而否定了中央银行外生的货币供给，他还说：“无论地方银行或英格兰银行，都没有增加银行券流通数量的力量。”④虽然早期的内生货币理论不够系统清晰，但这毕竟成为了货币内生理论的最初理论源泉。

这里，尤其值得我们一提的是金融深化者格利、麦金农和肖，他们超前提出：虽然中央银行掌握着控制货币数量的工具，但是随着市场力量的增强，货币自身的供给会日趋达到平衡。格利指出：“在战后，虽然货币供给的增加已被抑制，但金融统治对于阻碍物价水平的上升，却并未得到多大的成功。许多观察家认为，这是由于过去数十年间经济情况

① 柳欣：“一种新的宏观经济理论”，《南开经济研究》1999 年第 5 期。

②③④ 图克：转引自刘絜敖：《国际货币金融学说》，中国展望出版社 1983 年版，第 132、133 页。

的根本变化，致使金融政策对物价与产量的影响力显著削弱之故。根本变化之一就是在金融当局直接统治外的非货币的金融中介机关的急速的成长。”① 在论述非银行金融机构的货币创造中，他们还进一步指出：“货币机构与非货币的中介机构有许多共同点，而且，共同点比区别更为重要。这两类金融机构都创造金融债券，它们都可以根据持有某类资产而创造出成倍的特定负债……它们都能创造可贷资金，引起超额货币量，并产生大于事先储蓄的超额事先投资。”② 其实，在中国，经济学家们常常说的“倒逼机制”③ 也是这个意思，因为在特殊的计划占主导的体制下，国家控制货币供给是必须的，但随着市场力量的增强，货币自身的供求会渐渐达到平衡，从而实现正常的货币内生。④

我们根据货币的流动性将货币供应量分为三个层次：流通中现金为 M0；狭义的货币供应量 M1 包含 M0 与企事业单位的活期存款；广义的货币供应量 M2，包括 M1 与居民储蓄存款、企事业单位定期存款，尤其要提出的是，在 2001 年 6 月以后根据人民银行新的统计口径将证券公司客户保证金也划入这一部分，以反映社会总需求的变化。三者流动性依次降低。

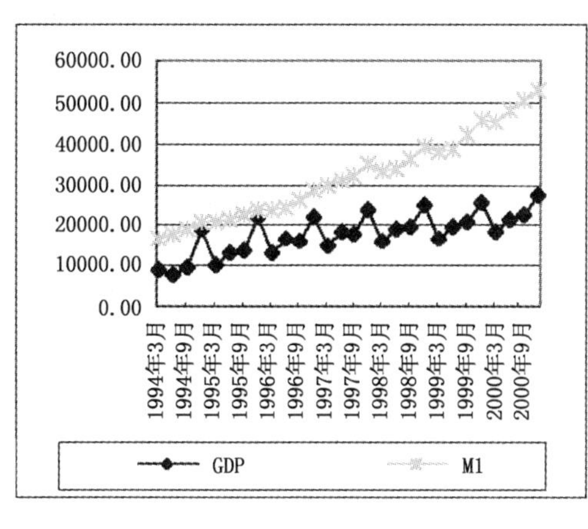

图 3　GDP—M1

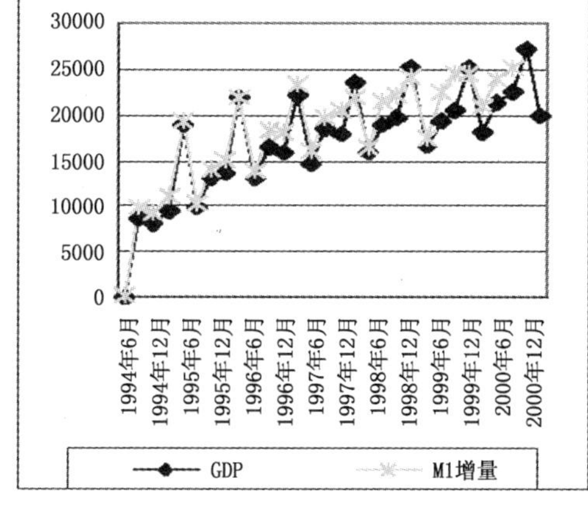

图 4　GDP—M1 变化率

由图 3 我们看到 GDP 随着 M1 有缓慢地向上增长的趋势，但不够明显，在图 4 中比较 GDP 与 M1 的增量可以看出 M1 的波动较活跃，其较好的流动性控制着 GDP 的走势，验证了货币供应量对经济增长的影响。然后我们再观察 GDP 与 M2 增长率的长期走势，见图 5，容易看出 M2 滞后于 GDP 运行，说明了宏观经济对货币供应量的“倒逼机制”。

三、资本市场的宏观模型

通过以上的论述，我们可以把这个过程简化地用公式表示如下：

$$GDP = C + I = C + D + E1 \tag{1}$$

$$M = GDP + E2 \tag{2}$$

① 格利：转引自刘絜敖：《国际货币金融学说》，中国展望出版社 1983 年版，第 405 页。

② 格利和肖：《金融理论中的货币》，上海三联出版社 1994 年版，第 175 ~ 176 页。

③ 樊纲：《公有制宏观经济理论大纲》，上海三联出版社 1994 年版。

④ 参照宁咏：《内生货币供给：理论假说与经验事实》，经济科学出版社 2000 年版。

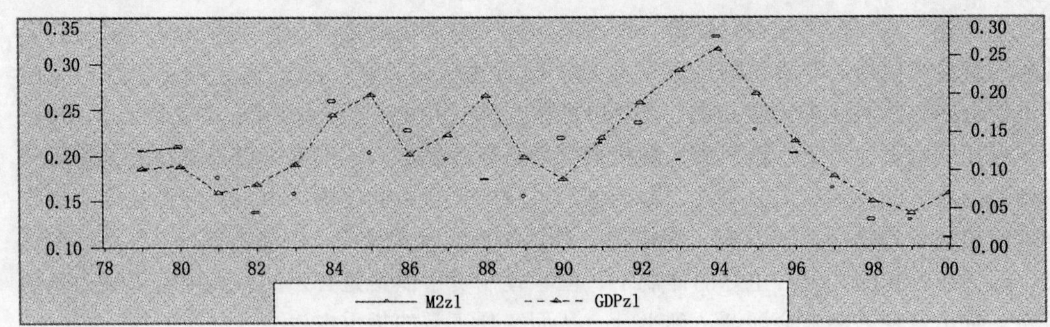

图5 M2 - GDP变化率

其中，GDP为国民生产总值，M为货币量，C为消费，I为企业投资，D为银行贷款，E1为企业在资本市场筹资总额，E2为货币供应量在二级市场的漏出，也就是说，资本市场中发行资金进入企业形成投资，交易资金沉淀在二级市场成为一个新的循环，不创造GDP。

这里，由于中国股市的股本份额结构中，非流通股基本占有接近三分之二的比重，如果我们把这部分仅仅显示于账面的非流通市值作为股市交易的衡量指标，显然不合适，因此在市价总值的选取方面我们主要参照的是股票市场流通总市值。并且，为了尽量减小误差，我们选取流通市值筹资额（包括增发新股和配股在内）（用LTCZ表示）作为衡量资本市场交易规模的主要指标。

在其他指标的选取上，上证A股指数（用SA表示）；货币供应量指标（用M1、M2表示）；存贷差率（用CDCL表示），是代表货币市场存款与贷款差额的比率对二级市场吸收漏出货币的研究有较大的意义；印花税（用YHS表示）；市盈率（用SYL表示），是衡量股票投资价值或投资风险最直观的指标；换手率（用HSL表示），反映市场资金的流动性；开户数，是反映市场人气的主要指标。考虑到中国证券市场的大幅度波动会导致研究结论误差过大，我们选取波动较小的区间，即1998年1月至2000年12月，单位为月，期间资本市场资金量较大、来源易于计算，且市场相对平滑，代表性较强。最终经过检验[①]我们得到回归方程为[②]：

$$Gdlnltcz = -11.619 + 1.247gdlnm2 + 0.044gdlnyhs + 0.830gdlnsyl + 0.658gdllnkhs - 0.117gdlncdcl \quad (3)$$

(−10.299)　　(5.348)　　(3.520)　　(9.385)　　(2.722)　　(−2.307)

$R^2 = 0.993$　　DW = 1.952　　s.e. = 0.029

DW统计量的下限值 $d_l = 1.16$，下限值 $d_u = 1.80$，根据DW（Dudin - Watson）检验的规则，当 $d_u < DW < 4 - d_u$ 时，u_t 是非自相关的，在本题中 $d_u = 1.80 < DW = 1.952 < 4 - d_u = 2.20$，故 u_t 是非自相关的。因此得到最终的回归方程，如下：

$$lnltcz_t = -11.619 + 0.167lnltcz_{t-1} + 1.247lnM2_t - 0.208lnM2_{t-1} + 0.044lnyhs_t$$

---

① 为了检验的准确性，我们对指标进行了取对数、广义分差等处理。

② 数据来源：《中国统计年鉴》1998～2001年卷，国家统计局；《中国景气月报》1998～2003年版，国家统计局；《中国证券报》历年合订本；部分《证券时报》合订本；邹昊平："政策性因素对中国股市的影响"，《世界经济》2000年第11期；中国证监会网站，全景网络，巨潮资讯网站。

$$- 0.007\ln yhs_{t-1} + 0.830\ln syl_t - 0.139\ln syl_{t-1} + 0.658\ln khs_t - 0.110\ln khs_{t-1}$$
$$- 0.117\ln cdcl_t + 0.020\ln cdcl_{t-1} \quad (4)$$

可以看出LTCZ变化的百分比受到本期和上一期货币供给量M2、印花税、市盈率、开户数、存贷差率等自变量和上一期的LTCZ变化百分比的影响，上一期LTCZ每变化1%，就会引起本期LTCZ变化0.167%，同理本期的货币供应量M2每变化1%，也会引起本期LTCZ资的1.247%，其他变量依此类推。

而在实际运行中，结果也是这样的，如图6是LTCZ与M2实际值的相关状况，图7则是去除其自相关后的拟合情况。当然，我们也可以看出，LTCZ在受M2影响的同时，也会因为其他原因而波动，但毋庸置疑的是，资金量是其波动原因的核心。

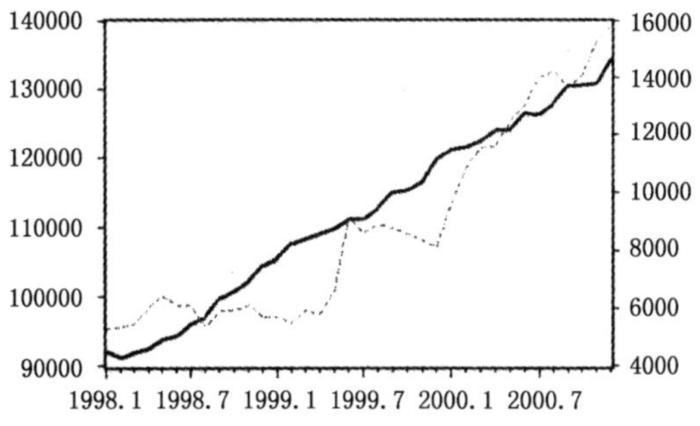

图6　1998.01～2000.12，LTCZ－M2（实线）

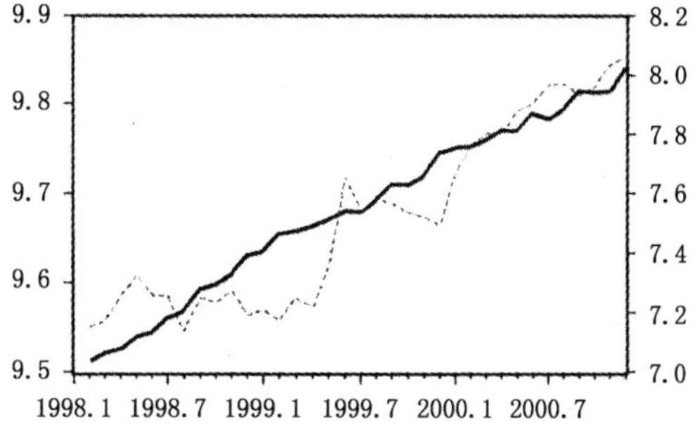

图7　1998.01～2000.12,GDLNLTCZ－GDLNM2(实线)

清洁发展机制项目进展现状及问题分析

清洁发展机制基金管理中心　孟祥明　许明珠　谢　飞

一、前　言

清洁发展机制（CDM，Clean Development Mechanism）是京都议定书规定的三种灵活履约机制中唯一与发展中国家直接相关的机制，其实质是发达国家通过提供资金和技术的方式，与发展中国家开展项目级合作，在发展中国家进行既符合可持续发展要求，又能产生温室气体减排效果的项目投资，由此换取投资项目所产生的部分或全部温室气体减排额度，作为其履行减排义务的组成部分，从而降低其履行减排义务的经济成本。自 2004 年 12 月 18 日全球第一个 CDM 项目正式注册成功至今，全球 CDM 市场活跃，为联合发达国家与发展中国家共同应对全球气候变化提供了一种有效的双赢途径。

二、全球 CDM 项目发展现状

（一）注册现状

截止到 2008 年 2 月 29 日，全球共有 948 个 CDM 项目在联合国 CDM 审核理事会（EB）注册成功。其中，中国项目数以占全球项目总数的 16.98%位居第二，仅次于印度（33.33%）。各国注册成功的 CDM 项目数情况见图 1。

上述在 EB 注册成功的 CDM 项目的预期年减排总量达 192724874 吨二氧化碳当量（tCO_2e），其中，中国项目的预期年减排量为 92902049 tCO_2e，占全球预期年减排总量的 48.20%，在全球 CDM 市场占据首要地位。各国注册成功的 CDM项目的预期年减排量情况

见图 2。

（二）CERs 签发现状

截止到 2008 年 2 月 29 日，EB 共签发核证减排量（CERs）126626880 tCO_2e，其中，我国获得签发的 CERs 为 37183040 tCO_2e，占签发总量的 29.36%，居世界首位。各国 CERs 获签情况见图 3。

（三）全球 CDM 项目对应对气候变化的贡献

2007 年 EB 对缔约方大会（COP/MOP）的年度工作报告指出，CDM 机制是一种较成功的机制。自生效以来，在推动全球应对气候变化方面发挥了重要作用。预计到 2012 年底，全球将有 2600 个 CDM 项目注册成功，产生超过 25 亿 tCO_2e 的 CERs。

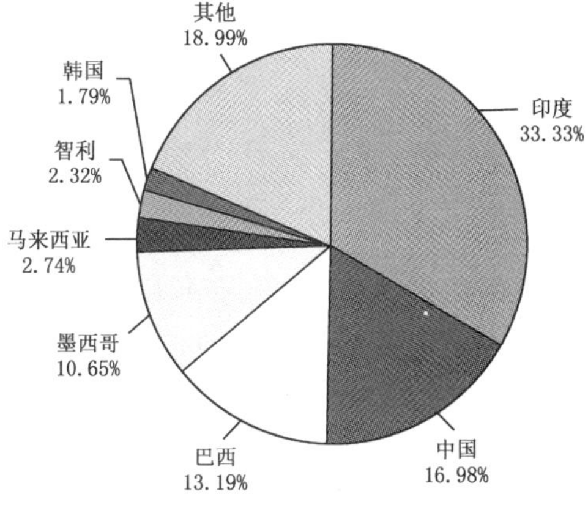

图 1　各国注册成功的 CDM 项目数情况图

从 EB 的年度报告可知，在 2006 年用于或计划用于已注册的 CDM 项目的资金达 70 亿美元。2006 年用于或计划用于将要开展的 CDM 项目的资金达 250 亿美元，远超过全球环境基金自成立以来通过杠杆作用撬动的用

于气候变化领域的投资（140 亿美元）。2006 年用于可再生能源及能效类 CDM 项目的投资约 57 亿美元，接近开展这些 CDM 项目的东道国政府在相应领域投资额（约 20 亿美元）的三倍，基本与私营部门的投资额持平（约 65 亿美元）。目前各东道国已将 CDM 视为支持他们进行可持续发展的重要资金来源。

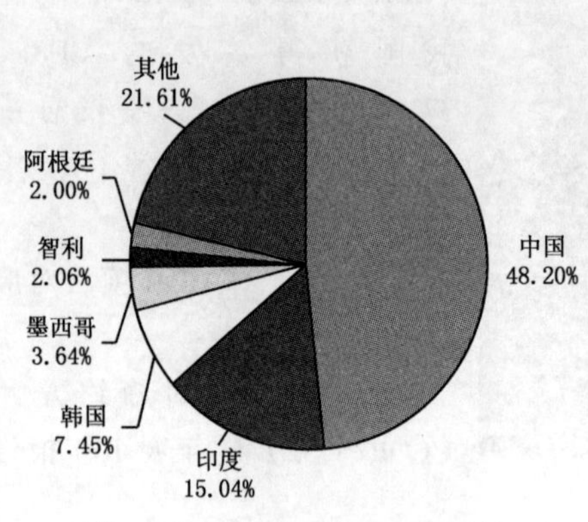

图 2　各国注册成功的 CDM 项目预期年减排量情况图

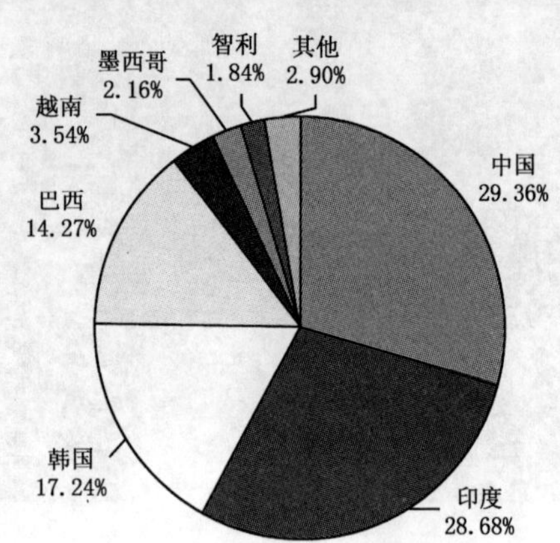

图 3　各国 CERs 签发情况图

三、我国 CDM 项目发展现状

（一）我国 CDM 项目进展状况

为充分发挥 CDM 对减缓气候变化的积极作用，我国于 2005 年 10 月颁布了《清洁发展机制项目运行管理办法》，以保障和促进我国 CDM 项目合作的顺利实施。截止到 2008 年 2 月 29 日，我国共有 1150 个 CDM 项目获得国家批准，其中有 161 个项目在 EB 注册成功，项目预期年减排总量为 92902049 tCO_2e。

我国已注册成功的项目主要为可再生能源发电类项目（占项目总数的 72.05%），其中风电和水电项目分别占到 36.02% 和 30.43%。但由于这些项目规模较小，项目的预期年减排量较小，仅占我国项目预期年减排总量的 13.34%（其中风电 6.68%，水电 5.32%）。我国已注册成功的 HFC－23 废气分解及 N_2O 废气分解两类项目的数量虽少，仅分别占项目总数的 5.59% 和 1.86%，但由于 HFC－23 和 N_2O 的全球变暖潜能（GWP，Global Warming Potential）值高，或项目规模大，使得这两类项目的预期年减排量大，分别占预期年减排总量的 58.46% 和 15.51%。我国已注册成功的各类 CDM 项目的预期年减排量情况见图 4。

截止到 2008 年 2 月 29 日，我国已有 34 个项目的 55 笔 CERs 获得签发，签发总量为 37183040 tCO_2e。其中，可再生能源发电类项目为 20 个，占签发项目总数的 58.82%（风电 18 个，占 52.94%）；HFC－23 分解类项目 8 个，占签发总数的 23.53%。

在获得签发的 CERs 中，HFC－23 分解项目为 34834760 tCO_2e，占签发总量的 93.68%；风电项目 1092987 tCO_2e，占签发总量的 2.94%。我国各类 CDM 项目 CERs 签发情况见图 5。

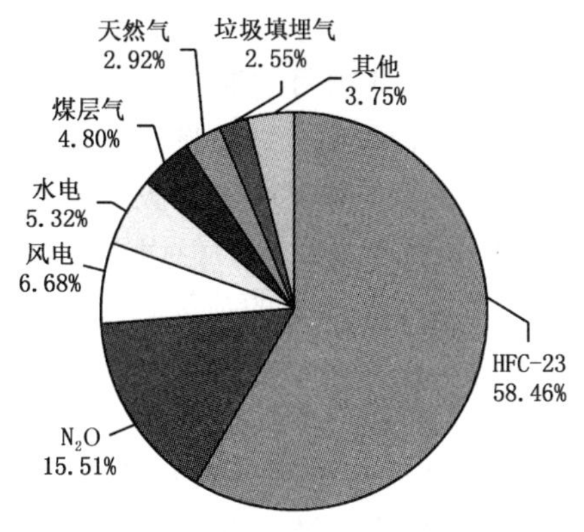

图 4 我国已注册成功的各类 CDM 项目预期年减排量情况图

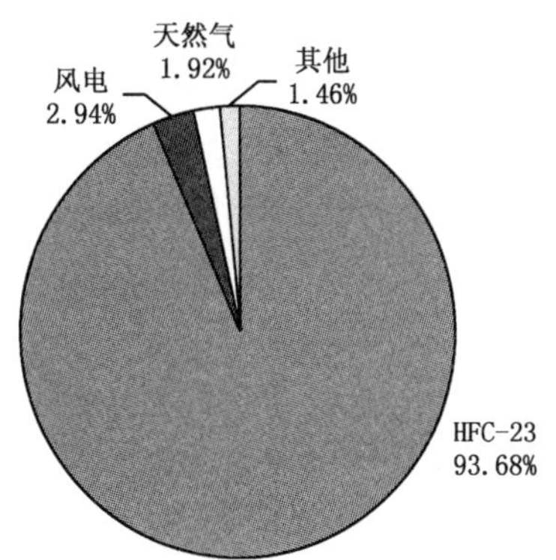

图 5 我国各类 CDM 项目 CERs 签发情况图

（二）我国 CDM 项目对可持续发展的贡献

从我国 CDM 项目的签发情况和实施情况看，我国 CDM 项目在全球 CDM 市场所占份额将稳稳占据头把交椅，真正发挥主导作用。目前，我国因 CDM 项目所产生的温室气体减排量已超过 0.25 亿 tCO_2e，保守估计已为国内可持续发展带来超过 1.5 亿美元的国外资金。预计到 2012 年底，我国 CDM 项目产生的减排量将达 5 亿 tCO_2e，可为国内可持续发展带来超过 30 亿美元的国外资金，在帮助发达国家经济有效实现减排义务的同时，有力地推动了我国企业走节能减排、可持续发展的道路。

四、CDM 项目问题分析

随着全球及我国 CDM 市场的快速发展，其中暴露出的部分问题值得我们认真思考和反省。

（一）指定经营实体成为 CDM 项目发展的瓶颈

在 CDM 项目开发的过程中，项目合格性审查（Validation）与减排量核查（Verification）工作均由指定经营实体（DOE，Designated Operational Entities）进行，因此 DOE 的审查/核查速度将直接影响 CDM 项目的进展。而目前 EB 仅授权全球 18 家机构作为 DOE，其中具有审查资质的为 17 家，具有核查资质的仅 8 家，且这些 DOE 对 EB 划分的 15 个 CDM 项目领域只能审查/核查其中的几个甚至一个领域。随着 CDM 项目的迅速发展，DOE 的审查/核查工作已成为严重制约 CDM 项目发展的瓶颈。据了解，有限的这几家 DOE 均有很多的项目积压。同时，EB 对 DOE 提交申请注册的 CDM 项目和申请签发的 CERs 审核严格，DOE 提交的审查/核查报告稍有不慎就有被提出质疑、拒接，甚至 DOE 被吊销审查/核查资格的危险，因此 DOE 对项目的审查/核查很谨慎，一个项目的审查/核查往往需几个月甚至半年多时间。以我国项目为例，截止到 2008 年 2 月 29 日，我国已批准了 1150 个 CDM 项目，但在 EB 注册成功的只有 161 个（仅占 14.0%），获得签发 CERs 的项目仅 34 个（仅占 2.96%）。在 CDM 市场蓬勃发展的今天，DOE 的审查/核查工作已成为 CDM 进一步发展的瓶颈。

（二）买卖双方信息不对称

我国是 CDM 项目潜在市场最大的国家，但信息不对称致使很多国内业主不了解国际行情，甚至不清楚什么是 CDM，造成很多项目错过了开发 CDM 项目的时机。部分项目业主因信息的缺乏，在项目开发过程中任由国际买家或开发机构摆布。一些国际买家还同时承担了项目开发工作，将交易价格尽可能压低，使项目业主蒙受了不小的损失。同时也因信息不对称，造成部分国际买家虽意识到我国潜在 CDM 项目市场巨大，但因缺乏相关信息，难以及时找到合适的项目而转向其他国家，给我国造成了不必要的损失。

（三）部分国内 CDM 项目实施不规范

目前，CDM 在国内被炒得轰轰烈烈，很多咨询机构看准这一商机蜂拥而入，难免存在良莠不齐的现象。部分开发机构因能力有限或经验不足而存在项目设计文件（PDD，Programme Design Document）编写不规范、额外性论证不充分等关键问题，导致项目在请 DOE 进行合格性审查和提交 EB 注册时被提出修改和完善，这些均会影响到项目的正常注册和实施，给企业造成损失。

另外，我国部分已在 EB 注册成功的项目业主并未真正意识到 CDM 项目核查签发 CERs 的严格性，项目在实施阶段未严格按 PDD 要求进行规范监测，从而导致 DOE 核查减排量时需多次与项目业主沟通，或审查报告提交到 EB 申请签发 CERs 时遭到质疑或被提出复审，严重影响了 CERs 的正常签发进程。以水电项目为例，截止到 2008 年 2 月 29 日，我国已批准了 587 个，但仅有 43 个项目在 EB 注册成功，只有 1 个项目获得签发 CERs，且该项目自核证期结束到获签 CERs 历时近十个月时间。

（四）HFC－23 分解类 CDM 项目的审查/核查越来越严

在各类 CDM 项目中，HFC－23 分解项目因 HFC－23 的 GWP 值为 CO_2 的 11700 倍，具有典型的减排额外性和低成本的大减排量，具有较高的回报率。这类项目又不像风电、水电等类型的 CDM 项目那样对可持续发展具有直接贡献，且主要集中在中国、印度等少数几个发展中国，因而遭到一些非议。根据世界银行《2007 年碳市场现状与趋势》分析，2006 年全球 CERs 的签发量中，HFC－23 类项目占到签发总量的 34%。我国作为制冷剂的生产大国，在 EB 已批准注册的 16 个 HFC－23 类项目中占到 9 个，这些项目的 CERs 签发量占我国 CERs 获签总量的 92%以上。目前，EB 已加紧了对这类 CDM 项目的审查力度，不仅对申请注册的新项目有严格的要求，而且对已注册成功项目的 CERs 的签发审核加严，造成我国几个前期运行正常的 HFC－23 类项目新核查的 CERs 不能顺利签发。这使得国内该类项目，尤其是已提交 EB 申请注册但尚未注册成功的项目面临很大压力。

五、我国进一步发展 CDM 项目的对策与建议

针对上述问题，笔者提出以下意见，以希能对国内 CDM 项目更好、更顺利开展有所启发。

（一）EB 应着力解决 DOE 瓶颈问题

针对当前 DOE 成为 CDM 发展进程中的瓶颈，且 DOE 在 CDM 实施中发挥极为重要的作用，EB 应一方面加大对现有 DOE 的监管力度，督促其提高效率，减少项目在 DOE 手中的排队现象；另一方面，EB 应加大对申请 DOE 资格的机构的扶植力度，使新申请机构能

尽快符合标准，迅速开展审查/核查工作。这可大大缓解当前 CDM 项目进展远滞后于 CDM 市场需求的矛盾，促进 CDM 在全球应对气候变化中发挥更大作用。

（二）尽快在国内建立信息交流平台

针对信息不对称的问题，建议国家考虑尽快建立一个信息交流平台，把国内、国际的供求信息进行公开，将买卖双方联系起来，使国内业主及时了解国际动态，获得合理的交易价格，也可降低国际买家寻找项目的成本。这是一个双赢模式。

（三）加大对国内 CDM 中介市场的培育

针对当前国内 CDM 项目开发机构存在良莠不齐现象，建议国内有关部门尽快设立准入制度，规范开发市场，确保项目质量。这样一方面可降低项目业主的损失，另一方面可在国际上树立我国 CDM 项目质量高的品牌，维护国家声誉。

针对当前国内 CDM 项目执行不规范问题，建议国家组织相关机构对 CDM 项目业主或咨询机构进行规范培训，确保 CDM 项目在执行过程中按规定的监测要求对减排量进行规范监测和申报，减少 DOE 核证过程及申请 EB 签发过程中出现返工，缩短签发周期，降低项目业主的运行成本和风险。

我的“视界”

财政行政复议与公共财政建设

财政部条法司　张德钧

一、财政行政复议在财政工作中的地位和作用

财政行政复议是监督和保障财政部门依法行使职权的重要法律制度，是正确处理财政部门与人民群众关系的主要途径，是解决财政行政争议的法定渠道，在解决财政争议、确保社会和谐与稳定、推进社会公平正义等方面的作用日渐突出，为增强财政部门公信力、构建社会主义和谐社会与公共财政方面提供了强有力的支持。

二、财政行政复议与建设公共财政的关系

在公共财政与和谐社会构建中，财政行政复议发挥着不可替代的作用。

1. 财政行政复议是建设公共财政的重要保障。

2. 财政行政复议是建设公共财政的环节之一。

3. 财政行政复议是建设公共财政的重要手段。

三、财政行政复议与解决财政行政争议

通过财政行政复议，有助于解决财政争议，化解诸多财政矛盾，使人民群众对财政部门更加信任，树立财政部门依法理财、执法为民的良好形象，维护财政经济秩序，为打造和谐的公共财政和文明社会提供有力的财政法制保障。

税收增长超 GDP 增长的原因分析

财政部税政司　吴京芳

2007 年税收收入的增长速度比 GDP 的增长速度高出 20 多个百分点的原因主要有两类：

一、税收超 GDP 增长的常规性原因

1. 税收和 GDP 的核算制度存在较大差异，即价格依据差异、统计口径差异、核算精确度差异、核算方法差异。

2. 税制安排的特殊性使税收增长和 GDP 增长不同步。

（1）作为税收来源的税基和 GDP 不是简单的、直接的量的对应关系，除增值税之外，其他税种的税基和 GDP 的关联度都不大。

（2）企业所得税、个人所得税、土地增值税等的累进制度使税收超税基增长。

（3）先征后退政策使税收统计产生一定程度的“虚多”。

二、税收超 GDP 增长的非常规原因

1. 税收征管的不断加强提高了税收的足额征收率。

2. 出口退税率的下调、证券交易印花税税额标准的提高等相机抉择的税收调控政策带来了突发性增收。

3. 证券市场、房地产市场交易等虚拟经济的空前繁荣使税收增长进一步超过 GDP 增长。

因此，扣除核算差异、价格上涨因素、降低和取消出口退税造成的税收一次性增长因素、提高证券交易印花税率因素后，2007 年税收收入的增长 17% 和 GDP 增长（11% 左右）相差并不是很多。

美国次贷危机对我国外贸影响几何?

财政部关税司　周　正

次贷危机通过贸易渠道对我国经济的影响可从以下方面分析：从国别结构看，我国出口市场多元化，对美依赖减弱；从商品结构看，少数商品（如纺织品、家具玩具为代表的日常生活用品，机电产品为代表的资金、技术密集型产品，钢铁类产品为代表的基础工业产品）面临冲击；从投机热钱看，影响进出口贸易的潜在因素，存在先前“高报出口、低报进口”涌入的热钱又通过“低报出口、高报进口”的方式转走热钱成分；危机之外影响出口的不确定性较多，如贸易摩擦加剧和贸易保护主义抬头、国际市场初级产品价格高涨、美元持续疲软和人民币升值挤压出口利润空间等；从历史比较看，国内外经贸形势变化较大，次贷危机的爆发、美国经济的放缓无形中为我国进一步发展多边、双边经贸合作，巩固和提高国际经济、政治地位提供了机遇。

结论是：影响有限挑战与机遇并存。次贷危机对我国出口乃至经济发展而言，既有不利因素的挑战，也是改革发展的机遇。第一，次贷危机势必对我国经济特别是出口产生一定影响，但与入世前相比，我国应对国际经贸环境变化的能力已明显加强；第二，外部需求下降和出口增长的适度减缓符合我国宏观调控的方向，同时，为我国加快转变外贸增长方式、推进产业结构调整、加强金融体系监管等诸多改革方面提供了契机；第三，年初我国出口的放缓，有去年同期基数高、春节假期等特殊原因，并不能代表全年出口走势。

当前我国财政风险的主要问题及对策

财政部国库司　单大栋　袁庆海　潘　虹

财政风险，是一个内涵丰富、涉及面广、影响力大的公共问题，是诸多公共风险的集中体现。当前我国财政风险的主要问题是：

在公共资源方面，从存量上看，资源使用不尽合理和国有资产经营效益低下甚至亏损的现象普遍；在流量上，近年的财政收入虽然形势喜人，但仍存在较多经济转轨中的不确定性，要时刻注意防范减收的风险。

在公共支出方面，赤字和国债支出均较大，国有金融机构可能扩大财政隐性支出责任，社会保障支出压力逐渐加大，政府担保的潜在支出较大，财政救助、减灾压力和潜在支出较大等。

为防范和化解财政风险，应本着标本兼治的原则采取多种措施。一是技术性措施。加强制度建设，促进隐性财政风险显性化；研究建立财政风险预警监控系统；逐步实现预算会计制度由收付实现制向权责

发生制转变，建立财政资产负债管理体系。二是治本性措施。增强财政风险意识；打破全社会“风险大锅饭”，强化利益和风险对称机制；加快国有银行、国有企业改革步伐；进一步推进财政体制改革，纵向上规范中央和地方财政间事权、财权和责任的均衡匹配，横向上统一预算分配权；审时度势调整宏观调控，确保经济可持续发展，防止大起大落。

完善我国财政转移支付制度初探

财政部行政政法司　陆　强

财政转移支付具有纵向和横向两方面的均衡功能，既是宏观调控的重要手段，也是贯彻落实科学发展观的有效措施。我国现行的财政转移支付包括三个部分：一是税收返还部分，二是体制补助部分，三是财力性转移支付和专项拨款。但由于现行财政转移支付制度存在着一些不足，一定程度制约着其功能的有效发挥。主要有：财政转移支付方式种类过多，结算复杂，利益交错；各级政府事权和财权范围模糊，上下级政府之间屡屡发生矛盾；转移支付的政策导向不明确，调节功能微弱；统计和会计数据的不真实，增加了建立规范的转移支付制度的技术难题；政府间财政管理体制包括转移支付制度的目标不清晰；转移支付制度改革缺乏法律的支撑和保证。

完善我国财政转移支付制度，(1) 需要合理划分中央与地方政府的事权范围，推进转移支付制度的法制化；(2) 要明确政府间转移支付制度的目标；(3) 根据转移支付的不同目标，将各种形式的转移支付配合使用；(4) 清理专项拨款；(5) 在收支计算上，逐步使用“因素法”取代“基数法”；(6) 加快制定财政转移支付的法律法规。

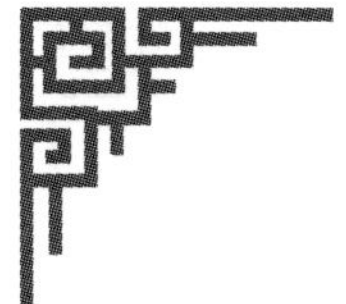

推进农业保险发展
加大支持“三农”力度

财政部金融司　郑丹丹

农业保险是财政政策与保险机制的有机结合，能够发挥财政政策的杠杆效应，也是适应世贸组织规则的“绿箱”政策。同时，农业保险引入保险公司作为第三方，按照商业原则和保险合同运作，避免了财政资金被挪用，有利于促进财政资金使用的公开、公平和公正，有利于预防腐败。调研中，湖南省衡东县县长表示，农业保险的公信力强，缓解了政府分配救灾资金的压力，打算明年要安排部分救灾资金用于发展农业保险。为了做好农业保险保费补贴工作，进一步推进农业保险发展，提出以下工作建议：

1. 适当提高中央财政对农作物保险的保费补贴比例。为进一步调动地方政府和农户的投保积极性，借鉴国际做法，建议将中央财政对农作物保险的保费补贴比例提高到50%，以进一步推动开展农作物保险工作。

2. 进一步修改和完善农业保险保费补贴试点办法。一要放宽农业保险经营门槛，二要对地方特色品种提供适当补贴，三要研究制定查勘定损工作指导性标准，四是统一保费补贴管理办法。

3. 按照自愿、择优原则确定农作物保费补贴试点省份。

4. 充分调动地方政府和保险公司的工作积极性。一是为农业保险工作安排适当的工作经费。二是统筹安排各项支农资金，形成政策合力。三是强化宣传引导，增强保险公司社会责任感。

内部控制体系建设模式的国际比较及启示

财政部会计司　王　晶

世界有关国家和地区内部控制体系建设的基本模式：（1）美国内部控制体系建设模式，特点是“立法管制、评价严格、标准明确、措施配套”；（2）加拿大内控体系建设模式，特点是“强调自律，注重自评；标准明确，体系科学”；（3）新加坡内控体系建设模式，特点是“监管规则和评估制度先行，控制标准和评价标准建设滞后”。

世界有关国家和地区推进内控体系建设对我国的启示：（1）保证财务报告真实可靠是内部控制制度体系建设的基础目标。（2）控制标准和评价标准建设是内控制度体系建设的基础和重点。（3）内控立法是内控制度体系建设的发展方向和大势所趋。（4）内控立法应当谨慎，做到考虑周全、未雨绸缪。

我国内部控制体系建设存在的问题：（1）内部控制标准体系建设根基扎实，但标准尚未统一；（2）内部控制评价制度建设开始起步，相关配套措施有待完善。本文提出如下几点建议：（1）加强协调，统一标准。（2）逐步推行内控评价制度，实现平稳过渡。（3）内控立法应当稳健，不可操之过急。

对财政监督工作的若干思考

财政部监督检查局　朱　炜

科学发展观要求把维护好人民群众的根本利益作为财政监督工作的根本出发点和落脚点，坚持为国理财、为民服务，大力推进科学理财、民主理财、依法理财，促进财政管理的科学化、精细化。要实现财政监督的科学发展，必须对财政监督进行深刻认识和准确定位。

强化财政监督是市场经济国家的共同选择，是社会主义市场经济发展的历史选择，是加快建设服务型政府的时代选择，是提高政府执行力的客观选择，是加强财政管理的必然选择。当前，全党上下正努力把思想和行动统一到科学发展观上来，齐心协力推动经济社会又好又快发展。财政监督可以在中央关注的推进财政改革、保障政策执行、维护财经秩序、完善财政管理等方面发挥重要作用，以确保中央政令畅通，促进和谐社会建设。(1) 着眼源头治腐，推进财政改革；(2) 关注宏观调控，保障政策执行；(3) 落实民生政策，维护财经秩序；(4) 加强内部监督，完善财政管理。

改进中国农业资产流动性的制度设计

国家农业综合开发办公室　楼　晨

流动性的提高对增加农业资本投入、破解农业发展困境至关重要。本着安全原则、流动原则和效率原则，从土地制度和动产担保制度两方面入手，改进中国农业资产流动性的制度设计，成为促进我国农业经济繁荣、早日实现农业现代化的当务之急。提高中国农业资产流动性，首先要破除我国现行物权制度对农业的制约，大胆吸收和借鉴人类社会创造的一切文明成果，从土地制度和动产担保制度入手，改进中国农业资产流动性的制度设计，促进农业发展。

在土地制度设计方面，实行最严格的耕地保护制度，允许本国居民通过市场转让取得四荒搞农业，运用税收手段保证土地资源的有效利用。在严格实行耕地保护制度的前提下，放开“四荒”市场的准入，直接提高了农地流动性，带动富人的自有资本直接投向转让取得的四荒土地上，进而带动负债资本的进入，不断健全我国农地市场，增加了农业资产的价值。负债的流入提高了农业资产的价值，促使自有资本的再投入，自有资本的投入进一步撬动了负债资本的进入，农业资产的价值不断的提高，农业资产的流动性不断的增强。

在动产担保制度设计方面，需要尽快建立现代动产担保物权制度，建立统一担保物权，简化设立担保物权的规定和手续，建立统一的和以网络为基础的中央动产担保权益备案系统，建立完整的优先权规则，给予担保债权人有保障的、事先确定的优先权，建立高效、透明、可预见的担保权益实现机制。

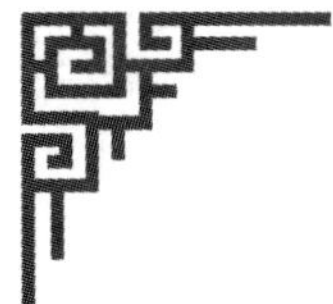

如何制定公共支出绩效考评实施方案

财政部人事教育司　邱先荟

在推进公共支出绩效考评工作的过程中，大家面临的首要问题就是制定公共支出绩效考评的实施方案。从可操作的角度出发，绩效考评实施方案应认真考虑以下环节：

一、绩效考评对象的界定

按照我国公共支出的层次，基本上可以分为四个层次：国家公共支出；部门公共支出；部门专项支出；基层支出。

二、绩效考评内容的界定

公共支出绩效考评的发展可分为两个阶段，前一阶段的绩效考评侧重对投入、过程及产出等内容的考察；后一阶段受新公共管理思想的影响和推动，出现了面向结果和战略的绩效考评理论，其核心就是“3E”原则，即经济性、有效性和效率。一个公共支出项目的绩效考评内容，应从如下四个方面考虑：目标相关性考评；管理科学性考评；执行有效性考评；结果和影响的经济性考评。

三、绩效考评的组织实施

首先是考评主体。考评主体分为组织主体和执行主体,在我国目前的制度框架下,绩效考评的主体应是财政部门、支出部门和具体项目单位。行政机构、专家委员会、特定专业机构、社会化专业机构中的某一个或某几个都可能成为特定公共支出项目的执行主体。其次是绩效考评的实施程序。财政支出绩效考评的一般实施程序主要包括前期准备、现场考评、撰写报告三部分。

四、绩效考评的制度建设

针对我国目前所处的特定发展阶段，构建具有我国特点的政府公共支出绩效考评制度，应该从核心制度、细则制度与辅助制度三部分入手建立和完善绩效考评制度。

五、绩效考评的结果应用

可以使用绩效考评结果调整预算，改善财政公共支出模式，提高资金使用效率；提高计划或项目主管部门的管理水平和部门的工作效率；跟踪公共产品的流转并充分研究其近期与远期影响等。

减税政策影响效应的实证分析

财政部离退休干部局　陆　阳

建立生命周期模型，每一时期同时存在年轻人和老年人两代人。在模型中引入税收变量，考虑政府税收政策对均衡经济状态的影响。根据戴蒙德的“世代交叠模型”理论建立两时期生命周期模型，对我国临时性减税政策对国民收入、劳动者报酬和资本回报等造成的经济影响进行实证分析。结果表明，我国在某一时期临时减税并在今后每期维持固定国债的情况下，经济会达到一个新的稳定状态，在整个经济的变化过程中以及在新的稳定状态下，劳动收入降低，资本回报升高。这表明如果我国实施临时性的减税政策，劳动要素所有者的收入降低，而资本要素所有者的收入升高，减税后劳动者的负担反而相对重了。产生这种现象的原因是，减税并保持国债不变的政策挤出了经济中的一部分资本使资本—劳动比率下降，最终导致工资—租金比率下降。

教育公平的经济学意义和两点建议

国务院农村综合改革工作小组办公室　屈　霞

提供公共品是政府的主要职能之一，如果政府不在提供公共品上面发挥作用，即便不收取一分钱的税费，也是严重缺位的。作为一种重要的公共品，教育历来为各国政府和理论界重视。本文系统探讨了教育公平尤其是义务教育公平的经济学意义，并分析了优先发展教育的国际经验，在此基础上提出促进教育公平的两点建议：

1. 义务教育：逐步从教育机会公平向质量公平转变。教育质量不高，会影响就学儿童再学习机会的获得和能力的培养，从而使他们在今后就业中处于劣势。现在已经到了强调义务教育质量的时候。以农村义务教育为例，建议政策干预重心向提高农村教师水平和积极性、教育公用经费投入等影响教育质量的“短板”倾斜。

2. 投资型教育：大力发展技术教育和成人教育等多层次教育。近年来，有把技术教育和成人教育等作为投资开支并把它们置于优先地位的趋势，这类教育被作为将基础教育的成果转化为直接生产力，从而更迅速地提高人们福利水平的有效措施。这和我国开展促进农村劳动力转移的“阳光工程”，以及加大职业教育发展等政策趋向相类似，但仍处于探索阶段。建议政府加快研究有关政策，提高技术教育和成人教育等多层次教育的覆盖面和效率。

对湖南省常德市新型农村合作医疗试点县区的调查报告

中国注册会计师协会　胡邦栋

建立新型农村合作医疗制度，是党中央国务院在新形势下，为切实解决“三农”问题提出的惠民之举，是统筹城乡经济发展，统筹区域经济发展，统筹经济社会发展战略的重要组成部分。最近，笔者利用春节返乡探亲的机会，对湖南省常德市新型农村合作医疗试点情况进行了调研，现就合作医疗基金筹集、分配、医疗费用补贴情况以及管理中存在的问题与对策，报告如下：

一、目前存在的问题

目前，常德市先行试点的四个县区参加合作医疗的农民，占这几个县区农村人口的73.4%，超过了湖南省提出的试点县区农民参合率要达到70%的要求。这种由政府组织、引导、支持，农民自愿参加，个人政府和社会多方集资，以大病统筹为主的农民医疗互助共济制度的建立，使众多农村家庭就医难、治病难和因病致贫、因病返贫的问题得以缓解。但是，由于过去推行农村政策的负面影响，加上有关配套措施尚未跟上，出现了一些值得注意的问题：

1. 少数农民把推行新型合作医疗制度与过去乱收费等同起来，参与积极性不高，资金缴纳不到位。

2. 有些环节缺乏监督，挤占、挪用现象有所抬头。

3. 农民受益面小，受益程度较低。

4. 有些定点医疗机构和参加合作医疗人员存在违规行为。

5. 专门机构服务不到位。

二、对策与建议

1. 建立适应农民心理特点的筹资机制。
2. 放宽医疗费补助条件，使患病农民真正享受阳光政策的实惠。
3. 坚持公开、公平、公正，实行优质服务。
4. 建立医疗基金专项审计制度，严格实行监督管理。
5. 不断提高财政专项转移支付额度。

根据国内投资体制改革的要求改进国际金融组织贷、赠款工作

对外财经交流办公室　杨　凡

我国投资体制改革的任务可以归纳为以下四点：一是培育市场机制；二是投资决策法制化；三是促进制度创新；四是健全投资监管体系。改进国际金融组织贷赠款工作，要按照深化投资体制改革的要求，在推动运用市场化手段的同时，积极发挥公共财政促平衡、调结构的功能，不断推动制度建设、管理创新和监管到位。

1．明确国际金融组织贷赠款资金介入的领域。国际金融组织贷赠款资金只能用于基础性项目和公益性项目的投资，而不能介入竞争性项目的投资。

2．更多地引入市场化的、经济的手段。在创新融资机制方面，对于交通、城建等基础性项目，可鼓励项目业主使用商业贷款；在项目内容设计方面，让市场发挥更大的作用；推动培育为投资主体服务的市场体系。

3．不断加强制度建设。一是在中央财政层面，要进一步提高现行政府外债管理的立法层次，针对具体工作中的空白地带及时研究制定相应制度。二是各级地方财政要在《国际金融组织和外国政府贷款赠款管理办法》的统领下，根据本地区的实际情况制定相应的配套制度。三是总结国际金融组织贷赠款工作中的有益经验，以制度方式巩固成果同时加以推广。

4．不断增加国际金融组织贷赠款工作的创新成分。一是在项目设计方面，争取每个项目均有创新之处，发挥国际金融组织贷赠款项目对国内相关领域建设的示范效应。二是创新传统的资金合作方式。三是开创与国际金融组织新的合作模式；充分发挥国际金融组织“知识银行”的作用。

5. 健全监管体系。一是财政部门兼顾对事前和事后环节的管理和监督。二是充分发挥人大对各级政府和项目的监督作用。